Alexander und Margarete Mitscherlich
Die Unfähigkeit zu trauern

Band 168

Zu diesem Buch

»Es wäre ein Gewinn, wenn das Interesse an dem Thema auch Leser, die sich bisher mit Psychoanalyse überhaupt nicht beschäftigt haben, dazu führen würde, einen ersten Schritt in diese in Deutschland lange Zeit unterdrückte Gedanken- und Erkenntniswelt zu machen. Wer die Jahre vor 1933 noch einigermaßen bewußt, wenn auch jugendlich miterlebt hat, kann heutzutage nur staunen, wie ahnungslos die Generation der jetzt Vierzigjährigen diesem ganzen Komplex gegenübersteht. Worte wie ›Minderwertigkeitsgefühl‹ oder ›Unbewußtes‹ mögen sich zwar in unserer Sprache eingebürgert haben, doch zum Beispiel ein Begriff wie ›Übertragung‹ begegnet vollkommenem Unverständnis.«
(Margret Boveri in der »Frankfurter Allgemeinen Zeitung« vom 16. 12. 1967)

Alexander Mitscherlich, 1908–1982. Studium der Medizin in München, Prag, Berlin, Freiburg, Zürich und Heidelberg. 1941 Promotion zum Dr. med. 1946 wurde er Privatdozent für Neurologie an der Universität Heidelberg. Em. Ordinarius der Universität Frankfurt. 1959–1976 Direktor des Sigmund-Freud-Instituts in Frankfurt. Friedenspreisträger des Deutschen Buchhandels 1969.
Margarete Mitscherlich-Nielsen, Dr. med., Ärztin und Psychoanalytikerin, wissenschaftliches Mitglied des Sigmund-Freud-Instituts und verschiedener internationaler Arbeitsgemeinschaften.

Alexander und Margarete Mitscherlich

Die Unfähigkeit zu trauern

Grundlagen kollektiven Verhaltens

R. Piper & Co. Verlag
München Zürich

ISBN 3-492-00468-7
Neuausgabe 1977
17. Auflage, 146.–153. Tausend September 1985
(8. Auflage, 49.–56. Tausend dieser Ausgabe)
© R. Piper & Co. Verlag, München 1967, 1977
Umschlag: Disegno
Satz: MZ-Verlagsdruckerei, Memmingen
Druck und Bindung: Clausen & Bosse, Leck
Printed in Germany

Inhalt

Vorwort zu dieser Ausgabe   I

Vorbemerkung   7

I. Die Unfähigkeit zu trauern – womit zusammenhängt:
eine deutsche Art zu lieben   13

    1. Deutsche Illusionen   13
    2. Der »Führer« war an allem schuld   27
    3. Erfolgreiche Abwehr einer Melancholie der Massen   36
    4. Techniken der Entwirklichung   44
    5. Narzißtisch gekränkt   57
    6. Die Projektion unbewußter Rachephantasien   61
    7. Emigration als Makel   65
    8. Die Verliebtheit in den Führer   71
    9. Noch eine Möglichkeit für Trauer?   77
    10. Nachbemerkung   83

II. Variationen des Themas   86

    *1. Psychoanalytische Anmerkungen über die
Kultureignung des Menschen*   86
    *2. Tabu – Ressentiment – Rückständigkeit
demonstriert an geschichtlichen Entscheidungen*   110
    3. Zur Psychologie des Vorurteils   135

III. Die Relativierung der Moral
Von den Widersprüchen, die unsere Gesellschaft
dulden muß   158

IV. Identifikationsschicksale in der Pubertät 225

   1. Protest und Verwirrung 225

   2. Eltern als Vorbild 228

   3. Wandlung der Rollen 230

   4. Identifikation – Identität 232

   5. Wiederholung und Auflösung bisheriger
   Verhaltensweisen in der Pubertät 235

   6. Die Beziehung des Pubertätsverlaufs zum
   Autoritätswandel 237

   7. Verlängerung oder innere Abwehr der Pubertät 239

   8. Die Wirkung des Ich-Ideals auf die
   Pubertätsentwicklung 242

   9. Die Art der Gefühlsbeziehung zu den Eltern
   als Grundlage des eigenen Wertgefühls 244

   10. Der Einfluß des Dritten Reiches 249

   11. Pubertätsschicksale 252

   12. Pubertät und politisches Verhalten 257

V. Proklamierte und praktizierte Toleranz 263

VI. Das soziale und das persönliche Ich 276

VII. Änderungen im Wesen politischer Autorität 298

VIII. Konsequenzen – bei offenem Ausgang der Konflikte 345

Nachwort 1970 358

Nachwort 1977 366

Personen- und Sachregister 370

Vorwort zu dieser Ausgabe

Der jetzt als Taschenausgabe vorliegende Band »Die Unfähigkeit zu trauern« erschien erstmals vor zehn Jahren. Nach den zahlreichen Auflagen und Übersetzungen zu schließen, die das Buch erlebt hat, muß es ein Thema getroffen haben, das im Spannungsfeld widersprechender Interessen verblieben ist. Denn zehn Jahre sind für ein Buch zeitgeschichtlichen Inhalts schon ein beträchtliches Alter. Sei es, daß sich die politische Szenerie verschoben hat, sei es, daß andere Probleme Aufmerksamkeit verlangen.

Wir müssen freilich betonen, daß es uns bei der Beschreibung aktueller Ereignisse nicht in erster Linie um die Darstellung von Tagesaktualität im engeren Sinne ging, sondern um Entstehung und Entwicklung von allgemeineren Tendenzen. Was wir beschrieben haben, hat offenbar nicht viel an Aktualität eingebüßt; vielmehr sind neue Strömungen aufgetreten, die sich mittelbar an die Beobachtungen anschließen, von denen in der »Unfähigkeit zu trauern« die Rede war. Jetzt geht es nicht mehr vorrangig um die Schuldproblematik, sondern darum, daß die Geschichte Hitlers und seines sogenannten »Dritten Reichs« offenbar nur entstellt tradiert werden kann. Das Thema, für welches die Autoren sich geneigte Leser erwünschen, ist der Sachlage entsprechend nicht durch die langsam in die Vergangenheit zurücksinkende Geschichte des »Dritten Reichs« bestimmt, sondern es ist auch als Musterbeispiel eines überaus zeittypischen Geschichtsverlaufs in unserem Jahrhundert gedacht. In ihm hat sich eine ungeheure Anhäufung von Inhumanität zugetragen, die über jeden Bewältigungsversuch hinaus reicht.

In vielen Köpfen vollzieht sich gegenwärtig ein Verfall von Geschichtswissen. Er nimmt aber sonst kaum ein solches Ausmaß an wie in den Vorstellungen und Phantasien, die sich um das »Dritte Reich« und seinen Führer ranken. Was muß man unseren Kindern und Jugendlichen über den schrecklich »heroischen« Alltag des »Dritten Reichs« und der Gaskammern, was über den Mann Hitler erzählt haben, bis sich so verdrehte Phantasien bilden konnten wie sie sich z. B. im Bericht des Pädagogen Dieter Boßmann niederschlagen? Boßmann hat für seine Information 3042 Aufsätze von Schülern aus allen Schultypen untersucht. Umfragen in der letzten Zeit ließen erkennen, daß hauptsächlich die mündliche Überlieferung durch Eltern und Großeltern diese chaotische Geschichtsrezeption bewirkt haben. Die Teilhaber und Mitwirkenden, die mittel- und unmittelbaren Beobachter des »Dritten Reichs« sind es, die eine solche Wirrnis zustande gebracht und an die Nachkommen übermittelt haben. Nicht späteren Historikern blieb es überlassen, unfaßbar grauenvollen Fakten nicht gewachsen zu sein. Die Vorstellungen, die über Hitler kursieren, wären gar nicht anders zu erklären, als aus der Tatsache, daß offenbar die Auseinandersetzung mit verdrängten Inhalten der Nazizeit keineswegs abgeschlossen ist, weder auf bewußter noch auf unbewußter Ebene. Soweit Erinnerungen preisgegeben werden, sind sie nicht nach Gesetzen der Logik wie bei einem rationalen Geschehen zusammengefügt, sondern eher in der Art und Weise, wie wir träumen und mit den Traumstücken der äußeren und bedrohlichen inneren Realität umgehen. Der Traum sprengt die Schranken, die unserer nüchternen Vorstellungswelt gesetzt sind. Das Unsinnige ist aber zugleich das Notwendige, wenn es gilt, nicht von Schrecken und Todesangst – Angst auch vor späterer Rache ihrer Opfer – überwältigt zu werden. So bedrohlich lebendig ist in unserem Unbewußten geblieben, was sich in den Jahren des »Dritten Reichs« zutrug. Verhängnisvoll könnte es werden, wenn wir aus den Augen verlören, was damals Wirklichkeit war. Die heute Zwanzigjährigen und Jüngeren leben immer noch im Schatten der Verleugnung und Verdrängung von Ereignissen, die wir nicht ungeschehen machen können. Wir sollten aber wenigstens bis dahin gelangen, wo um die geschichtliche Wahrheit gerungen wird – und nicht um die effektivste Abwehr dieser Wahrheit.

Die Schuld des »Dritten Reichs« endet also nicht, wie man es gerne gesehen hätte, bei würdevollen Nachrufen auf die Opfer.

II

Noch etwas ist zu kontrollieren: der Einfluß, den die Verrücktheiten der Eltern auf das Weltbild ihrer Kinder nehmen. Es sollte unser Ziel bleiben zu erreichen, daß Schüler und Studenten nicht nur einseitig von den Eltern her über das Nazitum beeinflußt werden, über das, was Wirklichkeit war. Sie müssen auch von der Schule, und zwar dort vom historischen Fachmann her, informiert werden, so daß sie die Eltern aus unverzerrten Darstellungen ihrerseits unterrichten können. Solches Material stellt zum Beispiel das Münchner »Institut für Zeitgeschichte« mit seinen Veröffentlichungen bereit. Alle Versuche der Aufklärung von Erwachsenen zu Erwachsenen waren bisher zum Scheitern verurteilt, weil wir uns nicht den inneren Wahngehalten, die wechselseitig projiziert wurden, nähern konnten. Wenn irgend etwas, so kann in dieser Notlage nur das angemessene psychologische Verständnis weiterhelfen. Es bleibt immer noch ein aktuelles Thema, das hier abgehandelt wird: »Die Unfähigkeit zu trauern«. Wenn man einen Wahn, der zum Unzugänglichsten am Menschen gehört, überhaupt beeinflussen kann, dann sicher nur durch solche Versuche, Unbewußtes psychologisch zu verstehen. Hier eröffnet sich ein Verständnis, das uns vielleicht weiterbringt. Wir hoffen, die neuen Leser, die das Buch vielleicht jetzt gewinnen wird, verstehen es als Paradigma einer Psychohistorie.

August 1977   A. M.

Vorbemerkung

Von allen Staatsformen gewährt die parlamentarische Demokratie ihren Mitgliedern das größte verbriefte Recht auf individuelle Freiheit. In Tat und Wahrheit ist der Spielraum nicht groß. Es kann deshalb nicht als Ausdruck eines ängstlichen Pessimismus gedeutet werden, wenn man sich um den Fortbestand dieses Wenigen Sorge macht. Denn offenbar fällt es unvergleichlich schwerer, eine kollektive Lebensform zu erreichen, welche Gedankenfreiheit gewährt – als Basis jeder Freiheitserfahrung –, als diese Freiheit wieder zu verlieren.

Die Abhandlungen dieses Buches untersuchen psychische Prozesse in großen Gruppen, als deren Folge sich Freiheit oder Unfreiheit der Reflexion und der Einsicht ausbreiten. Es wird also der Versuch unternommen, einigen Grundlagen der Politik mit Hilfe psychologischer Interpretation näherzukommen, der Interpretation dessen, was Politik macht, nämlich menschlichen Verhaltens in großer Zahl.

Den Ausgangspunkt solcher Überlegungen bildet die Bundesrepublik. In ihr erfahren deutsche Bürger zum ersten Mal demokratische Gedankenfreiheit in Verbindung mit der Ausbreitung relativen Wohlstands. Der Beobachter dieses politischen Gebildes sieht sich jedoch zu der Frage gedrängt, wieviel Leidenschaft für die Demokratie sich zeigen würde, wenn die bundesrepublikanischen Geschäfte einmal entschieden schlechter gehen sollten. Gibt es neben unserem Streben nach Reichtum auch ein neuerdings erwachtes nach Freiheit? Mehrt oder mindert sich die Toleranz, abweichende Meinungen – auch solche, die uns ärgern – zu ertragen und zu achten? Ist Gedankenfreiheit für die Bürger unseres Landes zur unabdingbaren Forderung an ihre Gesellschaft geworden? Mit anderen Worten: Wird diese Freiheit lebendig empfunden, oder ist sie ein günstiger Zufall, der wie in der Weimarer Republik rasch wieder verlorengehen könnte? Das sind Fragen nach der Stabilität des Bewußtseins der Vielen, welche unsere Öffentlichkeit ausmachen.

Manches spricht für eine Demokratisierung des Landes, manches zeigt, wie leichthin das Wort gebraucht wird und wie hartnäckig vordemokratische Anschauungen sich am Leben halten. Es ist nicht die Absicht der Autoren, berechtigtes Mißtrauen vor deutschen Überraschungen zu schüren, es geht ihnen vielmehr um die Vergrößerung der Einsicht in jene Motive, welche die Direktiven für unsere Politik von langer Hand her bestimmen. Dieser Einsicht bedürfen wir aber besonders, um zu verstehen, was sich in diesem Jahrhundert in unserem Land zugetragen hat, und womöglich daraus zu lernen.

Das kann nicht ohne Berührung neuralgischer Punkte abgehen. Wo aber Gedankenfreiheit nicht fortwährend kritisch herausgefordert wird, ist sie in Gefahr, wieder zu verlöschen. Denn sie ist an den schwächsten Teil unserer seelischen Organisation, an unser kritisches Denkvermögen, geknüpft.

Vornehmlich in dem Kapitel *Über die Unfähigkeit zu trauern* werden Tabus angefaßt. Es wird der psychologische Nachweis versucht, warum bis heute die Epoche des Dritten Reiches – und schon zuvor der Zusammenbruch der Weimarer Republik durch demokratiefeindliches Verhalten ihrer Bürger – nur unzulänglich kritisch durchdrungen wurde. Das trifft natürlich nicht auf das Wissen einiger Fachleute zu, sondern auf die mangelhafte Verbreitung dieses Wissens im politischen Bewußtsein unserer Öffentlichkeit. Wir – als ein Kollektiv – verstehen uns in diesem Abschnitt unserer Geschichte nicht. So wir überhaupt darauf zurückkommen, verlieren wir uns vornehmlich in Ausflüchten und zeigen eine trügerische Naivität; de facto ist unser Verhalten von unbewußt wirksam gewordenen Verleugnungen bestimmt. Infolgedessen ist unser Selbstvertrauen unsicherer, als es sein könnte.

Die Autoren bemühen sich, schwer verfolgbare Bedingungszusammenhänge sichtbar werden zu lassen. Es kommt ihnen auf die Darstellung einiger, wie sie meinen, unsere Gedankenfreiheit einengender Verhaltensweisen an. Das ist gewiß nicht alles, was sich über die gegenwärtige Bewußtseinslage Deutschlands sagen ließ. Aber es spiegelt sich in ihnen der innere Zustand, der unser öffentliches Bewußtsein, den Grad seiner Wachheit oder Schläfrigkeit mitbestimmt.

Der Analytiker seelischer Prozesse in Gruppen sieht sich einer oft nur schwer greifbaren und niemals nur einsinnig zu ordnenden Vielfalt von Erscheinungen gegenüber. Das wird bei der Untersuchung des Ausbleibens von Trauerreaktionen nach einer nationalen Katastrophe größten Ausmaßes sehr deutlich. Trauer ist ein seelischer Prozeß, in welchem das Individuum einen Verlust verarbeitet. Henry Loewenfeld[1] hat mit Recht darauf hingewiesen, daß eine Störung dieser Trauerarbeit beim einzelnen dessen seelische Entwicklung, seine zwischenmenschlichen Beziehungen und seine spontanen und schöpferischen Fähigkeiten behindert; eine Übertragung solcher Einzelerfahrungen auf eine große Gruppe bereite jedoch erhebliche Schwierigkeiten, weil hier bei der Vielfalt der Lebensumstände und Charaktere neue unbekannte Faktoren hinzukommen. Die Autoren sind sich deshalb darüber im klaren, daß ihre Versuche der Verallgemeinerung oder, besser, ihre Beschreibung von Reaktionen, die bei Personen sonst sehr unterschiedlichen Charakters dennoch übereinstimmend verlaufen, zunächst auf Hypothesen beruhen. Es liegt ihnen daran, die Aufmerksamkeit auf diese Vorgänge zu lenken und vielleicht empirische Einzeluntersuchungen anzuregen; über den behaupteten Sachverhalt nämlich, daß zwischen dem in der Bundesrepublik herrschenden politischen und sozialen Immobilismus und Provinzialismus einerseits und der hartnäckig aufrechterhaltenen Abwehr von Erinnerungen, insbesondere der Sperrung gegen eine Gefühlsbeteiligung an den jetzt verleugneten Vorgängen der Vergangenheit andrerseits ein determinierender Zusammenhang besteht. Es erwies sich für die Autoren als überaus schwierig, die Folgerichtigkeit dieser Entwicklung sichtbar zu machen.

Das liegt auch an der Eigenart der *psychischen* Ökonomie: Was im vorliegenden Buch zu beleuchten und zu erklären versucht wird, entzieht sich gemeinhin unserem Bewußtsein, weil mit ihm für unser Selbstgefühl so schmerzliche und erschütternde Erfahrungen

1 Persönliche Mitteilung.

verbunden sind. Die Autoren hatten es mit dem wohlorganisierten inneren Widerstand gegen die Durcharbeitung eines Stücks unserer Geschichte zu tun, deren Schuldmoment unerträglich war und ist.

So entsteht die Alternative: Verjährung ohne Trauerarbeit; die Täter, Mittäter und Mitläufer sterben aus. Oder: durcharbeiten, wenigstens im Detail, beginnend mit jenen Einzelheiten, die an sich noch keine Unmenschlichkeiten sind, in der zahllosen Verbreitung freilich das Klima schufen zum Beispiel für Projekt und verbissene Verwirklichung der »Endlösung«. Darauf folgte jene panische Schuldangst, die zur Ausdauer in blinder Selbstzerstörung zwang und dann zur totalen äußeren Abkehr von dieser Identifikationslinie mit dem Nazismus. Es ist schon einiges erreicht, wenn es uns gelingt, etwas von der Essenz des damaligen Geschehens so zu vermitteln, daß der Leser eventuell auch mit eigenen Erfahrungen vergleichen und an ihnen nachprüfen, unter Umständen Mitschuld fühlend wiederentdecken kann.

Die emotionelle Verfassung, die den definitiven Ausschlag für ein vorherrschendes Verhalten in Großgruppen gibt, ist nicht nur eine rein quantitative Frage. Es geht um die *Leichtigkeit* der Ausbreitung eines Verhaltens. Um die Frage nämlich, ob ihm die seelische Struktur bei der großen Zahl entgegenkommt. So wird kaum jemand leugnen, daß es in Deutschland keine kleine Zahl von Menschen gibt, die höflich, anteilnehmend, rücksichtsvoll sind, dies alles nicht aus sittlichem Dressatgehorsam, weil man ihnen »Manieren« beigebracht hat, sondern weil sie gelernt haben, die Eigenart des Partners zu achten und sich für ihn zu interessieren. Die Einschränkung ist aber nicht zu vermeiden, daß diese freundlichen Deutschen etwa im Straßenverkehr oder in anderen Rücksicht fordernden Situationen nicht der den Ton bestimmende, sondern ein mehr oder minder »stummer« Bevölkerungsanteil sind. Der freundliche Deutsche, um es in einer zugespitzen Form zu sagen, hat im eigenen Land keinen zwingenden Vorbild-Charakter. Obgleich es ihn als angenehme Überraschung gibt.

Mit solchen Widersprüchen hat es der Sozialpsychologe zu tun; genauer betrachtet sind es nicht eigentliche Widersprüche, sondern gleichzeitig vorkommende gegensätzliche Charakterstrukturen und Verhaltensweisen. Allerdings bringen sie die Gesellschaften in verschiedener Häufigkeit hervor und geben ihnen verschiedene

Erfolgschancen. Höflichkeit zum Beispiel widerspricht einigen tradierten Grundwerten unserer Gesellschaft.

Die aufklärerische Absicht der Autoren ist es, die Chancen für den freundlichen Deutschen zu vermehren. Das kann man nicht, indem man seinerseits freundlich Zuspruch erteilt, sondern nur, indem man die Motivationen zu unfreundlichem Verhalten – im weitesten Sinn des Wortes – erkennt und zu verstehen lernt, warum es in unserer deutschen Gesellschaft über einen so langen Zeitraum dominierte.

Die Gedanken dieser Kapitel sind als Orientierungshilfe einem sehr schwierigen, sehr komplexen Gegenstand gegenüber zu verstehen. Es ist von unserer Geschichte die Rede, wie sie durch unser Verhalten zustande kam und jetzt fortgesetzt wird. Die Feststellungen, die notwendig sind, werden ohne Beschönigung getroffen, so eindeutig als möglich formuliert, sollten aber vom Leser nicht als apodiktisch verstanden werden.

Die Autoren fühlten sich bei der Arbeit an diesen Untersuchungen sehr engagiert. Sie haben ihre Absicht erreicht, wenn es ihnen gelingt, dem Leser zu zeigen, daß er und die Autoren diejenigen sind, die eine Sache zunächst selbst besser machen müssen, ehe ein Anspruch an andere gestellt werden kann.

Beim kritischen Sichten und Ordnen anderer vorangegangener und dieser letzten Fassung des Manuskriptes halfen uns Dr. Walter Hinderer und Dr. Hermann Schulz. Ihr sachgerechter Rat hat zur Verbesserung des Textes an vielen Stellen geführt, wofür wir herzlich danken. Die Ausdauer unserer Mitarbeiterin Frau Rosemarie Blaas beim Herstellen der Manuskripte war bewundernswert. Auch ihr gilt unser Dank für ihre unschätzbare Hilfe. Das Buch als Ganzes gehört zu einem sozialpsychologisch-sozialmedizinischen Forschungsprojekt, für das der eine von uns (A. M.) eine Unterstützung des Foundation Fund for Research in Psychiatry erhält. Dadurch wurden internationale Beobachtungen ermöglicht, die unser Auge, wie wir hoffen, für die nationalen Eigentümlichkeiten unseres Landes geschärft haben.

I

Die Unfähigkeit zu trauern –
womit zusammenhängt: eine deutsche Art zu lieben

»Den germanischen oder ›nordischen‹ Erbstrang, dem die Deutschen selber ihre ›heroische‹, ›faustische‹, unendlich schweifende Natur zugeschrieben haben – das heißt, eben die Eigenschaft, die von außen als Aggressivität erscheint –, diesen germanischen Erbstrang haben sie mit den meisten europäischen Völkern gemein, ja er ist besonders vorwaltend und rein bewahrt gerade in den friedfertigen, nüchternen und demokratischen Nationen der Niederlande und Skandinaviens. Diese Nationen haben das unbändige, chaotische Barbarentum der alten Germanenstämme restlos in sich zu überwinden oder zu sublimieren vermocht, und nicht für einen Augenblick haben sie sich von dem Nazitraum eines nordischen Weltreichs verführen lassen. Der einzigartige Charakter der Deutschen stammt nicht aus ihrer Herkunft, sondern aus ihrer Entwicklung.«
(Erich Kahler *Verantwortung des Geistes*. Frankfurt, S. Fischer, 1952.)

1. Deutsche Illusionen

In der Nacht des 22. Juni 1941, 15 Minuten vor Beginn des deutschen Angriffs auf Rußland, weckte man Mussolini aus dem Schlaf, um ihm einen Brief Hitlers vorzulegen, worin er ihm den »entscheidenden Entschluß seines Lebens« mitteilte. Auf die Frage seiner Frau, was das zu bedeuten habe, soll Mussolini geantwortet haben: »Das bedeutet, daß der Krieg verloren ist.«[1]

Der Krieg ging verloren. So gewaltig der Berg der Trümmer war, den er hinterließ, es läßt sich nicht verleugnen, daß wir trotzdem diese Tatsache nicht voll ins Bewußtsein dringen ließen. Mit dem Wiedererstarken unseres politischen Einflusses und unserer Wirtschaftskraft meldet sich jetzt mehr und mehr unbe-

[1] Zit. nach Sebastian Haffner *Ein Jahrestag mahnt*. Stern, Nr. 26, 26. Juni 1966.

hindert eine Phantasie über das Geschehene. In etwas vergröberter Formulierung ließe sich sagen, daß durch die Verleugnung der Geschehnisse im Dritten Reich deren Folgen nicht anerkannt werden sollen. Vielmehr will man die Sieger auf Grund ihrer eigenen moralischen und politischen Maßstäbe zwingen, die Konsequenzen der Naziverbrechen so zu handhaben, als ob es sich um einen belanglosen kriegerischen Konflikt gehandelt hätte. Nach dieser Interpretation des Weltgeschehens haben wir dann natürlich auch »Ansprüche«, zum Beispiel auf die verlorenen Ostgebiete jenseits der Oder-Neiße-Linie. Zwar hat uns das Beharren auf diesen Phantasien in der politischen Realität keinen Schritt weitergebracht; die Kluft zwischen den beiden deutschen Staaten hat sich unnötig vertieft; wir bestehen jedoch auf der Idee eines Rechtsanspruches, den wir in einem Friedensvertrag zur Geltung zu bringen hätten. Zwar ist ein solcher Vertrag nicht in Aussicht, und oft genug hat in der Geschichte der Menschheit die Regel gegolten, daß, wer einen Krieg zur völligen Vernichtung des Gegners begann, bei einer Niederlage mit entsprechenden Konsequenzen zu rechnen hatte. Denn es ist leicht abzusehen, in welcher Weise ein nationalsozialistischer Staat, wenn ihm der Sieg zugefallen wäre, die östlichen Staaten behandelt hätte – wir aber bringen nach all dem »Rechtsansprüche« vor, Rechtsansprüche, die wir selbst, wären wir die Mächtigen geblieben, nie als verbindlich anerkannt hätten. In den zwanzig Jahren seit Kriegsende und insbesondere seit Stalins Tod hat sich die definitive Festigung der Sowjetunion als Weltmacht vollzogen. Desungeachtet beharren wir auf der Erwartung, ein Friedensvertrag werde uns die Rückkehr nur »provisorisch unter fremder Verwaltung stehender Gebiete« bringen – also eine restitutio ad integrum. Das Dritte Reich, Hitlers Krieg nur ein Traum.

Mit dieser Einsicht in eine illusionär begründete Politik wird dem Vorwurf, wir betrieben »Revanchismus«, nicht das Wort geredet. Denn unsere Politik hat nicht die Mittel, das Weltgeschehen derartig zu beeinflussen, daß irgendwer mit uns auszöge, um mit Waffengewalt uns unsere verlorenen Ostgebiete »heimzuholen«. Diese Spekulation mag auf der Höhe des Kalten Krieges hier und da ernstlich gepflegt worden sein. Seit dem Sputnik sind solche Hoffnungen erkaltet. Unsere Politik ist nicht revanchistisch, sie ist illusionär – aber auch deshalb nicht ungefährlich. Weder unseren Regierungen noch unseren Parteien noch sonstigen Gruppen unserer Öffentlichkeit ist es gelungen, uns alle von einer einfachen, logisch verknüpften Kette von Tatsachen zu überzeugen: Wir haben die Sowjetunion mit Krieg überzogen, haben dem Land unendliches Leid gebracht und dann den Krieg verloren. Das hat zu einer Verschiebung der machtpolitischen Einflußzonen geführt. Nach der bedingungslosen Kapitulation müssen wir uns realpolitisch in die Tatsache schicken, daß der Sieger – der seinerseits den Sieg nur unter größten Opfern erreichte – seine Bedingungen so stellt, wie er sie für seine Interessen glaubt stellen zu müssen. Daß Rußland, ob bolschewistisch oder zaristisch, nach einem gewonnenen Krieg Gebietsforderungen stellen und eine Ausweitung seiner Einflußzone mit Nachdruck verfolgen würde, konnte man im vorhinein wissen. Indem wir in Rußland einmarschierten, waren wir dieses kalkulierbare Risiko eingegangen; aber wir sind jetzt nicht fähig, die Forderungen Rußlands als Kriegsfolge anzuerkennen, als ob die ganze Auseinandersetzung ein Kabinettskrieg und nicht ein ideologischer Kreuzzug gewesen wäre.

Man kann natürlich, wenn man so schroff formuliert – wir seien nicht bereit, hinzunehmen, den Krieg gegen Rußland ohne Einschränkung verloren zu haben –, leicht überführt werden, die Dinge zu übertreiben. Die Formulierung zielt auch nicht auf den rationalen Vordergrund, in dem man gezwungenermaßen mit einem schwer beweglichen machtpolitischen Koloß zu tun hat, sondern auf die dahinterliegenden Phantasien. Es geht um die Hintergedanken und ihren nicht geringen, wenn auch nicht leicht in einer einfachen Beweisführung darstellbaren Einfluß auf unser faktisches Verhalten.

Ein Tabu ist entstanden, ein echtes Berührungstabu. Es ist verboten, die Anerkennung der gegenwärtigen Grenzen beider deutscher Staaten als ein Faktum zu diskutieren, von dem man zunächst einmal auszugehen hat. Im Berührungstabu ist der Traum enthalten, es könnte sich doch noch durch unabsehbare Glücksfälle fügen, daß zurückzuholen ist, was sträflich Hybris aufs Spiel gesetzt und vertan hat. Es ist tatsächlich ein gefährlicher Traum, statt der Anstrengung, nationale Grenzen ihres Charakters der Barrieren vor einem freien Verkehr zu entkleiden – so daß es uns erlaubt wäre, an die Kurische Nehrung zu fahren wie in die Vogesen –, den »Alleinvertretungsanspruch« höher einzuschätzen und während zwanzig Jahren sich nicht um eine vernünftige Koexistenz zu bemühen. Dabei enthüllt sich die Macht der Hintergedanken, denn sie sind es, die den erträglichen Kompromiß zugunsten der unerträglichen Rechthaberei auf beiden deutschen Seiten verwerfen ließen.

Dementsprechend müssen auch für fremde Ohren unsere Versicherungen, bei der Verfolgung unserer Rechtsansprüche auf Einsatz von Machtmitteln zu verzichten, etwas Unverbindliches enthalten. Diese deutsche Art, das schier Unerreichbare kompromißlos so zu lieben, daß das Erreichbare darüber verlorengeht, wiederholt sich in der deutschen Geschichte seit dem Heiligen Römischen Reich Deutscher Nation.

Die Orientierung am Unwirklichen war einer der Anlässe der folgenden Untersuchung. Da wir es mit Phantasien zu tun haben, die im scheinbar logisch geordneten Verhalten aufzufinden sind, kompliziert sich die Darstellung, und wir können es nicht verhindern, daß unsere Beobachtungen oft schwerfällig formuliert und vielleicht peinigend um die Sache bemüht sind. Trotzdem erhoffen wir vom Leser, daß er seine Unlust angesichts dessen, was wir ausbreiten, zunächst aushält, ehe er zum Urteil schreitet.

Die Grundlagen dieser sozialpsychologischen Analyse sind keine systematischen Untersuchungen, sondern Spontanbeobachtungen, wo immer Verhalten zutage trat, von dem sich sagen ließ, es vertrete nicht nur eine individuelle, sondern eine verbreitete und häufig beobachtbare Reaktion. Wir stellen im folgenden zwei Verhaltensweisen dar, die uns so weit verbreitet erscheinen, daß man sie als repräsentativ ansehen darf. Ein Trend des Verhaltens läßt sich mit dem Begriff »Abwehrmechanismen gegen die Nazivergangenheit« zusammenfassen. Das soeben genannte Beispiel der Verleugnung der Niederlage durch einen Gegner, dem man sich nach »Rasse« und Kultur weit überlegen dünkte, zeigt etwas von diesem seelischen Aufwand. Es ist wichtig, festzustellen, daß die Niederlage an dieser negativen Bewertung nicht viel geändert zu haben scheint. Jedenfalls hat die deutsche Regierung und haben offizielle und inoffizielle Sprecher unseres Landes bis in die allerletzte Zeit wenig getan, um die tiefe Kluft der Entfremdung zwischen uns und unseren östlichen Nachbarn mit Hilfe eines tiefer gehenden Verständnisses zu verringern.

Der zweite Trend läßt sich wesentlich schwerer beschreiben. Er bezieht sich auf eine Reaktionsträgheit, die sich in unserem gesamten politischen und sozialen Organismus bemerkbar macht. Die Einsichten, die hier mit Hilfe seelischer Sperrungen abgewehrt werden, sind ungelöste oder unzureichend verstandene Probleme unserer gegenwärtigen Gesellschaft. Wo wir höchste Aufmerksamkeit erwarten dürfen, stoßen wir auf Indifferenz. Diese diffus verteilte Anteilnahmslosigkeit wird besonders dann bemerkbar, wenn man sich die rasche Veränderung unserer materiellen Umwelt vor Augen hält. Lebhaftes Interesse bei allen Beteiligten für technische Probleme steht in Kontrast zur Indolenz, mit der unsere politischen Grundrechte behandelt werden. Die Anteilnahme an alledem, was einer aufgeklärten Öffentlichkeit am Herzen liegen sollte, ist relativ gering. Die rapide zunehmende Industrialisierung, die Ballung der Bevölkerung in Schwerpunktsregionen der Industrie, die Zunahme der unselbständigen Arbeit, die ständige Umstrukturierung aller Herstellungstechniken, die Handhabung der Wissensvermittlung in einer derart veränderten und komplizierten Gesellschaft, die Rückwirkung alles dessen auf das Bezugspaar Trieb – Moral sollte Anstrengungen provozieren, in einem reflektierten Bewußtsein zu einem angemessenen Verständnis vorzudringen. Eine neue Welt entsteht vor unseren Augen, aber es verlangt die meisten Menschen unseres Landes kaum danach, sich verläßlich zu informieren, die Manipulationen zu durchschauen, denen ihre Wertvorstellungen dauernd unterworfen werden, überhaupt sich ein zusammenhängendes Bild von den Kräften zu machen, die zu unseren Lebzeiten den Gang der Geschichte beeinflussen. Darin müßte unsere Zeit sich prinzipiell von der Vergangenheit unterscheiden, weil vom Menschen produzierte Umwelt für immer mehr Menschen in immer überwiegenderem Maß das Leben bestimmt.

Hier überdeckt sich ein spezifisch deutsches mit einem zeittypischen Verhalten. Die unabsehbare und sich dauernd beschleunigende Vermehrung unseres Wissens, das enge Eingebundensein des einzelnen in große Produktions- oder Verwaltungskombinate, sein immer kleinerer Aktionsraum als Spezialist wirken überall lähmend auf die Initiative. Für alle Länder, die vom Prozeß der Industrialisierung ergriffen wurden, wird die fatale Frage immer drängender, wie man politisches Engagement der Massen gerade an den Prozessen erreichen könnte, die über ihr Fortleben und die Art ihres Zusammenlebens entscheiden, auf die sie aber unter den gegenwärtigen Verhältnissen schwindende Möglichkeiten des Einflusses haben. Denn die Vorgänge der Konzentration der Macht an wenigen Orten, die höchst vermittelte Einflußmöglichkeit vielseitig abhängiger Spezialisten schließen aus anderen Gründen als in der Vergangenheit, aber ebenso wirkungsvoll die Massen von den politisch wirklich bedeutenden Entscheidungen aus. Die Verhärtung in nationalistischer Selbstbezogenheit hat hierin eine ihrer Wurzeln. Innerhalb des nationalen Raumes verweigern ihrerseits große Teile der Bevölkerung ihre Anteilnahme an den politischen Problemen, geschweige daß sie zu einer aktiven Mitarbeit über ihre Arbeitsverpflichtungen hinaus zu bewegen wären. Ihr Zustand verrät Abstumpfung eines neuen Typs. Er läßt sich als Verarmung in den Objektkontakten, das heißt in den von Gefühl und Denken getragenen Kommunikationsprozessen, charakterisieren. Es mag sein, daß eine ähnliche Interesselosigkeit etwa unter den chronischen Mangelverhältnissen der Vergangenheit, also unter dem Einfluß endemischen Hungers, bestanden hat. Mit Ausnahme weniger Stadtrepubliken ist in der Geschichte auch kaum eine ernsthafte Anstrengung gemacht worden, die Bevölkerung als ganze systematisch auf Entscheidungen vorzubereiten und sie damit an ihrem sozialen Umfeld mit mehr als primitiv egoistischer Anteilnahme zu interessieren. In unserer Zeit bietet das Problem der politischen Apathie (bei gleichzeitig hochgradiger Gefühlsstimulierung im Konsumbereich) jedoch besondere Aspekte. Aus diesen durch die gesellschaftlichen Prozesse in Apathie gezwungenen Massen brechen fortwährend irrationale destruktive Verhaltensweisen hervor. Außerdem hat es noch nie Massen dieser Größenordnung, aber damit auch noch nie politische Entscheidungen gegeben, die so viele Menschen betreffen.

Diese ubiquitären Schwierigkeiten in den national abgegrenzten, sich industrialisierenden Gesellschaften kamen uns nach Kriegsende sehr gelegen. Aus einer unter dem Nationalsozialismus rückschrittlich aggressiven wandelten wir uns, was den Phänotypus betrifft, in eine apolitisch konservative Nation. Das ist relativ leicht darstellbar am Mangel unserer Neugier. Psychologisches Interesse für die Motive, die uns zu Anhängern eines Führers werden ließen, der uns zur größten materiellen und moralischen Katastrophe unserer Geschichte führte – was mit Vernunft betrachtet das brennendste aller Erkenntnisprobleme sein müßte –, haben wir nur wenig entwickelt und uns auch nur wenig für die Neuordnung unserer Gesellschaft interessiert. Alle unsere Energie haben wir vielmehr mit einem Bewunderung und Neid erweckenden Unternehmungsgeist auf die Wiederherstellung des Zerstörten, auf Ausbau und Modernisierung unseres industriellen Potentials bis zur Kücheneinrichtung hin konzentriert. Die monomane Ausschließlichkeit dieser Anstrengung ist nicht zu übersehen; sie hat allmählich das politische Leben unseres Landes immer mehr in administrativer Routine erstarren lassen. Diese Entwicklung bietet sich uns wie eine Selbstverständlichkeit dar. Sie so einzuschätzen ist gewiß ein Trugschluß, ein Einblick in die Motive dieses einseitigen Verhaltens scheint vielmehr das, was zu fordern ist. Das gleichsam Natürliche dieses werktätigen Eifers verdeckt zunächst schon einmal die Zusammenhänge, aus denen heraus es ihm gelingt, sich in unserem Bewußtsein mit solcher Selbstverständlichkeit zu präsentieren.

Die Restitution der Wirtschaft war unser Lieblingskind; die Errichtung eines demokratischen Staatsgebäudes hingegen begann mit dem Oktroi der Sieger, und wir wissen bis heute nicht, welche Staatsform wir selbst spontan nach dem Kollaps der Naziherrschaft gewählt hätten; wahrscheinlich eine ähnlich gemildert autoritäre von Anfang an, wie sie sich heute aus den demokratischen Grundlagen – die wir schrittweise bis zur Großen Koalition hin aufgeben – entwickelt haben. Es ist nicht so, daß man den demokratischen Staatsgedanken ablehnte wie weitgehend während der Weimarer Republik. Man kann aber auch wenig mit ihm anfangen, weil man ihn, psychologisch gesprochen, nicht libidinös zu besetzen versteht. Es ist kein spannendes Spiel der Alternativen, das in unserem Parlament ausgetragen würde, wir benützen diesen Staat als Instrument für Wohlstand – kaum der Erkenntnisproduktion; entsprechend drängen sich nur wenig politisch schöpferische Talente in seine Ämter. Die politische Routine, die sich immer mehr in ein spanisches Zeremoniell des Proporzes hinein entwikkelt, bringt kaum originelle Versuche, produktive Phantasien in den politischen Gegebenheiten der Nachkriegszeit wirksam werden zu lassen. Dazu hätte etwa die Anstrengung gehört, unser politisches Selbstverständnis unter Anerkennung der Tatsache zu bilden, daß der Sowjetmacht die endgültige Stabilisierung als Weltmacht gelungen ist und daß wir ihrer Ideologie gegenüber Argumente statt Vorurteile ins Feld zu führen haben. Oder es hätte dazu die andere Aufgabe gehört, zu begreifen, welch nachhaltige Vorstellungen über uns bei den mit uns in politischen und Handelsbeziehungen stehenden Völkern in Erinnerung der Ziele und der Art unserer Kriegsführung während des Zweiten Weltkriegs entstanden sind. Es ist kaum ernstlich zu bestreiten, daß nur eine kleine Schicht der deutschen Öffentlichkeit sich in dieser Richtung bemüht hat und daß die offizielle Politik an Fiktionen und an ein Wunschdenken gefesselt blieb und – zunächst auch für die eigene politische Sanierung – den tiefer gehenden Versuch, zu einem Verständnis der erschreckenden Vorgänge zu gelangen, bis heute schuldig geblieben ist, unter anderem des erschreckenden Ausmaßes unserer Beeinflußbarkeit durch die Versprechungen der Nazis.

Der Effekt ist eine weitgehende Isolierung nach außen und eine auffällig linkische Art in der Entscheidung von Takt- und Geschmacksfragen. Es fehlt die Urbanität. Adenauers Entschluß, den Kommentator der Nürnberger Rassengesetze, Hans Globke, zum Leiter seiner Kanzlei zu machen, symbolisiert das ebenso wie Lübkes Ablehnung der französischen Auszeichnung für Klara Faßbinder. Die Unfähigkeit, beim Wiederaufbau der Städte neue Konzepte zu verwirklichen oder auch bei der Planung unserer Schulen, zeigt auf drastische Weise die *Ich-Entleerung* unserer Gesellschaft. Damit ist die Schwäche gemeint, die das Ich in seinem produktiven und integrierenden Anteil bei der Gestaltung der sozialen Realität in den vielfältigsten Facetten und an den unterschiedlichsten Schauplätzen erkennen läßt. Nach dem Ausmaß der Katastrophe, die hinter uns liegt, konnte es nicht zu einer Traditionsorientierung kommen; die Tradition war gerade das, was durch die nationalsozialistische Herrschaft am nachhaltigsten zerstört wurde, und es war zuvor schon eine höchst problematische Tradition gewesen. Übrig geblieben sind äußerliche Gewohnheitselemente, Verhaltensmuster und Konformismen, welche eine darunterliegende ziemlich unartikulierte Lebensform wie eine Kulisse verdecken. Und diese überall aufgestellten Versatzstücke geben unserer innenpolitischen Wirklichkeit und unserem Alltag einen theatralischen und unwahrhaftigen Beigeschmack.

»Keine Experimente«, diese Kurzdefinition des Zustandes steht – gerade weil es kaum Traditionen, das heißt unzerstörte und wirksam gebliebene Identifikationen gibt – im Widerspruch zur deutschen Sozialgeschichte. Denn von unserem Lande ist schon einmal in der industriellen Ära die Initiative zur Bewältigung bedrückender Sozialverhältnisse ausgegangen. Im letzten Drittel des vorigen Jahrhunderts hat es die stärkste sozialistische Bewegung hervorgebracht, welche die konservativen Kräfte unter Bismarck zu einem beachtlichen Kompromiß in der Sozialgesetzgebung zwang. Keine derartige revolutionäre, vorwärtsdrängende Idee war nach dem Ende des Dritten Reiches zu spüren. Das Land scheint in seiner Kraft, politisch wirksame Ideen hervorzubringen, erschöpft, da die meisten seiner Bürger mit den Ideen des Rassismus und der Herrschaftsideologie des Nationalsozialismus einverstanden waren. Sie haben in der Tat mit dem Untergang der Naziherrschaft die Grundlage ihrer Orientierung verloren. Seit 1914 wurden zwei Generationen mit traditionsverwirrenden Ereignissen konfrontiert, die aber auch ihrerseits den Zustand innerer Erregtheit bei den Individuen erkennen lassen. Die Inflation des Selbstgefühls in der kaiserlichen Ära des bürgerlichen Nationalismus diente der Abwehr von Parvenügefühlen, zu spät Großmacht geworden zu sein, dazu addierte sich wenig bedächtiges Machtbewußtsein aus der Kraft der neuen »Waffenschmieden«. Die Verkennung der politischen Realität führte zur Niederlage im Ersten Weltkrieg. Die Verwechslung von Allmachtsphantasie und faktischer Potenz hatte die Übermacht mißachtet. Zwanzig Jahre später beginnt sich das gleiche zu wiederholen, als hätte es keine Vorerfahrung gegeben. Dazwischen erweckt die Arbeitslosigkeit von Millionen regressive Ängste; die Krise der dreißiger Jahre wird nicht als Zeichen einer noch nicht erreichten Ordnung, sondern als Folge der Abkehr von alten Autoritäten gedeutet. Bei Hitler wurden daraus Blutmächte, gegen welche gesündigt worden war.

Solche welterlöserische Träume von alter Größe stellen sich ein, wenn das Gefühl, von der Geschichte überholt zu sein, Ohnmacht und Wut erweckt. Ressentiments rufen dann nach dem starken Mann, nach Diktatur und Terror als mit Gott und dem Schicksal verbündeten Ordnungsmächten. Hat man sich mit einer Freund-Feind-Lehre solcherart eingelassen, dann kann man nicht mehr in nüchternem Kalkül die seelische Verfassung und die Widerstandskraft der Gegner, die man angreifen will, angemessen einschätzen. Es ist leicht, hier von Irrationalität der Urteilsbildung zu sprechen, aber sehr schwierig, dieses irrationale Verhalten in seinen Motivationen zu verfolgen. Daß es sich um irrationale, das heißt aus dem Unbewußten stammende Impulse bei der politischen und militärischen Zielsetzung gehandelt haben muß, geht daraus hervor, daß die deutsche Öffentlichkeit einschließlich des Militärs diese Umwelt so irrtümlich in ihrer Widerstandskraft gegen das deutsche Angriffspotential eingeschätzt hat. Abermals folgte die Quittung: der verlorene Krieg, der bis heute mit dem früheren idealisierten Selbstbildnis der privilegierten Rasse nicht zu vereinen ist. Den Begriff Rasse sollte man hier nicht zu eng fassen. Er meint Leute, die sich auf Grund der Fähigkeiten, die sie sich selbst zuschreiben, prädestiniert dafür halten, über andere zu herrschen. Da auch die meisten Offiziere des Generalstabs dem Wunschdenken der politischen Führung unterlagen, sind sie ein treffendes Beispiel, mit welchem Nachdruck emotionell besetzte Zielvorstellungen logisches Denken auch in Menschen, die in solchem Denken geübt sind, sich ein- und unterzuordnen vermögen.

Nach dem Wahn, mit sozialen Problemen im Stil der »Endlösung« fertig zu werden, ist nicht zu erwarten, daß die Rückkehr in den »Alltag« mühelos gelingt. Im Jahre 1945 gab es keine Autorität in der deutschen Öffentlichkeit, die nicht kompromittiert gewesen wäre. Das galt für die Relikte der Feudalstruktur und des liberalen Bürgertums. Außer einer vagen Hoffnung auf europäische Integration war auch kein Rückgriff auf ein politisches Konzept möglich, das aus einer Widerstandsbewegung gegen den Nazismus hervorgegangen wäre. Die Rückerinnerung mußte weiter ausgreifen, auf einen Mann, der seine Prägung in der längst vergangenen Staatsform des kaiserlichen Deutschland erhalten hatte. Die Herrschaft einer uralten Vaterautorität begann; und ihr blieb es überlassen, »Staat« zu repräsentieren, während sich die libidinöse Energie, wie gesagt, im Wirtschaftsbereich sammelte. Der »Staat« übernahm die Rolle, die Wirtschaft vor Auseinandersetzungen zu bewahren, die aus einer Kritik an unseren bis 1945 gültigen nationalen Zielsetzungen herrühren könnten. Und solche Kritik kam auch weithin nicht auf. Statt einer politischen Durcharbeitung der Vergangenheit als dem geringsten Versuch der Wiedergutmachung vollzog sich die explosive Entwicklung der deutschen Industrie. Werktätigkeit und ihr Erfolg verdeckten bald die offenen Wunden, die aus der Vergangenheit geblieben waren. Wo ausgebaut und aufgebaut wurde, geschah es fast buchstäblich auf den Fundamenten, aber kaum noch in einem durchdachten Zusammenhang mit der Tradition. Das trifft nicht nur für Häuser, sondern auch für den Lehrstoff unserer Schulen, für die Rechtsprechung, die Gemeindeverwaltung und vieles andere zu. Im Zusammenhang mit dieser wirtschaftlichen Restauration wächst ein charakteristisches neues Selbstgefühl. Auch die Millionenverluste des vergangenen Krieges, auch die Millionen getöteter Juden können nicht daran hindern, daß man es satt hat, sich an diese Vergangenheit erinnern zu lassen. Vorerst fehlt das Sensorium dafür, daß man sich darum zu bemühen hätte – vom Kindergarten bis zur Hochschule –, die Katastrophen der Vergangenheit in unseren Erfahrungsschatz einzubeziehen, und zwar nicht nur als Warnung, sondern als die spezifisch an unsere nationale Gesellschaft ergehende Herausforderung, mit ihren darin offenbar gewordenen brutal-aggressiven Tendenzen fertig zu werden.

Die Beispiele mögen zufällig und nach dem Horizont der Autoren gewählt sein. Andere Beobachter werden mit anderen Beispielen aufwarten können. In allen sehen wir jene Hemmung, jene Blockierung der sozialen Phantasie, jenen fühlbaren Mangel an sozialer Gestaltungskraft.

Diese Fakten werden hier nicht erwähnt, weil moralische Anklage erhoben, sondern weil ein Notstand besonderer Art charakterisiert werden soll. Unsere Überlegungen möchten zur Aufhellung des vielfältigen Motivationszusammenhangs zwischen Ereignissen unserer Nazivergangenheit und einem Mangel an sozialer Gestaltungskraft in unserer Gegenwart beitragen. Dementsprechend sieht unsere Hypothese die gegenwärtige politisch-gesellschaftliche Sterilität durch Verleugnung der Vergangenheit hervorgerufen. Die Abwehr kollektiv zu verantwortender Schuld – sei es die Schuld der Handlung oder die Schuld der Duldung – hat ihre Spuren im Charakter hinterlassen. Wo psychische Abwehrmechanismen wie etwa Verleugnung und Verdrängung bei der Lösung von Konflikten, sei es im Individuum, sei es in einem Kollektiv, eine übergroße Rolle spielen, ist regelmäßig zu beobachten, wie sich die Realitätswahrnehmung einschränkt und stereotype Vorurteile sich ausbreiten; in zirkulärer Verstärkung schützen dann die Vorurteile wiederum den ungestörten Ablauf des Verdrängungs- oder Verleugnungsvorganges. Auf eine Behandlung sozialer Probleme im Stil der »Endlösung« kann kein müheloser Übergang in den zivilisierten »Alltag« folgen, ohne daß eine Bewußtseinsspaltung eintritt.

Das, was kam, muß deswegen in seinem Wirkungszusammenhang mit dem Vorhergehenden verstanden werden, sosehr im Bewußtsein der Bruch, die Abkehr, der Neuanfang bei der Stunde Null im Vordergrund steht. Es ist klar, daß man millionenfachen Mord nicht »bewältigen« kann. Die Ohnmacht der Gerichtsverfahren gegen Täter wegen der Größenordnung ihrer Verbrechen in dieser Vergangenheit beweist diesen Tatbestand in symbolischer Verdichtung. Aber eine so eng juristische Auslegung entspricht nicht dem ursprünglichen Sinn der Formulierung von der unbewältigten Vergangenheit. Mit »bewältigen« ist vielmehr eine Folge von Erkenntnisschritten gemeint. Freud benannte sie als »erinnern, wiederholen, durcharbeiten«[1]. Der Inhalt einmaligen Erinnerns, auch wenn es von heftigen Gefühlen begleitet ist, verblaßt rasch wieder. Deshalb sind Wiederholung innerer Auseinandersetzungen und kritisches Durchdenken notwendig, um die instinktiv und unbewußt arbeitenden Kräfte des Selbstschutzes im Vergessen, Verleugnen, Projizieren und ähnlichen Abwehrmechanismen zu überwinden. Die heilsame Wirkung solchen Erinnerns und Durcharbeitens ist uns aus der klinischen Praxis wohlbekannt. In der politischen Praxis führt uns dieses Wissen noch keinen Schritt weiter. Denn nur der Kranke, dessen Leiden am Symptom größer

---

1 S. Freud *Erinnern, Wiederholen, Durcharbeiten*. Ges. Werke X, 126 ff.

ist als der Gewinn aus der Verdrängung, findet sich bereit, seine Bewußtseinszensur für die Wiederkehr des Verleugneten und Vergessenen schrittweise zu lockern. Diese Therapie müßte aber in einem Kollektiv verwirklicht werden, dem es, wenigstens materiell, insgesamt besser geht als je zuvor. Es verspürt keinen fühlbaren Anreiz, seine Auslegung der jüngsten Vergangenheit den unbequemen Fragen anderer auszusetzen; einmal, weil die manische Abwehr durch Ungeschehenmachen im Wirtschaftswunder sehr erfolgreich war, die Welt akzeptiert die »deutsche Wertarbeit«, was immer sie sonst von den Deutschen denken mag; zum anderen – und das fällt nicht weniger ins Gewicht –, weil die militärischen und moralischen Sieger über das Dritte Reich inzwischen in »begrenzten« Unternehmen wie dem Krieg in Algier oder Vietnam gezeigt haben, daß auch sie zu schwerer wiegenden Inhumanitäten fähig sind.

Wir verlangen also nach näherer Aufklärung über den Sprung, den so viele vom Gestern ins Heute taten. Es war eine blitzartige Wandlung, die man nicht jedermann so mühelos zugetraut hätte. Durch Jahre war die Kriegführung und waren die Kriegsziele der Naziführer mit minimaler innerer Distanz bejaht worden, Vorbehalte blieben jedenfalls ohne Auswirkung. Nach der vollkommenen Niederlage kam die Gehorsamsthese auf, plötzlich waren nur noch die unauffindbaren oder abgeurteilten Führer für den in die Tat umgesetzten Völkermord zuständig. Zwar hatten alle Schichten, und vornehmlich die führenden, die Industriellen, die Richter, die Universitätslehrer, entschiedene und begeisterte Unterstützung gewährt, mit dem Scheitern sahen sie sich jedoch wie selbstverständlich von der persönlichen Verantwortung entbunden.

Die große Majorität der Deutschen erlebt heute die Periode der nationalsozialistischen Herrschaft retrospektiv wie die Dazwischenkunft einer Infektionskrankheit in Kinderjahren, wenn auch die Regression, die man unter der Obhut des »Führers« kollektiv vollzogen hatte, zunächst lustvoll war – es war herrlich, ein Volk der Auserwählten zu sein. Dieser Glaube ist für sehr viele zwar nicht unerschüttert geblieben, aber auch nicht widerlegt. Der Nationalismus, den Deutschland heute bietet, ist relativ unauffällig, sowohl im Vergleich mit den übrigen westlichen, sicher aber mit den Ost- und Entwicklungsstaaten. Dennoch fühlen sich viele Beobachter davon bedroht und alarmiert, da sich mit deutschem Nationalgefühl nun einmal für zunächst unabsehbare Zeiten die Erinnerung an Auschwitz und Lidice verbindet und der blitzartige Szenenwechsel zu friedlichem und emsigem Fleiß und rasch gesammeltem Wohlstand nur zeigt, wie übergangslos sich hierzulande alles ändern kann. Die Reaktion auf die Reorganisation einer neonazistischen Rechten hat deswegen die Welt ungleich mehr erschreckt als die Etablierung des Neofaschismus in Italien.

Daß man im Ausland hypersensibel für Anzeichen einer Wiederkehr des Überwundenen geblieben ist, verstehen manche Politiker unseres Landes schon wieder als Zeichen ihrer Stärke auszulegen. Die Abwehr der mit der Nazivergangenheit verbundenen Schuld- und Schamgefühle ist weiterhin Trumpf. Bücher und Zeitungen bleiben nicht ungelesen, in denen die Auffassung vertreten wird, daß wir nur unter dem Druck bösartiger Verfolger all das tun mußten, was wir taten – gleichsam in unserer Ehre unbetroffen. Eine solche Einstellung bedeutet, daß nur die passenden Bruchstücke der Vergangenheit zur Erinnerung zugelassen werden. Alle Vorgänge, in die wir schuldhaft verflochten sind, werden verleugnet, in ihrer Bedeutung umgewertet, der Verantwortung anderer zugeschoben, jedenfalls nicht im Nacherleben mit unserer Identität verknüpft. Die siegreichen Vormärsche werden glorifiziert, der Verantwortungslosigkeit, mit der auch Millionen Deutscher in einem Größenrausch geopfert wurden, wird selten gedacht. Zu dieser Trennung in genehme und nicht genehme Erinnerung ist ein ganz erheblicher Aufwand an psychischer Energie vonnöten. Was von ihr zur Abwehr im Dienste eines Selbst verbraucht wird, das sich vor schwersten Gewissensanklagen und Zweifeln an seinem Wert schützen will, fehlt in der Initiative zur Bewältigung der Gegenwart. Und je weniger wirklich produktive Lösungen gefunden werden oder gelingen, desto empfindlicher reagiert die große Öffentlichkeit auf jene »Böswilligen«, die nicht vergessen wollen und die unsere so sorgsam abgewehrte Vergangenheit als eine Wirklichkeit, die in der Tat noch wirkt, erleben.

Die »intellektuelle Aufgabe« kann es deshalb zunächst nur sein, in aller Vorsicht die Selbsttäuschungen, die zu der Entstehung eines neuen Selbstbildnisses nicht unerheblich beitragen, als das, was sie sind, sichtbar werden zu lassen. Vielleicht trifft Freuds Bemerkung, die Neurose verleugne die Realität nicht, sie wolle bloß nichts von ihr wissen, auch für die kollektiven Anstrengungen zu, die wir in unserer Umgebung beobachten. Natürlich beherrschen solche Abwehrvorgänge nicht nur die deutsche Szene, sie sind allgemeinmenschliche Reaktionsformen. Trotzdem bleibt es entscheidend, wie jeder einzelne und jedes einzelne Kollektiv der spezifisch gehegten Selbsttäuschungen innezuwerden und sie zu überwinden verstehen.

2. Der »Führer« war an allem schuld

Bei der Behandlung der individuellen Neurose haben wir es überwiegend mit der Aufhellung der infantilen Erinnerungslücken, mit den Trieb- und Ambivalenzkonflikten im Umgang mit den unmittelbar erlebten und später internalisierten Autoritäten zu tun – mit Konflikten also, die, da sie unbewußt bleiben, aus der Kindheit herüberreichen – und mit der aus diesen Zwiespältigkeiten und Kränkungen der Gefühle entstehenden Angst-, Schuld- und Schamproblematik. Um diese Angst, diese Schuld und Scham zu vermeiden oder wenigstens zu verringern, werden seelische Abwehrvorgänge von der Art der Verdrängung, der Verleugnung, der Projektion und andere mobilisiert.

Bei der Abwehr gegen Schuld, Scham und Trauer um ihre Verluste, die das Kollektiv der Bevölkerung Nachkriegs-Deutschlands vollzieht, haben wir es zwar mit dem gleichen infantilen Selbstschutz zu tun, aber nicht mit infantilen Schulderlebnissen, sondern mit realer Schuld größten Stiles. Die Anwendung kindlicher Entlastungstechnik auf die Konsequenzen aus gescheiterten gewaltigen Eroberungszügen und Ausrottungsprogrammen, die ohne den begeisterten Einsatz dieses Kollektivs gar nicht hätten begonnen, geschweige denn bis »fünf Minuten nach zwölf« hätten durchgehalten werden können, muß erschrecken. Die Versuche, auf diese Weise der Vergangenheit Herr zu werden, wirken auf den distanzierten Beobachter grotesk. Trotz der Überempfindlichkeit solcher Beobachter für deutschnationale Töne muß ein wenig durchdachtes, kindliches Verhalten verständlicherweise die Angst aufrechterhalten, daß eine Überraschung nicht unmöglich ist und daß noch einmal Gehorsamsakte, welche die individuelle Verantwortung auslöschen, zu deutscher Politik werden könnten.

Zu den Mitteln der Schuldleugnung gehört die seither häufig vertretene Auffassung, das Hereinbrechen einer Diktatur sei ein Naturereignis, das sich getrennt von Einzelschicksalen vorbereite und gleichsam über sie hinweggehe. Bei näherer Betrachtung ist das eine ungenaue und nur halb richtige Aussage. Freilich ist es sehr schwierig, den Zusammenhang darzustellen zwischen individuellen Verhaltensmustern, bereitliegenden Reaktionen und dem politischen Erfolg eines Diktators. Hier spielen Interdependenzen eine bedeutende Rolle und nicht nur ein passives Ergriffenwerden des wehrlosen Mannes auf der Straße. Man darf die Problematik nicht erst in der Katastrophe, sondern muß sie in den Tagen des ungetrübten Einverständnisses zwischen Volk und Diktator beginnen lassen. Wir waren sehr einverstanden mit einer Führung, die typisch deutsche Ideale mit unserem Selbstgefühl aufs neue zu verbinden wußte: Da wurde die Chance zur uniformierten Darstellung unseres Selbstwertes gegeben. Sichtbar gegliederte Autoritätshierarchien traten plötzlich in Fülle vor das Auge des durch »Parteiengezänk« enttäuschten Volksgenossen. Die Präzision unseres Gehorsams wurde gebührend erprobt, und der fast grenzenlose Wille, uns den Hoffnungen des Führers würdig zu erweisen, durfte ausschweifen. Angenommen, dieser Führer hätte sich mit kleineren Annexionen begnügt und auch in seiner Judenverfolgung gemäßigt bis zu jener Grenze der Infamie, zu der beträchtliche Gruppen in den übrigen christlichen Staaten ihm mit stillschweigender Billigung zu folgen bereit gewesen wären, das Ende des Tausendjährigen Reiches wäre wohl noch heute nicht abzusehen. Die Abschaffung der parlamentarischen Demokratie bei gleichzeitiger Ankurbelung des Arbeitsmarktes hätte keine deutsche Revolution ausgelöst. Auch noch das Funktionieren eines pedantisch gelenkten Apparates der Menschenvernichtung ist ein Stück Wirklichkeit, das keine tiefe Spaltung zwischen allgemeiner Wertschätzung der Pünktlichkeit, Zuverlässigkeit, dem Hang zur totalen Lösung einer Aufgabe und dem Spezialfall der Anwendung dieser Tugenden auf die Vernichtung eines »karteilich erfaßten Personenkreises« erkennen läßt. Auch die Ungeheuerlichkeit, unter den Augen der Welt sechs Millionen Zeitgenossen zu töten, kann sich scheinbar unberührt auf Vorläufer berufen. Seit den Tod verbreitenden Eroberungszügen der Konquistadoren gegen Inkas und mexikanische Indianer, seit dem Handel mit Negersklaven und den Greueln der imperialen Kolonisation sind wir damit vertraut, daß, wo die Machtmittel sehr ungleichmäßig verteilt sind, der Besiegte in den Augen des Siegers die Qualität als Mensch verliert oder eine Minorität, nachdem alles Schlechte und Gefährliche auf sie projiziert wurde, verfolgt werden darf. Es gibt offensichtlich keine natürliche angeborene Rücksichtnahme aus Menschlichkeit. Der Unterlegene wird zur Beute der ungehemmten Mordgier. Von Gewissensregungen dringt wenig durch, denn in diesen Durchbrüchen destruktiver Aggression kann diese sich auch religiöser Argumente bedienen, wonach die Opfer teuflisch und nur scheinbar menschlicher Art seien. Der Ekel, den die Nazipropaganda gegen die Juden zu erwecken bestrebt war, setzte diese Manipulation fort: Die Juden wurden als »Ungeziefer« wahrgenommen. Ungeziefervernichtung ist erlaubt und darf konfliktfrei geschehen. Dem Diktator fällt also nur die Aufgabe zu, mit Hilfe dieser Dehumanisierung das Gewissen »umzudrehen«. Himmler tat dies in einer Rede vor SS-Führern. Er versicherte sie des Dankes der Nation und der Menschheit, daß sie das Opfer der furchtbaren, aber unumgänglichen Aufgabe einer Ausrottung von Millionen Juden auf sich genommen hätten: »Von Euch werden die meisten wissen, was es heißt, wenn 100 Leichen beisammenliegen, wenn 500 da liegen oder wenn 1000 da liegen. Dies durchgehalten zu haben, und dabei – abgesehen von Ausnahmen menschlicher Schwächen – anständig geblieben zu sein, das hat uns hart gemacht. Dies ist ein niemals geschriebenes und niemals zu schreibendes Ruhmesblatt unserer Geschichte.« [1]

Wenn auch die Funktion des Führers Adolf Hitler durchaus individuell faßbar ist, so verlangt er doch nichts, worin nicht Millionen ihm zu folgen bereit sind; er führt, nicht unfaustisch, Sadismus und Sentimentalität, Fremdenhaß und Vergottung des

1 Walter Hofer (Hg.) *Der Nationalsozialismus, Dokumente 1933–1945.* Frankfurt (Fischer Bücherei 172) 1957, 114.

Selbstideals als Herrenwesen in barbarische Maßlosigkeit hinein. Achtet man auf die psychischen Vorgänge, so vollzieht sich hier in zahllosen Schattierungen ein aggressiver Triebdurchbruch gegen freigegebene Objekte. Dies ist der Erfolg der Umdrehung des Gewissens. Der Führer personifiziert ein neues. Erst sein Scheitern, nicht das alte Gewissen, verhilft Schuldgefühlen zum Durchbruch.

Die bedingungslose Kapitulation, der Einmarsch von Gegnern, die bis zum äußersten lächerlich gemacht oder verteufelt worden waren, ruft massive Vergeltungsängste hervor. Es ist diese Realangst, die das Gewissen neu zentriert. Bis zum Ende des Krieges bestanden Gewissenspflichten nur gegenüber dem Führer. Sein Sturz bedeutet darüber hinaus eine traumatische Entwertung des eigenen Ich-Ideals, mit dem man so weitgehend identisch geworden war. Wenn jetzt das vor-nazistische Gewissen wieder in Kraft trat – in seiner Macht repräsentiert durch die siegreichen Gegner –, so wurden neue Abwehrmechanismen benötigt, um nicht mit der Vergeltungsangst das Gefühl völligen Unwertes aufkommen zu lassen. Was soll eigentlich ein Kollektiv tun, das schutzlos der Einsicht preisgegeben ist, daß in seinem Namen sechs Millionen Menschen aus keinem anderen Grund als aus dem der eigenen aggressiven Bedürfnisse getötet wurden? Es bliebe ihm kaum ein anderer Weg als der einer weiteren Verleugnung seiner Motive oder der *Rückzug in eine Depression*. Es erwies sich jedoch, daß nationalsozialistische Funktionäre, die erst 20 Jahre später verhaftet wurden – wie Eichmann –, in nicht ernsthafter psychischer Beeinträchtigung gelebt hatten. Zudem war nicht jeder in unmittelbar verfolgbarer Weise mit dem Völkermord verknüpft und mußte sich nicht direkt mitschuldig erleben; entsprechend wurden mit Verleugnung und Verharmlosung mannigfache Auswege aus der Kalamität gesucht. Depressive Reaktionen, Selbstvorwürfe, Verzweiflung über das Ausmaß der Schuld, die man auf sich geladen hatte, waren weit seltener.

Die wichtigste kollektiv geübte Abwehrhaltung ist der Rückzug der Besetzungsenergien aus all den Vorgängen, die mit der Begeisterung am Dritten Reich, mit der Idealisierung des Führers und seiner Lehre und natürlich mit direkt kriminellen Akten zu tun haben. Unter Anwendung dieser seelischen Abwehrtaktik

30

wird die Erinnerung an die zwölf Jahre nationalsozialistischer Herrschaft fahl und schemenhaft. Wo die jüngste Geschichte uns in ihrer ungeschminkten Brutalität wieder in Erinnerung gebracht wird – etwa weil ein Prozeß gegen einen Naziverbrecher stattfindet –, da wird die Vermeidung fortgesetzt und werden die Berichte in den Zeitungen überschlagen. Wenn trotzdem diese Vergangenheit wieder aufleuchtet, wird sie keinesfalls als Teil der eigenen Geschichte, der eigenen Identität erkannt. Es ist anzunehmen, daß die derart »Nicht-Betroffenen« auch dann so denken, wenn sie allein mit sich selbst sind. Infolgedessen entsteht nicht jener fühlbare Leidensdruck, der den neurotischen Patienten in die analytische Behandlung und damit zur Durcharbeitung des Verdrängten bringt. Die Vergangenheit soll, was uns betrifft, ohne daß Anlaß zur Reue wäre, auf sich beruhen.

Der ökonomische Gewinn dieses Vergessenkönnens, dieser Verfremdung der eigenen Vergangenheit, dieser Errichtung eines kollektiven Berührungstabus, ist nicht gering. Würden wir unsere nazistische Vergangenheit noch mit ungestörten Erinnerungen bewohnen, so würde es unserem Ich – auch wenn wir nur »dabei«-gewesen wären, gehorsam, fatalistisch oder begeistert – schwerfallen, dieses Mitwirken mit der Art unseres Überlebens zu integrieren. Die auf historische Genauigkeit drängende Auseinandersetzung mit diesem Abschnitt unserer Geschichte würde dann sehr rasch den Erweis dafür bringen, daß sich der Mord an Millionen schutzlos Verfolgter aus sehr vielen schuldhaften Entscheidungen und Handlungen einzelner zusammensetzt und daß er keineswegs mit jener Selbstverständlichkeit, die wir uns zu eigen gemacht haben, auf Vorgesetzte, schließlich auf den Führer selbst verschoben werden kann. Daß alles das, was geschah, geschehen konnte, ist nicht allein das Ergebnis mirakulöser Führerqualitäten, sondern ebenso eines »unglaublichen Gehorsams«. So ist es auch gar nicht erstaunlich, daß nur wenig von Sanktionen bekannt wurde, die verhängt worden wären, wenn einmal sich jemand eklatanten Mordaufträgen widersetzte. Er konnte das offenbar ohne eigene Gefährdung, wenn er nur den Mut zum Widerspruch hatte. Wohl einzelne, jedoch keine irgendwie einflußreiche Gruppe war dazu fähig, zwischen Vaterland und Diktatur zu unterscheiden. Vielmehr war es gerade die Überzeugungskraft, die von der nazistischen Ideologie ausging, die sie so siegreich machte, denn sie konnte in vieler Hinsicht, zum Beispiel bezüglich der Gehorsamspflicht, an vorher geformte Ich-Ideale anknüpfen. Erst diese gruppenspezifische Vorbereitung zu maßloser Selbstüberschätzung und Intoleranz half dazu, alle Bedenken zu überwinden.

Mit dem militärischen Zusammenbruch wurden die Maßnahmen zum »Schutz der deutschen Rasse« wieder das, was sie außerhalb des nazistischen Wahnbereiches immer waren: Verbrechen. Eine typische Koppelung der unter absolutistischen Maßstäben entwickelten Charakterstruktur trat zutage: Mit der Macht gingen auch die Ideale unter, die es erlaubt hatten, diese Macht so bedenkenlos auszunützen. Das war man aus Fürstenzeiten und Religionskriegen nicht anders gewohnt. *Cuius regio, eius religio.* Durch Luthers Konzeption der Selbstverantwortlichkeit ausgelöst, hatte aber neben der Untertanen-Hörigkeit doch das individuelle Gewissen eine Verstärkung erfahren. Damit hatte sich ein Bewußtseinszustand hergestellt, hinter den es kein für das persönliche Selbstgefühl folgenloses Zurückweichen mehr geben konnte. Im großen und ganzen hatten sich aber Autoritätsstaat und Rechtsstaat in Deutschland bis zur Machtergreifung Hitlers vertragen. Verbrechen war, was auch anderswo als solches aufgefaßt wurde. Dann wurden Raub, Mord, Erpressung, Wortbruch Mittel, die dem heiligerklärten Zweck dienten. Sie wurden zu heroischen Taten. Am Ende fiel das alles im Rechtsdenken der Sieger wieder auf das Niveau von Missetaten zurück. Indem man sich mit diesen Siegern arrangieren konnte, sie als neue Oberherren, insbesondere als die Stifter der eigenen neuen Staatsform anerkannte, wurde das vorfaschistische Gewissen wieder in seine alte Funktion eingesetzt. Für gewaltig überhöhte Selbsteinschätzung gab es keine Anlässe und keine bewundernden Zuschauer mehr. Wenn auch der ökonomische Fortschritt, der Exportüberschuß angenehmen Trost gewährten, ein Traum war zu Ende geträumt, der Traum, einer Herrenrasse anzugehören, die nicht an die Beschränkung des Gewissens gebunden war, wenn dies ihren »Idealen« im Wege stand. Das hat zwar eine Korrektur von außen erfahren; über die Phantasien, die hinter dieser vielleicht nur pragmatisch oberflächlichen Realitätsanpassung mitlaufen, wissen wir viel weniger.

Natürlich ist der Versuch, sich von der quälenden Erinnerung an Schuld und Scham abzusetzen, ein allgemeinmenschliches Bedürfnis. Der Rückzug vollzieht sich in der jeweils kulturspezifischen Weise. Der Satz »Andere Völker, andere Sitten« kann auch dahin verstanden werden: »Andere Völker, andere Abwehrtaktiken.« Die Faszination, die von Hitler, von seinen Forderungen, die er an die Nation stellte, ausging, hatte nicht nur mit Sadismus, sondern auch viel mit Masochismus, mit Unterwerfungslust zu tun, hinter der die viel bewußtseinsfernere Neigung zur Autoritätsschändung stand (man denke an Luthers Tonart, wenn er des Papstes gedachte). Da das Gehorsamsideal sehr bindend war, beschwor das Löcken wider den Stachel in Gedanken unerträgliche Schuldängste, die mit überschießender Unterwürfigkeit abgegolten wurden. Welches Volk wäre sonst bereit, die sich langsam als wahnhaft offenbarenden Ziele seiner Führung mit solcher Geduld, mit solcher Ausdauer auch in der Selbstzerstörung zu verfolgen?

Im allgemeinen gilt die Regel: Je stärker die Aggressionen eines Menschen sind, um so rigider und intoleranter pflegt seine Gewissensbildung zu sein. In jedem zwanghaft geübten Gehorsamsakt wird das Problem der Ambivalenz all unserer Gefühle nicht ausgetragen und gelöst. Es wird höchstens verleugnet, daß es eine solche Ambivalenz der Gefühle einem überhöhten, vergotteten Objekt gegenüber gibt. Das muß im psychischen Geschehen zu einer Vertiefung der Doppelwertigkeit und Zunahme der untergründigen Haßgefühle gegen dieses Idol führen. Der Teufelskreis besteht darin, daß die Abwehr dieser unerlaubten – und ja auch im alltäglichen Leben hochgefährlichen – Haßgefühle im Bewußtsein zu einer Verstärkung der Idealisierung und einer um so heftigeren Identifizierung mit dem Idol führt. Identifiziere ich mich mit ihm und erhöhe es nach Kräften, so spüre ich die von ihm ausgehende Unterdrückung nicht mehr als Last, sondern als Lust. Auf diesem Weg fällt dem Idol, in unserem Fall dem »Führer«, die Qualität der Einzigartigkeit zu. Ihm zu gehorchen wird ein Vergnügen, eine in die Geschichte eingehende Auszeichnung. Die Angst des schwachen Ichs, das sich dieser kollektiven Wahnverkennung nicht zu widersetzen vermag, geht dabei im subjektiven Bewußtsein verloren.

Nach dem Sturz des Idols meldet sich dann dieses schwache Ich wieder und bekennt, es sei einem Übermächtigen erlegen; und wie das schwache Kind sei es schuldlos an den Erziehungsfehlern der Erwachsenen. Sosehr sie es nachträglich zu beschönigen versuchte, Hitler hatte der deutschen Öffentlichkeit in Stadt und Land mit verschwindenden Ausnahmen möglich gemacht, an die Realisierbarkeit ihrer infantilen Omnipotenzphantasien glauben zu dürfen. Es waren archaische Triebrepräsentanzen[1], denen Befriedigung versprochen worden war. Der Verzicht auf diese primärprozeßhaft erlebte Geborgenheit in einem gemeinsam geteilten Ich-Ideal brachte für große Teile der Bevölkerung eine erhebliche Beängstigung mit sich. Es herrschten Ratlosigkeit und Desorientierung. In der schon erwähnten Weise wurden sie durch den Versuch eines Rückgreifens auf unkompromittierte Autoritäten und durch den Abzug der Affekte aus der durch die Niederlage entwerteten Vergangenheit beantwortet.

Wir können jetzt also zusammenfassend formulieren: Die Unfähigkeit zur Trauer um den erlittenen Verlust des Führers ist das Ergebnis einer intensiven Abwehr von Schuld, Scham und Angst; sie gelingt durch den Rückzug bisher starker libidinöser Besetzungen. Die Nazivergangenheit wird derealisiert, entwirklicht. Als Anlaß zur Trauer wirkt übrigens nicht nur der Tod Adolf Hitlers als realer Person, sondern vor allem das Erlöschen seiner Repräsentanz als kollektives Ich-Ideal. Er war ein Objekt, an das man sich anlehnte, dem man die Verantwortung übertrug, und ein

1 Unter Triebrepräsentanz sind Affekte, ist die Abbildung von triebbestimmten libidinösen oder aggressiven Handlungen in der Phantasie zu verstehen. Wenn der Triebwunsch in seiner archaischen, der Selbstbefriedigung dienenden, vom Ich nicht modifizierten Form sich kundgibt, sprechen wir von Primärprozeß, im Gegensatz zum Sekundärprozeß, in welchem Triebbedürfnisse sich eine Sozialisierung, Kultivierung, Kritisierung durch das Ich und durch die sozialen Partner gefallen lassen mußten. Die Vereinigung der Vielen durch die Einsetzung des gleichen Ich-Ideals (wie das Freud in *Massenpsychologie und Ich-Analyse*, Ges. Werke XIII, gezeigt hat) verstärkt archaische Hoffnungen. Der Führer wurde als Ich-Ideal introjiziert, in das Selbst aufgenommen. Auf diese Weise gewinnt das Selbst (oder wie Freud hier noch formuliert hat: das Ich) an Wert: »Wenn das Ich Züge des Objektes annimmt (durch Identifizierung, Ref.), drängt es sich sozusagen selbst dem Es als Liebesobjekt auf, sucht ihm seinen Verlust zu ersetzen, indem es sagt: ›Sieh, du kannst auch mich lieben, ich bin dem Objekt so ähnlich.‹« (*Das Ich und das Es*. Ges. Werke XIII, 258.) Auf diese Weise erfolgt eine »Umsetzung von Objektlibido in narzißtische Libido«. (ib.)

inneres Objekt. Als solches repräsentierte und belebte er aufs neue die Allmachtsvorstellungen, die wir aus der frühen Kindheit über uns hegen; sein Tod und seine Entwertung durch Sieger bedeutete auch den Verlust eines narzißtischen Objekts und damit eine Ich- oder Selbstverarmung und -entwertung.

Die Vermeidung dieser Traumen muß als unmittelbarster Anlaß der Derealisation gesehen werden. Erst in zweiter Linie folgt die Abwehr der Trauer um die zahllosen Opfer der Hitlerschen Aggression – einer Aggression, die wir so willig, so widerstandsschwach in der Identifikation mit ihm teilten. Hat man sich die Rangordnung dieser psychischen Prozesse einmal klargemacht, dann werden die Gründe für die Verständigungsschwierigkeiten zwischen den Deutschen und der übrigen Welt nach Kriegsende deutlicher. Die siegreichen Gegner hatten eine Aufwertung ihres Ich-Ideals erfahren, die Deutschen eine vernichtende Erniedrigung. Die Gegner konnten ohne Entwertungsgefühle die Realität anerkennen und um die Opfer dieses Krieges trauern; die Deutschen waren zunächst zentral in ihrem Selbstwert getroffen, und die Abwehr des Erlebnisses einer melancholischen Verarmung des Selbst war die drängendste Aufgabe für den psychischen Apparat. Die moralische Pflicht, Opfer unserer ideologischen Zielsetzung mit zu betrauern – was der übrigen Welt eine Selbstverständlichkeit war –, konnte deswegen für uns vorerst nur ein oberflächliches seelisches Geschehen bleiben. Die Mechanismen, um die es hier geht, sind Notfallreaktionen, Vorgänge, die dem biologischen Schutz des Überlebens sehr nahe, wenn nicht dessen psychische Korrelate sind. Es ist also sinnlos, aus diesen Reaktionen sofort nach dem Zusammenbruch einen Vorwurf zu konstruieren. Problematisch ist erst die Tatsache, daß – infolge der Derealisation der Naziperiode – auch später keine adäquate Trauerarbeit um die *Mitmenschen* erfolgte, die durch unsere Taten in Massen getötet wurden. Mit anderen Worten: Man hätte sich auf Präzedenzfälle in der Geschichte berufen können, wenn die Sieger Gleiches mit Gleichem vergolten und Millionen Deutscher ermordet hätten; es wäre andererseits aber irrtümlich, zu erwarten, eine derart in ihren Wahnzielen bloßgestellte, der grausamsten Verbrechen überführte Population könnte sich in diesem Schock um anderes kümmern als um sich selbst.

Das Motiv für die Entwirklichung einer Zeit höchster Selbstaufwertung, die sich nun als mit größten Verbrechen unauflöslich verbunden erweist, ist demnach nicht nur Strafangst und Schuldabwehr, sondern auch die Abwehr des Eingeständnisses, daß man macht- und wertlos wurde und auf primitive Mechanismen der Befriedigung, nämlich auf die Lust aus dem Agieren infantiler Omnipotenzphantasien, verzichten muß. Wir gehen wahrscheinlich nicht in die Irre, wenn wir den immer wieder entstehenden Kult um eine unbefleckbare nationale Würde und Größe mit unserem Narzißmus, also mit einer sehr frühen, kindlichen Selbstverliebtheit, in Verbindung bringen.

3. Erfolgreiche Abwehr einer Melancholie der Massen

Wo Schuld entstanden ist, erwarten wir Reue und das Bedürfnis der Wiedergutmachung. Wo Verlust erlitten wurde, ist Trauer, wo das Ideal verletzt, das Gesicht verloren wurde, ist Scham die natürliche Konsequenz. Die Verleugnungsarbeit erstreckte sich gleichermaßen auf die Anlässe für Schuld, Trauer und Scham. Einer der ökonomischen Vorteile dieses globalen Rückzuges aus der eigenen Vergangenheit war, daß man sich entsprechend in mehreren Richtungen ungebrochen der Gegenwart und ihren Aufgaben hinzugeben vermochte. Man hielt das für besser als »fruchtloses Wühlen in der Vergangenheit«. Wenn überhaupt Erinnerung, dann als Aufrechnung der eigenen gegen die Schuld der anderen. Manche Greuel seien unvermeidbar gewesen, weil die Greuel der Gegner das Gesetz des Handelns vorgeschrieben haben. Schließlich löst sich eine besondere Schuld auf dem eigenen Konto vollends auf.

In der Pyramide der Verantwortung stellt sich das dann so dar, daß der »Führer« durch den politischen Druck von außen zu seinen Entscheidungen gezwungen war. Das löste eine Befehlskette aus, der sich niemand zu entziehen vermochte; allenthalben herrschte – so vernimmt man es in retrospektiver Selbstrechtfertigung – ein alles entschuldender Befehlsnotstand. Bei diesen Versuchen, Schuld abzuschütteln, wird bemerkenswert wenig der Opfer gedacht – gleichgültig, ob es sich um die eigenen oder um die der

Gegenseite handelt. Das läßt das Ausmaß des Energieeinsatzes erkennbar werden, der zur Verleugnung der in Wahrheit keineswegs so eindeutigen Zwangslage der Vergangenheit notwendig ist. Die Gefühle reichen nur noch zur Besetzung der eigenen Person, kaum zu Mitgefühlen irgendwelcher Art aus. Wenn irgendwo überhaupt ein bedauernswertes Objekt auftaucht, dann ist es meist niemand anderer als man selbst.

Bei der Analyse des seelischen Geschehens, das die Trauer ausmacht, finden wir den Schmerz um den Verlust eines Wesens, mit dem der Trauernde in einer tiefer gehenden mitmenschlichen Gefühlsbeziehung verbunden war. Mit dem betrauerten Objekt ging etwas verloren, was ein wertvoller Inhalt unserer erlebten Umwelt war. Es gibt jedoch eine krankhafte Steigerung der Trauer, die Melancholie. Freud war es, der den Unterschied zwischen Trauer und Melancholie sehr klar gemacht hat. In der Trauer fühle ich mich verarmt, aber nicht in meinem Selbstwert erniedrigt. Diese letztere Erfahrung macht jedoch der Melancholiker. Ihm widerfährt »eine außerordentliche Herabsetzung seines Ich-Gefühls, eine großartige Ich-Verarmung« [1].

Der Verlust des »Führers« war für Millionen Deutsche nicht der Verlust irgendeiner Person (so spurlos der Untergang und so rapide die Abkehr von ihm erfolgte), sondern mit seiner Person verbanden sich Identifikationen, die im Leben der Anhänger zentrale Funktionen erfüllt hatten. Denn er war, wie wir ausführten, zur Verkörperung des eigenen Ich-Ideals geworden. Der Verlust eines derart hoch mit libidinöser Energie besetzten Objektes, an dem man noch nicht zweifelte, nicht zu zweifeln wagte, als die Heimat in Trümmer fiel, wäre in der Tat ein Anlaß zur Melancholie. Nicht nur verlor unser Ich-Ideal in der Katastrophe seinen realen Rückhalt, der »Führer« wird auch noch von den Siegern als herostratischer Verbrecher entlarvt. Mit diesem plötzlichen Umschlag seiner Qualitäten erfährt das Ich jedes einzelnen eine zentrale Entwertung und Verarmung. Zumindest die Voraussetzung zur melancholischen Reaktion ist geschaffen.

An dieser Stelle bietet sich die Gelegenheit zur Einführung unserer Arbeitshypothese. Die Bundesrepublik ist nicht in Melan-

---

1 S. Freud *Trauer und Melancholie*. Ges. Werke X, 431.

cholie verfallen, das Kollektiv all derer, die einen »idealen Führer«
verloren hatten, den Repräsentanten eines gemeinsam geteilten
Ich-Ideals, konnte der eigenen Entwertung dadurch entgehen,
daß es alle affektiven Brücken zur unmittelbar hinter ihnen liegenden Vergangenheit abbrach. Dieser Rückzug der affektiven
Besetzungsenergie, des Interesses, soll nicht als ein Entschluß, ein
beabsichtigter Akt verstanden werden, sondern als ein unbewußt
verlaufendes Geschehen, das nur wenig vom bewußten Ich mit-
gesteuert wird. Wir haben uns das Verschwinden ehemals höchst
erregender Vorgänge aus der Erinnerung als das Ergebnis eines
gleichsam reflektorisch ausgelösten Selbstschutzmechanismus vor-
zustellen [1]. Mit dieser Abwendung der inneren Anteilnahme für
das eigene Verhalten im Dritten Reich wurde ein in ungezählten
Fällen kaum zu bewältigender Verlust des Selbstwertes und damit
der Ausbruch einer Melancholie vermieden. Die Auswirkung
dieser außergewöhnlichen psychischen Anstrengung des Selbstschutzes, die keineswegs aufgehört hat, ist der heute herrschende
psychische Immobilismus angesichts brennender Probleme unserer
Gesellschaft. Wegen der Fortdauer dieser autistischen Haltung ist
es einer großen Zahl, wenn nicht der Mehrheit der Bewohner unseres Staates nicht gelungen, sich in unserer demokratisches Gesellschaft mit mehr als ihrem Wirtschaftssystem zu identifizieren.

Um noch einmal den Unterschied zwischen Trauerreaktion und
Melancholie anschaulich zu machen: Wenn heute kein lebendiges,
spannungsreiches Leben unter unserer demokratischen Verfassung
in der Bundesrepublik aufkommen will, weil uns immer wieder
autoritäre Verwaltungsroutine und sterile Reaktionsweisen da-
zwischentreten und das höchstens mit passiven Ressentiments
beantwortet wird, so ist Trauer die angemessene Reaktion; Trauer,
weil eine erhoffte Entwicklung nicht eingetreten ist, obgleich viele
Versuche gemacht wurden. Der Untergang des Dritten Reiches
war demgegenüber ein katastrophales Ereignis, auf das selbst bei
zunehmend empfundener Ambivalenz die große Mehrheit innerlich
nicht vorbereitet war. Sie war auf Grund ihrer Allmachtsphanta-

---

1 Schuldgefühle und Realangst waren 1945 zu groß, um diesen realitätsverleugnenden Abwehrvorgang zu kontrollieren und durch schließliche Einsicht
und Einfühlung zu korrigieren; aber die psychische Belastung dauerte an, weil
diese Einsicht auch später nicht erstrebt wurde.

sien und Projektionen keiner realitätsgerechten Vorschau in die Zukunft fähig. Die Konfrontation mit der Einsicht, daß die gewaltigen Kriegsanstrengungen wie die ungeheuerlichen Verbrechen einer wahnhaften Inflation des Selbstgefühls, einem ins Groteske gesteigerten Narzißmus gedient hatten, hätte zur völligen Deflation des Selbstwertes führen, Melancholie auslösen müssen, wenn diese Gefahr nicht durch Verleugnungsarbeit schon in statu nascendi abgefangen worden wäre [1].

Es kommt jedoch noch ein weiteres Unterscheidungsmerkmal zwischen Trauer und Melancholie hinzu [2].

Trauer entsteht, wo das verlorene Objekt um seiner selbst willen geliebt wurde, oder anders ausgedrückt: Trauer kann nur dort entstehen, wo ein Individuum der Einfühlung in ein anderes Individuum fähig gewesen ist. Dieses andere Wesen bereicherte mich durch sein Anderssein, wie etwa Mann und Frau sich durch ihre Verschiedenheit erlebend bereichern können. Der Verlust, welcher Melancholie auslöst, verrät, wie Otto Rank gesehen hat, eine narzißtische Objektwahl. Das entschwundene Objekt hatte ich dann nach meinem Ebenbild und nach seiner Bereitschaft, sich in meine Phantasie einzufügen, gewählt. Das traf auch auf den »Führer« durchaus zu; er erfüllte das Größenideal des lange absolutistisch verkrüppelten Untertanen und projizierte umgekehrt *seine* Größenideen auf die »Rasse«, welche das deutsche Volk auszeichnen sollte. Deshalb konnte Adolf Hitler auch den Gedanken denken, nicht er selbst sei für seine Katastrophe verantwortlich, sondern dieses deutsche Volk habe sich seiner nicht würdig erwiesen; es hatte seine narzißtischen Hoffnungen nicht erfüllt – sowenig es ihm gelungen war, die Sterne der Allmachtsphantasien des in

---

1 Wir sprechen korrekterweise von Verleugnung und nicht Verdrängung. Verleugnung ist ein Abwehrmechanismus, der sich auf störende Wahrnehmung der äußeren Realität bezieht. Störend heißt, daß die Wahrnehmung Unlust erweckt. Verdrängung gilt der Unlust bereitenden Wahrnehmung eigener Triebregungen. Im allgemeinen Sprachgebrauch wird ungenau Verdrängung für alle Entlastungsversuche von störenden Erfahrungen benutzt.

2 Zur Beschreibung dessen schien es uns unumgänglich, auch individuelles Verhalten als Anschauungsmaterial zu benutzen, obgleich wir uns darüber im klaren sind, daß kollektive Reaktionsweisen sich nur mittelbar mit individuellen vergleichen lassen.

passiver Erwartung an ihm hängenden Durchschnittsbürgers schlußendlich vom Himmel zu holen.

Der kollektiven Verleugnung der Vergangenheit [1] ist es zuzuschreiben, daß wenig Anzeichen von Melancholie oder auch von Trauer in der großen Masse der Bevölkerung zu bemerken waren. Einzig die Verbissenheit, mit der sofort mit der Beseitigung der Ruinen begonnen wurde und die zu einfach als Zeichen deutscher Tüchtigkeit ausgelegt wird, zeigt einen manischen Einschlag. Vielleicht ist es auch von dieser manischen Abwehr her zu verstehen, mit wie wenig Anzeichen äußerer Gemütsbewegung die Nachrichten von den größten Verbrechen in unserer Geschichte hingenommen wurden.

Genau betrachtet sind es also drei Reaktionsformen, mit denen die Einsicht in die überwältigende Schuldlast ferngehalten wird. Zunächst ist es eine auffallende Gefühlsstarre, mit der auf die Leichenberge in den Konzentrationslagern, das Verschwinden der deutschen Heere in Gefangenschaft, die Nachrichten über den millionenfachen Mord an Juden, Polen, Russen, über den Mord an den politischen Gegnern aus den eigenen Reihen geantwortet wurde. Die Starre zeigt die emotionelle Abwendung an; die Vergangenheit wird im Sinne eines Rückzugs alles lust- oder unlustvollen Beteiligtseins an ihr entwirklicht, sie versinkt traumartig. Diese quasi-stoische Haltung, dieser schlagartig einsetzende Mechanismus der Derealisierung des soeben noch wirklich gewesenen Dritten Reiches, ermöglicht es dann auch im zweiten Schritt, sich ohne Anzeichen gekränkten Stolzes leicht mit den Siegern zu identifizieren. Solcher Identitätswechsel hilft mit, die Gefühle des Betroffenseins abzuwenden, und bereitet auch die dritte Phase, das manische Ungeschehenmachen, die gewaltigen kollektiven Anstrengungen des Wiederaufbaus, vor.

Der Rückzug alles libidinösen Interesses, der vielfältigen Identifikationen von dem, was die Wirklichkeit des Dritten Reiches

---

[1] Die Realitätsverleugnung setzte schon im Dritten Reich ein, etwa angesichts des Abtransportes der Juden, der Arbeit der Sonderkommandos, der Motive der Partisanentätigkeit. Trotz aller ideologischer Beeinflussung hat eine Wahrnehmung der Schuld stattgefunden. Die Abwehr hatte hier sowohl der Strafangst des Gewissens wie auch der Angst vor der Strafgewalt des Führers Herr zu werden.

ausgemacht hat, sei es in Taten, sei es in Worten und Phantasien, gelingt scheinbar mühelos. Die Schnelligkeit des Vorgangs verdeckt leicht, daß es sich trotzdem um ein gewaltsames Losreißen von der eigenen Identität, von den gepflegten und gehegten Größenideen handelt, das hier stattfindet. Zwar ist der ökonomische Gewinn für den seelischen Haushalt durch dieses Aufgeben libidinöser Besetzungen groß, aber auch der ökonomische Aufwand, der in diesem Rückzug von den narzißtisch gepflegten Wertvorstellungen steckt, ist nicht unbedeutend. Man sieht sich nachdrücklich gezwungen, sich in Meinungen, Einstellungen, Idealbildung, Geschmacksurteilen zurückzuhalten, in denen man bisher »völkisch«-kollektiv gesichert war. Wer nicht in der Beobachtung weiter wirkender seelischer Motivationsketten geübt ist, könnte der Meinung sein, die damals so erfolgreich abgewehrte Trauerreaktion (oder Melancholie), die sich auch auf den ganzen Umkreis der »völkischen« Ideale erstreckte, habe keine Spuren hinterlassen, sondern sie habe das Geschehen beendet. Die Opfer seien nun gebracht und vergessen, und neue Aufgaben würden jetzt die Menschen beanspruchen. Wäre dem so, dann hätte man es mit einem »abgeschlossenen Kapitel« der Geschichte zu tun.

Dieser Schein trügt, sonst hätte inzwischen nicht der Begriff der »Sühnedeutschen« erfunden werden können für jene nicht große Gruppe, die sich nicht der Illusion überläßt, Schuld sei historisch durch Verleugnung zu beseitigen. Die Hoffnung, die Nachkriegszeit sei abgeschlossen, was wiederholt von führenden deutschen Politikern geäußert wurde, muß sich deshalb als Irrtum erweisen, weil nicht wir allein bestimmen, wann es genug ist, Folgerungen aus einer Vergangenheit zu ziehen, die Leben und Glück einer so großen Zahl von Menschen vernichtet hat. Die Anhänger der Krankheitstheorie der Diktatur sind da rasch mit einem Abschied von dem, was hinter uns liegt, bei der Hand. Es besteht jedoch eine Weltöffentlichkeit, die keineswegs das, was im Dritten Reich sich zugetragen hat, vergessen hat noch zu vergessen bereit ist. Wir hatten Gelegenheit, zu beobachten, wie es nur der Druck der Meinung außerhalb Deutschlands war, der uns zwang, Rechtsverfahren gegen Nazitäter durchzuführen, die Verjährungsfrist zu verlängern oder den Hergang von Massenverbrechen zu rekonstruieren. Wegen dieser Differenz zwischen unserer eigenen eingeschränkten Erinnerungsfähigkeit und der keineswegs behinderten unserer ehemaligen Kriegsgegner und Opfer sind wir gezwungen, unsere psychischen Abwehrpositionen unter fortwährendem Energieaufwand aufrechtzuerhalten.

In diesen Zusammenhang gehören auch Akzentverschiebungen in der Aufmerksamkeit. So wird etwa am Jahrestag schwerer Bombardements auf deutsche Städte »zur Erinnerung an die Toten« unsere Flagge auf öffentlichen Gebäuden halbmast gehißt. Dieses Gedenken kann dazu beitragen, ein neues Geschichtsbewußtsein zu festigen, und damit könnte sich jährlich die Frage wiederholen, unter welcher Devise diese Opfer gebracht werden mußten. Aber es bleibt doch eine sehr einseitige Erinnerung, denn bisher ist es nicht dazu gekommen, einen dem Bombardement auf Dresden oder Frankfurt vergleichbaren Gedenktag für die Opfer der Konzentrationslager, für die holländischen, polnischen oder russischen Opfer der Gestapo und Sonderkommandos festzulegen und zu begehen.

Dieser Ausfall an Mitgefühl ist psychologisch doppelt begründet: Die Ideologie der Nazis ist zwar nach 1945 pauschal außer Kurs geraten, was aber nicht bedeutet, daß man eine sichere innere Distanz zu ihr gefunden hätte. Dazu wäre eine kritische Auseinandersetzung, zum Beispiel eine Untersuchung auf die Wahnhaftigkeit mancher Teile dieser »Weltanschauung«, notwendig gewesen; aber sie kam nicht zustande. So haben sich, sozusagen naiv, weil unreflektiert, Teilstücke dieses Weltbildes völlig unbehelligt erhalten. Das folgenreichste dürfte der emotionelle Antikommunismus sein. Er ist die offizielle staatsbürgerliche Haltung, und in ihm haben sich ideologische Elemente des Nazismus mit denen des kapitalistischen Westens amalgamiert. So ist eine differenzierte Realitätsprüfung für alles, was mit dem Begriff »kommunistisch« bezeichnet werden kann, ausgeblieben. Das unter Adolf Hitler eingeübte Dressat, den eigenen aggressiven Triebüberschuß auf das propagandistisch ausgenutzte Stereotyp »Kommunismus« zu projizieren, bleibt weiter gültig; es stellt eine Konditionierung dar, die bis heute nicht ausgelöscht wurde, da sie in der weltpolitischen Entwicklung eine Unterstützung fand. Für unsere psychische Ökonomie waren der jüdische und der bolschewistische Untermensch nahe Verwandte. Mindestens, was den Bolschewisten

42

betrifft, ist das Bild, das von ihm im Dritten Reich entworfen wurde, in den folgenden beiden Jahrzehnten kaum korrigiert worden. Die Einstellung zu den Juden hat eine gewisse Veränderung erfahren. Zunächst hat man ihnen gegenüber den Krieg nicht verloren, sondern in der »Endlösung« nahezu das Ziel der Auslöschung einer Minorität erreicht. Die Gewissensseite wurde später immerhin so weit mobilisiert, daß eine Distanzierung von diesem Orgiasmus der Destruktion erfolgte. Korrigierend wirkte ferner die Tatsache, daß es im Nachkriegsdeutschland kaum noch jüdische Mitbürger gab. Das erschwerte den Fortbestand der Wahnprojektion auf sie (zum Beispiel ihre verschwörerischen Absichten); und schließlich hat die Gründung Israels eine neue Anschauungsform jüdischen Daseins geschaffen, das sich weitgehend von der jüdischen Assimilation in den Industrie- und Nationalstaaten des Westens unterscheidet.

Ein weiterer Grund für die mangelnde Einfühlung in das Schicksal der Opfer der Naziverbrechen ist die erwähnte Derealisierung dieses ganzen Zeitabschnittes. Das geht so weit, daß nicht einmal ernstliche Anstrengungen unternommen wurden, die Motive deutscher Emigranten zu verstehen. Und obgleich sie ein ehrendes Gedenken finden, bleiben auch die Toten der Schlachtfelder und unserer gegen Ende des Krieges in Schutt und Asche versinkenden Städte hinter diesem Schleier des Unwirklichen. Es gehört zur Natur der Trauer, daß sie im Laufe der Zeit erlischt und daß wir in ihr lernen, den erlittenen Verlust zu ertragen, ohne ihn zu vergessen. Für Kriegstote, so hat man den Eindruck, wird die Erinnerung bei uns oft weit weniger aus Pietät denn aus der Absicht, Schuld aufzurechnen, wachgehalten. So beobachten wir auch lebhaftere Gefühle für die vermeidbare Zerstörung deutscher Städte durch Achtlosigkeit und Destruktionslust der Alliierten als für die gleichen Taten unserer Seite, etwa für die zügellose Drohung, die Städte unserer Feinde »auszuradieren«. Ungleiches Maß in der Beurteilung von Schuld anzulegen ist gewiß kein spezifisch deutsches Vergehen; es ist vielmehr eine der konstanten menschlichen Verhaltensweisen, die wir hier im Zusammenhang der Analyse von Spätfolgen kollektiver Verleugnung erwähnen.

4. Techniken der Entwirklichung

Der Versuch, sich der Nazivergangenheit durch Derealisierung, durch Rückzug der Objektlibido zu entledigen, und die Folgeerscheinungen dieser Gewaltmaßnahme: Ich-Entleerung sowie sozialer und politischer Immobilismus, wurden bisher modellhaft skizziert. Es folgen jetzt drei Beispiele aus der klinischen Praxis, dann der Hinweis auf einige Vorgänge, die wir als exemplarisch für den politischen Alltag der Bundesrepublik Deutschland ansehen. Diese Demonstrationen lassen sich als Seh- oder Aufmerksamkeitsübungen bezeichnen. Man kann an ihnen anschaulich wiederfinden, was mancher Leser zunächst vielleicht für übertriebene Verallgemeinerungen gehalten haben mag. Die Beispiele sind also nicht spektakulär, sondern so unauffällig, so alltäglich wie möglich gewählt.

Zunächst noch eine kurze Vorbemerkung. Für den Forscher auf dem Gebiete psychoneurotischer und psychosomatischer Krankheiten mochte die Voraussage naheliegen, daß sie nach dem Zusammenbruch in nicht kleiner Zahl auftreten würden. Verschiedene psychische Prozesse könnten dabei ineinandergreifen: die Charakterformung durch die kulturspezifische Kindheitsneurose, die mit dazu beitrug, daß man Glaubender, gehorsames Werkzeug der Aggression und des Größenwahns geworden war, und die Reaktionen auf das aktuelle Trauma, das eine weitere Regression zu infantilen Verhaltensweisen, unlösbare innere und äußere Konflikte schaffen und psychisch bedingte Krankheiten auslösen würde. Erstaunlicherweise kam es keineswegs zu einer solchen massenhaften Vermehrung von Versagenszuständen, die bis zur klinisch faßbaren Krankheit geführt hätten. Aus den Aufzeichnungen über rund 4000 Patienten, die wegen neurotischer oder körperlicher Erkrankungen in den letzten Jahren die Psychosomatische Klinik der Universität Heidelberg aufsuchten, geht hervor, daß sich nur extrem wenig Anhaltspunkte für den Zusammenhang ihrer gegenwärtigen Symptome mit Erlebnissen in der Nazizeit fanden. Diese Vergangenheit lastete offenbar nicht so, daß sie nur unter Zuhilfenahme seelisch motivierter Symptome zu bestehen war. Deklarierte Nazis erschienen so gut wie nie; soweit sie es geblieben waren, kamen sie mit der Fortführung ihrer Idealisierungen, Projektionen und Ressentiments – möglicherweise in der Bindung an rechtsextremistische Gruppen – offenbar gut aus. Diese kleine Gruppe verleugnete also nicht die Verbrechen des Dritten Reiches, sondern die Tatsache, daß es sich überhaupt um Verbrechen handelte.

Angesichts dieser spärlichen Hinweise auf eine innere Belastung, die nicht mit normalen Mitteln zu bewältigen gewesen wäre, konnte man die Meinung gewinnen, Deutschland sei nie »braun« gewesen, es habe 1945 höchstens eine Gruppe brauner, das heißt fremder »Besetzer« verloren.

Die auffällige Tatsache eines Ausbleibens von Anzeichen innerer Krisen bedarf demnach einer Erklärung. Wir sehen sie in dem Umstand, daß zwar eine Neurose in der Kindheit dazu präformiert, daß später unter größeren Belastungen neuerlich neurotische Erkrankungen auftreten; dieser aktuelle Stress ist aber für alle am Dritten Reich Beteiligten und in ihm Lebenden 1945 weniger aus individuellen inneren Konflikten erwachsen, sondern weit mehr aus Prozessen, welche die gesamte Gesellschaft erschütterten. Es macht einen folgenschweren Unterschied aus, ob zum Beispiel massiver klinischer Verfolgungswahn sich in einem einzelnen Individuum auf Grund der Konflikte seiner Kindheit und seines späteren individuellen Lebens entwickelt oder ob in einer Gesellschaft sich ein Konformitätszwang zu ebenfalls massiver aggressiver, wahnhafter Projektion auf einen scheinbar mit unheimlichen Kräften ausgestatteten Verfolger ausbreitet. Auch dieser Wahn kann, solange er besteht, die kritischen Einsprüche des Ichs paralysieren. Aber offenbar kann dieses Wahnsystem folgenloser, rascher zerfallen, sobald der manipulierte Druck von außen nachläßt. Jetzt entsteht dem Ich eine neue Aufgabe: der Umgang mit der Schuld, die während der kollektiven Wahnphase aufgehäuft wurde. Das kann im Annehmen, im reuevollen Vergegenwärtigen des Geschehens bestehen oder in der Anwendung solcher Abwehrmechanismen gegen die bedrohliche Realität, wie wir sie in der Kindheit unter dem Einfluß von Strafangst benützt haben; die Verleugnung der Schuld ist ein wesentlicher dieser Mechanismen. Das Ausbleiben gefühlter, innerlich erlittener Reue für das, was unter der Herrschaft des Dritten Reiches sich zutrug, zeigt uns, daß ein neuer Abschnitt des neurotischen Prozesses eingesetzt hat, in dem nun nicht mehr das »acting out« destruktiver Phantasien unter einem »umgekehrten« Gewissen, sondern das Verleugnen dieser Triebimpulse und die anteilnahmslose Distanzierung von den verbrecherischen Handlungen im Vordergrund des Geschehens steht.

Es bleibt aber zu beachten, daß die Abwehr kollektiv entstandener Schuld einfach ist, wenn sie wieder im Kollektiv geschehen kann; denn hier bestimmt ein Consensus omnium die Grenzen der Schuld. Normalerweise wird ein schuldbeladenes Individuum von der Gesellschaft isoliert; dagegen trifft es im Kollektiv dieses Schicksal nicht, da es nur schuldig unter Schuldigen ist.

a) Aus der ersten Krankengeschichte

R., ein etwa 40jähriger Mann, leidet unter Ängsten, die ihn plötzlich auf einer Autofahrt, bei einem Spaziergang, aber auch zu Hause überschwemmen. Es ist eine »Sterbensangst«, der er sich ausgesetzt sieht, und er reagiert psychisch mit dem Gefühl der Panik und physisch mit einer schweren vegetativen Krise: mit Schweißausbruch, Erblassen, Schwindel, Herzjagen. Auf diese Krankheitsäußerungen braucht in unserem Zusammenhang nicht weiter eingegangen zu werden. Sie hängen mit der persönlichen, individuellen Lebensgeschichte R.s zusammen. Im Laufe der Behandlung kamen jedoch verlorene Erinnerungen zurück, welche zeigten, daß Realitätsverleugnung nicht erst nachher, sondern schon während des Dritten Reiches eine probate Ausflucht vor Gewissenseinsprüchen war, wo es um typische Verbrechen der Herren ging, denen man diente.

R. ist eine differenzierte Persönlichkeit. In seiner Selbsteinschätzung und wohl auch in Realität war er nie ein entschiedener Nazi. Er repräsentiert den jungen Mann, der am Ende seiner Adoleszenz nach der üblichen Passage durch die Hitlerjugend in den Krieg geriet. Seine Mutter war eher bigott, das gesamte Familienmilieu auf sehr typische Weise »gut bürgerlich«. Das gab einen gewissen Abstand zur Vulgarität des Denkens und Benehmens, wie er es unter den Nazis antraf. Am Anfang seiner Behandlung berichtete er einmal, daß er in den letzten Kriegstagen mit anderen Kameraden verseuchtes Wasser getrunken und sich dabei eine schwere (typhöse) Enteritis und Phosphorvergiftung zugezogen habe. Während der letzten sechs Kriegswochen lag er in einem deutschen Lazarett im Zustand von Somnolenz und Apathie. Was sich in diesen Wochen ereignete, kann er nur noch in vagen Einzelheiten erinnern; es besteht eine fast vollkommene Erinnerungslücke, die sich zunächst mit dem schweren Krankheitszustand erklärte. Erst nach mehr als einem Jahr Behandlung stellte es sich heraus, daß er damals eine ganz gewöhnliche diarrhoische Erkrankung durchgemacht hat, an deren psychosomatischer Qualität nun kaum mehr zu zweifeln war. Jedenfalls lagen sicher weder typhöses Fieber noch eine Vergiftung vor. Den Anlaß zu dieser erneuten Durcharbeitung der Krankheitsperiode am Kriegsende bot das Auftauchen von Erinnerungen aus der Zeit, als der Kranke zur Besatzung in Dänemark gehörte. Mit all seiner betont christlichen und gutbürgerlichen Erziehung ließ sich R. in einem Café in einer dänischen Stadt zu einem heftigen Auftritt hinreißen. Auf abfällige, antinationalsozialistische Äußerungen seiner dänischen Verwandten verbat er sich mit lauter Stimme diese Äußerungen und drohte mit Anzeige. Das ganze Café erlebte mit beklommenem Schweigen diesen Ausbruch eines deutschen Offiziers in Uniform. Dann verabschiedete er sich, ohne jedoch weitere Schritte zu unternehmen.

Eine zweite Erinnerung, die ebenso vergessen war, zeigte ihm, wie er für seine Unteroffiziere die Wohnung einer jüdischen Familie requirierte. Was mit diesen Leuten, die er nie gesehen hatte, geschehen ist, wußte er nicht. Bei der Durcharbeitung wurde klar, daß er zwar damals von Deportationen gehört, aber es offenbar erfolgreich vermieden hatte, darüber etwas Näheres in Erfahrung zu bringen. Die Café-Szene und die Requirierung machten ihm, unabhängig von seinen infantilen Identifikationen, bedrükkend klar, wieviel mehr, als er sich bisher einzugestehen vermochte, er dem Kollektivglauben der damaligen Zeit verhaftet gewesen war.

Gemessen an den Schrecknissen des nationalsozialistischen Eroberungskrieges sind das fast harmlose Situationen. R. ist als ein durchschnittlicher Offizier der damaligen deutschen Armee anzusprechen. Tausende und aber Tausende von Requirierungen werden sich in dieser einfühlungslosen Art abgespielt haben, obgleich alle wußten, daß hier mehr auf dem Spiel stand als der Auszug einer dänischen Familie für Zeit aus ihrem Haus. Es ist deshalb auch eine durchaus konsequente Reaktion, daß im Gegensatz zu vielen lebhaften Erinnerungen aus der Zeit des Krieges die beiden erwähnten blaß bleiben und auch jetzt in der Wiedererinnerung kaum Emotionen wecken. Der Patient erinnert sich, so könnte man es vergleichen, als würde er ein Fotoalbum durchblättern und dabei auf vergessene Bilder einer vergessenen Reise stoßen. Er muß sich quälen, um in sich diese Erinnerungen wachzurufen. Die Bilder bleiben fern und beziehungslos, und mit dem weiteren Umblättern ist dann alles wieder vergessen. Der Versuch in der Behandlung scheiterte, dem Patienten an der Art, wie affekt- und lustlos, wie nebenbei er sich erinnerte, die Abwehrleistung deutlich zu machen. Bei der sonst hohen Sensibilität des Patienten war dies auffallend. Die Behandlung hatte es nun mit einem Mal nicht mehr mit dem individuellen Widerstand des Kranken gegen das Auftauchen von Unlustgefühlen zu tun, sondern mit einem kollektiv gebilligten Widerstand. Er entzog einem Erlebnis aus einer Zeit, der gegenüber seine gesamte Umgebung inneren Abstand hielt, die libidinöse Besetzung. Die Episoden gerieten dabei in eine Sphäre des Unwirklichen. Bei R. – und es ist zu erwarten, daß dies auch für viele andere Fälle zutrifft – hatte die stillschweigende Übereinstimmung mit der kollektiv geübten Verleugnung ein bereitliegendes Abwehrverhalten verstärkt. Er reagierte regelhaft mit diesem Affektentzug bei Erinnerungen, die mit Enttäuschungen über sich selbst oder mit der Wiederbelebung von infantil gefestigten Schuldgefühlen verbunden waren. In seinem Fall war dies ein Verhalten, das nicht ohne allgemeinere Beziehung zu seiner »bürgerlichen«, das soll hier heißen: weitgehend triebverleugnenden Herkunft stand. Man reagierte in seinem Elternhaus allen natürlichen Gefühls- und Triebäußerungen gegenüber auf eine stereotype und rollenhafte Weise verbietend. Auf diese Weise verfielen die sexuellen Wünsche und »Untugenden« in R.s Kindheit heftiger Verdrängung. Dies war seine Anpassungsform, um sich im Rollenschematismus der Familie die sowieso schon spärlichen Zeichen der Zuneigung zu erhalten.

Am Falle R.s könnte man exemplifizierend fragen, ob nicht die Verleugnungstaktik unserer nationalsozialistischen Vergangenheit ein Rollenschematismus ist, mit dem es R. wie vielen anderen in der größeren »Familie Bundesrepublik« gelingt, sich Anerkennung und Zugehörigkeitsgefühl zu verschaffen und zu erhalten.

Aggressive Neigungen mußte R. übrigens nicht mit der gleichen Strenge abwehren wie sexuelle. Zwar empfand R. noch bis in sein 40. Lebensjahr den (tatsächlich überaus schwachen) Vater als eine unantastbare Autoritätsfigur, die sich aber Untergebenen gegenüber – und dazu gehörten auch Frau und Kind – gelegentliche Zornausbrüche gestattete. Bubenstreiche wurden von diesem Vater meist stillschweigend übergangen und damit als etwas Normales gebilligt. Obgleich R. dann ein sehr erfolgreicher Mann in seinem Fach- und Arbeitsgebiet wurde, war seine passiv-feminine Gefühlseinstellung ein Hauptzug seines Charakters. In der Szene im dänischen Café gab er, in flüchtiger Identifikation mit dem idealisierten Über-Vater, seinen Größenphantasien nach; jetzt war er der starke Mann, die Verwandten gehörten zum dienenden Stand, dessen unbotmäßige Redensarten er sich verbat. In der Szene der Requirierung der Wohnung einer jüdischen Familie kam eine weit bewußtseinsfernere Aggression dem Vater gegenüber zum Zuge – dem Vater, der hier in der Phantasie mit dem jüdischen Vater gleichgesetzt und damit besonders tief entwertet wird: Er wirft den Vater aus seinem Territorium. Er ist ihm gegenüber der Sieger. Und das ist für ihn eine äußerst strafwürdige Vorstellung, für einen Menschen nämlich, der sich in Wirklichkeit nie von der Bindung an den Vater hatte lösen können. Das bindende Element an ihn, dessen Schwächen er nie zu sehen wagte, war eine erhebliche Rivalitäts-Aggression und die unbewußte Angst, mit einer Schädigung des Vaters untilgbare Schuld auf sich zu laden. In dieser Vater-Sohn-Konstellation spiegelt sich deshalb eine kulturspezifische Beziehungsform wider, da sie in typischer Weise durch aggressive Elemente bestimmt ist und eine liebevolle Einfühlung zwischen den Partnern Vater und Sohn dagegen weit zurücktritt.

So erscheint in der Zusammenschau mit vielen anderen Patienten die Art, wie R. peinlichen Erinnerungen die Besetzungsenergie entzog, so daß sie sich entwirklichten und fast vollständig seiner Verfügung entzogen, beispielhaft. Dieser Umgang mit der Vergangenheit muß bei vielen Mitgliedern unserer Kultur durch die Erziehungs- und allgemeinen Umgangsformen vorstrukturiert gewesen sein. Daß es sich dabei um eine Gleichgewichtsstörung zwischen aggressiven und libidinösen Triebbesetzungen handelt, ist vorerst nicht mehr als eine allgemeine Orientierung. Diese Vorbedingungen sind es aber gewesen, die bei einem plötzlichen Anwachsen der Unlust zu einer weiteren Verschiebung in Richtung der aggressiv-destruktiven Objektbeziehungen geführt haben.

b) Aus der zweiten Krankengeschichte

Q. ist einer der wenigen Patienten, die ihre Anhänglichkeit an die weiterhin idealisierte nationalsozialistische Lehre nicht leugnen. Außerdem sieht er sich durch Berufung auf Gehorsam entschuldigt und unbetroffen. Er repräsentiert die Charakterformierung lebenslänglicher Abhängigkeit von den Beziehungsfiguren seiner Kindheit und die dafür typische masochistische und sadistische Reaktionsbereitschaft.

Q. ist ein 50jähriger Angestellter; er hat im Kriege geheiratet. Nach Kriegsende wurde er zwei Jahre interniert, weil er der Polizei und SS angehört hatte. Nach seiner Heimkehr begann er an einer Darmerkrankung – Durchfälle und Verstopfung wechselten sich ab – zu leiden. Die Störung kehrte in großen Intervallen immer wieder. In der Behandlung stellte sich heraus, daß sie erstmalig einsetzte, als der Patient sich über die Frigidität seiner Frau und ihre Ablehnung der Sexualbeziehung klarwerden mußte. In den übrigen Beziehungen paßte sich die Frau den Wünschen des Patienten an, vor allem schwieg sie passiv und ohne Widerrede, wenn er affektive Ausbrüche bekam. Es war in der Kürze der zur Verfügung stehenden Zeit nicht zu erfahren, was Q. als Polizeibeamter zwischen 1938 und 1945 erlebt hatte und woran er im einzelnen beteiligt gewesen war. Kein Anzeichen wies darauf hin, daß es ihm je in den Sinn gekommen wäre, sich einem an ihn ergangenen Dienstbefehl zu widersetzen. Wir wissen nur, daß er bei der Bekämpfung von Partisanen im Osten eingesetzt war. Q. bezeichnet sie selbstverständlich im Stil der damaligen Militärsprachregelung als »Banden«. Schon 15jährig ging er während der Weimarer Republik in die Hitlerjugend. Alle Maßstäbe der damaligen Zeit findet er heute noch »rechtens«. Er gehört zu denen, die nicht daran glauben, daß »so viele Juden umgebracht wurden«.

Im Umgang gibt sich der Patient betont männlich, unzugänglich hart. Es zeigt sich jedoch, daß er die Abhängigkeit von seiner noch lebenden Mutter nie zu lösen vermochte. Mutter und Sohn sind in einem wechselseitigen Quälverhältnis miteinander verstrickt. Q. hat die Mutter ohne Zwang in sein Haus aufgenommen, aber er peinigt sie, wie er von ihr gepeinigt und erniedrigt wird. Er kann nicht erwachsen, darf nicht selbständig werden, weil er überhaupt keine andere Beziehung zwischen Menschen zu sehen vermag und erlebt hat als Befehlen und Gehorchen. Das schafft zwar ein hohes Maß von Ambivalenz; aber dieser Gefühlszwiespalt ist sekundär lustvoll besetzt worden, und zwar in so hohem Maße, daß Q. an diese präödipale Befriedigungsform von Quälen und Gequältwerden als pervertierter Lustbefriedigung fixiert geblieben ist. Über diese Lustform und Selbsterfahrung hinaus ist ihm kaum ein Reifungsfortschritt gelungen. Der Mitmensch bleibt für ihn etwas, was er nur in jeweils ihm geläufigen stereotypen Situationen oder Rollen einzureihen vermag.

Mit der Heirat unternahm der Patient einen schwachen Versuch, sich aus der Bindung an die Mutter zu lösen, erfährt nun aber die erwähnte genital-sexuelle Enttäuschung. In diesem Augenblick reagiert er zum ersten Mal mit einem funktionellen Körpersymptom und nicht mit neurotischem Verhalten. Nach dem frühen Tod des Vaters hat die Mutter stark maskuline Züge angenommen, denen gegenüber Q. sich weder durchzusetzen vermochte, noch gelang es ihm, sich abzulösen. In der Beziehung mit der Mutter erlebte er die Welt so, wie der Vulgär-Darwinismus die Auslese sich vorstellt: Es gibt nur Überwältiger und Überwältigte. Die soziale Wirklichkeit erlaubt es Q., beides in einer Person zu sein, je nachdem, zu wem er gerade in Beziehung steht: Als Kind seiner Mutter ist er das Opfer, als Vater seiner Kinder ist er der Befehlshaber, wenn nicht der Verfolger, als tyrannischer Ehemann der willigen Frau ist er der Große, Starke, als Sexualpartner, der sie nicht befriedigen kann, der unfähige, schwache Mann.

Vielleicht wird mancher Leser in dieser Persönlichkeit nur ein Zerrbild eines Ehemannes, Vaters, Sohnes erkennen können. Q. ist in der Tat ein Extremfall, aber er hebt tatsächlich bestehende

Eigenheiten hervor. Er ist ein Typus aggressiver Unterwürfigkeit, der in unserer nationalen Kultur kein Fremdling ist. Wie er gehorcht und im Quälen Schwächerer seine Lust findet, damit demonstriert er ein Obrigkeits-Untertanen-Verhältnis, das nicht nur in dieser niederen Polizei-Ebene, sondern bis in sehr viel feinere Verzahnungen sadistisch-masochistischer Triebbedürfnisse und -befriedigungen hinein wirksam bleibt. Aus dieser Tönung der Objektbeziehungen heraus erscheint es nur konsequent, wenn Q. nach sieben Dienstjahren bei der SS – zuletzt in der »Bandenbekämpfung« – sich *seinerseits* dem Arzt als »Opfer« präsentiert. Er ist es, der ungerecht behandelt wurde; alles, was von deutscher Seite an Untaten und Zerstörung geschah, ist in seiner Vorstellung nur die notwendige Konsequenz des viel schrecklicheren Unrechts, das dem deutschen Volk zugefügt wurde. Auf diese Weise bleibt Q. immer der Fordernde, Gerechte, sei es, daß er als Unterdrücker sadistisch während des Krieges seine Opfer findet, sei es, daß er sich jetzt masochistisch darin gefällt, Opfer zu sein. Zudem läßt Q. deutlich erkennen, daß seine Omnipotenzwünsche nicht nur in der Identifikation mit dem als übermächtig phantasierten Vater entwickelt und geformt wurden, sondern, was in unserem Lande nicht selten der Fall zu sein pflegt, auch in der Beziehung zu einer Mutter, die ihrerseits dem Kind gegenüber sich in einer Art Stellvertreterrolle des Vaters, und zwar als der Strafinstanz, gefällt [1].

Q.s Abwehr aller Schulderfahrung war undurchdringlich. Daran war nicht nur seine gering entwickelte Intelligenz schuld. Die Infantilität seiner Persönlichkeitsstruktur war zu einem definitiven Zustand geworden. Das machte den Kranken sehr geeignet für Dienstleistungen, die nicht so prompt und ungehemmt ausgeführt worden wären, wenn er einen höheren Grad innerer Selbständigkeit, ein persönliches Gewissen hätte entwickeln dürfen – seine menschliche Umwelt ihn von Kindheit an in diesem Sinn gestützt hätte. So ist Q. nahezu zu einer Marionette geworden, die sich nach einem eingespielten Reiz- und Reaktionsschema bewegt; was die Enge seines Entscheidungsradius betrifft, ist er aber ein charakteristischer Vertreter der deutschen Form der

---

1 Man erinnere sich hier auch jener Mütter, die stolz waren, ihre Söhne auf dem Altar des Vaterlandes oder für den großen Führer opfern zu dürfen.

Angestelltenkultur. Ein Schulderleben, das sich aus Einfühlung ergibt, ein Gewissen, das einer Verinnerlichung äußerer Verbote zu sittlichen Gesetzen entspringt, das ist eine Erfahrung, die jenseits von Q.s Möglichkeiten liegt. Da unsere deutsche Kultur so ausdrücklich mit der Ausbeutung des Gehorsams in zahllosen Sozialbeziehungen arbeitet, ist es notwendig, sich an einem Beispiel wie Q. klarzumachen, in welche innere Hilflosigkeit ein Individuum manövriert wird, das nur Überwältigungen durch Dressatgehorsam kennengelernt hat. Die Ansätze zur sadistischen Perversion und das larmoyante Unschuldsgebaren zeigen, wie hier die affektiven Sozialbeziehungen in den allerfrühesten Entwicklungsphasen endgültig geprägt wurden. So gehört auch Q.s Unfähigkeit, um irgend etwas anderes zu trauern als um den Verlust seines eigenen Wohlergehens im Dritten Reich, in den größeren Kontext der Unfähigkeit zum Mitgefühl überhaupt.

Auch im Falle größerer Entfaltung seelischer Erlebnisfähigkeit kam es aber in vielen Fällen zu einer mehr oder weniger rückhaltlosen Identifizierung mit den Naziidealen. Die, wie es damals hieß, »Gleichschaltung« breitete sich mit einer unwiderstehlichen Kraft aus. Man darf sich diesen Vorgang zunächst nicht als ein jubelndes Einschwenken in eine angebotene Glaubenslehre vorstellen, sondern viele Individuen empfanden erst einmal Angst, von einer neuen Entwicklung aus ihren persönlichen Lebenssicherungen, aus ihrer Karriere und auch aus dem Kreis ihrer Bekannten und Freunde ausgeschlossen zu werden, wenn sie sich nicht rasch den neuen Forderungen anpassen würden. Dieser für das Selbstgefühl nicht sehr ruhmreiche Opportunismus wird aber rasch vergessen, vor allem, wenn die Anpassung neue Sicherheit und neue Gewinnchancen bietet. So ist es nicht nur für Q., sondern für Millionen seiner Mitbürger eine Selbstverständlichkeit gewesen, einer Lehre zu folgen, die den Deutschen besondere Privilegien in der Welt versprach. Auch die Tatsache, daß man sich zur Projektion seiner eigenen Aggression auf Mitmenschen verleiten ließ, die unter diesem Akt der Projektion sich in Untermenschen und Ungeziefer verwandelten, hat später keine Scham, sondern die kindliche Ausrede provoziert, daß man guten Glaubens nur dem gefolgt sei, was der Führer – der hier die Eltern-Imago verkörpert – von einem verlangt habe. Das erklärt die Neigung vieler

Deutscher, nach dem Kriegsende die Rolle des unschuldigen Opfers einzunehmen. Jeder einzelne erlebt die Enttäuschung *seiner* Wünsche nach Schutz und Führung; er ist mißleitet, verführt, im Stich gelassen und schließlich vertrieben und verachtet worden, und dabei war er doch nur folgsam, wie die erste Bürgerpflicht es befahl. In dieser Haltung permanenter Kindhaftigkeit wird vergessen, daß zunächst deutsche Armeen es gewesen sind, welche die Tschechoslowakei annektierten und dann Polen und von hier aus in Rußland einfielen, dort noch ungleich drakonischer als im Westen wirkten, ehe der Rückschlag kam, der alsdann so viel Leid auch über Deutsche gebracht hat. So eindeutig diese zeitliche Aufeinanderfolge sein mag, Q., der uns hier ein Beispiel ist, fühlt sich als unschuldiges Opfer, das 1945 in einem »von Juden bewachten Lager hundsgemeine Vernehmungen und Demütigungen durchmachen mußte«. Die intellektuelle Primitivität erlaubt Q. die mühelose Umkehr im Dienste der Schuldbefreiung: Die »Juden« sind die aggressiven Verfolger, er, der als SS-Polizist gefürchtet wurde, ist das bedauernswerte Opfer. Inzwischen gibt es genügend Dokumente von deutschen Vertriebenenverbänden oder auch von prominenten deutschen Politikern, welche die Ereignisse von ähnlichen Abwehrbedürfnissen verzerrt dargestellt haben. Aber auch die Art, wie zum Beispiel über die gewiß barbarisch sinnlose Zerstörung alter deutscher Städte gesprochen wird, verrät nichts vom Bewußtsein, daß zuerst Guernica und dann Rotterdam in Schutt und Asche lagen und London seinen »blitz« erlebte, daß Hitlers Wort vom Ausradieren der Städte gefallen war, ehe so viele deutsche Städte dieses Schicksal erleben mußten. Dieses isolierte Bedauern einer Zerstörung – an der eigenen Substanz – ist wiederum eine charakteristische Wirkungsweise eines Selbstschutzes durch Abwehr. Die eigenen Leiden, die »hundsgemeine Behandlung«, die immerhin überstanden worden ist, werden aus dem Zusammenhang von Ursache und Wirkung isoliert. Für sich betrachtet, stellen sie unbezweifelbar Unrechtstaten dar, ein schlimmes Schicksal, das einem – und das ist der Selbstbetrug dieser Isolierung – unverdient widerfuhr. Auch in so drastisch sich aufdrängenden Zusammenhängen wie dem, daß wir uns zerstörerisch ausgedehnt haben und daß im Augenblick des Kollapses unserer Kriegsmacht die unserer Feinde über uns zusammenschlug, gelingt es offenbar dem Prinzip der Selbsterhaltung, diese Isolierung zugunsten der eigenen Interessen aufrechtzuerhalten. Q. hatte, wenn man mit ihm über diesen zeitlichen Ablauf des Kriegsgeschehens sprach, keine innere Möglichkeit, zuzuhören, seine Meinung neu zu überdenken, sondern er griff sofort auf die eingeübte Kette seiner Scheinargumente zurück, die schließlich bei dem Satz endete: »Die Juden sind an allem schuld.«

Von Q. ist nicht die Rede, um ihn anzuklagen; sondern wir sind eher genötigt, ihm mildernde Umstände zuzubilligen, sobald wir uns das Ich-fremde, das quasi automatische Wirksamwerden dieser seelischen Prozesse klarmachen. Q. ist nicht ein einfacher Schwindler und Lügner, der sich herausreden will. Abwehrmechanismen werden nur wenig vom Bewußtsein dirigiert; Q. und wir alle mehr oder weniger auf unsere spezifische Weise werden von ihnen beherrscht. Was Q. in so überwältigender Weise und jedem von uns immer noch deutlich genug als eigene »Meinung« erscheint, bietet sich uns von innen her als ein fertiges Gebilde, als überzeugende Einsicht oder Ansicht an. Je schwächer unser Ich, desto unwidersprochener muß es die Realität verzerrt akzeptieren, wie sie ihm in kollektiver Meinung und durch die eigene innere Entwicklung bestimmt, angeboten wird.

c) Aus der dritten Krankengeschichte

Die Macht dieser kollektiven Vorentscheidungen ist kaum zu überschätzen. Wenn eine ganze Gesellschaft sich mit Hilfe der Konstruktion, nur gehorcht zu haben, der Verantwortung entzieht, dann färbt dies sogar noch auf Individuen ab, welche sich von diesem Meinungs- oder Glaubenskollektiv freizuhalten versuchen. E. zeigt uns etwas davon, wie auch ein relativer Gegner des Naziregimes die Schuldproblematik nicht der Realität angemessen, sondern projektiv verarbeitete.

E., 45 Jahre alt, hat vegetative Beschwerden. Unangenehmer Schwindel überfällt ihn, er leidet unter Schweißausbrüchen und Atemnot. Er ist Techniker und erst spät aus Ostdeutschland in den Westen gekommen. Im Dritten Reich hat er einige nicht erheblich zu nennende Schwierigkeiten gehabt. Außer in der Jugendorganisation, der sein Jahrgang beitreten mußte, war er in keiner anderen Nazi-institution gewesen. In der Analyse verbringt er viel Zeit damit, seinen Haß auf die Deutschen zu äußern, die ihn um seinen Wert als Zugehörigen zu diesem Volk gebracht hätten. Außerdem hätte er durch ihr törichtes Verhalten Heimat und Besitz verloren. Von den Opfern dieser Zeit spricht er viel, aber eigentlich mehr im Sinne dessen, was ihm, E., durch solche entsetzlichen von Deutschen begangenen Taten angetan worden ist. Wenn man etwas sarkastisch formuliert, könnte man sagen, der Patient lege es einem nahe, ihn als eines der bemitleidenswertesten Opfer der Nazis anzuerkennen. Die gelegentlichen melancholischen Verstimmungen, von denen er berichtet, sind eine Mischung übertriebener Selbstanklage und eines Gefühls der Wertlosigkeit. Zwar trauert dieser Patient um den Verlust seiner Ideale, aber nicht eigentlich um die Toten dieses schrecklichen Ausbruchs der Aggressionswut seiner Landsleute. Der narzißtische Anteil seiner Trauer ist bedeutender als der einer Trauer, die den Toten oder jenen Opfern gilt, die ungleich schwerer als er selbst getroffen wurden.

Das ist der Grund dafür, daß E. keine Trauer*arbeit* leistet, sondern in melancholische Verstimmungen fällt, in denen die Selbstanklage, wie es Freud in *Trauer und Melancholie* [1] beschreibt, unschwer als Anklage gegen die anderen zu erkennen ist. E. muß sich andererseits so heftig und nachdrücklich selbst anklagen oder entschuldigen, weil er sich auf Grund seiner persönlichen Ambivalenzkonflikte und eines dadurch sensibilisierten Gewissens besonders schuldig fühlt. Er bietet damit wieder ein Beispiel für die Verschränkung von individueller und kollektiver psychischer Problematik.

Dieser an E. zu beobachtende Zug kann auch an Figuren wiedergefunden werden, die in der deutschen Nachkriegsliteratur auftauchen. Deutschland und die Deutschen während und nach der Nazizeit werden schonungslos und oft überaus treffend dargestellt. Als Held bleibt aber ein unschuldiger, meist passiver Mensch zurück, der nur als Einsamer in resignierendem Rückzug als durchaus private, unverpflichtete Existenz das Leben unter seinen opportunistisch gewandten Landsleuten zu ertragen vermag. Wir

1 S. Freud *Trauer und Melancholie*. Ges. Werke X, 428.

denken zum Beispiel an Bölls *Billard um halb zehn*. Solche edlen Helden sind wir aber meist gar nicht. Aus der Tatsache, daß wir keinen ins Gewicht fallenden Widerstand gegen den Nationalsozialismus geleistet haben, kann nicht gefolgert werden, daß wir dazu absolut nicht imstande gewesen wären.

Kollektive Affektzustände von solcher Heftigkeit, wie sie dem Nationalsozialismus zu entfesseln gelang, wirken lange nach, und zwar auf alle, die durch Sprache, Erziehung und affektive Bindungen von solchem Geschehen betroffen wurden. Der Widerstand gegen Romane, Filme, Dokumentationen, die sich mit der Nazivergangenheit beschäftigen, macht sich trotz oft beträchtlicher kommerzieller Erfolge nach wie vor geltend; und zwar ist es neben dem der Verleugnung der Vorgang der Isolierung, auf den zurückgegriffen wird. Man sieht sich etwa Leisers Hitlerfilm an, aber wie ein historisches Dokument. Es ist mit ihm kein erschütterndes kathartisches Nacherleben verknüpft, so wie sich R., der erste unserer Kranken, auch nicht beim Wiederauftauchen seiner Erinnerungen in den Bannkreis der vergessenen Erlebnisse ziehen ließ.

Der Abgrund zwischen Literatur und Politik in unserem Lande ist erhalten geblieben. Bisher scheint es noch keinem unserer Schriftsteller gelungen zu sein, mit seinen Werken ein Stück weit das politische Bewußtsein, die Sozialkultur unserer Bundesrepublik zu beeinflussen. Die Gruppe derer, die eine aktive Auseinandersetzung mit unserer Vergangenheit leisten, ist klein, ihrerseits ziemlich isoliert und einflußlos auf den Gang der Dinge.

5. Narzißtisch gekränkt

Alle drei erwähnten Patienten haben auf ihre Weise die Zeit des Dritten Reiches durchlebt. Der erste hat in einem wochenlangen psychischen Ausnahmezustand die Phase der Aggression abgeschlossen, er besitzt nur noch affektlose, mühsam erweckbare Erinnerungen. Der zweite beschönigt und projiziert hemmungslos. Er ist, wie der letzte der Patienten auch, narzißtisch auf eine aufdringliche Weise gekränkt, zum Opfer geworden. Keiner der drei trauert über die verlorenen Ideale im Sinne einer Auseinandersetzung, eines dringlichen Fragens, wieso alles kam und von uns ungehemmt seinen Lauf nahm. Vor allem bringt keiner eine tiefere Einfühlung in die Opfer der Naziideologie auf. Allen drei ist gemeinsam, daß sie sich nicht »der Vergangenheit stellen«, wie es in einem »Wort des Rats der Evangelischen Kirche in Deutschland zu den NS-Prozessen« 1 heißt. Sehr nachdrücklich fordert der Rat: »Wir Älteren sind jetzt noch einmal gefragt, ob wir das Ausmaß der in nationalsozialistischer Zeit von deutschen Menschen mit staatlichen Gewaltmitteln geplanten, befohlenen und unbeschreiblich grausam ausgeführten Massenverbrechen endlich zur Kenntnis nehmen und uns dieser Vergangenheit stellen wollen, statt die Erinnerung daran zu verdrängen und jede Mitverantwortung dafür zu leugnen. Begangenes Unrecht kommt nicht dadurch zur Ruhe, daß man es totschweigt, und nur Unverstand kann von Beschmutzung des eigenen Nestes reden, wo es in Wahrheit darum geht, ein schwer beschmutztes Nest zu säubern.«

Es ist unsere Hypothese, daß wir in Massen einer Melancholie verfallen wären, wenn wir die Realität, wie sie war, »zur Kenntnis genommen« hätten. Die moralische Aporie ist unverkennbar: Der Mangel an moralischer Aufklärung über die natürlichen Grenzen menschlicher Befehlsgewalt und entsprechend die Unterrichtung, wann Widerstandspflicht in faktischen Widerstand umzusetzen ist – dieser Mangel trug zu den Gründen bei, die uns zu Agenten organisierter Menschenverachtung werden ließen. Die Schuldlast, der wir uns danach gegenübersehen, ist mit unserem für ein Fortleben unerläßlichen Selbstgefühl so wenig vereinbar, daß wir (narzißtisch verwundet, wie wir sind) Melancholie abwenden müssen. Damit ist aber ein submoralischer Notstand erreicht, in dem nur mehr biologisch vorbereitete Selbstschutzmechanismen Erleichterung bringen können. Die Zeit heilt nicht nur die Wunden, sie läßt auch die Täter sterben.

Obgleich mehr als zwei Jahrzehnte inzwischen verstrichen sind, ist dennoch die Zahl derer verschwindend gering geblieben, die sich auf der Basis der generellen Schuldanerkennung in der politischen Wirklichkeit zu orientieren vermögen. Der Schock eines drohenden totalen Wertverlustes ist noch nicht abgeklungen. Solange wir jedoch nicht die Schuld an den »unbeschreiblich grau-

1 Evangelische Kirchenzeitung. Düsseldorf, Jg. 18, 1963, 127 f.

sam ausgeführten Massenverbrechen endlich zur Kenntnis nehmen«, muß nicht nur unser Geistesleben stagnieren, sondern ist auch keine emotionell getragene Aussöhnung mit unseren ehemaligen Feinden möglich, selbst wenn uns heute politische Bündnisse und blühende Handelsbeziehungen mit ihnen verbinden mögen. Wir stehen vielmehr immer in Gefahr, die uns gegenüber nicht mehr so häufig verbalisierte, aber nach wie vor empfundene Verachtung durch komplicenhafte Bündnisse zu überspielen.

Jeder der als Beispiel herangezogenen Kranken suchte die Erinnerung seinen Wünschen anzupassen und die Mitverantwortung abzulehnen. Soweit es nicht gelang, die Vergangenheit total durch eine Derealisation loszuwerden, sind sehr deutlich andere Abwehrvorgänge zu beobachten. Die beiden letztgenannten Patienten haben sich bei aller Verschiedenheit offenbar intensiv bemüht und auch Wege gefunden, auf denen es ihnen möglich wurde, sich mit den Opfern der Verfolgung und des Krieges zu identifizieren, statt deren Tod oder Leiden schuldhaft zu erleben oder zu betrauern. Der ehemalige SS-Polizist behält seine Identität; damit ihm dies gelingt, muß er die Realität weiterhin unter den wahnhaften Geboten der nationalsozialistischen Ideologie betrachten. Q.s Argumente sind fadenscheinig. Das beeinträchtigt aber nicht ihre Wirksamkeit für sehr viele Zeit- und Volksgenossen Q.s. Er und die ihm Ähnlichen haben einen Anpassungsschritt verpaßt. Sie repräsentieren eine psychopathologische Spätform einer in ihrer Blütezeit nicht weniger psychopathologischen Herrschaftslehre. Dabei ist zur Kenntnis zu nehmen, daß die umschriebene Genügsamkeit, sich mit wahnhaften Realitätsauslegungen zufriedenzugeben, auch neben einer beträchtlichen Bildung herlaufen kann. Wir würden jedoch unseren Patienten Unrecht tun, wenn wir nicht anmerkten, daß es bei der Behandlung des ersten und des dritten Falles gelang, die Abwehrmechanismen zu schwächen und wenigstens in begrenztem Umfang Trauerarbeit zu aktivieren [1].

1 Das ging parallel mit der Durcharbeitung der ödipalen Fixierungen und Schuldgefühle vor sich, im Sinne einer Persönlichkeitsentwicklung, wie sie auch von Robert J. Wetmore (*The Role of Grief in Psychoanalysis*. Int. J. Psycho-Analysis, 44, 1963, 97 ff.) beschrieben wurde.

Joan Fleming und Sol Altschul betonten in *Activation of Mourning and*

Die Ersetzung der Trauer durch Identifikation mit dem unschuldigen Opfer geschieht häufig; sie ist vor allem eine konsequente Abwehr der Schuld, die dadurch verstärkt wird, daß man sich auf Gehorsamsbindung beruft, eine Bindung, die in dieser übertriebenen Form wiederum eine Abwehr der durch eine starke kindliche Ambivalenz ausgelösten Vergeltungs- und Trennungsängste darstellt. Im Bewußtsein stellt sich die Vergangenheit dann folgendermaßen dar: Man hat viele Opfer gebracht, hat den Krieg erlitten, ist danach lange diskriminiert gewesen, obgleich man unschuldig war, weil man ja zu alledem, was einem jetzt vorgeworfen wird, befohlen worden war. Das verstärkt die innere Auffassung, man sei das Opfer böser Mächte: zuerst der bösen Juden, dann der bösen Nazis, schließlich der bösen Russen. In jedem Fall ist das Böse externalisiert; es wird draußen gesucht und trifft einen von außen. Dem korrespondiert die Über-Ich-Entwicklung; wie in den Anfängen der Sozialisierung in der Kindheit existiert eigentlich noch kein verinnerlichtes Gewissen. Ein sozial integratives Verhalten hängt von der Gegenwart polizeiähnlicher Instanzen in der Umwelt des Individuums ab. Soweit das Über-Ich internalisiert ist, trägt es Züge einer ganz unpersönlichen, archaischen Härte. Es hat noch keine Auseinandersetzung zwischen Über-Ich und kritischem Ich stattgefunden, durch welche sich das Individuum seine eigene Moral errichtet und an ihr sich kritisch mißt [1].

Growth by Psychoanalysis (Int. J. Psycho-Analysis, 44, 1963, 419 ff.) die Notwendigkeit der schmerzlichen Lösung – im Sinne einer Trauerarbeit – von den ursprünglichen (elterlichen) Objekten für eine zur Gesundung führende Entwicklung und stimmen außerdem mit Freud darin überein, daß das Erleben von Führerfiguren und vaterländischen Idealen in Beziehung zum Erleben der elterlichen Objekte steht. Dieser Zusammenhang wurde in der Beziehung der Massen zu Hitler unverhüllt deutlich. Ein neues, überaus dramatisches Beispiel ist die Manipulation der chinesischen Massen in eine Vergottung Mao Tse-tungs.

1 Wir verweisen auch auf G. H. Pollock *Mourning and Adaption* (Int. J. Psycho-Analysis, 42, 1961, 4 f.). Auf die von ihm getroffene Unterscheidung von Introjektion und Identifikation können wir nicht näher eingehen. *Pollock* meint, eine produktive Trauerarbeit sei nur dann möglich, wenn das verlorene Objekt nicht nur introjiziert, sondern vom Ich assimiliert werden kann. Das würde also in unserem Fall bedeuten, daß wir auch Hitler in uns selbst assimilieren, das heißt fortschreitend überwinden können. Der Mangel an Trauerarbeit läßt ihn als eingekapseltes psychisches Introjekt weiterbestehen.

6. Die Projektion unbewußter Rachephantasien

Von Beginn der Nazibewegung an war es dem kritischen Beobachter klar, daß sich hier im allgemeinen ein Ausagieren eines ungewöhnlich ambivalenten Verhältnisses zur Vater-Autorität anbahnte. Es bleibt hinzuzufügen, daß diese Vater-Autorität durch die Niederlage im Ersten Weltkrieg und die katastrophenartige Wirtschaftskrise sehr geschwächt war. In der Traditionslinie von Befehlen und Gehorchen als Leitwerten unserer Gesellschaft[1] lag es damals nahe, nach einer neuen, befehlsmächtigeren Autorität Ausschau zu halten. Weitaus die Mehrheit der Deutschen, von Auftreten und Zielen des »Führers« begeistert, idealisierte ihn als neue Autorität. Fast jeder dieser rasch sich vermehrenden Anhänger nützte auch die vom Regime gegebene Möglichkeit aus, sich an einer der bisherigen Autoritäten oder einem Rivalen zu rächen. Es gehörte zur politischen Taktik der Nazis, dem Haß gegen die älteren hergebrachten Autoritäten bis in die Kind-Eltern-Beziehung hinein nachzugeben.

Harold F. Searles[2] beschrieb, wie die mit den negativen Seiten der Ambivalenz verknüpften Rachephantasien unbewußt an menschlichen Beziehungen festhalten und dadurch eine mit Trauer verbundene Lösung nicht zustande kommen lassen. In den hier dargestellten Tatbeständen handelt es sich jedoch keineswegs nur um Phantasien, sondern eben um Taten, und da macht die eigene Schuld am tatsächlichen Verlust des ambivalent besetzten menschlichen Objektes eine Trauerarbeit fast unmöglich; in ihr würde bewußt werden, daß man nicht nur einen Rivalen, sondern auch etwas Wertvolles unwiederbringlich zerstört hat.

Zur Verstärkung der Idealisierung ihrer eigenen Autorität lenkten die nationalsozialistischen Ideologen die in solch hochgespannter Erwartung miterweckten Gefühle der Skepsis, des Unglaubens, des Zweifels sehr geschickt auf die bisherigen Autoritäten ab. Gedeckt vom neuen Geist des nationalsozialistischen

---

1 A. Mitscherlich *Der Leitwert Pflicht – Gehorsam.* In: Mitlaufen oder Mitbestimmen. Institut f. Angewandte Sozialwissenschaften, Bad Godesberg, 1961, Band 2, 89.

2 H. F. Searles *The Psychodynamics of Vengefulness.* Psychiatry, 19, 1956, 31 ff.

»Aufbruchs« durfte nun der SA- und SS-Mann Verachtung äußern, wo er eine solche bisher kaum zu denken, geschweige laut werden zu lassen gewagt hätte. Der Gehorsam dem »Führer« gegenüber wurde dadurch unbelasteter, schwungvoller, lustvoller dargebracht. Durch die Geborgenheit in dieser neuen Gehorsamsbeziehung zum Über-Vater oder besser »Großen Bruder« wuchs einem unerwartet Macht zu. Die bisherigen Befehls-Gehorsams-Verhältnisse kehrten sich um: Aus einem Opfer (dem Kind) wurde man zum Verfolger (des Vaters). Ein ungewöhnlich trächtiger historischer Moment war eingetreten. Bekanntlich hatten die Eltern Angst vor ihren Kindern, die von den Jugendorganisationen aufgefordert wurden, sie auszuhorchen und gegebenenfalls beim Über-Vater oder Großen Bruder anzuzeigen. Plötzlich bestand die Möglichkeit, die ödipalen Wünsche direkt auszuleben. In diesem seelischen Erregungszustand kam es dann auch zur hemmungslosen Verfolgung der Juden, die bisher als so starke Rivalen empfunden worden waren und sich deshalb zu einer Verschiebung der dem Vater geltenden Rivalitätsaggression anboten. Das kam der seelischen Ökonomie entgegen, da schließlich die Väter in vieler Hinsicht gebraucht und auch geliebt wurden. Von den Juden als Minderheit mit anderen religiösen Wertvorstellungen fühlte man sich viel weniger abhängig, sie boten sich deswegen der Verschiebung aggressiver Bedürfnisse idealiter an. Unter der herkömmlichen harten Herrschaft deutscher Väter haben sich zwar die aggressiven Gefühle der Rivalität bis ins Mörderische gesteigert, aber es ist nie zu einem direkten Ausbruch gegen die Väter selbst gekommen. Die Gunst der Umstände erlaubte, von der spätmittelalterlichen Zersplitterung der deutschen politischen Landschaft bis in die koloniale Spätzeit, die projektive Ableitung der Aggression nach außen. Eine die Gesellschaft verändernde Revolution gelang nicht. Dieses deutsche Ambivalenzproblem ist bisher wenig beobachtet und beschrieben worden. Seit langem war jedoch auffallend, daß die Deutschen ein heftiges Bedürfnis nach Idealisierung ihrer Vorbilder oder ihres nationalen Selbstbildnisses verspürten. Wir erblicken darin den in der Ambivalenz gebundenen Gegenpart libidinöser Art zu den aggressiv-destruktiven Triebbedürfnissen. Bevor eine Aggression gezeigt werden durfte, mußte sie als im Dienste eines Ideals geschehend bezeichnet werden können – und wenn es ein noch so verstiegenes Ideal war. Nur eines blieb verpönt, und darüber bestand ein kollektiver Konsensus: die Zivilcourage. Der Entscheidung nach dem individuellen Gewissen und der Bereitschaft, persönliche Verantwortung zu übernehmen, haftete das Odium einer unehrerbietigen Haltung gegenüber den von Gott stammenden Autoritäten an. Abweichendes Verhalten auf Grund eigener Urteilsbildung, in den meisten Gesellschaften nicht gerne gesehen, konnte speziell bei uns nicht auf den Beifall der Vielen rechnen.

Entsprechend lautete auch die rationalisierende Selbstrechtfertigung bei allen Aggressionen: Man wollte keine persönliche Macht und keinen persönlichen Reichtum. Die aus der mörderischen Aggression stammenden Schuldgefühle werden beschwichtigt, indem man das ursprüngliche Objekt, den Vater, dem diese Aggression eigentlich gilt, schließlich als etwas erlebt, dem man sich hingegeben, sich geopfert hat: Man tat alles nur für den Führer und das Vaterland. Hier wird eine der psychologischen Wurzeln jenes Patriotismus sichtbar, der so verblendeter Aggression fähig ist; er muß sich Gegner erzeugen, um die unerträgliche ambivalente Spannung zur eigenen Vater-Autorität in eine Beziehung zu einem Objekt außerhalb der eigenen Gruppe zu verlagern. Es ist zu beobachten, daß der Fanatismus dieser Vaterlandsliebe immer in Korrelation zum Grad der Härte steht, mit dem die Autorität des Vaters unbedingte Unterwerfung fordert, und zwar nach dem Rollenschema, das er für solches Verhalten in seiner Gesellschaft vorfindet.

Damit überblicken wir einen Zirkel psychologischer Motivationen. Ursprünglich ist es der Vater, der Verzichte erzwingt und Aggressionen erweckt. Entsprechend der mangelhaften Trennung zwischen Phantasie und Wirklichkeit haben für das Kind, und für viele Menschen ein Leben lang, Todeswünsche den Charakter von wirkungsvollen Handlungen. Dem entspricht die Heftigkeit der Schuldgefühle. Zu den Künsten der Pädagogik in repressiv erziehenden Kulturen gehört es, die Aggressivität, sobald sie wirklich der Autorität gefährlich werden kann, auf Objekte, die außerhalb des eigenen Kulturbereichs, der eigenen Identifikationsverflechtungen liegen, zu richten. In nationalen Rivalitäten und Kriegen werden Aggressionen ausgetragen, die zunächst den eigenen Autoritäten gegolten haben. In unserer Geschichte seit 1945 konnten wir beobachten, was geschieht, wenn für mörderische Aggressionen, die ausgelebt wurden, Vergeltung gefordert wird. Die untergehende Vater-Autorität wird nun am Ende doch noch zum Schuldigen: Nun wird auf ihn projiziert. Alle die Verbrechen, die geschehen sind, hat man nur für ihn getan, in seinem Namen. Wiederum erfolgt keine Auseinandersetzung mit der eigenen Haltung dem Vater, überhaupt Autoritätsfiguren gegenüber, sondern es ist die Enttäuschung am »Führer«, die Gefühle gegen ihn mobilisiert, die Enttäuschung darüber, daß seine Allmacht unbeständig war.

Es ist beachtenswert, daß in der lange während Anlehnung der Bundesrepublik an die Vereinigten Staaten deren Hauptgegner und Hauptfeind auch der unsrige blieb. Die Größenverhältnisse zwischen Amerika und der Bundesrepublik sind zu unterschiedlich, um dem Ausleben von Rivalitätsgefühlen eine echte Chance zu bieten. Rivalität ist interessanterweise nur der Deutschen Demokratischen Republik gegenüber mit aller Heftigkeit erhalten geblieben. Auf deren offizielle Vertreter wird auch die im Grunde uns selbst geltende Verachtung, einer Autorität hörig geworden zu sein, verschoben. Nicht wissend, welche Rolle sie im Phantasieleben der beiden Staatskollektive ausüben, haben der Staatsratsvorsitzende dort und die Bundeskanzler hier sich einen echten Diadochenkampf um die Erbschaft Adolf Hitlers geliefert, des vorerst letzten deutschen Ideals. Diadochenkämpfe sind aber nicht das Anzeichen einer Neuordnung der Machtverhältnisse unter Brüdern, sondern das Anzeichen eines Interregnums. Wird die Übersetzung dieses Fremdwortes für den Fall, daß die Bundesrepublik eine ähnlich schwere Belastung wie die Weimarer Republik in der großen Wirtschaftsdepression zu durchstehen hätte, heißen: die führerlose, die schreckliche Zeit?

Die Geschichte wiederholt sich nicht, und doch verwirklicht sich in ihr ein Wiederholungszwang. Zu durchbrechen ist er nur, wo historische Ereignisse eine Bewußtseinsveränderung hervorrufen. Das soll heißen, daß es gelingt, bisher unkontrollierbar Wirksames in seiner Motivation vollkommener und zutreffender zu verstehen. Eine solche Bewußtseinsveränderung hätte sich angekündigt, wenn nach dem Krieg – vielleicht mit Verzögerung –

eine Trauerarbeit auf der Basis eines Schuldeingeständnisses erfolgt wäre. Ohne eine wenn auch noch so verzögerte Schuldverarbeitung mußte die Trauerarbeit ausbleiben. Einem Demagogen wie Franz Josef Strauß ist es inzwischen gelungen, die Versuche der Selbstanalyse unseres Verhaltens während des Dritten Reiches als etwas Abartiges darzustellen, als eine masochistische Perversion von »Sühnedeutschen«. Viel hat sich seit 1945 geändert; Deutschland ist zu einem mächtigen Handelspartner, aber nicht wieder zu einem politischen Machtfaktor in der Welt aufgestiegen. Wäre das der Fall, dann könnte von jener Gefahr gesprochen werden, die heute von den Repräsentanten der DDR im Rivalitätsstreit an die Wand gemalt wird. Denn gegen den Wiederholungszwang der Verführbarkeit zu maßlosen aggressiven Ausschweifungen ist hierzulande nur wenig geschehen. Man – das heißt ein aus tausendfältigen Äußerungen sich zusammensetzendes öffentliches Bewußtsein – regrediert nach dem Kriege eher auf den in der Kindheit und durch die Erziehung verstärkten Anteil der passiv-kindlichen Abhängigkeit und verleugnet darüber die Intensität der destruktiven Rivalitätswünsche. Der Weg nach vorne im Sinne einer sich langsam lösenden Auseinandersetzung und individuellen Verantwortung für die eigenen Rivalitätsbedürfnisse ist durch diese Regression weitgehend blockiert. Die Aggression dem Rivalen gegenüber scheint so mörderische Aspekte zu haben, daß man gewohnt ist, sie – auch wenn sie einmal ausgelebt wurde – zu verleugnen, zu verdrängen, sie zu verschieben oder in ihr Gegenteil zu verkehren.

7. Emigration als Makel

Nach dem klinischen geben wir jetzt ein Beispiel aus dem Alltag, das die Manipulierbarkeit unserer Vorstellungen im Dienste der Schuldabwehr zeigt. Menschen erinnern nicht objektiv. Sie färben Geschichte immer zu ihren Gunsten. Sie leben in einer stilisierten Welt. Es ist nur die Frage, ob die subjektive Wirklichkeit zu fahrlässig, zu gewaltsam entstellend mit den Fakten umgeht. Wir haben gesehen, wie bei zu großer Schuldlast Zuflucht zu ausgedehnten Verleugnungen genommen wird. Sosehr sich dieses politische

Weltbild einem distanzierten Beobachter als dem Wunschdenken verfallen darbieten mag, unwirklich ist es deshalb nicht. Vielmehr regeneriert sich mit der Entwicklung des Wohlstandes ein Selbstgefühl, das sich von den Wertvorstellungen des Dritten Reiches oft nicht distanziert. Zum Beleg ließen sich zahllose Beispiele finden. Wir wählen eines, das uns besonders eindrucksvoll erscheint.

Während des Wahlkampfes vor der Bundestagswahl 1965 wurden hinter vorgehaltener Hand »Nachrichten« über den oppositionellen Bewerber um das Amt des Bundeskanzlers, Willy Brandt, verbreitet, die sehr bereitwillig aufgenommen wurden. Es hieß, Brandt sei Emigrant gewesen, habe in der norwegischen Armee gedient – und vielleicht auf uns geschossen [1].

Das erwies sich als ein vortrefflich gezieltes Argument, denn fast jedermann, den man damals fragte, gestand zwar zu, daß dieser Mann eine angenehme Persönlichkeit und ein loyaler Demokrat sei, aber mit dieser Vergangenheit könne er nicht deutscher Bundeskanzler werden. Es mag ein unfaires Argument gewesen sein, das da in den politischen Kampf eingeführt wurde, überaus aufschlußreich war aber, daß die Partei Brandts selbst nicht den Spieß umzudrehen vermochte und das Argument als solches enthüllte. So stark muß von ihr die Übereinstimmung der öffentlichen Meinung und so schwach ihre Möglichkeit, diese Meinung zu beeinflussen, eingeschätzt worden sein.

Von der Sache her gesehen ist es gleichgültig, ob Brandt geschossen hat oder nicht und was immer er zu seiner »Entlastung« vorgebracht haben mag. Kein einziger der in diesem Zusammenhang gegen ihn vorgebrachten Vorwürfe ist ehrenrührig. Im Gegenteil, jeder einzelne charakterisiert ein lobenswertes Verhalten. Wer emigriert, um die Freiheit seines Vaterlandes, das in die Hände seines größten Feindes gefallen ist, wiederherzustellen, tut nichts Verwerfliches. Wer sich um der Freiheit seines Landes willen mit denen verbündete, die sich dem Terror unserer Mißachtung der nationalen Freiheit anderer Länder widersetzten, und in dieser Sache sein eigenes Leben aufs Spiel zu setzen bereit war, hätte Grund, den Dank seines Vaterlandes zu erwarten. Bei einem politisch erfahreneren Volk hätte es durchaus geschehen können, daß

1 Vgl. Egon Bahr *Emigration – ein Makel?* Die Zeit, Nr. 44, 29. Okt. 1965.

ein deutsches Emigrantenkorps gegen die Armee einer Terrorherrschaft kämpfte; es wäre das ein auf den internationalen Schauplatz verlegter Bürgerkrieg gewesen – der deutsche Bürgerkrieg in dem seit den Bauernkriegen wichtigsten historischen Augenblick. »Im vertrauten Kreise pflegte Max Weber öfter zu sagen: das nationale Unglück Deutschlands sei, daß man noch nie einen Hohenzollern geköpft hat.« [1] Man hat bis heute auch nicht Hitler, weder in Wirklichkeit noch bildlich, geköpft, wie es auch dieses deutsche Résistance-Armeekorps nicht gab.

Man muß sich nur die folgende, willkürlich herausgegriffene dpa-Meldung vergegenwärtigen, um die Bestätigung dafür zu erhalten, daß der Gedanke eines deutschen Widerstandes gegen einen deutschen Führer bis heute nicht gedacht werden darf. Von einem deutschen Professor berichtet diese Meldung anläßlich seines 60. Geburtstags unter anderem: »Nach dreijähriger Assistenzzeit wurde er 1935 aktiver Soldat. Während des Zweiten Weltkrieges hoch dekoriert – darunter mit dem Eichenlaub zum Ritterkreuz – habilitierte er sich ...« Dieser Hochschullehrer hatte dann rasche Karriere gemacht und auch die Bundesregierung in wichtigen Fragen zu vertreten gehabt. Kein Schatten eines Makels fällt auf ihn, daß er sich in den Tagen, in denen sein Vaterland in die Hände seines ärgsten Feindes gefallen war, für diesen Herrscher und seine Lehre besonders hervorgetan hat. Es wird vielmehr – und das ist ein Anzeichen dieser desorientierten Welt, in der wir leben – ein abstraktes Heldentum konstruiert, so, als hätte dieser gezeigte Mut – so lobenswert Mut an sich sein mag – nicht der Vernichtung der Freiheit anderer Völker, nicht den finstersten Verbrechen unmittelbar gedient. Eine der unheilvollen Formeln des imperialistischen 19. Jahrhunderts, die Formel der damaligen Sieger, wird erneuert: *Right or wrong – my country*.

Was unter »Entnazifizierung« verstanden wird, wie weit sie reicht und wo sie aufhört, ist gut daran zu erkennen, daß man die Orden des Dritten Reiches wieder trägt, nachdem man aus ihnen das damalige Hoheitszeichen, das Hakenkreuz, entfernt hat. Statt retrospektiv die Situation, vielleicht seine eigene Naivität zu überprüfen, sein damaliges Verhalten mit den gesamten Informationen,

---

1 Georg Lukács *Von Nietzsche bis Hitler*. Frankfurt (Fischer-Bücherei) 1966, 16.

die ihm jetzt zugänglich sind, in Zusammenhang zu bringen, gibt sich der vom »Führer« Dekorierte ohne solche kritische Besinnung seinem Stolz hin: Er isoliert seine als solche möglicherweise honorige Leistung, er isoliert und setzt nicht zu dem in Beziehung, was gewesen ist. Die Betrachtung unserer stilisierten Vergangenheit wird also nicht zu einer Erschütterung unserer nationalen Identität, die tiefer gehen würde, führen. Wir erkennen unsere Vergangenheit besser im Ritterkreuzträger als im deutschen Emigranten. Das hat offenbar Willy Brandt, wenn man der vox populi trauen darf, den Sieg gekostet. Er sollte schon 1933 mehr gesehen, richtiger entschieden haben als wir alle? Falls der Gedanke überhaupt zugelassen wird, weckt er Neid auf die größere Schuldlosigkeit, beweist er überhaupt, daß es zu der angeblich unausweichlichen Wehrpflicht, zum Zwang der Diktatur eine Alternative gegeben hat. Sie wird sofort abgewertet: Emigration war Feigheit; Fahnenflucht ist unentschuldbar etc. Zunächst bleibt es von geringem Wert, daß wir den Scheincharakter dieser Argumente erkennen und sie als »Rationalisierungen« ansprechen. Im Kollektiv der deutschen Öffentlichkeit ist ihre Überzeugungskraft offensichtlich wenig erschüttert.

Es ist dann auch nicht verwunderlich, daß zum Beispiel das Aufzeichnen der »sehr differenzierten Geistesgeschichte der deutschen Exilanten« Schwierigkeiten bereitet; »die westdeutsche Germanistik ist diesem Thema bisher so bemüht wie erfolgreich ausgewichen«[1]. Die besten, weil durch das Berührungstabu unbehinderten Arbeiten zur neueren deutschen Geschichte wurden in England und Amerika geschrieben[2]. Die stärkste Traditionslinie in unserer Geschichtsschreibung knüpft an das Treitschkesche Verständnis geschichtlicher Kräfte an. Überall dort, wo es darum ginge, Motivationszusammenhänge seelischer Art als die Voraussetzung von Handlungen und Entscheidungen zu verstehen, versichert man sich in dieser Historiker-Schule allgemeinster Begriffsbildungen. Was bei Treitschke »die Natur der Dinge« hieß, die zwangsläufig irgend-

1 Hans-Albert Walter *Schwierigkeiten beim Schreiben einer Geschichte der deutschen Exil-Literatur.* FAZ, Nr. 264, 12. 11. 1965.

2 »Es ist eine beklagenswerte Tatsache, daß wir 20 Jahre nach dem Ende der nationalsozialistischen Herrschaft noch immer keine Gesamtdarstellung der Jahre 1933 bis 1945 aus der Feder eines deutschen Autors oder eines deutschen Autorenteams besitzen.« (W. J. Mommsen. Die Zeit, Nr. 13, 25. 3. 1966.)

wohin führte, war dann ganz folgerichtig bei Adolf Hitler zu der ihm dienstbaren »Vorsehung« geworden. Der Irrationalismus ist aber gar nicht so irrational, so metaphysisch, er ist vielmehr eine Technik, sich in einer Wirklichkeit zu bewegen, in der man an viele Dinge nicht anstoßen darf – an jene nämlich, die verleugnet werden, die dasind, aber nicht gesehen werden dürfen, um die man sich herumbewegen muß. Und außerdem deckt der Irrationalismus mit seiner Berufung auf Urkräfte die Fragwürdigkeit von Projektionen unserer eigenen Triebbedürfnisse. Der »Praeceptor Germaniae« Treitschke hatte in den Preußischen Jahrbüchern »ein Wort über das Judentum« veröffentlicht, das in den Jahren 1879 bis 1880 den »Berliner Antisemitismusstreit« ausgelöst hat [1]. In Treitschkes Ausführungen hieß es: »Bis in die Kreise der höchsten Bildung hinauf . . . ertönt es heute wie aus einem Munde: die Juden sind unser Unglück!« Diese Urschau bestätigte im Leser »Ahnungen«; verknüpft mit der Würde des großen Mannes, aus dessen Munde die Meinung stammt, wird sie im Nu zu einer Aussage über historische Fakten. Sie wird so widerspruchslos hingenommen, weil sie unserer aggressiven Projektion auf die Juden das geistige Alibi verschafft.

Treitschke und sein Wort, daß die Juden unser Unglück seien, haben an der Herstellung eines falschen Bewußtseins in unserem Lande kräftigst mitgewirkt. So kann es nicht verwundern, daß die zum Teil sehr aufschlußreichen Studien jüngerer Historiker über die Periode des Dritten Reiches [2] so gut wie keinen Einfluß auf die politische Bewußtseinsbildung erringen konnten – in welcher parlamentarischen Debatte hätte sich ihr Einfluß gezeigt? –, daß aber der Treitschkismus eine vertraute Lehre geblieben ist.

Hier ist unserer begrenzten Fähigkeit zur Diskussion zu gedenken, die eine Konsequenz unserer enthusiastisch verteidigten »Ahnungen« ist. Die Derealisierung dessen, was wir uns nicht zumuten wollen, schneidet auch den Gesprächsfaden ab. Die DDR ist ein Staat, der noch weniger als die Bundesrepublik mit Rücksicht auf die Bewohner gegründet wurde. Er ist eine Schöpfung

1 Walter Boehlich *Der Berliner Antisemitismusstreit*. Frankfurt (Sammlung Insel) 1965.

2 Zum Beispiel J. C. Fest *Das Gesicht des Dritten Reiches*. München (Piper) 1963 oder Ernst Nolte *Der Faschismus in seiner Epoche*. Action française, italienischer Faschismus, Nationalsozialismus. München (Piper) 1963.

im politisch-taktischen Vorfeld der Sowjetunion. Damit sind die dort lebenden Deutschen zunächst in eine schwierige Situation geraten: Woran sollen sie ihre Identität orientieren? Am Dritten Reich, am Deutschen Reich, an der bürgerlich-kapitalistischen Gesellschaftsordnung, die von ihren politischen Machthabern verworfen wird? Jedenfalls wird ihre Lage um so schwieriger, je weniger sie sich mit der Philosophie und Ideologie derer auseinandersetzen, die nun einmal in der DDR die Macht innehaben. Wir im Westen, denen die Erhaltung der geistigen Einheit Deutschlands so wichtig ist – und das vielleicht nicht nur als ein Lippenbekenntnis, um unsererseits Machtansprüche aufrechtzuerhalten –, bedenken aber diese Aufgabe unserer Mitbürger im anderen Teil Deutschlands, die erhebliche geistige Anstrengungen erfordert, so gut wie nie. Verfügten wir über die Technik dialektischen Denkens, dann könnten wir uns zunächst auf ein Verständnis uns fremder Lehren wie des Marxismus einstellen, sie kennenlernen und unsere eigenen Auffassungen in der Auseinandersetzung mit ihnen überprüfen. Mehr als durch sonstige »Liebesbeweise« würde den Bewohnern in der DDR damit Realhilfe geleistet, weil wir aus einem Spielraum etwas größerer Liberalität denken können und nicht unter rein machtpolitisch bis demagogischen Gesichtspunkten Denkanweisungen auszuführen haben. Wir haben uns statt dessen nie um eine ernstliche Auseinandersetzung mit dem Marxismus bemüht, und zwar in der politischen Öffentlichkeit, dort, wo unsere Meinungen gebildet werden. Unter dem Diktat der Verleugnung ist der Kommunismus nichts als eine Irrlehre für uns geblieben wie einst der Mohammedanismus oder der Protestantismus; uns als Rechtgläubige braucht das nicht zu interessieren, es genügt, wenn wir verabscheuen.

Die Derealisation steht im Dienst einer Selbstgerechtigkeit, die ihrerseits bereits eine Reaktionsbildung darstellt gegen Einflüsse, die unser inneres Gleichgewicht stören und Zweifel säen könnten. Wiederum handelt es sich um eine Anfälligkeit, die alle Menschen auszeichnet. Es sind die kleinen Gradunterschiede in der Heftigkeit, mit der Vorurteile verteidigt, unvertrautes Denken abgewehrt wird, und nicht grelle Differenzen, die über die Sterilität oder Produktivität einer Gesellschaft entscheiden.

Wir erinnern uns daran, daß es um die Abwehr von Schuld in einer Größenordnung geht, die nur mit Melancholie der Massen zu beantworten gewesen wäre. Mag diese Gefahr durch die Zeitläufte gemildert sein, die Abwehrhaltung hat sich nicht entkrampft. Und damit bleibt es schwierig, sich für neue Konzepte aufnahmebereit zu stimmen oder gar sich dafür zu begeistern, anderen neue Denkmöglichkeiten beizubringen. Damit mag zusammenhängen, daß es für junge Menschen heutzutage nicht überaus anziehend ist, den Beruf des Lehrers zu ergreifen, was dann zu dem häufig beklagten, aber doch in seinen Motiven ungenügend verstandenen Mangel an Lehrern führt. Aber ist das nicht wiederum ein recht signifikanter Mangel? Wo die Gesellschaft als ganze der Konfrontation mit sich selbst aus dem Wege geht, wird es schwierig, an Schulen aller Grade zum Beispiel in einer Weise Zeitgeschichte zu vermitteln, daß sich der Lernende persönlich betroffen fühlt. Der plakatierte »Bildungsnotstand« ist nicht allein im Lehrermangel begründet, sondern auch in unserer unbewußt gesteuerten Unwilligkeit, mehr über uns selbst zu erfahren, die dann rückläufig überhaupt ein »engagiertes« Denken hemmt.

8. Die Verliebtheit in den Führer

Mit allen vorangegangenen Beispielen wurde versucht, anzudeuten, in wie feinen Kanälen sich die Abwehr der schuldhaften und schambeladenen Vergangenheit verzweigt. Es bleibt aber die wichtige Aufgabe, jene Motive herauszufinden, die zur Zeit Hitlers die Menschen sich ihm so grenzenlos gläubig anvertrauen ließen, was sie dann auch über die Grenzen des Verantwortbaren hinaustrug. Auch dieser Zustand der Exaltation, die Erinnerung an die Verliebtheit in den Führer, muß in der Wiederbegegnung Scham erwecken. In *Massenpsychologie und Ich-Analyse* hat Sigmund Freud in Fortsetzung älterer Beobachtungen, besonders derer von Le Bon, die Dynamik des psychischen Geschehens bei der Machtübernahme durch einen Massenführer geschildert. Dieser tritt an die Stelle des Ich-Ideals jedes einzelnen, jenes seelischen Selbstbildnisses, das von den kühnsten Phantasien über eigene Bedeutung, Vollkommenheit und Überlegenheit, aber auch von den

71

natürlichen Hoffnungen des menschlichen Lebens, wie und was man sein oder werden möchte, gezeichnet wird. Indem ich dem Führer folge, ihm Verehrung zolle, verwirkliche ich ein Stück dieses phantasierten Ich-Ideals. Ich nehme an diesem bedeutungsvollen Leben des Führers, an dessen historisch einmaligen Plänen unmittelbar teil, der Führer und seine Bedeutung werden zu einem Teil von mir.

Die ausschweifende eigene Phantasie und die Versprechungen des Massenführers gehen also eine Verschmelzung ein. Die Begabung des von Max Weber so genannten »charismatischen Führers« liegt recht eigentlich darin, die am schmerzlichsten durch eine gegenwärtige Notlage getroffenen Idealvorstellungen seiner Anhänger anzusprechen und hier Abhilfe in Aussicht zu stellen, und zwar mit einer Sicherheit, die seine unerschütterliche Kraft erkennen läßt. Überspannte, wahnhafte, auf Vernichtung von Mitmenschen zielende Forderungen des Führers müssen die Massenglieder früher oder später aber auch zu schweren Konflikten mit ihrem eigenen Gewissen führen. Dabei ist besonders an solche Anhänger zu denken, die den Versprechungen erst als Erwachsene erliegen. Der Führer verlangt nun geradezu, daß das alte Gewissen der neuen, faszinierenden Aufgabe geopfert wird – was wir in Anlehnung an den Geheimdienstjargon die »Umkehrung« des Gewissens nannten. Der psychologische Mechanismus, der einen Massenführer zum Sieg führt, ist dadurch gekennzeichnet, daß im Streit zwischen diesem alten Gewissen und dem fetischhaft geschmeichelten Ich-Ideal das Gewissen unterliegt. Die oben zitierte Rede Himmlers zeigte die Taktik, mit der, was gestern noch Verbrechen war, zum Ausdruck heroischer Gesinnung, zur Vollstreckung des »Willens der Vorsehung« umgewertet wurde. Diese Befreiung von alten Strafandrohungen, mit denen man sich herumzuplagen hatte, die wohltätigen Hochachtungsbezeugungen des Führers für die Massen, die das Ich-Ideal jedes einzelnen ansprechen, werden ausgekostet: »Es kommt immer zu einer Empfindung von Triumph, wenn etwas im Ich mit dem Ich-Ideal zusammenfällt.« [1]

Im Führer selbst bewirken die Massen, die ihm zujubeln, eine

[1] S. Freud *Massenpsychologie und Ich-Analyse.* Ges. Werke XIII, 147.

gewaltige Inflation seiner Machterlebnisse. Auch er kostet den Triumph des Zusammenfalls von Ich und Ich-Ideal aus. Für die Massenglieder ist der so idealisierte Führer das sichtbar existierende eigene Ich-Ideal; sie haben das Objekt »Führer« an »die Stelle des Ich-Ideales eingesetzt«. (ib. S. 145) Gleichzeitig fühlen sich die Menschen brüderlich geeinigt, die bisher in rivalisierenden Gruppen und Klassen einander gegenüberstanden. Sie können sich plötzlich miteinander identifiziert erleben, weil sie ein gemeinsames Ideal mit so großer Leidenschaft besetzt halten; sie sind alle mit dem Führer identifiziert [1].

Die Rivalität innerhalb einer so geeinten Gesellschaft ist nun zwar stark gemindert, aber die bisher in ihr gebundene Aggression macht sich bald wieder bemerkbar, indem nun regelhaft nach »außen«, auf eine Fremdgruppe, sei es ein Volk oder eine Minorität, aggressiv projiziert wird. Es ist geradezu ein signifikanter Zug an hochgestimmten Massenbewegungen, daß Aggression aus ihrem Binnenraum verschwindet und in der Verfolgung von Sündenböcken wieder auftaucht. Ein jeder wird automatisch als Feind empfunden, der diese Idealbildung und diese feindselige Haltung festgelegten Aggressionsobjekten gegenüber nicht mitmacht. Das hat nicht nur die Nazibewegung bewiesen, das ist weiterhin gültig geblieben.

Schon Le Bon hatte gesehen, daß die leidenschaftliche Verschmelzung mit dem Führer die Masse auch zu Leistungen befähigen kann, die ihre normalen Kräfte weit übersteigen. Man muß sich dabei erinnern, daß die verführerische Entlastung vom unbequemen Gewissen, die der Massenführer durch das Glaubensangebot an ihn erreicht hat, den Enthusiasmus seiner Anhänger steigern muß. Sie fühlen einen Druck von sich genommen und beobachten, wie es anderen ebenso geht. In diesem Sturm der Gefühle steigt ihre Unternehmungslust. Für die innere Befreiung aus erstickender Enge, aus altem Zopf und kleinlichen Quälereien sind sie – gewiß nicht grundlos – den großen charismatischen Führern dankbar,

---

1 Selbst politische Führer weniger großer Begabung, etwa Wilhelm II. bei Ausbruch des Weltkrieges 1914, nützen diese Identifikationsbereitschaft intuitiv aus: »Ich kenne keine Parteien mehr, ich kenne nur noch Deutsche« war die psychologische Aufforderung, sich mit ihm zu identifizieren und sich dadurch »familiär« näherzurücken.

und das beflügelt sie zu großen Taten. In diesem Grundton der Zuneigung waren sich die Armeen Hitlers mit denen Napoleons und Maos nahe verwandt.

Wird der Führer durch die Wirklichkeit widerlegt, verliert er im weltpolitischen Spiel der Kräfte, dann geht nicht nur er unter, sondern mit ihm die Inkarnation des Ich-Ideals der von ihm faszinierten Massen. Metaphorisch spricht man dann von einem »Erwachen« aus einem Rausch. Aber auch Adolf Hitler hatte verlangt: »Deutschland erwache!« Offenbar bedeutet derselbe Begriff hier einmal das Erwachen zur Realität und ein anderes Mal das Stabilisieren eines falschen Bewußtseins. Denn das Erwachen, das Hitler forderte, war doch ein paradoxes. Gemeint war ein Abdanken der bewußten Kritik zugunsten der Urahnungen von Blut und Boden. Das falsche Bewußtsein ist unter anderem durch den Abwehrmechanismus der »Darstellung durch das Gegenteil« gekennzeichnet. Es stellt sich zum Führer ein Hörigkeitsverhältnis, das heißt ein Verhältnis eines hohen Grades von Unfreiheit her. Im falschen Bewußtsein wird es aber als Selbstgefühl, als ein Gefühl der Befreiung erlebt. Dann vollzieht sich etwas Paradoxes: Im Zustand ihrer Hörigkeit erniedrigen sich Massen vor Führerfiguren, um neues Selbstgefühl zu erlangen. Das macht deutlich, daß zwei psychische Instanzen eine unnatürliche Beziehung zueinander eingegangen sein müssen. Einem Ideal nachzugehen wird zur Obsession und dieser Zwang selbst wiederum zum Ideal[1]. Was die deutsche Szene betrifft, so leistet die hier übliche Gehorsamskultur solcher Verdrehung Vorschub. Die Durchtränkung des Zwanges mit Lust, seine Libidinisierung, gehört zum sado-masochistischen Aspekt der Gehorsamskultur. Die akute Verliebtheit in den Führer steigert die masochistische Lustbereitschaft ebenso wie die Neigung zum aggressiven Ausagieren gegen die Feinde des Führers.

Ohne reale Frustrationen, ohne eine langdauernde Enttäuschung an der sozialen Ordnung, die bisher geherrscht hat, ohne allgemeine Entwertungsgefühle ist die Macht der Hoffnung, die in den charismatischen Führer gesetzt wird, jedoch nicht zu ver-

---

[1] J. Lampl-de Groot *Superego, Ego-Ideal and Masochistic Fantasies.* In: The Development of the Mind. New York (Int. Univ.-Press) 1963. S. auch: *Ich-Ideal und Über-Ich.* Psyche, 17, 1963/64, 321.

stehen. Was ihm die Liebe einträgt, ist die Ermunterung an das frustrierte Ich, wieder die Spannung zu einem neuen Ideal seiner selbst herzustellen. In diesem Überschwang sind die Massen zunächst fähig, die größten Strapazen zu ertragen, was wiederum die Selbstachtung steigert. Nach dem Kriege Hitlers blieben deshalb für das Erlebnis der meisten Soldaten – wie am Beispiel des Ritterkreuzträgers dargetan – die Leistungen, die sie vollbrachten, das eigentlich Rühmenswerte, so, als wären sie unter einem gänzlich unbescholtenen obersten Befehlshaber erfolgt. In beiden Phasen, im Aufstieg wie im Niedergang eines charismatischen Führers, wird, mit Freud zu sprechen, »der Konstitution unseres Ich« [1] nicht Geringes zugemutet. In jedem Fall werden große Zensurleistungen am Bewußtsein verlangt: zunächst in der Anpassung der Realitätsauslegung an den Führer und am Ende in der Derealisierung der durch diese Anpassung an ihn geschichtlich entstandenen Szenerie.

Mit dem Aufstieg Adolf Hitlers vollzog sich abermals eine Restauration – die wievielte? – der deutschen Irrationalitätsbedürfnisse. Wir haben diese realitätsabgewandte Phantasie, die Welt nach den eigenen Selbstidealisierungsbedürfnissen auszulegen, bereits als einen Abwehrmechanismus eines in Wirklichkeit bedrängten Selbstgefühls beschrieben. Der Vorgang beruht auf einer Regression auf die Ebene der seelischen Primärprozesse, jener Phantasien, welche von Triebbedürfnissen entzündet sind und deren Erfüllung unter dem Schutz der magisch empfundenen Macht des Führers halluzinatorisch erlebt wird. Hitler reaktivierte das deutsche Sendungsbewußtsein, das in unserer Nationalgeschichte so tiefe Wurzeln hatte. Die Weimarer Republik hatte nicht in dieser Tradition gestanden. Vom Elend der Wirtschaftskrise getroffen, offenbarte sie im Erleben ihrer Bürger die Ohnmacht der Rationalität; daran, sie als politisches Instrument zu benutzen, hatte man sich noch gar nicht gewöhnt. Wie stark die Abneigung gegen rationales Denken und die Zuneigung zum irrationalen Sendungsbewußtsein war, zeigte der Zulauf aus allen Ebenen der Gesellschaft zur Hakenkreuzfahne.

Die Wahl Hitlers zum Liebesobjekt erfolgte also auf narziß-

1 S. Freud *Trauer und Melancholie*. Ges. Werke X, 433.

tischer Grundlage, das heißt auf der Grundlage der Selbstliebe. Die Redewendung »Liebe macht blind« hebt das charakteristische Moment der Realitätsvergessenheit narzißtischer Objektwahl hervor. Alles, was das vergottete Objekt, der Führer, befiehlt, wird ipso facto zur Wahrheit, zum Gesetz: »Das Gewissen findet keine Anwendung auf alles, was zu Gunsten des Objektes geschieht; in der Liebesverblendung wird man reuelos zum Verbrecher. Die ganze Situation läßt sich restlos in eine Formel zusammenfassen: das Objekt hat sich an die Stelle eines Ich-Ideals gesetzt.« [1] Wenn sich dieser Vorgang millionenfach gleichzeitig wiederholt, sind nach statistischer Wahrscheinlichkeit genügend Extremvarianten von Anbetern darunter, die bedenkenlos agieren, was der Führer befiehlt.

Diese Form der hörigen Liebe unterscheidet sich wesentlich von einer reiferen, in der das kritische Ich seine Funktionen aufrechterhält. In dieser identifiziert sich der Liebende nur teilweise mit dem Liebesobjekt, sein Ich wird zwar um bestimmte Eigenschaften des Objektes bereichert, verändert sich partiell nach seinem Vorbild, setzt aber nicht, wie in der Hörigkeit oder auch vielen Formen der Verliebtheit, ein fremdes Objekt geradezu an die Stelle des Ichs oder Ich-Ideals. Im Unterschied zur einfühlenden, sich teilweise identifizierenden Liebe muß das Ich im Zustand solcher Verliebtheit verarmen. Zum Wesen der Hörigkeit gehört also, daß das Ich sich blindlings überantwortet. Die Möglichkeit der Distanzierung zum Objekt geht verloren, die Person wird im wahrsten Sinn des Wortes *akut überfremdet*. In diesem Zustand der Exaltation fließt alle Libido dem maßlos überschätzten Führer zu. Er besetzt mehr oder weniger alle Zugänge zum Verhalten und setzt sich über die Einsprüche des alten Über-Ichs und die Realitätsorientierung des Ichs hinweg. Nach dem Erlöschen dieses symbiotischen Zustandes können sich Millionen aus der Faszination entlassene Subjekte um so weniger erinnern, als sie den Führer eben nicht ihrem Ich assimiliert hatten, wie man sich etwa das Vorbild eines Lehrers einverleibt, sondern ihr Ich zugunsten des Objektes, des Führers, aufgegeben hatten. So verschwindet, der narzißtischen Objektbesetzung entsprechend, der Führer wie ein

1 S. Freud *Massenpsychologie und Ich-Analyse*. Ges. Werke XIII, 125.

»Fremdkörper« aus dem psychischen Haushalt. Es bleibt keine Erinnerung an ihn selbst zurück, und auch die Verbrechen, die in seinem Namen begangen wurden, entwirklichen sich hinter einem Schleier der Verleugnung. Der Titel dieser Abhandlung, der unsere Unfähigkeit zu trauern mit solcher Art zu lieben in Zusammenhang bringt, findet in dem soeben beschriebenen Vorgang seine Erklärung.

Der Tod des Führers brachte für die Massen eine Entblößung von Schutz. Vom Führer verlachte Mächte konnten ihn vernichten. Da seine Imago das Ich-Ideal seiner Anhänger ersetzt hatte, waren sie in seinen Untergang mit hineingezogen, der Schande preisgegeben. Mit diesem Zusammenbruch des Ich-Ideals hörte notwendigerweise die Möglichkeit der gegenseitigen Identifizierung im Führerglauben auf. Auch wenn man nicht reuelos gemordet, sondern nur indirekt an diesen Untaten mitgewirkt hatte, die bedingungslose Kapitulation nach so viel Hochmut mußte ein intensives Schamgefühl auslösen. Das Ich der Verlassenen fühlte sich betrogen; jedermann versuchte, dieses gescheiterte und gefährliche Ideal wieder »auszuspucken«, zu externalisieren. Jetzt hieß es: Die Nazis waren an allem schuld. Diese Verdrehungen der Wirklichkeit dienten, wie wir sahen, dem Schutz des eigenen Ichs, des eigenen Selbstgefühls, vor schroffen Entwertungen [1].

9. Noch eine Möglichkeit für Trauer?

Stellen wir zum Schluß noch eine alternative Frage: Was geht eigentlich in uns vor, wenn wir um einen Menschen trauern, den wir seiner eigenen Qualitäten wegen geliebt haben, also nicht unter der Voraussetzung, daß er uns unsere Selbstverliebtheit zu bestätigen habe? »Die Realitätsprüfung hat gezeigt, daß das geliebte Objekt nicht mehr besteht, und erläßt nun die Aufforderung, alle Libido aus ihren Verknüpfungen mit diesem Objekt abzuziehen. Dagegen erhebt sich ein begreifliches Sträuben. – Es ist allgemein zu beobachten, daß der Mensch eine Libido-Position

[1] Vgl. Ch. T. Lipson *Denial and Mourning*. Int. J. Psycho-Analysis, 44, 1963, 104.

nicht gerne verläßt, selbst dann nicht, wenn ihm Ersatz winkt. Dieses Sträuben kann so intensiv sein, daß eine Abwendung von der Realität und ein Festhalten des Objektes durch eine halluzinatorische Wunschpsychose zustande kommt ...« [1] In der Trauer wird das verlorene Objekt introjiziert. Bis hin zu der phantasierten Vorstellung, man könne mit ihm noch umgehen wie in den Tagen seines Lebens, muß nun in einer innerlichen Auseinandersetzung die Einwilligung in die Realität des Verlustes gelernt und vollzogen werden. Wir sprechen deshalb in der Psychoanalyse von »Trauerarbeit«. »Die Trauerarbeit ist das auffallendste Beispiel für die mit der Erinnerungsarbeit verbundenen Schmerzen ... So wird das Erinnern ein stückweises, fortgesetztes Zerreißen der Bindung an das geliebte Objekt und damit ein Erlebnis von Rissen und Wunden im Selbst des Trauernden.« [2]

Trauer ist also mit den Abwehrvorgängen, die uns in dieser Abhandlung beschäftigt haben, nicht zu vereinen, da es gerade deren Aufgabe ist, Realitätseinsicht und die damit verbundenen Schmerzen zu vermeiden. Trauer um einen geliebten Menschen, dem unsere »Objektlibido« sich zugewandt hatte, ist ein lange sich hinziehender Vorgang der Ablösung; vom Objekt, das der Befriedigung unserer »narzißtischen Libido« gedient hat, können wir uns unter Umständen rasch lösen, denn es diente nur als Werkzeug unserer Selbstliebe. Wir geben es nicht zögernd auf, jederzeit bereit, es in unserer Erinnerung wieder zu beleben, wir lassen es vielmehr fallen, ohne noch viel Gedanken daran zu verschwenden. Aber die Folgen dieser Untreue sind bedeutungsvoller, als diese kalte Abwendung zunächst erwarten läßt.

In der Trauer um ein verlorenes Objekt versuchen wir, auch den Idealen dieses Menschen, der uns genommen wurde, nachzueifern. Erst langsam, mit dem Ende der Trauerarbeit, werden Kräfte für neue Objektbesetzungen, neue Identifizierungen, neue Liebes- und Interessenzuwendungen frei. Anders in der Trauer, wenn das Objekt auf narzißtischer Basis geliebt wurde. Mit seinem Verlust ist stets ein Verlust an Selbstwert verbunden. Der Objekt-

[1] S. Freud *Trauer und Melancholie.* Ges. Werke X, 430.
[2] Paula Heimann *Bemerkungen zum Arbeitsbegriff in der Psychoanalyse.* Psyche, 20, 1966, 321.

verlust bewirkt einen psychischen Energieverlust, führt zu einer »großartigen Ich-Verarmung«. Es kommt nicht zum Schmerz in der Trauer um das verlorene Objekt, sondern zur Trauer über einen selbst und in der Verbindung mit ausgeprägter Gefühlsambivalenz zum Selbsthaß der Melancholie. Immer aber ist der Schmerz dadurch charakterisiert, daß er nicht das Ende einer Beziehung meint, sondern daß er einen Teilverlust des Selbst betrifft, als sei es amputiert worden. Der Trauerklage um das verlorene Objekt steht die melancholische Selbstanklage gegenüber. Die Selbstzerfleischung der Melancholie ist im Grunde eine Anklage gegen das Objekt, das dem eigenen Selbst einen solchen Verlust zugefügt hat.

Hätten, so war unser Gedankengang, nicht die Abwehrmechanismen der Verleugnung, der Isolierung, der Verkehrung ins Gegenteil, des Aufmerksamkeits- und Affektentzugs vor allem, also der Derealisation, der ganzen Periode des Dritten Reiches gegenüber eingesetzt, so wäre im Nachkriegsdeutschland der Zustand schwerer Melancholie für eine große Zahl von Menschen die unausweichliche Konsequenz gewesen, als Konsequenz ihrer narzißtischen Liebe zum Führer und der in ihrem Dienst gewissenlos verübten Verbrechen. In der narzißtischen Identifikation mit dem Führer war sein Scheitern ein Scheitern des eigenen Ichs. Zwar hat die Derealisation und haben die übrigen Abwehrvorgänge den Ausbruch der Melancholie verhindert, aber sie haben nur unvollständig die »großartige Ich-Verarmung« abwenden können. Dies scheint uns die Brücke zum Verständnis des psychischen Immobilismus, der Unfähigkeit, in sozial fortschrittlicher Weise die Probleme unserer Gesellschaft in Angriff zu nehmen.

Der Unfähigkeit zu trauern ist also unsere weniger einfühlende als auf Selbstwertbestätigung erpichte Art zu lieben vorangegangen. Die Anfälligkeit für diese Liebesform ist ein kollektives Merkmal unseres Charakters. Die Struktur der Liebesbeziehung der Deutschen zu ihren Idealen oder deren Inkarnationen scheint uns eine lange Geschichte des Unglücks zu sein. Zumindest im politischen Feld dient unser Sendungsbewußtsein der Kompensation von Kleinheitsängsten, der Bekämpfung unseres Gefühls der Wertlosigkeit. Ebenso wichtig ist, daß wir durch Idealisierung die unvermeidbare Ambivalenz unserer Gefühle zu verleugnen suchen, um sie dann projizieren zu müssen. Menschen oder gar Kollektive wie »das Vaterland« sind keine eindeutigen Ideale, wir machen sie höchstens dazu. Zu den Reifungsaufgaben gehört es, daß man die Ambivalenzspannungen mildern, verstehen und integrieren kann. Wir sollten nicht in eine Art multiple Persönlichkeit zerfallen, deren Teile nur idealisieren, hassen oder durch abgewehrten Haß sich verfolgt fühlen können. Einfühlung hilft bei diesem Ausgleich am entschiedensten. Eine solche Beziehung, die sich Ambivalenz bewußt macht, verarbeitet und erträgt, eine solche reife Beziehung zu uns selbst, zu unseren Mitmenschen und zum Lauf der Welt haben wir im Verhaltensstil unserer Kultur, vor allem in den politischen Affekten, bisher nur in Ansätzen gezeigt; wir schwanken nur allzu oft wie weiland in den Duodezfürstentümern zwischen Provinzialismus und imperialen Größenträumen, zwischen Überheblichkeit und Selbsterniedrigung, die aber weniger die Züge der Demut als der Melancholie trägt und sich in der geheimen Anklage äußert, daß die anderen an unserer Erniedrigung, an unserer Niederlage, daran, daß es uns so schlecht ergangen ist, daß man uns so mißversteht, schuld sind.

Die Trauerarbeit ist nicht auf Restitution schlechthin aus, sie bringt uns langsam dazu, die definitive Veränderung der Realität durch den Verlust des Objektes zu akzeptieren. In dieser Arbeit kann auch die Ambivalenz der Beziehung nacherlebt und anerkannt werden. Das hat zur Folge, daß am Ende der Trauerarbeit das Individuum verändert, das heißt gereift, mit einer größeren Fähigkeit, die Realität zu ertragen, aus ihr hervorgeht. Gerade das Eingeständnis der ambivalenten Beziehung kann aus der narzißtischen Position heraus nie geleistet werden. Das narzißtisch geliebte Objekt, so dramatisch dieser Ablauf höriger Idealisierung sein mag, verschwindet ziemlich spurlos, wenn nicht sein Verlust zu starker Selbstentwertung führt und diese zu einer melancholischen Reaktion, wie beschrieben wurde. Wenn die Phase solches symbiotischen Einheitserlebnisses abgeschlossen ist, kann sich der gleiche Vorgang mit neuen Partnern noch ein- oder mehrmals wiederholen. So versuchen wir mit einer unveränderten Grundeinstellung, die wir mit dem Nationalsozialismus vereinigen konnten, nun auch die Geschäfte unserer Bundesrepublik zu betreiben, wobei wir wesentlich heftigere Idealisierungen unserer politischen

Vormünder in West und Ost vornehmen, als es durch die objektive Lage gefordert würde. Wir richten unser arg lädiertes Selbstbewußtsein durch diese Identifikationen auf. Uns vermittelt das subjektiv ein Gefühl der Sicherheit, während in unserer Umgebung gerade die Folgenlosigkeit der Verbrechen der Dritten Reiches auf unser Verhalten, auf unseren Charakter Befremden und Angst hervorrufen mögen.

Wir haben keine kleinliche Wiedergutmachungsleistung an jenen Überrest europäischer Juden bezahlt, die wir verfolgten und noch nicht töten konnten. Aber die wirklichen Menschen, die wir da unserer Herrenrasse zu opfern bereit waren, sind immer noch nicht vor unserer sinnlichen Wahrnehmung aufgetaucht. Sie sind ein Teil der derealisierten Wirklichkeit geblieben. Liest man zum Beispiel in manchen ärztlichen Gutachten, die wegen körperlicher oder seelischer Verfolgungsschäden erstattet werden, so begegnet man einem erschreckenden Ausmaß von Einfühlungslosigkeit. Der Gutachter ist durchaus befangen und unbewußt mit der Seite der Verfolger identifiziert geblieben. Er kann sich nicht vorstellen, was es heißt, wenn eine vierzehnjährige Tochter eines Textilhändlers einer badischen Landstadt von der Macht eines Polizeistaates, von uniformierten, wohlgenährten, selbstbewußten Männern ergriffen und in der Art eines Ungeziefers behandelt wird. Er kann sich nicht vorstellen, daß das auch seiner vierzehnjährigen Tochter hätte widerfahren können. Er kann sich nicht in ein Mädchen hineindenken, dessen Eltern im gleichen Lager, in dem es selbst gewesen ist, vergast wurden und in dem es dann allein zurückblieb und schließlich nur durch Zufall der Vernichtung entging. Sollten solche Schrecken keine Narben hinterlassen? Kurt R. Eißler[1] hat die für uns beschämende Frage gestellt, die Ermordung von wie vielen seiner Kinder ein Mensch symptomfrei ertragen müsse, damit ihm unsere Gutachter eine normale Konstitution zubilligen. Zwischen dieser *Form* administrierter Wiedergutmachung und den Formen administrierter Tötung einer ganzen Volksgruppe ist kein prinzipieller Unterschied. Zunächst verhin-

[1] K. R. Eißler *Die Ermordung von wie vielen seiner Kinder muß ein Mensch symptomfrei ertragen können, um eine normale Konstitution zu haben?* Psyche, 17, 1963/64, 241.

derte die emphatische Selbsthingabe und Auflösung des eigenen Ichs in den Ideen und Ansprüchen des Führers eine Einfühlung in die Verfolgten als Menschen. Schuldgefühle über Unmenschlichkeiten, über Morde in einer Zahl, die wir nur objektiv wissen, aber nicht erlebend nachzuvollziehen vermögen, sind ebensowenig aus der unbewußten Wahrnehmung zu entfernen wie die Scham darüber, daß wir unser Gesicht als zivilisierte Nation verloren haben. Als Konsequenz der Abwehr fehlen uns in unserer psychischen Ökonomie ständig die Energien, die wir im Dienste unseres Selbstgefühls darauf verwenden, die Vergangenheit zu entwirklichen, um Schuld und Scham zu vermeiden.

Die Getöteten können wir nicht zum Leben erwecken. Solange es uns aber nicht gelingen mag, den Lebenden gegenüber aus den Vorurteilsstereotypen unserer Geschichte uns zu lösen – das Dritte Reich stellte nur eine letzte Epoche dar –, werden wir an unseren psychosozialen Immobilismus wie an eine Krankheit mit schweren Lähmungserscheinungen gekettet bleiben. »Die kollektive Verantwortung einer Nation für einen Abschnitt ihrer Entwicklung«, schreibt Georg Lukács, »ist etwas derart Abstraktes und Ungreifbares, daß sie an den Widersinn streift. Und doch kann ein solcher Abschnitt wie die Hitlerzeit nur dann im eigenen Gedächtnis als abgetan und erledigt betrachtet werden, wenn die intellektuelle und moralische Einstellung, die ihn erfüllte, ihm Bewegung, Richtung und Gestalt gab, radikal überwunden wurde. Erst dann ist es für andere – für andere Völker – möglich, auf die Umkehr zu vertrauen, die Vergangenheit als wirklich Vergangenes zu erleben.« [1] Man kann aber nur auf Grund eines zuverlässig im Bewußtsein verankerten Wissens, auch eines solchen, das zunächst peinigen muß, »radikal überwinden«, da das, was geschah, nur geschehen konnte, weil dieses Bewußtsein korrumpiert war. Was unter einer über zwei Jahrzehnte andauernden Zensur unseres Bewußtseins nicht als schmerzliche Erinnerung eingelassen wird, kann ungebeten aus der Vergangenheit zurückkehren, denn es ist nicht »bewältigte« Vergangenheit geworden: Vergangenheit, um deren Verständnis man sich bemüht hat. Trauerarbeit kann nur geleistet werden, wenn wir wissen, wovon wir uns lösen müssen;

1 G. Lukács, l. c., 21.

und nur durch ein langsames Ablösen von verlorenen Objektbeziehungen – solchen zu Menschen oder zu Idealen – kann die Beziehung zur Realität wie zur Vergangenheit in einer sinnvollen Weise aufrechterhalten werden. Ohne eine schmerzliche Erinnerungsarbeit wird dies nicht gelingen können, und ohne sie wirken unbewußt die alten Ideale weiter, die im Nationalsozialismus die fatale Wendung der deutschen Geschichte herbeigeführt haben. Aber fordern wir nicht Unerfüllbares? Unser Ich war in dieser Vergangenheit unserem Narzißmus zu Diensten. Das narzißtische Objekt, das wir verloren haben, war in der Vorstellung von uns selbst als Herrenmenschen zentriert. Nicht der geschichtlichen Belehrung, daß dem nicht so ist, wäre also nachzutrauern. Vielmehr müßten wir die Einfühlung in uns selbst erweitern, so daß wir uns in jenen Szenen wiedererkennen wie der des deutschen Offiziers im dänischen Café und in den entsetzlichen, in denen 100, 500 oder 1000 Leichen vor uns lagen – Leichen von uns Getöteter. Das würde eine einfühlende, nachfühlende Anerkennung der Opfer lange nach den Schreckenszeiten bedeuten.

Psychologisch wäre es keine Unmöglichkeit, nach der Tat einzusehen, was wir im Dritten Reich taten, uns also von der narzißtischen Liebesform zur Anerkennung von Mitmenschen als Lebewesen mit gleichen Rechten weiterzuentwickeln. Diese Korrektur unseres falschen und eingeengten Bewußtseins, das Auffinden unserer Fähigkeit des Mitleidens für Menschen, die wir hinter unseren entstellenden Projektionen zuvor nie wahrgenommen haben, würde uns die Fähigkeit zu trauern zurückgeben.

10. Nachbemerkung

Wir fordern Einfühlung Ereignissen gegenüber, die schon durch ihre quantitative Dimension Einfühlung unmöglich machen. Es kann sich also gar nicht um ein totales, sondern nur um ein wenigstens schrittweise erweitertes Verständnis der Tatsache handeln, daß mit dem Dritten Reich eine Art der Diktatur der Menschenverachtung mitten in unseren Kulturbereich zurückgekehrt ist, die wir überwunden glaubten, die aber statt dessen an vielen Stellen der Welt Nachahmung gefunden hat.

Wir haben versucht, Vorgänge, die sich in großen Teilen unserer Bevölkerung im Zusammenhang mit dieser hemmungslosen Menschenverachtung vollzogen haben, einer psychologischen Analyse zu unterwerfen. Dabei wollten wir die Hypothese stützen, daß zwischen einem intensiven Zur-Wehr-Setzen gegen Tatsachen aus dem versunkenen Dritten Reich und einem psychosozialen Immobilismus in unserer augenblicklichen Gegenwart direkte und nachweisbare Beziehungen bestehen. Das eröffnet die Hoffnung, ein Wiedergewinnen von Erinnerungen könne uns helfen, aus dem Geschehenen zu lernen, statt erneut agieren zu müssen, was wir nicht als Inhalt unseres Bewußtseins über uns selbst ertragen: unsere Fähigkeit zu ebenso törichtem wie tödlichem Haß.

Unsere Hoffnung ist schwach, weil der antipsychologische Affekt in Deutschland sich auf eine tiefe psychologische Unbildung stützen und einer weiten Zustimmung spontaner Art sicher sein kann. Wahrscheinlich werden unsere Kritiker uns Einseitigkeit vorwerfen, obgleich es uns darauf ankam, durch entschiedene Einseitigkeit eine historische Linie von Motivationen herauszuarbeiten, die ohne solche Hartnäckigkeit gar nicht aufzufinden und zu verfolgen ist. Unser Verfahren kann man sicher kritisieren, aber erst, nachdem man das zur Kenntnis genommen hat, was ohne die Anwendung psychoanalytischer Hypothesen nie zu fassen wäre.

Diese Studie ist ein Fragment. Sie versucht, die Wirkung unbewußter Prozesse in einer Gruppe sichtbar zu machen, die durch gemeinsame seelische Anstrengungen zur Aufrechterhaltung ihres Selbstbewußtseins gekennzeichnet ist. Es kann gar nicht ausbleiben, daß unsere Ergebnisse attackiert werden, weil unsere Methode attackiert; und wenn wir uns auch bemüht haben, Verhältnisse, mit denen wir seit unserer Kindheit affektiv verbunden sind, sine ira et studio zu beschreiben, so mag uns doch manches Zeichen affektiver Anteilnahme entschlüpft sein. Denn natürlich sind auch wir, wie so viele unserer Mitbürger, geneigt, irgendwohin »nach oben«, an andere Mitbürger, Anklagen zu richten, Anklagen, die in Umkehr der Richtung sich nur wenig von der Selbstanklage, von der Pathologie der Trauer, der Melancholie, unterscheiden. Die Arbeit bedient sich der Kenntnisse der psychoanalytischen Theorie. Die Affekte, die sie erwecken mag, sollten aber auf die Autoren gerichtet werden und nicht auf das kostbarste Instrument der Menschenkenntnis, das wir besitzen, die Psychoanalyse.

II

Variationen des Themas

1. Psychoanalytische Anmerkungen über die Kultureignung des Menschen

Radioaktive Staubwolken, von Menschen hervorgerufen, überqueren die Kontinente; Kriege und Bürgerkriege flammen über die Erde verstreut auf und schwelen fort; Millionen Menschen leben in Hunger und ohne Recht; in Folterkammern werden aus einer nie versagenden Phantasie neue Techniken des Quälens und Erniedrigens bereitgehalten. Das alles sind Demonstrationen von Herrschaftsformen, die menschliche Kultur repräsentieren, und zugleich ihre Folgen. Um die »richtige« Form menschlichen Zusammenlebens ist ein Machtkampf universalen Ausmaßes entbrannt. Er bedroht die Menschheit selbst mit Vernichtung.

Wenn man diese Aspekte von »Kultur« in die Bilanz einbezieht, sind wir zu der Frage berechtigt: Ist der Mensch zur Kultur geeignet? Der Hinweis darauf, daß Grausamkeit und Interessenblindheit immer schon die Geschichte begleitet haben und die Monumente und Köstlichkeiten menschlicher Kulturleistungen nicht zu verdunkeln vermochten, wirkt wenig überzeugend. Er trifft nicht die Aktualität, aus der heraus die Frage gestellt wird und auf die hin eine Antwort erhofft wird. Das nicht weniger zutreffende Argument ist auch zu bedenken: Menschen haben nicht nur »Gegenden« der Erde (im Sinne Alexander von Humboldts) besiedelt und sie zu »Landschaften« gestaltet; sie haben auch Landschaften verwüstet und sie als trostlose Gegenden hinterlassen. Die technische Fähigkeit, zu zerstören, hat sich, vereint mit der Bereitschaft, ihr zu folgen, in den letzten Jahrzehnten gewiß nicht verringert. Sie hat im Gegenteil Werkzeuge zur Verfügung, deren Zerstörungskraft die maßlosesten Phantasien zu befriedigen vermöchte.

Die Verführung liegt nahe, das Wort »Kultur« selbstidealisierend zu verwenden, für das, was einem »lieb und teuer« ist. Dann wird willkürlich Kultur von Unkultur getrennt, und zwar in einer Weise, als ob beide nichts miteinander zu tun hätten. So etwa verfahren die Kulturauffassungen verschiedenster ideologischer Herkunft. Demgegenüber sieht die psychoanalytische Anthropologie die Kulturleistung – also die Fähigkeit konstruktiven Verhaltens – im Funktionsganzen der Person. Der Mensch ist imstande, rücksichtslos, einsichtslos, gewissenlos das zu zerstören, was er mit Rücksicht, Einsicht und Verantwortung errichtet hat. Beide Fähigkeiten stehen miteinander in dynamischem Bezug; beide entnehmen die Kraft, über die sie verfügen, der Triebgrundlage. Konstruktives Verhalten setzt höhere psychische Integrationen voraus. Desintegrierendes, rücksichtentbundenes Verhalten hat nicht nur in der Außenwelt zerstörerische Folgen, es beruht auf einer Verschiebung der Herrschaftsverhältnisse im psychischen Geschehen, und zwar zugunsten einfacher strukturierter, primitiverer Motivationen. Um aber das Bild noch weiter zu komplizieren: Auch destruktive Verhaltensweisen können sich in den denkbar kompliziertesten Organisationsvorgängen verwirklichen. Das Beispiel der Vorbereitung von kriegerischen Unternehmungen und Kriegführung macht das deutlich. Kriegsziel ist in jedem Fall die Desintegration des Gegners, wo nötig, seine physische Vernichtung. Seine gegenwärtige Machtstruktur soll aufgelöst werden. Kriegsziele präsentieren sich selten in dieser nackten Weise, meist erscheinen sie in »Pläne« eingebaut, die aus den Eigenwerten konstruiert werden: Der Gegner soll »befreit«, »bekehrt« werden, und selbst wo die Absicht der puren Ausrottung vorherrscht, weiß sie sich der edelsten Absicht sicher, die Menschheit von einer unerträglichen Bürde zu befreien. Wie geartet auch immer die Ideologie der kriegerischen Unternehmungen sein mag, sicher ist die Bereitschaft, zu töten und zu zerstören. In ihrem Dienst stehen die ingeniösesten Köpfe, welche die Waffen konstruieren, Aufmärsche vorausberechnen, Vorräte anlegen und all die zahllosen intelligenten Überlegungen anstellen, die ein Massenunternehmen erst erfolgreich und »rentabel« machen können.

Die Umwege, auf denen destruktive Phantasien das Verhalten des Menschen zu lenken vermögen, können weit sein. Konstruktive Intelligenz, interessierte Hingabe an einen Arbeitsbereich (also libidinöse Befriedigungen) ordnen sich auf langer Strecke der destruktiven Endabsicht unter. In vielfältigen aufbauenden Leistungen wird das Ziel, dem sie dienen, vergessen – nämlich ungesättigten aggressiven Triebbedürfnissen, die sich in Zerstörungs- und Omnipotenzphantasien repräsentieren, langsam den Weg zur befriedigenden Entspannung zu bahnen. Diese Umwege, auf denen sich die kulturzerstörenden Neigungen immer wieder durchzusetzen vermögen, müssen uns erschrecken. Die Unbeirrbarkeit, mit der das Triebziel festgehalten wird, während mit Naivität intermediäre libidinöse Befriedigungen genossen werden (etwa Beförderungen, Orden, Freude an der militärischen Ordnung etc.) – die Genüsse der Friedenszeit sozusagen –, zeugt von einer hohen Zielstrebigkeit; das Ziel ist die aggressive Entladung. Während dieser oft langen Vorbereitungszeit wird die Zerstörungsleidenschaft immer wieder totgesagt. Ihre periodische Wiederkehr ist es, die eine anthropologische Fragestellung nach der Kultureignung des Menschen notwendig macht.

Wenn unter Kultureignung letztlich Triebbeherrschung durch Einsicht verstanden wird, so ist gewiß, daß es sich dabei um eine potentielle Fähigkeit, nicht um eine im Konstitutionsplan des Menschen ungestört ausreifende »Anlage« handelt. Jede Sozialisierung des Menschen ist ein Stück der Entwicklung seiner Fähigkeit, sich zu kultivieren. Dabei kann die Anpassung an außerordentlich verschiedene Kulturforderungen erfolgen. Zugleich bleibt der Anpassungsvorgang durch die ganze Geschichte der Menschheit von Triebkräften bedroht, die nie die Vorherrschaft des einsichtigen Ichs anerkannt und damit nie sich den Wertmaßstäben der sozialen Ordnung unterworfen haben.

Das Bestürzende, aber auch Ergreifende dieses Widerstreits sahen wir darin, daß es den kulturindifferenten Tendenzen der menschlichen Natur bei ihrer Zerstörungsarbeit regelhaft gelingt, sich die rationalen Kräfte des Ichs dienstbar zu machen; im Bewußtsein der Zerstörer wird für eine gute Sache vernichtet: für den besseren Glauben, für die rassisch überlegene, von Gott auserwählte Nation etc. Die Amphiktyonien, jene kultisch-politischen Verbände, die im frühen Griechenland sich eidlich verpflichteten, das Heiligtum zu schützen und ritterlich zu kämpfen, symbolisieren einen bis heute unvollendet gebliebenen Versuch, die kulturfähigen Seiten des Menschen gegen seine kulturheuchlerischen und zerstörerischen in eine Vormachtstellung sicherer Art zu bringen. Gegenwärtig befinden wir uns wieder im Kraftfeld einer Streitlage, in der alle Seiten für sich das höchste Maß von Kultureignung beanspruchen. Jede Partei sucht unsere Affekte für sich zu gewinnen; wir sollen uns leidenschaftlich beteiligen. Die kühle Überlegung wird uns bitter schwer gemacht. Verläßliche Information, die Voraussetzung jedes begründeten Urteils, ist nur unter großen Mühen erreichbar. Vorurteile unterwandern uns vielleicht in einer gefährlicheren Weise, als es Spione des Feindes könnten.

Diese Skylla und Charybdis von weitgehender objektiver Unwissenheit über die vielfältigen Bedingungen, die unsere geschichtliche Lage hervorbringen, und die ebensogroße Ungewißheit über uns selbst, über die Kräfte, die unser eigenes Verhalten bestimmen, lassen Ratlosigkeit aufkommen. Nur fortgesetztes Nachdenken kann uns weiterhelfen. Das schafft uns zwar keinen archimedischen Punkt, der hoch genug läge, um einen unbehinderten Überblick zu gewähren; im Nachdenken erreichen wir aber doch wenigstens Augenblicke jener kritischen Distanz, die uns wahrzunehmen erlaubt, ohne daß unsere Gefühle vorschnell die Deutungen aufnötigen.

Die beiden Alternativantworten des Kulturoptimismus und des Kulturpessimismus dienen uns als Warnung; beide Auslegungen sind zu gefühlsbefrachtet, um mehr als die Stimmung derer, die ihnen anhängen, wiederzugeben. Zudem kündigen Idealisierung und Verketzerung mit Sicherheit an, daß in der denkenden Vergewisserung der Welt, in der Einsicht in einen erregenden Gegenstand Lücken bestehen.

Der Begriff der »Kultureignung« klingt trocken und erweckt die Assoziation der »verwalteten Welt«. Bezeichnenderweise findet er sich zum ersten Mal 1915 in einer Arbeit Sigmund Freuds, die *Zeitgemäßes über Krieg und Tod* betitelt ist. Inmitten höchster Gefühlserregung, die späteren Betrachtern nebeneinander die Züge eines zur Karikatur verzerrten nationalen Pathos und der verschwenderischen Opferbereitschaft zeigt, mitten in dieser Gefühlsverwirrung hat Freud (dessen eigene Söhne damals im Militärdienst standen) versucht, sich loszureißen von solchem überwältigenden Gefühlsstrom und über die Bedeutung des Krieges und die Veränderung des seelischen Verhaltens der Menschen in ihm nachzudenken. Die Eignung des Menschen für die von ihm geschaffene Kultur, an die man mit unreflektiertem Optimismus geglaubt hatte, war damals mit einem Schlag in Frage gestellt. Die ersten Sätze der Arbeit Freuds geben eine Beschreibung der Weltlage, die in den folgenden bald 50 Jahren nichts von ihren unheilträchtigen Spannungen verloren hat; aber das Potential der Machtmittel ist inzwischen sprunghaft gestiegen.

»Von dem Wirbel dieser Kriegszeit gepackt, einseitig unterrichtet, ohne Distanz von den großen Veränderungen, die sich bereits vollzogen haben und zu vollziehen beginnen, und ohne Witterung der sich gestaltenden Zukunft werden wir selbst irre an der Bedeutung der Eindrücke, die sich uns aufdrängen, und an dem Werte der Urteile, die wir bilden. Es will uns scheinen, als hätte noch niemals ein Ereignis so viel kostbares Gemeingut der Menschheit zerstört, so viele der klarsten Intelligenzen verwirrt, so gründlich das Hohe erniedrigt. Selbst die Wissenschaft hat ihre leidenschaftslose Unparteilichkeit verloren; ihre aufs tiefste erbitterten Diener suchen ihr Waffen zu entnehmen, um einen Beitrag zur Bekämpfung des Feindes zu leisten. Der Anthropologe muß den Gegner für minderwertig und degeneriert erklären, der Psychiater die Diagnose seiner Geistes- oder Seelenstörung verkünden. Aber wahrscheinlich empfinden wir das Böse in dieser Zeit unmäßig stark und haben kein Recht, es mit dem Bösen anderer Zeiten zu vergleichen, die wir nicht erlebt haben.« [1]

Wenn wir uns also weder einem Erlösungsglauben hingeben noch uns einem fatalistischen Kulturpessimismus überantworten wollen, müssen wir zu verstehen versuchen, wodurch es Menschen gelingen kann, sich selbst in gefährlichen, überwältigenden Lagen »kultiviert« zu erhalten. Ältere Zeiten würden in Erinnerung an einen Prototyp der Gesellschaft von »ritterlich« gesprochen haben, uns liegt es näher, von »aufgeklärt« im Sinne der großen humanistischen Tradition des Abendlandes zu sprechen. Welche Gegenkräfte in uns selbst und in unserer Umwelt haben wir zu

1 S. Freud *Zeitgemäßes über Krieg und Tod*. Ges. Werke X, 324.

90

überwinden, um »kultiviert« zu bleiben, wo die Situation verführt, auf nachdenkende Rechenschaft zu verzichten, weil alles klar und selbstverständlich scheint?

Offenbar geraten wir in Zeiten hoher kollektiver Affektspannung nicht in Konflikt mit der Sach- oder Werkzeugintelligenz. Es ist gleichsam zu einer banalen Selbstverständlichkeit unseres Lebens geworden, daß fortgesetzt neue, oft umwälzende Erfindungen gemacht und technische Glanzleistungen vollbracht werden. Täglich belehrt uns die eigene Beobachtung und ein Strom von Nachrichten über das unaufhörliche Wachstum der technischen Zivilisation. Sie überzieht in einem immer lückenloseren Geflecht die Erde. Forschung bannt Not und Unwissenheit und erlöst Völker und Kontinente von Plagen, die als unabänderlich galten. Unsere Naturerkenntnis und die Technik ihrer Nutzung für die Zwecke der Kultur machen es absehbar, daß allen Menschen die Fristung ihres Lebens ohne harte Entbehrungen möglich sein wird. Wenn wir die Leistungen der Werkzeugintelligenz im Auge haben, können wir mit berechtigtem Stolz sagen, hier erweise sich die Menschheit in hervorragender Weise als Meister. Diese Ausbreitung der technischen Zivilisation und der mit ihr verbundenen Lebenseinstellung hat zugleich an lang tradierte Vorurteile gerührt, die aus dem Hochmut der Kulturen mit hoher Werkzeugbeherrschung den sogenannten primitiven oder barbarischen Völkern gegenüber herrühren. Es erregt Staunen, wie schnell Völker aus urtümlichen Lebensverhältnissen heraus mitten in die komplizierte Technologie unserer Zivilisation hineinzuspringen vermögen. Die großen Beispiele Japans oder der Völkerschaften Rußlands zeigen, daß nur wenige Generationen, unter Umständen nur Jahrzehnte genügen, um in dieser Hinsicht eine volle Anpassung herbeizuführen, und daß diese Völker alsbald anfangen, produktiv eigenständige Beiträge zu dieser logisch-naturforschenden Zivilisation zu leisten.

Wir beobachten demnach ein Geschehen wechselseitiger Verknüpfung. Nicht nur wächst die forschende und technologische Zivilisation, es wächst mit ihr die Nutzung des Gesamtpotentials der menschheitlichen Intelligenz. Der stetige Fortschritt im Ausbau der Forschungseinrichtungen und der Produktionsstätten ist ohne den ebenso stetig wachsenden Zustrom geschulter Kräfte

91

nicht möglich. Dabei zeigt sich, daß die gesamte Menschheit schulbar und lernfähig ist. Man hat gesagt, die Gesellschaft unserer Zeit könne sich die Dummheit nicht mehr leisten, wobei mit Dummheit nicht eine Anlage, sondern die gesellschaftlich ungenützten Lernfähigkeiten des Menschen gemeint sind. Die Breitenprogression des zivilisatorischen Apparates macht die Förderung und Schulung aller verfügbaren Intelligenzen notwendig. Hier sind noch viele Spannungen in unserer Gesellschaft fühlbar. Der Übergang von der ständischen Gesellschaft und Klassengesellschaft, in welcher Bildung ein Standes- oder Klassenprivileg war, zu einer Technokratie, in der Fachbildung möglichst vieler die Voraussetzung der Lebensfähigkeit des Systems ist, dieser Übergang vollzieht sich nach dem Trägheitsgesetz gesellschaftlicher Einrichtungen nur langsam, jedenfalls langsamer, als die weltpolitische Situation sich verändert.

Gewiß nicht wegen dieser noch ungelösten Fragen sehen wir die Kultureignung des Menschen als ungewiß an, sondern deshalb, weil die Schulung der Sachintelligenz die triebhafte, insbesondere die aggressive Reizbarkeit der Menschen nicht zu mildern vermochte. Ihre permanente Aggressionsbereitschaft gegen ihresgleichen bleibt unberührt vom Stand der Technik. Von dieser andauernden, oft konvulsiv gesteigerten Aggressionsneigung überzeugen wir uns ebenso unwiderleglich wie vom Wachstum der technischen Zivilisation. Es wäre gewiß ein Vorurteil, zu glauben, daß sich die Neigung zur Grausamkeit und Roheit (denen der demokratische Rechtsstaat seine normativen Schranken entgegenzusetzen sucht) in der Welt seit dem Mittelalter, das uns mit seinen Folterkammern und Hexenprozessen als besonders versessen auf Grausamkeit erscheint, wesentlich verringert hätte. Die Kultureignung des Menschen setzt demnach zwar Lernfähigkeit voraus, mit dem Nachweis der Werkzeugintelligenz allein läßt sich der Anspruch jedoch nicht begründen. Jede soziale Kultivierung kann nur gelingen, wenn ein zweiter Lernvorgang ebenfalls Erfolge bringt, nämlich die Einübung des Affektausdrucks in die spezifischen Regeln der Gruppe. Dieser Prozeß scheint die schwierigere Problematik zu enthalten. Zwei Eigentümlichkeiten der menschlichen Triebkonstitution machen dies verständlich: einmal die Tatsache der weitgehenden Entbindung von angeborenen arteigentümlichen Verhaltensweisen, zum anderen und damit verknüpft der permanente Triebüberschuß.

Verweilen wir einen Augenblick bei diesen beiden Aspekten der menschlichen Triebkonstitution. Dem Triebverlangen des Menschen steht zu seiner Äußerung nicht ein angeborenes System arteigentümlicher Verhaltensschemata zu Gebot, die durch besondere Signale, gestalthaft erfahrene Merkmale der Außenwelt – die spezifische Umwelt Jakob von Uexkülls –, in Gang kämen. In Anlehnung an unsere eigene Welterfahrung können wir sagen, daß das tierische Verhalten seinen Art- und Gruppengenossen wie auch Feind oder Beute gegenüber vollkommen »ritualisiert« sei. Das Paarungs- und Aufzuchtverhalten (oft die einzige Sozialberührung sonst einzelgängerisch lebender Tiere), das von der Rangordnung bestimmte Gruppenverhalten, die Abwehr- oder Fluchtformen gegenüber Feinden, die Bemächtigungsweise dem Beutetier gegenüber, all das wird bis ins einzelne von angeborenen Reaktionsweisen beherrscht. Alle Triebäußerungen können nur nach diesem Schema erfolgen. Der Wolf, dem in einem Rangkampf der unterliegende Artgenosse die Halsschlagader darbietet – jene Stelle, an welcher der Wolf im Beutekampf tödlich zubeißt –, erlebt in diesem Augenblick eine Tötungshemmung; bei ihr entflieht der Angegriffene, aber das Rangverhältnis ist damit hergestellt.

Im menschlichen Verhalten sind durchaus Spuren solchen angeborenen Sozialrituals zu beobachten, etwa die Schutzreaktionen, die das Kleinkind auslöst (das Kindchen-Schema von K. Lorenz), oder ähnliches Verhalten dem Verletzten und Gebrechlichen gegenüber (wie wir es ähnlich auch bei den in Rudeln lebenden Huftieren oder Delphinen kennen). Aber diese aus der Anlage wirkenden Impulse können unser Verhalten nicht mit der gleichen Sicherheit zwingen, mit der dies im Tierleben der Fall ist. An die Stelle der angeborenen, vererbten Triebrituale sind die sozialen Regeln, Gewohnheiten, Gesetze, Tabus getreten. Im Vergleich mit den erbbeständigen Verhaltensweisen sind sie ungewöhnlich ungesichert und unbeständig. Wir sind keine Sozialautomaten wie die Tiere. Die gesetzten Ordnungsformen des menschlichen Soziallebens, die von sich aus immer den Anspruch zeitloser Dauerhaftigkeit erheben, haben selbst dort, wo sie lange Geschichtsperioden hindurch gültig geblieben sind, gemessen an den Zeiträumen, in denen die angeborenen Verhaltensschemata das Leben einer biologischen Art bestimmen, nur eine winzige Lebensdauer besessen. Die Kraniche sind längst vor Ibykus, ihrem Wandertriebe folgend, über die griechische Halbinsel geflogen, und sie tun es heute noch; Städte und Staaten sind inzwischen versunken, neues, aber eben *anders geordnetes* soziales Leben ist aus den Ruinen erblüht.

Die Kultureignung des Menschen erscheint bei einem solchen Vergleich in einem ungünstigen Licht. Es wird auch nicht heller durch den Hinweis auf die dauerhaften Leistungen des Menschen, auf seine Werkzeugerfindungen und die geistigen und künstlerischen Schöpfungen. Zwar sind es Leistungen, die von einzelnen inmitten der Gesellschaft und für sie geschaffen werden, aber wiederum kann man zwei Konsequenzen unterscheiden: Sachbezogene Entdeckungen haben ein durch die Jahrtausende wachsendes Wissen der Menschheit gemehrt und ihr geholfen, ihre Lebensfristung zu erleichtern. Andererseits: Einsichten, die sich auf die menschliche Triebnatur selbst bezogen, die Selbsterkenntnis, die großen Erleuchtungen über die menschliche Existenz, die erhabensten Gesetzessammlungen sind immer wieder tiefer vom Staub der Geschichte verschüttet worden als die tiefsten Schichten, auf die der archäologische Spaten stößt. Eine dauerhafte Bändigung der Triebnatur des Menschen ist ihnen nicht gelungen. Die Triebnatur war stärker. Wer ihre Macht für seine Ziele einzuspannen verstand, konnte die Gesellschaft beherrschen und Recht brechen, die Gesetze übertreten, die eben diesem präsozialen Triebhunger entgegengesetzt wurden. Das Wort *homo homini lupus* ist also eigentlich nicht zutreffend. Die Tötungshemmung, die beim Wolf die Schonung seines Artgenossen erzwingt, kann beim Menschen leicht außer Kraft gesetzt werden.

Da alle menschlichen Kulturen also nicht auf einer angeborenen Triebregulation ihrer Mitglieder, sondern auf einem zu erlernenden Triebverzicht des einzelnen zugunsten des Lebens in der Gesellschaft aufbauen müssen, haben sie *in jedem einzelnen ihren hartnäckigsten Gegner.*

Dies bringt uns zum zweiten konstitutionellen Aspekt unserer Triebnatur, den man mit dem Begriff »Triebüberschuß« andeuten kann. Er hängt mit dem ersten, der Entbindung von arteigentümlichem Verhalten, unmittelbar zusammen. Es ist nicht einfach, diesen Sachverhalt in Kürze zu charakterisieren. Für das tierische Verhalten gilt die beschriebene feste Bindung von Triebverlangen und Triebobjekt; nur Objekte mit ganz festliegenden Merkmalen können wie ein Schlüssel den Mechanismus einer Triebhandlung im sozialen Bereich in Gang setzen. Biologische Grundbedürfnisse, denen die Triebhandlung dient, werden in einem System wechselseitiger Verhaltenszuordnung, fester Rollenverzahnungen, befriedigt. Außerhalb dieser stereotypen Äußerungsformen gibt es keine Triebunruhe. Die relative Unspezialisiertheit des Menschen in dieser Hinsicht hat eine neue Lage geschaffen (man denke an die vielen Formen der Kinderaufzucht). Unspezialisiertheit meint, daß wir zwar einerseits sehr definitive Triebbedürfnisse haben; als Triebobjekte (also das, worauf der Trieb sich richtet) dienen aber nicht *erblich* festgelegte, sondern kulturell zugewiesene, tradierte Objekte der Außenwelt. Die jeweilige Kultur setzt und formt diese Objekte und zwingt dabei ihre einzelnen Glieder zu mehr oder minder schweren, langdauernden, oft endgültigen Entsagungen [1].

Man muß arbeiten, leisten, seinem gesellschaftlichen Rang entsprechend sich bescheiden lernen, um schließlich in soziale Positionen zu gelangen, in denen dosiert Trieberfüllung gestattet ist. Das ist ein zäher Kampf; doch am Anfang unseres Lebens werden unsere Triebwünsche relativ schnell erfüllt, ohne daß Gegenleistungen unsererseits erwartet würden. Die Eingewöhnung in das Milieu der Kultur fällt uns um so schwerer, je schroffer ihre Forderungen gestellt werden, je liebloser die Ansprüche sind, denen wir zu gehorchen haben. In dieser permanenten Gegensätzlichkeit zwischen biologischem Triebverlangen und gesellschaftlichem Triebverbot oder wenigstens Anspruch auf Trieb-

1 Wenn wir in diesem Zusammenhang von »Objekt« sprechen, so gebrauchen wir dieses Wort als Terminus technicus; auch menschliche Subjekte, sie sogar vornehmlich, sind Objekte, auf die sich Triebverlangen richtet. Damit ist der Subjektcharakter des Mitmenschen nicht geleugnet oder erniedrigt, wie oft mißverstehend interpretiert wird, sondern es wird der funktionelle Bezug hervorgehoben. Auch grammatikalisch kann ein »Subjekt« zum Objekt der Satzaussage werden.

lenkung und »Triebveredlung« entsteht eine Eingewöhnung in die mitmenschliche Welt, die anfänglich affektiv leicht störbar ist. Sie sollte sich zu einem stabileren Verhalten entwickeln, aber das muß nicht der Fall sein. Langsam entstehen neben unbewußt verlaufenden Reaktionsformen (den gewohnheitsmäßigen oder zwanghaften Verhaltensweisen) bewußtseinsnähere Formen des Verhaltens. An sie ist geknüpft, was Freud die *Kultureignung* nannte. Sie ist der fragliche Anteil des Charakters.

Aus diesem verwickelten Prozeß der Anpassung, dessen Außenseite (zum Beispiel ein ganz unauffälliges Rollenverhalten) so leicht irreführend gedeutet werden kann, sei noch folgender Tatbestand hervorgehoben. Ein starkes und in der Kindheit noch ungebändigtes Triebverlangen trifft auf die Gesetze, Regeln, Bräuche, kurz: auf die Moral der Gesellschaft. Da der Mensch ein extrem auf das Leben in der Gruppe angewiesenes Wesen ist, repräsentiert die Gruppenmoral jene Realität, an die er sich anpassen muß, um überleben zu können. Die Anpassung wird anfänglich durch äußeren Zwang herbeigeführt. Im Heranwachsen werden die gesellschaftlichen Forderungen erlernt und mehr oder weniger verinnerlicht, das heißt, es bildet sich ein Gewissen, das nun von innen her die Einhaltung der Moral fordert. Wir brauchen uns nur des Sprichwortes »Gelegenheit macht Diebe« zu erinnern, um nicht allzu optimistische Vorstellungen von der Tiefe zu hegen, bis zu der Gewissenhaftigkeit das menschliche Verhalten zu bestimmen vermag. Unter den gegenwärtig geübten (und geschichtlich tradierten) Sozialisierungspraktiken bedarf die Mehrzahl der Menschen für die Mehrzahl der Entscheidungen unter Konfliktdruck einer Aufsicht, die sie mit Sanktionen bedroht; nur dann handeln sie moralentsprechend. Jene Institutionen, die den Zentralbereich der Moral hüten, nämlich die religiösen, haben deshalb auch immer mit den härtesten Strafen gedroht – der ewigen Pein –, um ihre Erziehungsziele durchzusetzen. Der gesellschaftliche Konformismus, der so erzeugt wird, setzt demnach die Art der kindlichen Erziehung fort; die Kulturanpassung vieler Menschen bleibt lebenslang eine vorwiegend *kindliche:* Sie gehorchen notgedrungen dem äußeren Erziehungszwang, solange er mächtiger ist als ihr Triebverlangen. Wenn wir von »vielen Menschen« in diesem Zusammenhang sprechen, so könnte das den Gedanken nahelegen, wir meinten nur die »anderen«, nicht aber uns selbst. Eine ernsthafte Prüfung unseres Verhaltens in dieser oder jener Situation wird uns jedoch eines Besseren belehren. Wie immer in psychologischen Aussagen geht es um die Grade, um das Mischungsverhältnis von Gewissenhaftigkeit und Einsicht auf der einen, Gewissen und Einsicht überspielendem Triebverlangen auf der anderen Seite. Niemand erreicht eine vollkommene Treue vor den Gesetzen und den Regeln des Anstandes. Auch das ist typisch für den Menschen. In der seelischen Entwicklung ist aber die Bildung des Gewissens nicht die letzte Reifungsstufe. Kritische Einsicht kann noch einmal den Spruch des erworbenen Gewissens bedenken; Einsicht ist eine Funktion des Ichs, das auch seine Bindung an das Triebverlangen periodisch – reflektierend, prüfend – lockern kann. Das Ich ist dann in der Lage, die mitmenschliche Realität und sich selbst ohne die groben Färbungen und Entstellungen wahrzunehmen, die ihnen unsere Affekte verleihen.

Ein solches *kritisches Ich* gewinnt damit aber nicht nur Freiheitsgrade nach innen, sondern ebenso Freiheit bei der Beurteilung der gesellschaftlichen Bräuche und auch ihrer Mißstände. Es hat ja und nein zu sagen gelernt, fragt warum und trifft sein Urteil umsichtig, vorurteilsunabhängiger. Die Erinnerung an die Ketzer und Verfemten der Geschichte zeigt, daß diese Loslösung vom Vorurteilskodex der Gesellschaft ein äußerst gefährliches Unterfangen ist. Die Moralen treten ebenso konservativ auf wie die biologischen Bedürfnisse. Aber erst eine seelische Instanz, die sich auch des Gewissens in kritischer Weise vergewissern kann, schafft so etwas wie eine seelisch organisierte Kultureignung, das heißt, es entsteht erst hier die Fähigkeit, in erregenden, verwirrenden Lebenslagen, im Zusammenbruch der äußeren Gewalten und der Vorurteilssysteme, die unser Gewissen lenken, den Verstand und das mitmenschliche Gefühl zu bewahren. Wer einige solcher verwirrender Zusammenbrüche gesellschaftlicher Wertorientierung erlebt hat, konnte erfahren, daß es nicht leicht ist, Anweisungen des Kollektivs zu widerstehen, die bald Strafdrohungen sind, bald primitive Triebbefriedigungen enthemmen. Hier in kritischer Distanz zu bleiben setzt Kaltblütigkeit, also einen hohen Grad stabiler Ich-Organisation voraus; noch schwerer ist es, die durch Kritik gewonnenen Einsichten dann auch als Richtlinien des Verhaltens beizubehalten. Der Mensch ist als Gesellschaftswesen katexochen in außerordentlichem Maße angstempfindlich gegen alles, was ihn von seinen Gruppenbindungen isolieren kann; und umgekehrt begibt er sich als Andersdenkender, wie gesagt, in die große Gefahr, zum Ziel aggressiver Regungen der »Rechtgläubigen«, der Mehrheiten zu werden. Die Bereitschaft, kollektive Sündenböcke zu suchen, kann ihn leicht zum Opfer wählen.

Jede Kultur fordert und muß vom einzelnen fordern, Triebbeherrschung zu erlernen. Sie verlangt, daß er sein Triebverlangen auf erlaubte Objekte fixiert; sie sagt ihm, welche Objekte wertvoll, welche wertlos oder verboten sind. Unsere Gewissensbildung ist eine innere Zensurinstanz, in der das draußen Erfahrene gespeichert wird und unser Verhalten lenkt. Das kindliche Gewissen ist ein System von Vorurteilen, die wir übernommen haben und gegen unsere Triebneigungen anwenden. Das »Schicksal«, das ihnen dabei widerfährt, ist vielfältig. Es mag gelingen, einen Teil der Neigungen an Inhalte zu binden, die den einzelnen und der Gruppe gemeinsam dienen und beide befriedigen; ein Teil wird abgewehrt, noch ehe eine kritische Prüfung sich an ihrer Lenkung beteiligen konnte. Aber auch in dieser unterdrückten Lage nehmen diese Triebanteile Einfluß auf die Verhaltensweisen und -möglichkeiten des Individuums. Sie konstituieren jene unverbundenen und dem Beobachter unvereinbar und erstaunlich dünkenden Charakterzwiespältigkeiten, die so aufdringlich sein können, daß man von multiplen Persönlichkeiten in der einen Person sprechen kann. Diese Triebschicksale gehen aus dem Ringen des Individuums um einen anerkannten und gesicherten Standort in seiner Sozietät hervor. Die Gesellschaft setzt sich jedoch den Triebwünschen ihrer Mitglieder nicht nur entgegen oder verlangt sublimierende Vertauschung der Objekte, sie faßt auch einen Teil dieser Triebwünsche und der mit ihnen verbundenen Affekte zusammen, indem sie ihnen ein Objekt anweist und die Befriedigung auf anspruchsloser Ebene ohne allzuviel Beimischung von Gewissenseinfluß und Kritik geschehen läßt. Die einzige Lenkung, die stattfindet, ist die nach »außen«, von der Gruppe weg. Solch primitive Triebobjekte für libidinöse Bedürfnisse sind etwa die Prostituierten, die als Outcasts verfremdet werden; »Sündenböcke« werden in Fremdgruppen gesucht; die Unvertrautheit mit ihnen wird aber aktiv konserviert (man will nichts von ihnen wissen), damit sie von den Gruppen widerspruchsfrei und schuldfrei als Projektionsschemen der eigenen Regungen benutzt werden können. Offenbar bedient sich die Gesellschaft dabei einer archaischen Gruppenorientierung, in der die Gruppe sich dadurch Binnenfestigkeit verschafft, daß Fremdgruppen für unmenschlich im direkten Wortsinn erklärt werden. Auf diesem Wege wird dann mit großer Selbstverständlichkeit ein Konflikt mit dem Gewissen vermieden. Die Hilflosigkeit, mit der das Gewissen diese Befriedigungen toleriert, zeigt den hohen Grad der Abhängigkeit dieser Instanz von der kollektiven Werthierarchie.

Das mit dem Begriff »Kultureignung« Gemeinte können wir jetzt in einem wichtigen Aspekt definieren als die Fähigkeit der Einfühlung in den anderen, auch im Zustand *eigener* Erregtheit. Ein Gewissen, das vor der Aufgabe der sozialen Anpassung gut funktioniert, dessen Urteile jedoch keiner Prüfung durch das Ich zugänglich werden, genügt also nicht, um diesen Grad sozialer Bewußtheit zu erzeugen. Nietzsche hat diese Erkenntnis schon vor Freud mit großer psychologischer Klarheit formuliert: »Der Inhalt unseres Gewissens ist alles, was in den Jahren der Kindheit von uns ohne Grund regelmäßig gefordert wurde, durch Personen, die wir verehrten oder fürchteten. Vom Gewissen aus wird also jenes Gefühl des Müssens erregt (›dies muß ich tun, dieses lassen‹), welches nicht fragt: Warum muß ich? – in allen Fällen, wo eine Sache mit *weil* und *warum* getan wird, handelt der Mensch ohne Gewissen; deshalb aber noch nicht wider dasselbe. – Der Glaube an Autoritäten ist die Quelle des Gewissens; es ist also nicht die Stimme Gottes in der Brust des Menschen, sondern die Stimme einiger Menschen im Menschen.«[1]

Das Gewissen erregt von innen her Angst, wie die Argusaugen der Gesellschaft von außen her; Angst davor, daß unsere Triebwünsche mit den Gesetzen kollidieren und Strafen nach sich ziehen könnten. In diesem Augenblick tritt eine seelische Leistung in Kraft, deren sich das schwache Ich zwischen der äußeren sozialen Autorität und den imperativen Forderungen der inneren Trieb-

---

[1] F. Nietzsche *Menschliches – Allzumenschliches*. Stuttgart (Kröner) o. J., 204.

realität bedient: Es wehrt ab, verdrängt, verleugnet, korrumpiert seine intelligenten Fähigkeiten zur Erfindung rational klingender Begründungen. Das bedeutet, daß die abgewehrten Triebanteile in einem realitätsfremden Zustand verharren und sich in magischem Denken, in erratischen Gefühlsregungen repräsentieren. Sie formen jenen Anteil der Persönlichkeit, der von seelischen »Primärprozessen« bestimmt und nicht an Objekte der Kulturwelt fixiert ist. Diese primitiven Wunscherfüllungsphantasien repräsentieren den beunruhigenden Triebüberschuß, mit dem die Gesellschaft fatalistisch rechnet und den sie, wo sie seiner nicht Herr zu werden weiß, auf die Feinde der Kultur, des Glaubens, der Ideologie, der Nation, der Rasse abzulenken sucht; sie erfindet sich sogar solche Feinde, wenn sie nicht vorhanden sind. Indem sie es tut, heuchelt sie Kultur.

Verwendet man hier das Wort »heucheln«, so setzt man ein gewisses Ausmaß listiger Einsicht voraus; wahrscheinlich ist aber auch das schon eine Überschätzung, bleiben die ärgsten Missetaten ohne die geringste Reaktion des Gewissens, vorausgesetzt, daß auch die Mächtigen, mit denen die Gruppe identifiziert ist, sie nicht scheuen. Die verfremdende Entmenschlichung des Gegners zu »Ratten«, »Ungeziefer« tut ein weiteres, das Gewissen aus dem Spiel zu halten. Zwischen kollektivem (vorwiegend Ich-fremdem) und individuellem Gewissen (in welchem die Einsicht die starre innere Anweisung der Kritik unterwerfen kann) ist also ein großer psychologischer Unterschied; er enthält den Schritt vom sozial unmündigen zum mündigen Mitglied der Gesellschaft.

Damit ist uns ein neuer Zugang zur Beurteilung der Belastbarkeit humaner Verhaltensorientierung gegeben. Vorwiegende Ausrichtung an sozialen Stereotypen darf funktionell als subhumane Orientierungsweise verstanden werden, die sich unbeeinflußbar von den Leistungen bewußter Realitätskritik nach Art angeborener Verhaltensweisen vollzieht. Die Stabilität eines Charakters gegen kollektive Verführungssituationen, die den Partner fremd lassen oder »verfremden«, ist das, was Freud die *organisierte Kultureignung* nannte. Aber diese Stabilität des Kräfteverhältnisses zwischen Gewissensleistungen, kritischen Ich-Leistungen und Triebansprüchen ist in Wirklichkeit ein Fließgleichgewicht, eine Aufgabe ohne Ende. Kein Charakter kommt ohne die Hilfsmittel infantiler Anpassung, das heißt ohne unbewußt arbeitende Abwehr der Triebansprüche aus. Spätere Korrektur ist nur durch die Hilfe der bewußten Ich-Leistungen denkbar. Wo wir der starren, automatisierten Wertungen und Reaktionen in unserem Verhalten mehr und mehr innewerden, schaffen wir die Vorbedingung einer Änderung. Aber gerade diese eingeschliffenen Reaktionen, die sich mit hoher Selbstverständlichkeit rasch anbieten und durchsetzen, sind schwer reflexiv zu bremsen, ehe sie geschehen; so bleibt es, wenn man sich dem überhaupt unterzieht, ein zähes Ringen. Freud wählte den anschaulichen Vergleich der Umwandlung eines Dorfes in eine Stadt: Die alte Struktur wird ab-, eine neue aufgebaut. So vollzögen sich Strukturänderungen des Seelischen gerade nicht; vielmehr bleibe immer eine Koexistenz primitiver Reaktionsweisen mit späteren Entwicklungsstufen bestehen: »... die primitiven Zustände können immer wieder hergestellt werden; das primitive Seelische ist im vollsten Sinne unvergänglich.« [1] Die Leichtigkeit, mit der wir zum Beispiel der Abwehr eigener Triebregungen durch Projektion erliegen, die wahnähnliche Wirklichkeitsverkennung, die sich dabei so überzeugend darstellt, kann uns bei der Einschätzung der erreichten Kultureignung nur bescheiden stimmen.

Die natürlichen Triebanlagen mit ihrem Neigungs- und Handlungsgefälle und die sozio-kulturellen Sitten- und Spielregeln, die sich ihnen entgegensetzen, sind also die antagonistischen Kräfte, die der individuelle Charakter im Gleichgewicht zu halten versucht. Die Frage ist, mit welchen Mitteln oder auf welcher Ebene der Kontrolle dies geschieht: sehr stereotyp, unpersönlich, kollektivkonform, sehr einheitlich oder zwiespältig, mit einer sozialen Fassade und einem kontroversen Hintergrund geheimerer Neigungen oder vorwiegend überlegt und einsichtig. Bei aller Schwankungsbreite der Vitalstärke zwischen den verschiedenen Individuen – die Unterschiede zwischen den kulturellen Forderungen sind in der Zeit und von Ort zu Ort noch viel größer. Diese Feststellung wiederholt sicher allgemein Bekanntes. Trotzdem bleibt ein wesentlicher Punkt, der genauerer analytischer Untersuchung bedarf, offen: Welches sind die dominanten Regeln, gleichsam die

1 S. Freud *Zeitgemäßes über Krieg und Tod*. Ges. Werke X, 337.

Faustregeln, mit denen so verschiedene Bräuche, Wertsetzungen, Ideale im Charakter des einzelnen verankert werden? In Erinnerung der unbequemen Einsicht, daß man sich hier zunächst mit relativ ungenauen Einsichten begnügen muß, wagen wir die Annäherungsaussage, daß der Sozialgehorsam immer mit der gleichen Taktik erzwungen wird (und dies in Kulturgruppen, die sonst dem Erscheinungsbild nach wenig Ähnlichkeit bieten). Die Erziehungsmethoden befleißigen sich von einem bestimmten Punkt an, *Denkhemmungen* zu setzen; sie tabuieren also gewisse zentrale Inhalte, welche die Ordnung der jeweiligen Gruppe garantieren. Das mögen einmal Respektbezeugungen vor Ahnen oder göttlichen Wesen, das andere Mal mehr irdische Besitz- und Herrschaftsordnungen sein. Ihnen gegenüber hört die Toleranz auf, und hier beginnt die harte Sanktion für Verstöße. Psychologisch bedeutet das, daß Ich-Leistungen – kritisches Fragen – früh durch Strafandrohung übermächtiger Wesen eingeschüchtert werden.

Die Erziehungskonstante richtet sich auf die Triebäußerungen des Kindes, das mit den sozialen Formen noch nicht vertraut ist. Je eingeschüchterter die Erwachsenen durch Tabus und Normen ihrer Gesellschaft sind, desto intoleranter begegnen sie spontanem aggressivem oder sexuellem (im weitesten Sinne) Benehmen des Kindes. Es erweckt die Strafangst, die sie selbst so mühsam durch Erlernen des Verhaltenskodex zu vermeiden gelernt haben. Der Erwachsene, der auf die harmlosen Unternehmungen des Kindes mit dem Blick ernstlicher Empörung schaut, hat selbst die Unbefangenheit zwischen eigener Triebneigung und sozialer Form nie erlangt, und er setzt mit seinem Verhalten dem Kind gegenüber die Tradition passiver Unterwürfigkeitshaltung fort. Aber leider wird sie durch meist ungezügelte, kritiklose Aggressivität im Strafverhalten erzwungen. Dem schwachen Kind (wie dem Sündenbock) gegenüber ist die sonst erfolgreich verdeckte Tätlichkeitsneigung plötzlich wieder da. Aggressionsverbot und erlebte Aggressivität verbinden sich für das Erlebnis des Kindes zu einer widerspruchsvollen Einheit, die es oft lebenslang nicht zu durchschauen lernen wird.

Erzeugung von Denkhemmungen und forcierte Triebabwehr sind die psychisch wirksamsten Erziehungsmethoden bei der Herstellung des Anpassungsgleichgewichtes; denn sie sozialisieren den Menschen früh, machen ihn der Gesellschaft bequem. Für eine in Fluß geratene Zivilisation wie die unsere erweisen sie sich aber als eine Mitgift der Geschichte, welche dem Grad »organisierter Kultureignung«, den unser Gesellschaftssystem vom einzelnen mit Nachdruck fordert, immer hemmender im Wege steht. Unsere seelische Leistungsfähigkeit ist zwar großer Anpassungsleistungen fähig, wir übersehen dabei aber gerne, daß Seelisches ein Teil unseres ganzen Energiehaushaltes ist. Wenn wir große Kraftaufwendungen in der Abwehr, in der Verdrängung machen müssen, fehlt uns diese Energie für die differenzierteren Aufgaben, die sich bei bewußter Orientierung in der Welt stellen.

Mit Freud unterscheiden wir zwei polare Triebtendenzen: »die Sexualtriebe im weitesten Sinne verstanden, den Eros, und die Aggressionstriebe, deren Ziel die Destruktion ist«[1]. Je primitiver die Trieborganisation im Ganzen des Charakters bleibt, mit anderen Worten, je weniger steuernde und integrierende Ich-Funktionen sich entwickeln konnten, desto kategorischer und egoistischer äußern sich die beiden Triebtendenzen. Die Anpassung in alltäglicher Daseinsfristung zehrt den Energievorrat mehr oder weniger auf; die in der Verdrängung unerreichbar gewordenen Triebreserven brechen in Belastungsmomenten oft ganz alltäglicher Art – in einem banalen Streit, unter irgendeiner Verlockung – mit nicht zu beherrschender Heftigkeit und ganz unangemessen im Verhältnis zum Anlaß hervor. Das Ich, das sie nur zu *unterdrücken* gelehrt wurde, steht dem Ereignis ratlos gegenüber. Alle Besinnung auf die »höheren Werte« der Kultur geht dahin. Denn durch die verzichtende Anpassung an unsere Mitwelt hindurch haben wir die Erinnerung an primäre Lebenserfahrungen behalten. Anfänglich war es uns erlaubt, Unlust ungehindert zu zeigen, und wir durften auf rasche Befriedigung hoffen. Diesen sozialen Glückszustand erfuhren wir lange, ehe uns die Einsicht erwuchs, daß er nur auf Kosten anderer, gleichsam nur parasitär, erreichbar ist. Vielleicht hält sich die Erinnerung daran deshalb so hartnäckig, weil die Umwelt damals vorwiegend gute Miene zu unserer drastischen Forderung nach Lust machte. Besonnene und der Einfühlung fähige

1 S. Freud *Angst und Triebleben*. Ges. Werke XV, 110.

Erziehung weiß um den Schmerz, den das stetige Verzichten-müssen auf egoistische Lustbefriedigung mit sich bringt. Sie führt den Menschen langsam zur Wahrnehmung des anderen hin und schafft dabei die erste Voraussetzung für seine spätere Kultureignung. Erziehung, die nach dem Muster der Dressur verläuft, Strafen und Prämien setzt, erreicht Anpassung durch ein System bedingter Reflexe, die sich in einem Ich-fremden Gewissen organisieren. Der Mitmensch kommt in ihr nur als Rollenwesen, nicht als einer, der mitfühlt, mitleidet, vor. Äußerer Erziehungs- und innerer Gewissensterror sind die Bedingungen, unter denen Kulturheuchelei entstehen muß.

Der Unterschied der beiden Erziehungswege ist fundamental. Es ist unsere Auffassung, daß in Geschichte und Gegenwart Dressaterziehung mit ihren Denkhemmungen und dem Vorschub, den sie der Fixierung an kindliche Gehorsamsforderung leistet, weitaus verbreiteter war und ist als eine einfühlende Führung. Damit ist aber eine konstante Gegenkraft gegen den Erwerb höherer, widerstandsfähiger Kultureignung umrissen. Die Dressurlenkung führt, je strenger sie gehandhabt wird, um so sicherer zu großen Abwehranstrengungen aus Angst vor dem anderen. Alle Gestaltungen unserer Gefühle vollziehen sich mehr oder weniger konformistisch-automatisch, bleiben dem kritischen Bewußtsein unzugänglich. Wir unterliegen unseren Gefühlen, wie wir den äußeren Herrschaftsverhältnissen fatalistisch unterliegen. In dieser Charakterformung gedeiht das Vorurteil aller Schattierungen und dessen Ausbeutung im Dienst etablierter Machtverhältnisse.

In einer verstehenden Erziehung werden ebenfalls schmerzliche Verzichte gefordert, aber sie werden von früh an mit »warum« und »weil« verknüpft, nicht zuletzt, weil das Mitgefühl dazu drängt, sich dort zu kontrollieren, wo man verbieten muß, statt diese Überlegenheit unversehens als Ventil der eigenen gestauten Aggression zu genießen. Solche Führung ist bestrebt, die selbsterworbene Freiheit des Ichs auch im anderen zu wecken und zu stärken und durch sie Gefühlskontakt herzustellen. Auf diese Weise wird im Lernen der andere, trotz der Verbote und Forderungen, die er ausspricht, als zugewandt erfahren und kann mehr geliebt als gefürchtet und gehaßt werden. Das erlaubt dem heranwachsenden Menschen die unausweichliche Ambivalenz, die unseren sozialen Gefühlen anhaftet, gemildert zu erfahren; Liebe und Haß legieren sich, und »durch diese Zumischung der erotischen Komponenten werden die eigensüchtigen Triebe in soziale umgewandelt« [1]. Sosehr diese Einsicht dem Entwurf unserer Sittlichkeit zu widersprechen scheint: wir lieben unsere Eltern – geschweige die späteren Autoritäten – nicht nur, wir müssen sie auch hassen, weil sie unseren egoistischen Triebwünschen Schranken setzen und damit die Grundlegung unserer Sozialisierung, unserer Kultureignung, besorgen. An der Frage, *wie* das geschieht, entscheidet sich freilich mehr, als jenem einleuchten kann, dessen Selbstverständnis durch Denkhemmung und Verdrängungszwang eingeengt ist. Es entscheidet sich nämlich gerade, ob diese Form einer funktionierenden und doch defekten, heuchlerischen Sozialisierung die Reichweite möglicher Charakterentwicklung absteckt oder ob ein offener Bezirk für das kritische Bewußtsein bleibt.

Wächst durch die Unvernunft der Eltern und anderer Erzieher die Ambivalenzspannung im Kinde sehr an, fürchtet es mehr, als es liebend Befriedigung erfährt, dann muß es seiner Unreife und tatsächlichen Ohnmacht entsprechend die negativen, aggressiven Gefühle unterdrücken, das heißt, es macht von der seelischen Entlastungsmöglichkeit der Abwehr Gebrauch und verdrängt jene Regungen, die ernstliche Konflikte heraufbeschwören. Andererseits projiziert es »blind«, weil es nie lernt, sich in den anderen einzufühlen. In der Verdrängung entmischen sich aber die Triebkomponenten und kehren in ihren primitiv eigensüchtigen Zustand zurück. Der Fortschritt von der ursprünglichen – man könnte sagen: ungekonnten – Aggressivität zur Aktivität, die im Ergreifen mit Objekten, die geschätzt, geliebt werden, umzugehen lernt, unterbleibt in den sozial entscheidenden Bereichen der Gefühlsbeziehungen. Ein Beispiel dafür ist uns sehr nahe: Wir alle tragen noch an den Folgen einer für unseren Zivilisationsbereich spezifischen altüberlieferten Abwertung der Sexualität im engeren Wortsinn, der Geschlechtlichkeit. Das hatte zur Folge, daß sehr viele Strebungen libidinöser Art früh im Leben der Abwehr verfielen und damit nicht in die Reifungsgeschichte des Individuums

1 S. Freud *Zeitgemäßes über Krieg und Tod*. Ges. Werke X, 333.

aufgenommen wurden. Die weitere Folge war, daß die Bindung zwischen Eros und destruktiver Aggressivität schwach blieb und jede der Triebkomponenten präsozialen Befriedigungen zugänglich blieb. Daß die Kultureignung der Mitglieder unserer Gesellschaft hier im argen liegt, hat sich in den vergangenen Jahrzehnten, in denen viele der Sexualtabus zusammenbrachen, nicht weniger bewiesen als zuvor in der Epoche der doppelten bürgerlichen Sexualmoral, die vielleicht niemand so durchleuchtet hat wie der geniale Maupassant. Denn die Tatsache der Erleichterung der sexuellen Triebbefriedigung hat nicht zur Folge gehabt, daß die Gesellschaft nunmehr ein System von Handlungsanweisungen besessen hätte, die dem einzelnen Halt hätten geben können. Alles bleibt dem Zufall überlassen. Das Wort »Liebe« wird in einer Zeit, in der manches Dressat dem gesellschaftlichen Umbau nicht standhält, ziemlich wahllos verwandt. Angemessen wird man es nur dort benützen können, wo Triebgeschehen sich mit Ich-Leistungen, mit Einfühlung verbindet, nicht dort, wo Individuen, die ihrer Triebnatur folgen, gegenseitig blind bleiben, einer zur Beute des anderen wird. Eben das charakterisiert aber die Ich-fremde Sexualität, die der Sexualverleugnung gefolgt ist.

Kehren wir an den Ausgangspunkt unserer Überlegungen zurück, zu jenen der Liebe so gegenteiligen Äußerungen des Hasses, des Vernichtungstriebes. Auch diese Äußerungen des Hasses gehören zu den Möglichkeiten der menschlichen Triebkonstitution. Ihre schöngeistige Verleugnung ist selbst ein Kennzeichen der unbewältigten Aggressionslust. Wiederum ist nur die Frage zu stellen: Woher rührt nach all dem Leid, das über Millionen von Menschen zu unseren Lebzeiten gekommen ist, ihre ungebrochene Stärke? Es bleibt die paradoxe Antwort, daß Aggression in unserer Kultur trotz all ihrer aggressionsgespeisten Konkurrenzleidenschaft ungesättigt bleibt. Der Charakter der Ersatzbefriedigung ist vielen Aktivitäten deutlich anzumerken; das geht schon aus der suchthaften Art hervor, mit der sie betrieben werden. Der Schluß liegt dann nahe, daß Aggression entbehrte und unerreichbare libidinöse Befriedigung ersetzen muß. Das macht wieder auf die frühen Eingewöhnungen in die mitmenschliche Welt aufmerksam, auf jene Zeit, in der buchstäblich gelernt werden muß, was »Liebe« ist und wie man liebt. Die gesellschaftlichen Prozesse der technischen Großgesellschaft haben sich ohne Rücksicht auf den Triebkonservativismus des Menschen und die aus ihm stammenden Bedürfnisse entwickelt. Es ist eine von Massen besetzte und in ihren Bedingungen extreme Umwelt entstanden. Das macht verständlich, warum der *kulturelle* Konservatismus, der weiterhin Denkhemmungen und Wertdressate einübt, die im Hinblick auf die radikal veränderte soziale Wirklichkeit prähistorisch wirken, trotz dieser Beharrlichkeit den unverwandelbaren Bedürfnissen aus unserem *Trieb*konservatismus keine beruhigende Befriedigung verschaffen kann. Alle Berufung auf tradierte Wertordnungen, Normen, Institutionen kann nicht aus der Welt schaffen, daß eine offensichtlich kaum eindämmbare Aggressionsbereitschaft die Menschheit beherrscht und daß jeder, der sie durch kräftige Anstachelung der Projektionsneigung auf Sündenböcke zu fixieren versteht, großer Macht über die Menschen sicher sein kann. Die Quellen oder Motive dieser aggressiven Reizbarkeit werden im Deutungsraster der tradierten Kulturvorstellungen und ihrer Anthropologie nicht faßbar.

Der Hinweis auf das mangelhafte Verständnis unserer aktuellen Lage läßt sich nicht als negative Kulturkritik abtun; weil wir in Not sind, stellen wir nicht die Behauptung auf, die Not anderer Zeiten sei subjektiv weniger heftig erlebt worden als die unsere. Wir suchen aber eine Antwort darauf, welche Bedingungen unserer Zivilisation – gewiß schwer faßbar, schwer abmeßbar – einer Triebumbildung im Sinne der Verstärkung der Kultureignung entgegenwirken. Freud hat die gefährliche Möglichkeit gesehen: »Es kann … die Triebumbildung« (also die Harmonisierung der antagonistischen Triebrichtungen durch die Einflüsse eines starken Ichs), »auf welcher unsere Kultureignung beruht, durch Einwirkung des Lebens – dauernd oder zeitweilig – rückgängig gemacht werden.« [1] Kriege und kriegsähnliche Unduldsamkeiten, egoistische Sexualsitten stellen solche Regressionen ganzer Kollektive dar, sie sind ein Äquivalent zu den Neurosen im individuellen Schicksal.

Mitten im Fluß der Entwicklung können wir doch schon die eine verläßliche Aussage machen, daß der ganze Leistungsfanatis-

[1] S. Freud, l. c., 338.

mus der Epoche ihre Triebunruhe nicht zu besänftigen vermag. Er selbst scheint Teil einer gewaltigen Erregungswelle zu sein, die weit vor jeder Unruhe des einzelnen die Gesellschaft als solche erfaßt hat. Intellektuelle und physische Höchstleistungen, denen der frenetische Beifall sicher ist, können aber eines offenbar nicht leisten: die Entlastung der affektiven Beziehungen der Menschen untereinander. Im Gegenteil, die Fremdheit der urplötzlich entstandenen technischen Großzivilisation hat gewohnte Anpassungsformen der Menschen aneinander – Gleichgewichtslagen, mögen sie noch so unvollkommen gewesen sein – zerstört; die komplizierten Produktionsformen, die Arbeitsteiligkeit, die Wohn- und Verkehrsdichte der Besiedlungsgroßräume fordern in vielen Situationen des Alltags eher eine verstärkte Unterdrückung der Aggressivität. Dazu kommt noch, daß gleichzeitig die Fremdheit des Nebenmenschen in den Massen zu Projektionen reizt und, da er meist irgendwo ein Konkurrent ist, Angst und Eigensucht geweckt werden. Das Problem, das wir zu Anfang in der radioaktiven Staubwolke symbolisiert sahen, lautet also: Wird es den industriell-technisierten Kulturen der Menschheit gelingen, die Kultureignung ihrer Mitglieder und ihre affektive Selbstkontrolle so zu stärken, daß sie als Kollektive die außerordentlichen Naturkräfte, die ihnen in die Hand gegeben sind, zu beherrschen vermögen? Denn keine Atomexplosion wird sich ereignen, ohne daß sie aus einem affektiven Hintergrund gezündet worden wäre.

Wenn wir uns der Tradition der Aufklärung verpflichtet fühlen, der diese Revolutionen des Naturdenkens entsprungen sind und die uns auch zu einem neuen Verständnis der menschlichen Natur herausfordert, dann können wir wohl nur jenen Weg der Lösung offen sehen, den Freud in seiner mehrfach zitierten Arbeit aus dem Jahre 1915 gesehen hat. Das heißt, wir müssen uns mehr um das Schicksal kümmern, das wir durch die Art unserer gesellschaftlichen Forderungen unserer Triebnatur bereiten – vom Beginn unseres Lebens an. Noch so edel gemeinte sittliche Forderungen können das Problem nur verdecken, solange wir nicht die Dynamik verstehen, die solche Sittlichkeit zu durchkreuzen vermag. Wer auf derart unwissende Weise genötigt wird, meint Freud, »dauernd im Sinne von Vorschriften zu reagieren, die nicht der Ausdruck seiner Triebneigungen sind, der lebt, psychologisch verstanden, über seine Mittel und darf objektiv als Heuchler bezeichnet werden, gleichgültig, ob ihm diese Differenz klar bewußt geworden ist oder nicht. Es ist unleugbar, daß unsere gegenwärtige Kultur die Ausbildung dieser Art von Heuchelei in außerordentlichem Umfange begünstigt. Man könnte die Behauptung wagen, sie sei auf solcher Heuchelei aufgebaut und müßte sich tiefgreifende Abänderungen gefallen lassen, wenn es die Menschen unternehmen würden, der psychologischen Wahrheit nachzuleben. Es gibt also ungleich mehr Kulturheuchler als wirklich kulturelle Menschen, ja man kann den Standpunkt diskutieren, ob ein gewisses Maß von Kulturheuchelei nicht zur Aufrechterhaltung der Kultur unerläßlich sei, weil die bereits organisierte Kultureignung der heute lebenden Menschen vielleicht für diese Leistung nicht zureichen würde. Andererseits bietet die Aufrechterhaltung der Kultur auch auf so bedenklicher Grundlage die Aussicht, bei jeder neuen Generation eine weitergehende Triebumbildung als Trägerin einer besseren Kultur anzubahnen.« [1]

Das könnte aber in der einmal entstandenen Lage nur durch einen – wie Theodor Geiger [2] formulierte – »intellektuellen Humanismus« geschehen. Man sollte diese Kurzformel nicht mißverstehen. Sie will andeuten, daß die Erziehung, welche die Menschen sich angedeihen lassen, in Zukunft ihr Schwergewicht bei der Schulung haben muß, »Warum«-Fragen nach Einsicht und nicht nach Ansicht zu beantworten. Die Befolgung von Befehlen, die mit Tabu-Begründung gegeben werden, muß ihr zum Atavismus werden. In diesem Erziehungsprozeß wird sich herausstellen, wo die Gesellschaft sich »tiefgreifende Abänderungen« gefallen lassen muß – sehr wahrscheinlich dort, wo Tabus, wo Gewohnheit und Vorurteil, Gewissen und Glaube dem Menschen, der als unmündig angesehen wird, aber auch unmündig bleiben soll, die Verantwortung abnehmen wollen. Unter der Hand hat sich die Lage verändert. Es ist keine Institution mehr denkbar, die dem Menschen das Denken ersparen könnte; die Welt ist zu gefährlich dazu. Allegorisch könnte man sagen: Die Kindheit der Menschheit ist zu Ende gegangen, die Götter und Autoritäten, die sie sich

1 S. Freud, l. c., 336.
2 Th. Geiger *Die Gesellschaft zwischen Pathos und Nüchternheit*. Acta Jutlandica 32, 1, Humanistik Serie 45. Kopenhagen (Ejnar Munksgaard) 1960.

einstmals erschuf, sind tot. Wir verlangen von der Autorität, daß sie uns denken lehrt. Tut sie es nicht, erweckt sie bei uns den Verdacht, sie selbst sei »kulturheuchlerisch«. Der Weg zu einem Ich, das seiner selbst auch ohne Aufsicht des »Vaters« gewiß bleiben kann, zu einem Ich, das für diese technisch ingeniöse und in ihren Gefühlsbeziehungen verworrene Kultur die Eignung zum Bestehen mitbringt – der Weg zu solcher Reife mag weit sein. Vielleicht endet er durch die Ausbrüche der entmischten Aggressivität lange vor seinem Ziel. Trotzdem ist er der einzige Weg, der an den Katastrophen menschlicher Mißverständnisse vorbeiführen kann. Der Bruch mit Traditionen wird niemals ohne tiefe Angst geschehen können. Aber können wir uns noch dem scheinbar Gewissesten, das uns übermittelt wird, ahnungslos, achtlos überlassen – nach allem, was geschehen ist? Dazu wäre die Warnung Pascals zu hören: »Niemals tut man so vollständig und so gut das Böse, als wenn man es mit gutem Gewissen tut.« [1]

2. Tabu – Ressentiment – Rückständigkeit
demonstriert an geschichtlichen Entscheidungen

Geschichte ist Lebensgeschichte von einzelnen, die in Gruppen leben. Gruppengeschichte wiederum wird nicht wenig von einzelnen bestimmt, die durch recht verschiedene Talente hervorragen. Diese Talente unterliegen von Geburt an dem Einfluß der Gruppen. Je mehr wir Aussagen über den Menschen selbst wagen, desto deutlicher wird uns, wie sehr wir an unseren geschichtlichen Ort gefesselt sind. Das Dutzend politischer Genies im Laufe der Menschheitsgeschichte ist kein Gegenbeweis, und auch die Philosophen sind es nicht. Die Extrembegabung, die unter superiorer Einsicht denkt und handelt und dabei tief verändernd in das Weltgeschehen eingreift, ist so selten, daß ein Untersucher auf sie keine Rücksicht nehmen muß, mag die Leistung auch Jahrhunderte lang nachwirken. Der durchschnittliche Bürger wird vom Werthorizont seiner Gesellschaft, von der herrschenden Religion, vom Stil der »Subkulturen«, denen er angehört, viel weiter gehend geformt, als

1 Pascal *Gedanken.* § 895 (Léon Brunschvicg).

es das subjektive Bewußtsein sich eingestehen mag. Alle »großen« Entscheidungen des Lebens trifft er nach dem Kodex seiner Zeit, seiner engeren Sozialgenossen, und gerade als Führer sinnt und streitet er für »ewige Werte« *seiner* Gesellschaft.

Tabu und Ressentiment gehen demnach nicht nur kleine Leute an. Sie sind nicht eine Frage der Bildung und Begabung, sondern entspringen vom intellektuellen Niveau oft weitgehend unabhängigen Hemmungen der kritischen Reflexion. Auf sie müssen wir uns konzentrieren, wenn wir den stillschweigenden Einfluß von Tabus mildern oder das Anwachsen eines Ressentiments verhindern wollen. Gegen Rückständigkeit schließlich, als Ergebnis des Vorwaltens beider, ist niemand gefeit.

Infolgedessen zeigt die Sequenz »Tabu – Ressentiment – Rückständigkeit« eine Richtung an. Vom Tabu geht eine Reaktionskette aus, die oft in der Geschichte eine Kettenreaktion des Unheils ausgelöst hat. Tabu befördert Ressentiment, dieses blockiert ein freieres Urteil und vermehrt die Rückständigkeit. Diese wird dann wiederum zum großen Bundesgenossen des Tabus.

In diese Zirkelschlüsse will die folgende Untersuchung eindringen. Sie handelt demnach von jenem Beitrag zum Weltgeschehen, den wir ständig willig oder unwillig leisten. Wir sollten ihn aber nicht blindlings entrichten.

Die genannte Reaktionskette ließe sich etwa folgendermaßen schematisieren: Von einem Tabu geht ein faktisches Verbot aus: »Du sollst nicht . . .« Aber das Verbot ist darüber hinaus mit einer *Denkhemmung* verknüpft. Die zentrale Definition eines Tabus lautet: Wo immer man nicht mehr weiter zu fragen wagt oder nicht einmal auf den Gedanken kommt, es zu tun, hat man es mit einem Tabu zu tun. Die Gefühle, mit denen man ihm begegnet, können also gar nicht anders als zwiespältig sein. Seit Adam und Eva lockt es insgeheim die Lust, es zu übertreten, hervor. Gerade diese der frommen Denkungsart widerstreitenden Gefühle sind aber, solange es nicht zu einer Reflexion über das Tabu kommen darf, im Bewußtsein meist gar nicht vorhanden. Ein Tabu reguliert vielmehr die Einstellung zu einem Sachverhalt, wie es eine sehr hohe Autorität, die keinen Widerspruch duldet, zu halten pflegt. Es schafft damit Konformität unter den Gehorchenden, und mit dieser trägt es zur Basis bei, auf der sich Gesellung vollzieht. Alles eindringende Fragen bleibt ausgeschaltet und damit unbefriedigt. Ohne diese Enttäuschung hätte sich die in unserem Mythos älteste Widerstandshaltung, die erste Tabuverletzung, das Essen von den verbotenen Früchten, nie zugetragen.

Tabus halten also den Erkenntnisstand tief. Dadurch verlaufen die sogenannten »großen«, die lebenswendenden Entscheidungen ohne ausreichende Ich-Betätigung, mit anderen Worten: ohne genügende Arbeit durch reflektierendes Denken. Die seelische Organisationsstufe ist eine niedere, die vom Tabu regulierten Einstellungen sind primitiver Art. Primitiv und nieder heißt hier, daß es nicht im Sinne des Kantischen Verbotes zugeht, den anderen nicht als Mittel zum Zweck zu benützen; gerade dies geschieht, und zwar weitgehend unter dem Einfluß unbewußt bleibender seelischer Vorgänge. Ein Tabu ist nämlich nicht wie ein veränderbares Gesetz ein Mittel zum Zweck der Aufrechterhaltung der sozialen Ordnung, sondern hier kehren sich die Verhältnisse leicht um: Das Individuum wird Mittel zum Zweck der Hochhaltung eines Tabus. Denn es bedarf keines großen Scharfsinns, um zu folgern, daß ein kleiner Vorsprung an Überblick sich hier leicht in politische Macht umsetzen wird. Das Wesen vieler Eliten besteht darin, sowohl Tabus mitzubilden, wie die Befangenheit in ihnen auszubeuten.

Das Tabu repräsentiert also immer (ursprünglich im Gewand des göttlichen Gebotes) die Gesellschaft dem Individuum gegenüber. Der Befehl, der ergeht, ist unbedingt. Da es Verbote ausspricht, aber die Einsicht nicht fördert, entsteht diesen Verboten gegenüber Haß und Widerwillen, die aber nicht offen gezeigt, sehr oft nicht einmal zum vollen Bewußtsein erweckt werden dürfen. Der Gehorchende bleibt in der infantilen Position des Kindes, das nicht fragen darf.

Allein der Groll gegen die Verbote der *eigenen* Gesellschaft bilden den Anstoß unserer Ressentiments gegen unsere privaten oder kollektiven Feinde – und nicht etwa deren lästige Eigenschaften. Ob diese tatsächlich so lästig sind, wie wir es erleben, das ist eben die Frage. Es wird also ein Kernsatz unserer Ausführungen bleiben: Das *eigene* Unvermögen, konstruktiv, spannungslösend auf das Verhalten anderer hin antworten zu können, ist der innerste Kern des Ressentiments. Werde ich von jemandem gekränkt, beleidigt, so habe ich vorerst noch kein Ressentiment gegen ihn. Ich fühle Wut, Verachtung, Verwunderung, je nach der Lage: Spannung entsteht. Erst wenn die gegebenen Machtverhältnisse sich derart in ihren Tabus niederschlagen, daß Affekte dieser Art keinen entlastenden Ausdruck finden dürfen, und wenn dadurch mein Selbstwert ernstlich in Frage gestellt ist, erst dann entstehen Ressentiments. Die Aufzuchtprozeduren der Gesellschaften verbieten, je autoritärer, je unreflektierter sie sind, das Recht eines herrschenden Tabus in Frage zu stellen. Diese Denkhemmung zu setzen gehört zu den entscheidenden erzieherischen Maßnahmen, die das Tabu in Funktion erhalten. Es muß, wenn man so sagen darf, mit Haut und Haaren verinnerlicht werden; es spricht dann als das Gewisseste – als Gewissen aus uns.

Dieser Verinnerlichungsvorgang, der mit dem Erlernen aller sozialen Gebote verknüpft ist, verschärft zunächst die Unfreiheit des Ichs; er bewirkt eine Stauung der libidinösen und aggressiven Affekte – bald mehr der einen, bald mehr der anderen. Diese steigende innere Spannung fördert die Neigung, die erlittenen Enttäuschungen nicht nur an den wirklich einschränkenden Partnern zu erleben – je tabuierter sie sind, desto weniger dürfen wir das wagen –, sondern sie projektiv zu verschieben auf mehr oder weniger zufällig sich anbietende *andere* Objekte: andere, weniger gefährliche Menschen, das Wetter, die Umstände usw. Die Tatsache, daß unser Leiden am Wetter, unsere physische Abneigung gegen irgendeine rassisch von uns verschiedene Gruppe und ähnliches eine Vorgeschichte in uns hat, daß es unsere inneren Spannungen sind, die nach einer Ursache Ausschau halten lassen, die wir bekämpfen können, bleibt unbewußt. Ansonsten würde die Abreaktion der Erregung am mehr oder weniger unschuldigen Ersatzobjekt nicht gelingen können. Dadurch, daß unsere persönlichen negativen (ressentimentgeladenen) Gefühle unter den Einfluß von schon bestehenden Vorurteilen der Gesellschaft geraten (und Tabus sind ihrem Wesen nach Vorurteilsgewißheiten), werden sie »selbstverständlich« und der Reflexion entzogen. Die Einsicht, daß alles so sei, wie es erlebt wird, ohne daß das *Prinzip dieses Erlebens* klar würde, schaltet den Ansatzpunkt einer Frage aus.

Dieser Mangel an Freiheit läßt sich *funktional* beschreiben:

Affekte, die meinen Selbstwert zu schützen suchen, sind stärker als die intellektuellen Ich-Leistungen, die sich um die besseren Argumente bemühen müßten. Die Affekte färben zweckvoll das Bild des Gegners, so daß er schlechter als ich selbst abschneidet. Dieser Ausschaltung der kritischen Ich-Leistungen entsprechend (dessen, was wir in der raschen sprachlichen Verständigung »Intelligenz« nennen) sind Ressentiments, wo sie zur Herrschaft gelangt sind, schwer durch Erfahrung zu korrigieren. Es geht hier nicht um »Dummheit« als Anlage, sondern als Produkt gesellschaftlichen Zwanges.

Die Ressentiments, zum Beispiel das der »Erbfeindschaft« zwischen Deutschen und Franzosen, gingen weit über die jeweiligen Kriegsgründe und Kriegsereignisse hinaus. Sie galten, wie der Begriff so deutlich sagt, als »ererbt«, schicksalsgebunden. Ein Ressentiment dieser Art bekundet sich zunächst einmal unter Zuhilfenahme von *Sinneseindrücken* (man kann sich nicht riechen), im Gestus des Ekels (man kann sich nicht ausstehen), im kämpferischen Bestreben, den anderen durch Lächerlichkeit zu töten; logische Beweisführungen erweisen sich, wenn man den Pathos, mit dem sie vorgebracht werden, abzieht, als ärmlich. Erreicht aber andererseits eine empfindliche, leicht störbare Beziehung zwischen Menschen einmal das Niveau des Gedankenaustausches (anstelle der wechselseitigen Projektion affektauslösender Schemata), dann pflegen Ressentiments sich regelmäßig zu mildern.

Das letzte Glied dieser Reaktionskette wird damit erreicht, daß wir uns klarmachen müssen, wie nachdrücklich Tabu und Ressentiment als Ich- und kritikfeindliche Mächte die Evolution zu höheren Niveaus bewußter Kombinatorik hemmen, wie sehr sie damit auch einer Gefühlsdifferenzierung entgegenlaufen (die an verfeinertes Realitätsverständnis geknüpft ist) und damit antiprogressiv wirken.

Der Aspekt des Entwicklungsfeindlichen ist noch zu ergänzen: Tabu und Ressentiment halten Lösungsangebote für das Verhalten und für die Gefühlslenkung bereit, auf welche das Individuum in schwierigen, widersprüchlichen, unter Umständen bedrohlichen Lebenslagen zurückgreifen kann. Der regressionsfördernde Einfluß von Tabu und Ressentiment bringt also nicht nur ein Nachhinken hinter zeitgemäßen Reifungsaufgaben, sondern auch ein

Zurückziehen, eine Regression auf Reaktionsmuster zustande, welche der schon erreichten Entwicklung nicht mehr angemessen sind. Diese Blockierung, Lähmung der Initiativkraft großer Gruppen ist das Zentralthema im Hintergrund unserer Überlegung. Bevor wir uns ihm nähern, müssen wir noch einiges Anschauliche voranstellen, um Tabus und Ressentiments in ihren Funktionen noch deutlicher zu machen.

Historisch betrachtet ist ein Tabu dem Wesen nach ein Verbot magisch orientierter Gesellschaften – ursprünglich wohl ein Berührungsverbot –, das sich auf etwas Heiliges, aber ebenso auf etwas Unreines erstrecken kann. Diese Doppelsinnigkeit hat sich bis heute erhalten, wenn es sich auch mehr auf unheilig interessengeladene als auf heilige Bezirke bezieht, die nicht mit kritischem Verstand berührt, das heißt, untersucht werden dürfen. Von Tabus zu reden hat nur dann einen Sinn, wenn man sich die Bedeutung an einem Beispiel klarmacht, an einem Tabu, welches zu verletzen gegenwärtig noch gefährlich ist. Nehmen wir die an anderer Stelle dieses Buches schon erwähnte Oder-Neiße-Linie [1]. Sie ist eine historische De-facto-Lösung. Da sie eine neue Grenze darstellt, bleibt es vorerst noch völlig unklar, ob der Verlauf sinnvoll oder unsinnig ist, ob Klugheit oder Ressentiments sie diktieren. Das wäre erst durch ein sorgfältiges Begehen des Tabuierten, also unbegehbar Gewordenen – und zwar von beiden Seiten – auszumachen. Alle *Gefühle* wären einzubeziehen, die durch die Vorgeschichte der Grenzziehung erweckt und verfestigt wurden.

Was in unserem Osten nur zögernd in Gang kommt, in unserem Westen scheint es langsam möglich zu werden: Lange wirkende Tabus zwischen Frankreich und Deutschland sind im Abbau begriffen. Die im Jahre 1965 im Fernsehen ausgestrahlte Dokumentation *1914 bis 1918*, die das Verhalten beider Seiten nunmehr auch beiden Seiten in gleicher Fassung vorhielt, wäre vor fünfundzwanzig Jahren eine unerträgliche Belastung gewesen. Mächtige Barrieren kollektiver Pauschalurteile hätten sich einem solchen Versuch entgegengestellt (den man auch jetzt nur am späten Abend zu unternehmen wagte). Man wäre damals bestimmt nicht zu der Einsicht bereit gewesen, die sich jetzt langsam

1 Vgl. S. 14.

anbahnt, daß der Erste Weltkrieg als eine Krankheit, als Ausbruch einer tiefen Störung des seelischen Gleichgewichts, zu verstehen ist, die plötzlich die Völker Europas überwältigte. Um es zu präzisieren: Die Störung des inneren Affekthaushaltes, die wachsende Unzufriedenheit mit Triebverzichten, welche in der Gesellschaft gefordert werden, geht dem »Finden« der Ursachen (das heißt von Schuldigen) voraus. Es gilt demnach zu unterscheiden zwischen den rational plausibel erscheinenden Ursachen, die angeschuldigt werden – etwa, dem »Wetter« vergleichbar, die Rüstung der Gegenseite, die Einkreisungspolitik usw. –, und den dahinterliegenden intensiven Triebbedürfnissen, die auf Befriedigung drängen. Sie sind aggressiv, egoistisch, störend und verboten; sie dürfen nicht eingestanden werden. Sie erzwingen den Vorgang der »Verschiebung«, das heißt, wir geben uns mit bescheidenen logischen Gründen zufrieden und finden es ganz natürlich, daß die Rüstungen des anderen unsere eigenen, die »Provokationen« der anderen unsere eigenen notwendig gemacht haben. Wer hier zuerst in Agieren gerät, zeigt, daß auf seiner Seite die Ich-Schwäche ausgeprägter ist oder das Frustrationserlebnis von Triebbefriedigungen und damit der Anspruch des Es unvollkommener beherrschbar geworden sind. Von diesen Entbehrungen müssen ziemlich viele, wenn nicht die überwiegende Zahl der Mitglieder einer Gesellschaft betroffen sein, damit sich eine Massenstimmung mit ihrer autosuggestiven Selbstverstärkung herstellen kann. In Kooperation ist dem Historiker und dem Psychologen die Frage gestellt, welche Natur- und Sozialbedingungen solche weitgehend übereinstimmenden Neigungen, paranoid zu reagieren, Tabus zu akzeptieren, Ressentiments zu übernehmen, hervorgerufen haben.

Einer solchen Bemühung wirken jedoch abermals Tabus entgegen, die wir vorzüglich vor uns tarnen und zum Beispiel als Meinung von Autoritäten, als Schulmeinung über Generationen hinzunehmen bereit sind. Der *Ausschluß von Einsicht* durch ein unwiderstehliches Erwecken intensiver Gefühle, zum Beispiel der Evidenz oder der Empörung, des Hasses oder umgekehrt der Verliebtheit, des Idealisierens, wäre demnach eines der auffälligen Kennzeichen dafür, daß man einem Tabu begegnet, dem man sich mehr oder weniger bedenkenlos unterwirft.

Doch nochmals zurück zum Problem der Oder-Neiße-Linie.

Von unserer Seite hat man nach dem Krieg mit der einleuchtenden politischen Konzeption operiert, es sei unklug und nicht zumutbar, einen Anspruch ohne Gegenleistungen aufzugeben. Hinter diesem Argument, so vernimmt man von der Gegenseite, seien aber Gefühle verborgen; sie werden als Revanchegelüste eingeschätzt. Nach der Vorgeschichte ist das nicht verwunderlich; denn zu einem lange währenden Haß auf den ehemalig gnadenlos-feindlichen Nachbarn ist Grund genug. Der Hassende hält aber das *alte* Bild fest, auch wenn der Nachbar laut bekennt, sich von Grund auf gewandelt zu haben. Wir müssen uns damit vertraut machen, daß es so etwas wie seelische *Nachbilder* gibt, die Zustände großer Angst, großer Erniedrigung, die Drohung des willkürlich verhängten Todes festhalten. Sie beziehen sich auf Erfahrungen. Unvermeidlicherweise geschieht aber in den Nachwirkungen des Hasses, wenn er sich einmal zu solchen Höhen steigerte, eine Teilentlastung der seelischen Spannung im Vorgang der Projektion – wiederum von beiden Seiten. Das gewalttätige Verhalten eines seit Jahrhunderten sie mißachtenden Nachbarn erleichtert es den Polen, ihre eigenen ungeprüften aggressiven Phantasien auf diesen Feind projiziert zu erleben und sie an ihm zu verfolgen. Umgekehrt: Deutsche Erziehungsmuster mit ihren Werten von Ordentlichkeit, Sauberkeit, Pünktlichkeit sind (sozial oft sehr brauchbare, aber auch) zwanghafte Reaktionsbildungen gegen die unterdrückten Gelüste zum Gegenteil, zur Freiheit von Sauberkeitszwängen, zum Genuß der Unordnung. All diese entgangenen Freiheiten werden nun in der »polnischen Wirtschaft« entdeckt und, weil man sie nicht selbst genießen darf, verachtet, verspottet, schließlich ausgetilgt. In beiden Fällen ist es also Mißbehagen an den Einschränkungen der *eigenen* Gesellschaft, welches die Ressentiments im Gange hält – wider bessere Möglichkeiten zur Einsicht.

Der Vergleich mit der Annexion von Elsaß-Lothringen durch die Deutschen im Jahre 1871 und der Reaktion Frankreichs bietet sich ebenfalls als Beispiel an. Der Vergleich mag hinken, weil Frankreich und Deutschland wesentlich ausgewogenere Gegner als Deutschland und Polen waren. Trotzdem, aus der Einverleibung Elsaß-Lothringens wurde einer der mächtigsten Beiträge zum Ersten Weltkrieg, und wäre der Zweite nach unserem Willen verlaufen, so wären alle Uhren prompt auf 1871 zurückgestellt worden.

Tabu steht gegen Tabu. Wenn ein Tabu nicht wäre, was es ist, dann könnte man, was für den Verlierer ein überaus schmerzlicher, für den Sieger ein erfreulicher Vorgang ist, den Besitzwechsel von Gebieten ganz leicht zur Sprache bringen; zur Sprache bringen heißt aber durchdebattieren, in allen Facetten des Möglichen ausbreiten, bestreiten oder bekräftigen. Mit anderen Worten: Die Macht der Stärkeren hätte in Verhandlungen zu treten mit besseren Argumenten. Aber das geht gegen das Tabu der Stärke, jene archaische Verhaltensregel, in welcher der Sieger keiner Argumente bedarf und dem Besiegten die Demutsgebärde, aber kein Argument zusteht.

Der Verzicht auf Gewalt, die Vertauschung der *Muskelaktivität* gegen die *Sprachaktivität* gelingt uns vor allem in Konflikten zwischen Gruppen höchst unvollkommen. Im Leben der Individuen kann der Dauerstreit mit Worten nicht weniger belastend sein als eine physische Auseinandersetzung, weil Einsichtshemmungen im Dienste der tyrannischen Triebansprüche auch mit vielen Worten nicht gelöst zu werden brauchen. Die destruktiven Auswirkungen versprechen trotzdem geringer zu bleiben.

Es war erst die zentrale Erkenntnis, daß unbewußte seelische Spannungen durch das Tabu kontrolliert werden, die ein tiefer dringendes Verständnis möglich machte. Die »Grundlage des Tabu ist ein verbotenes Tun, zu dem eine starke Neigung im Unbewußten besteht« – diese auf die Ambivalenz zielende Feststellung hat Freud in seinem Essay *Totem und Tabu* [1] gemacht.

Was geschieht seelisch, wenn der einzelne auf ein Tabu trifft? Offenbar erregt ihn das Verbot mächtig, weil es ihn unbewußt an seinen Wunsch erinnert, es zu übertreten und sich die verwehrte Befriedigung zu holen. Erst dieser Zusammenhang macht einem klar, warum im Kontakt mit dem Tabuierten die Affekte stärker und *rascher* erregt werden als die Denkvorgänge. Tabus begegnen uns also, wo immer die Kultur den primären, allezeit weckbaren Triebbedürfnissen im Wege steht. Die Stärke der *affektiven* Erregung und eine Hemmung der kritischen Fähigkeiten geraten dort, wo man sich dem Tabu unterwirft, in ein Verhältnis umgekehrter Proportionalität zueinander.

[1] S. Freud, Ges. Werke IX, 42.

Die Funktion des Tabus in der Gesellschaft ist jedoch alles andere als eindeutig. Es kann rücksichtslose Triebbefriedigungen zum Segen der Gesellschaft verhindern, aber auch das Umgekehrte bewirken, nämlich eine solche Triebbefriedigung vor dem kollektiven Gewissen gutheißen. Weil diese Wirkung so zufällig ist, müssen Tabus durch Anstrengungen der bewußten Reflexion, der Einfühlung in den anderen, der abwägenden Kritik und der Toleranz für die Kritik, die man von anderen erfährt, ersetzt werden. Das sind die schweren, aber säkularen Aufgaben für die künftigen Kulturen mit ihrem im Wortsinn unvorstellbar gesteigerten Zerstörungspotential bei Konzentration der Menschheit in Ballungszentren. Aufklärung darüber, wo ein Tabu wirksam ist, stellt den Gegenzug gegen seine Mythisierung und das Versinken in Rückständigkeit dar.

Im Verkehr zwischen den Völkern verfälscht ein Tabu die Realität ebenso, wie wir es aus kleineren Gruppen, die negative Gefühle füreinander hegen – zum Beispiel Familien –, so gut kennen. Einsichtslosigkeit im Dienste des Begehrens und der Verleugnung von Verlusten dekoriert sich dann auf nationaler Ebene in einer Pseudorationalität als heilige Pflicht zur Wiederherstellung eines Status quo. Vor solch aggressiver Vergeltung hatten die Deutschen nach 1871 Angst und haben sie, ganz wie wir dies aus manchen seelischen Erkrankungen kennen, mit Zwängen abzuwehren versucht, etwa mit der hochneurotischen Perfektion, mit welcher der Schlieffen-Plan ausgearbeitet wurde. Solche Ängste, die sie nicht schlafen lassen, haben heute die Polen an allen Grenzen, während zugleich auf unserer Seite noch eine (meist erfolgreich abgewehrte) Vergeltungsangst für die Greuel unserer Kriegführung andauert.

Folgende Gedankenkette charakterisiert unsere offizielle Auffassung, die man psychologisch als »Rationalisierung« bezeichnen darf – das heißt, sie dient der Abwehr der Einsicht in die *volle* Wirklichkeit. Die Argumente lauten also: Im Augenblick der Schwäche hat man uns Gebiete entrissen, die unzweifelhaft deutsch waren; wir fordern, was uns rechtens zusteht, nach dem Selbstbestimmungsrecht der Völker. Niemand könnte diesen Schlußfolgerungen sich entziehen, wenn die Ereignisse, von denen hier die Rede ist, die ganze Wirklichkeit umfaßten, wenn sie keine Gefühle erregt und hinterlassen hätten – und diese Gefühle nicht ebenso wirklich wären wie die neue Grenzlinie. Das gleiche gilt selbstverständlich für die »Logik« der polnischen Seite. Es ist unhaltbar, die nach dem Zweiten Weltkrieg erfolgten Annexionen aus historisch begründeten Gebietsforderungen abzuleiten. Sie als Kompensation des Erlittenen zu fordern ist ein starkes Argument. Man müßte geradezu untersuchen, warum dieses Argument nicht unverblümt gebraucht werden kann. Es wird sich dabei wohl um eine psychische Nachwirkung der Entwertung handeln, der das polnische Volk durch die Hegemonialmächte Rußland, Österreich, Preußen ausgesetzt war und für die es einen gemeinsamen Ort für negative Projektionen bildete. Man will jetzt keine aus Erniedrigung abgeleiteten, sondern »rechtlich« aussehenden Forderungen aufrechterhalten.

Diese Einengung der Rechtfertigung auf ein Ineinandergreifen quasi juristischer Argumente ist immer dann höchst bedenklich, wenn damit menschliches Verhalten be- oder verurteilt werden soll. Die Argumentation auf beiden Seiten hängt dann plötzlich buchstäblich nur noch am roten Faden der jeweiligen »Logik«, der Blick ist mit unverkennbarer Scheinheiligkeit ausschließlich auf die höhere Gerechtigkeit gerichtet, die es wiederherzustellen gelte. Was das Tabu leistet, zeigt sich darin, daß kein Gedanke mehr auf das eigene Verhalten in den Tagen des noch ungetrübten Kriegsglückes bzw. des unkontrollierten Siegerglückes gerichtet wird. Daß wir damals eine Sklavenordnung für die Bewohner Polens entworfen und praktiziert haben, ist vergessen oder wird gegen die Greuel aufgerechnet, die später Deutschen von Polen bereitet wurden – woran sich umgekehrt die letzteren nicht mehr erinnern wollen.

Diejenigen, die auf unserer Seite jetzt durch die Errichtung eines Tabus verhindern, daß die Problematik einer De-facto-Lösung an der Oder und Neiße durchgearbeitet wird, und es außerdem unmöglich machen, daß das Thema von den *beiden* streitenden Parteien und aus allen nur denkbaren Richtungen her betrachtet wird, pflegen sich darauf zu berufen, daß mit Kriegsende quasi eine deutsche Identität zu Ende gegangen und daß der nunmehr lebende Bundesbürger ein neuer Mensch sei, nicht an das alte Ich, nicht an alte Schuld geknüpft, es sei denn durch das »Ressentiment«

der anderen. So konnte man vor nicht langer Zeit in einer weit- verbreiteten medizinischen Zeitschrift, die über einen wissen- schaftlichen Kongreß in Prag berichtete, folgende Sätze lesen: »Einige Ressentiments machten sich allerdings bei der Rundfahrt durch Prag mit dem staatlichen Omnibusunternehmen bemerkbar. An jeder Ecke wurde darauf hingewiesen, daß die deutschen Militaristen hier und dort Böses verbrochen hätten. Manche west- deutschen Kollegen zogen die Konsequenzen und stiegen bei der ersten Gelegenheit aus.«[1] Ein Tabu in Funktion. Die Wieder- begegnung mit einem für unberührbar erklärten Erinnerungs- bereich, nämlich den faktischen Verbrechen, die in jener Stadt sich zutrugen, erzwingen eine Fluchtreaktion, die rationalisiert wird: Man steigt empört aus und vermeidet damit die Berührung des Tabuierten. Noch dem Text des Berichtes merkt man an, wie den Schreiber das Tabu ängstigt. Es wurde darauf hingewiesen, »daß die deutschen Militaristen ... Böses verbrochen hätten« – der Konjunktiv muß ihn schützen.

Wo ein Tabu dieser Kategorie funktioniert, verbreitet sich ein subjektives Gefühl der Sicherheit vor den Folgen der Vergangen- heit. Nicht in juristischen Zusammenhängen, sondern in jedem historischen Zusammenhang wird geleugnet, daß die Bundes- republik ein Nachfolgestaat des Nazireiches ist. Dabei ist auf- schlußreich, wie man die Wiedergutmachungspflichten betreibt: etwa so, wie eine honorige Familie für die Vergehen eines entfern- ten Verwandten einsteht. Man erlebt sich selbst in seiner Vergan- genheit vor 1945 wie einen »entfernten Verwandten«. Persönlich ist der einzelne vom Tabu gedeckt, er braucht sich nicht für einen Teil seines Vorlebens verantwortlich zu fühlen. Das Tabu verschleiert im allgemeinen die Vorgeschichte und ebenso im ganz Persön- lichen. Es behauptet zwar, nur auf die Herstellung der Gerechtig- keit komme es an; aber es definiert diese Gerechtigkeit vollkom- men gefühllos, mechanisch.

Eines der besonders gefährlichen Merkmale der Tabus besteht darin, daß sie nicht nur – wovon bisher gesprochen wurde – sozial *assoziieren*, sondern untrennbar davon ebenso sozial *disso- ziieren*, ausschließen. Ein von vielen geteiltes Tabu eint, weil es

1 Selecta, 1964, Heft 2.

in bezug auf einen Konfliktbereich die Sicherheit eines feststehenden gleichförmigen Urteiles vorschreibt. Ein für alle gültiges Verbot ist ein besonders vergesellschaftendes Moment, wie wir es sehr deutlich an jeder Erziehungspraktik beobachten können. Wenn die Befriedigung eines Triebbedürfnisses verboten ist, erträgt man das leichter im Verband: wobei sich hier die *Ersatzlust* genießen läßt, die anderen daraufhin zu beobachten, ob sie sich auch an die Gebote halten. Wer das nicht tut, zum Beispiel unbefangen mit einem scharf durch ein Tabu regulierten Thema wie der Einstellung zur Oder-Neiße-Linie umgeht, muß gewärtig sein (egal, auf welcher der beiden Seiten er lebt), daß er rasch von seinen angestammten Bezugsgruppen dissoziiert wird. Über ihn selbst könnte dann ein Tabu verhängt werden, das Tabu der Unberührbarkeit, das ihn zu einem Fremden stempelt, mit dem ursprünglichen Beigeschmack des »Unreinen«, der diesem Begriff anhaftet. Er könnte die Interpretation eines *agent provocateur,* eines getarnten Kommunisten (Militaristen), eines Verräters, bestenfalls eines *entfant terrible* einhandeln. Er ist zu einem Fremden geworden, auf den kein Verlaß ist, daß er gemeinsame Spielregeln, also gemeinsame Urteilsstereotype, einhält.

Eigentlich haben wir mit dieser gedrängten Bestimmung einiger Wesenszüge des Tabus auch angedeutet, wie es mit dem Ressentiment verbunden bleibt. »Ressentiment« ist ein schillerndes Wort. Es ist kein Begriff einer Fachsprache, vielmehr nur ein Hilfsmittel der Umgangssprache, um einen bestimmten Gefühlszustand zu bezeichnen. Die Naivität, die hierbei am Werke ist, besteht darin, daß Ressentiments prinzipiell nur andere haben. Wem ein Ressentiment zugeschrieben wird, dem wird unterstellt, er könne nicht verzeihen und vergessen, er pflege aus Bosheit seinen Groll. Diese Unterschiedlichkeit in der Bewertung der Erinnerungsfähigkeit ist durchgehend. Wir können gar nicht genug daran tun, uns an unsere Heldentaten zu erinnern, aber an unsere weniger ehrenvollen Taten werden wir nur höchst ungern gemahnt. Wenn wir jene genauer betrachten, die von bestimmten anderen Leuten behaupten, sie hätten Ressentiments, dann stellen wir in ihrem Tonfall, in ihrer Argumentation fest, daß sie sich moralisch überlegen fühlen. Die geheimer verlaufende seelische Reaktion, die wir hinter diesem Verhalten vermuten dürfen, ist als Abwehr zu kennzeichnen. Zuerst einmal als Abwehr der Enttäuschung, daß es nicht gelungen ist, zu der anderen Gruppe eine bessere Beziehung herzustellen. Daß sie jetzt, am Ressentiment ablesbar, verachtet wird, ist, wie wir an der wechselseitigen Verachtung der Deutschen und Polen füreinander zeigten, erst eine sekundäre Einstellung. Erst nachdem die Projektion der eigenen Aggression erfolgt ist, entsteht das Bedürfnis, sie dort mit Hilfe eines Tabus der Unreinheit fixiert zu lassen. Das darf nicht als Ressentiment erkennbar werden.

Die taktische Absicht, die man verfolgt, wenn man das Wort Ressentiment verwendet, ist klar: Wer aus ihm heraus spricht, setzt sich ins Unrecht. Während der Niederschrift dieser Sätze wurde in Rotterdam eine Deutsche Woche eröffnet. Der Berichterstatter im Radio zeigte sich befriedigt, daß die Befürchtung, einige ressentimentgeladene Kreise könnten das Ereignis stören, glücklicherweise nicht eingetroffen sei. Gemeint ist, daß einige Bewohner dieser Stadt sich noch an das Bombardement vor fast drei Jahrzehnten durch unsere Luftwaffe erinnern und diesen Überfall nicht verziehen haben. Es schickt sich aber nicht, daran zu erinnern – da doch die Geschäfte blühen und Rotterdam inzwischen zum größten Hafen der Welt aufgestiegen ist. In diesem Fall trifft sich also das Interesse der Bombardierten mit dem der einstigen Angreifer, beide tabuieren die Erinnerung.

Bei einer im August 1964 (vom DIVO-Institut Frankfurt) durchgeführten Umfrage unter der westdeutschen Bevölkerung bejahten 39 Prozent, Prozesse wie der Auschwitzprozeß sollten nicht mehr durchgeführt werden, »weil man nach so vielen Jahren diese Dinge nicht mehr aufrühren soll«. Diese Empfehlung wirkt verführerisch, denn sie stellt immer die Vergangenheit harmloser hin, als sie war; sie hilft jedermann mit gutem Humor, Tritt in der Gegenwart zu fassen: So etwas wie das Bombardement von Rotterdam, so etwas wie Auschwitz wird sich nie wiederholen. Es liegt ganz weit abseits. Wer hier Zweifel hegt, muß selbst eine Neurose haben, muß im Leben zu kurz gekommen sein, muß Ressentiments hegen.

Wagen wir es wegen einer Tabuverletzung, das Risiko einer Aussonderung unter negativen Vorzeichen in Kauf zu nehmen. Wir sind skeptisch genug, in der Geschichte die ungeheure Kraft des Wiederholungszwanges nicht zu verkennen. Dem angeblichen Ressentiment auf der Seite ehemals mit einem Berührungstabu Versehener entspricht also auf unserer Seite ein wirklich fahrlässiges Verkennen der Gefühle, die unser Zurschaustellen als Herrenrasse hinterlassen hat. Wer sagt denn, daß es nichts als Ressentiment ist, was von polnischer Seite eine Annäherung unmöglich gemacht hat? Oder gibt es nicht doch noch Leute, die es nicht verzeihen, daß keine Herrenrasse sie mehr schützt, in Lidice und Auschwitz tun zu dürfen, was einmal dort zu tun vom Clangewissen legalisiert worden war? Im Gegensatz zur Bombardierung von Rotterdam und London, die den Selbstwert der Bewohner nicht treffen konnte, haben die Polen die systematischen Erniedrigungsversuche als Individuum und als Nation nicht vergessen können; ihre Ohnmacht war ein zu traumatisches Erlebnis, sie fürchten sich in ihrer unbefriedeten Lage weiter, auch wenn dies dem »verwandelten« ehemaligen Unterdrücker unverständlich vorkommt.

Freud ließ offen, ob die Menschheit sich durch ihre Kultur, die so schwere Lasten des Verzichtes auf den einzelnen legt, unanzweifelbar auf dem Wege der »Besserung« befindet. Die Skepsis bleibt berechtigt, ob eine Niederlage, ein Zusammenbruch der von Einfühlung, Rücksicht ziemlich unbehelligten aggressiven Ansprüche, eine Veränderung der unbewußten Einstellung herbeigeführt oder nur einen kürzer dauernden Schock ausgelöst hat. Die konkrete Szene bei der Prager Stadtrundfahrt demonstriert auf ihre Weise auch den Zusammenhang von Tabu und Ressentiment. Die deutsche Armee eroberte Prag, sie schlug den Freiheitswillen der Feinde wo sie konnte, nieder. Sie war erfolgreich und voller Haß und zeigte es zum Teil, man erinnere sich an Heydrich, sadistisch genießend. Der verlorene Krieg hat diesem Lustgewinn auf unserer Seite ein Ende bereitet. Hingegen können die Tschechen, erst Opfer, dann Sieger, mit kaum eingeschränkter Zustimmung des Gewissens weiterhassen[1]. Das Recht ist auf ihrer Seite, es rechtfertigt den Haß, er scheint die adäquate Gefühlsantwort. Darüber hinaus fällt ihnen die Erinnerung leicht, denn sie gilt ihren Helden. Und wer vermag sich dem Genuß zu

1 Vgl. S. 35.

entziehen, an die Helden der eigenen Geschichte zu erinnern, wenn er das angesichts eines geschlagenen, einstmals ihn tief demütigenden Feindes tun kann? Wer da tatsächlich vor ihm steht und ob dieser spätere Besucher irgendwie beteiligt war an den Schrecken der Gewaltherrschaft, das tritt zurück, solange hassend ein Kollektiv getroffen wird. Der Haß gilt dem alten *Bild*, wie wir sagten; es hat sich tiefer eingeprägt als das freundliche Selbstporträt, in dem wir uns gegenwärtig erkennen wollen. Einer unserer Patienten, der vier Jahre lang in einem Konzentrationslager leben mußte, erschrickt bei jedem deutschen Polizisten, den er sieht. Er weiß, es ist unsinnig. Aber das Signal, das einmal von dieser Uniform ausging, ist zu mächtig, als daß es durch vergleichsweise belanglose spätere Erfahrungen gelöscht werden könnte. Der Kranke hegt nicht einmal ein »Ressentiment« gegen den Typus Polizist als seinen ehemaligen »Quäler«; er kann durchaus unterscheiden zwischen dem »Nachbild« und dem aktuellen Eindruck. Es ist aber immerhin zu bedenken, daß die Unfähigkeit, vergessen zu können, auf der Seite der ehemals von uns Unterdrückten, grausam Verfolgten und Vertriebenen in unauslöschlichen Erinnerungsspuren verankert ist, die bei der leisesten Berührung alarmieren. Wer damals exekutierte, rechtfertigte dies vor seinem Bewußtsein leicht als militärische Notwendigkeit. Heute wird er nicht mehr gerne daran erinnert, wie ein noch amtierender Staatsanwalt zu erkennen gab, der vor kurzem einen Hinweis auf ein von ihm ausgesprochenes Todesurteil mit der Bemerkung beantwortete: »Olle Kamellen.« Wer damals zu den deutschen Okkupationsarmeen gehörte, schwebte nicht vier Jahre in einer vergleichbaren Todesgefahr wie die von militärischer Macht und politischem Terror niedergeworfenen Nationen. Infolgedessen sind für ihn diese Jahre nicht durch prägende Angstsignale bestimmt; *er* kann vergessen.

Wie wir oben darstellten, kann er sogar ohne Trauer vergessen, ohne Trauer für Hitler, den er so sehr geliebt hat, ohne Trauer für die eigenen Toten (die offiziellen Begehungen an Trauertagen sind Selbstbetrug), ohne Trauer für die unschuldigen Opfer – einfach weil eine tiefe Spaltung der Persönlichkeit ihn von der eigenen Vergangenheit, von Gefühlen, die mit einer Erinnerung an sie natürlicherweise verknüpft werden, trennt. Das ist ein Musterbeispiel des seelischen Abwehrvorganges, den wir Verleugnung nennen und der durch einen zweiten, das Ungeschehenmachen, verstärkt wird – jenes Ungeschehenmachen, das an der hurtigen Beseitigung der Ruinen und Kriegsschäden und beim ideenlosen Aufbau unserer Städte zu beobachten ist. Wir müssen dabei noch einmal daran erinnern, daß die Steuerung dieser Mechanismen nur zum kleinsten Teil bewußt wahrgenommen wird; zum allergrößten Teil wehrt unser unbewußter Ich-Anteil unsere aggressiven Impulse, aber auch, was an Schuld durch ihr Ausleben entstanden ist, ab.

Den ausschlaggebenden Anlaß bei der Entdeckung von Ressentiments im ehemaligen Gegner sehen wir im unbewußten *Neid*. Die deutschen Besucher Prags, von denen wir hörten, waren unbewußt, mindestens uneingestanden neidisch, daß den Tschechen etwas erlaubt bleibt, nämlich zu verachten, was die mit soviel Herrenbewußtsein auftretende Nation, welcher sie angehörten, seinerzeit tat, solange die Macht mit ihren Bataillonen war, von einem anästhetisch gewordenen Gewissen kaum behindert.

Ressentiment läßt sich in einer ersten Lesart als eine vorbewußt gewordene neidische Enttäuschung bezeichnen. Man bekommt von ihr erst durch den Projektionsvorgang auf andere – in unserem Beispiel auf den tschechischen Fremdenführer – Kunde. Die Projektion bewirkt, daß wir von da an einer Veränderung unserer Wahrnehmung unterliegen: Statt des eigenen Neides und des abgewehrten »bösen« Wunsches tritt jetzt ein bösartiger Zug am *anderen* hervor, etwa sein bösartiger Unwille, zu vergessen, zu übertreiben oder sich lügnerische Entstellungen tatsächlicher Sachverhalte zuschulden kommen zu lassen. Unser eigener Neid verschwindet hinter der Beschäftigung mit den Untugenden anderer.

Barbara Tuchmann [1] hat in ihrem Buch *August 1914* treffend beobachtet, daß das Wort »militärische Notwendigkeit« eine besondere rechtfertigende Funktion im deutschen Denken hat. Natürlich werden sich jene Besucher Prags, die bei der ersten sich ergebenden Gelegenheit aus dem Omnibus geklettert sind, gesagt haben, was sich da alles an Geißelerschießungen und ähnlichem zutrug, sei von militärischer Notwendigkeit diktiert gewesen. Die

---

[1] Barbara S. Tuchmann *August 1914*. Bern und München 1964.

gleiche Notwendigkeit bot sich wie ein unausweichliches Geschick dem deutschen Generalstab 1914 an, als er »sich gezwungen sah«, die Neutralität Belgiens zu verletzen, womit in der Geschichte unserer Zeit das solideste Fundament für den Deutschenhaß gelegt war. Der völlige Mangel an Sensibilität für die Rechts*gefühle*, für die Empfindungen der Gegenseite (die doch insofern einem verwandt blieb, als man sich mit ihr in der Anwendung fairer Kampfregeln jedenfalls zu Beginn des Ersten Weltkrieges verbunden sah), diese völlige Anästhesie war aber schon damals im psychologischen Bereich erschreckend genug. Daß man heute noch die gleiche mangelnde Einfühlung in die verletzten Gefühle jener, die man einmal unterworfen hatte, zu erkennen gibt, stützt die These, daß sich Schreckliches in der Geschichte durchaus wiederholen kann – gerade weil im Dienste der psychologischen Ökonomie die Bearbeitung von Schuldgefühlen durch Realitätsverleugnung erspart werden soll, durch einfache Verleugnung vergangener Greueltaten. Dabei kommt als weiterer Schutz des Selbstgefühls die Abspaltung der Gefühle von den Erinnerungen hinzu: Man liest die Nachrichten über die nicht kaschierbaren Verbrechen ohne sichtliche Emotion; es ist ein Akt der intellektuellen, nicht auch der emotionellen Wahrnehmung.

Die zweite Lesart des Ressentiments ist also durch den Projektionsprozeß bestimmt. Es gilt als Ressentiment, von etwas Aufhebens zu machen, etwas aufzurühren, woran zu erinnern unschicklich geworden ist; und diese schlechte Eigenschaft stellt man immer an anderen fest. Bei sich selbst ist die Pflege der Erinnerung eine Tugend, zum Beispiel die nationale Tugend, treu zu einmal vertretenen Gebieten zu stehen.

Ressentiment, so sagten wir, sei kein Wort der Fachsprache; es ist ein sogenanntes Omnibuswort. Wo immer man auf die Deklaration trifft, daß Ressentiment im Spiele sei, muß der Tatbestand unbedingt sorgfältig durchgearbeitet werden. Seit Freuds *Massenpsychologie und Ich-Analyse* scheint jedenfalls so viel unwidersprochen klargestellt zu sein: Große, viele Menschen ergreifende, ansteckende seelische Uniformierungen setzen sich aus der großen Zahl untereinander vergleichbarer, ähnlicher, aber je in einem einzelnen vollzogener Verhaltensweisen, aus je in einem einzelnen entstandenen Gestimmtheiten zusammen. Die Frage der Ansteckung ist ein Sonderproblem der Massen- (oder besser Gruppen-)psychologie. Was im Zustande kollektiven Gehorsams gegenüber einem Tabu im seelischen Leben der Person geschieht, unterscheidet sich nicht von den Gesetzlichkeiten, die wir sonst in den engeren Verhältnissen unseres alltäglichen Lebens beobachten können. Gruppenlösungen, ideologische Forderungen, die ganze Zivilisationen einigen, werden nach den gleichen Gesetzen des »psychischen Apparates« behandelt, die auch lokalere, engere soziale Beziehungen regulieren. Mit anderen Worten, um nochmals bei unserem Beispiel zu bleiben: Ein gewisser Konsensus darüber, daß man es sich – wirtschaftlich wieder genesen, mit mächtigen Verbündeten – nicht gefallen lassen muß, in Prag von einem Fremdenführer an Geiselerschießungen erinnert zu werden, erleichtert es dem Touristen der Gegenwart, sein Gewissen in bezug auf die Vergangenheit zu beschwichtigen. Indem er der Erinnerung ein blindes Auge zuwendet, tut er nichts anderes als wir alle, wenn wir privat nicht an nicht eingelöste Versprechen oder egoistische Unterlassungen, an Lügen und Vergehen, an Bosheit und Sadismen in der Kleindimension unserer persönlichen Vergangenheit erinnert werden wollen.

All das mißfällt unserem Gewissen an uns, und diese Einschätzung möchte unser Ich unserem Selbstgefühl und Selbstideal vorenthalten; die bürgerlich anständige Persönlichkeit, die wir in unseren und der anderen Augen sind, soll nicht mit solchen Zweifeln belastet werden. Durch derartiges Ausweichen werden aber die höher organisierten seelischen Leistungen gelähmt, nämlich die Fähigkeit, Realität auch dann noch kritisch durchzuarbeiten, wenn ein primitiver, organisierter Selbstschutz einsetzen will. Unser infantiles Ich hilft sich, wenn es in Bedrängnis gerät, mit solchen Verleugnungen (»Ich bin es nicht gewesen«) und mit dem Ungeschehenmachen (indem es vergleichsweise die zerbrochene Tasse zusammengefügt in den Schrank stellt), mit Verdrängung und Verkehrung ins Gegenteil (»Du bist schuld, nicht ich«). Mag sein, daß wir es unter Zuhilfenahme solcher unreifer Methoden des Selbstschutzes dahin bringen, daß die Zeugnisse der Vergangenheit für *unsere* Erinnerung verblassen, für die Erinnerung der anderen besteht kein so dringlicher Grund dazu.

Jedoch ist in diesem Zusammenhang einer bedrohlichen Verleugnungstaktik zu gedenken: Die große Mehrheit unseres Volkes hat sich als »nicht betroffen« erklärt. Geben wir uns nämlich den skizzierten Verteidigungen unseres Selbstwertes hin, dann ändert sich auf diese Weise die psychische Kondition nicht, die jene für uns vergilbten Greuel bewirkt hat. Schmerzliche Erfahrungen und Schuld bringen in dem Ich nicht Reifungsfortschritte in Gang, mobilisieren nicht die Fähigkeit, unter Schulddruck kritisch weiterzudenken, Enttäuschungen über das eigene Verhalten ertragen zu können und ähnliches. Die Energie des Ichs verzehrt sich statt dessen in der Abwehr der Wiederkehr des Verdrängten. Das Ich schützt sich mit Erinnerungslücken und bleibt grosso modo, wie es war. Damit wird es rückständig. Es verliert die Fähigkeit, sich unbehelligt der Vergangenheit zuzuwenden.

Einer kleinen Gruppe von »Vergangenheitsforschern« quasi als Spezialisten wird der Auftrag erteilt, Spuren zu verfolgen, aber – und das ist ein neuer Abwehrmechanismus – man überläßt es diesen Historikern, Staatsanwälten oder Richtern, sich stellvertretend mit der Schuld der Vergangenheit zu beschäftigen. Sie bleiben sich dabei selbst überlassen, die Ergebnisse ihrer Forschung werden in einer psychisch wirksamen *Isolierung* gehalten.

Der Wirkungszusammenhang von Tabu, Ressentiment und Rückständigkeit läßt sich verallgemeinern: Eine Gesellschaft, die in den zentralen politischen und gesellschaftlichen Aufgaben von Tabus bestimmt wird, muß rückständig werden, und dies um so rascher, je eingreifender politische, ökonomische, psychologische Prozesse die tabugeschützte Struktur dieser Gesellschaft beeinflussen. Es entwickelt sich dann eine Kluft zwischen dem vom Tabu gesteuerten Denken, das die Vergangenheit repräsentiert, und Entwicklungschancen, die aus zum Beispiel technischen Entdeckungen oder dem Versuch einer neuen Besitzverteilung sich ergeben. Die kapitalistischen Länder lehnten etwa die Ideologie des Bolschewismus ab; sie verletzte ein zentrales Tabu, den Privatbesitz an den Produktionsmitteln. Darüber ist bis heute noch nicht zu reden; aber es unterscheiden sich die pragmatisch orientierten von den Tabu-orientierten Nationen darin, daß die einen die Existenz eines neuen Rußland zur Kenntnis nahmen und sich in mannigfacher Weise mit ihm auseinanderzusetzen begannen (vom Handel ganz zu schweigen), während die anderen sich an das Tabu hielten und in der Erwartung lebten, daß auf dessen Verletzung die Strafe automatisch folgen müsse. Das verhindert die Anpassung an eine neue, dem Tabu widersprechende Realität. Im Gegenteil, die Spannung steigt, und die Ressentiments mehren sich, bis zu jenem Augenblick, in dem dann die gewaltsame Korrektur durch einen Krieg versucht wird.

Jede Tradition ist von Tabus durchdrungen; ihre Brisanz wechselt, denn es sind natürlich nicht nur die aggressiven Strebungen, die hier eine Ritualisierung erfahren, sondern auch den libidinösen Erwartungen wird durch die Beachtung von Tabus eine zwar eingeschränkte, aber doch erlaubte Befriedigung zugänglich. Wie immer ist es das aggressiv-libidinöse Mischungsverhältnis, das die Grundstimmung, die generelle Affektlage einer Gruppe bestimmt; denn nicht eine jede ist zum gleichen fähig.

Da sich der Einfluß von Tabus (und aus ihnen stammenden Ressentiments) dem Bewußtsein der meisten Menschen weitgehend entzieht, wirken sie oft in ungebrochener Kraft durch lange historische Epochen. So ist auch unsere faschistische Periode nicht ohne Vorgeschichte denkbar, und es wäre unrealistisch, anzunehmen, mit dem Ende des Dritten Reiches seien alle in ihm wirksamen Denksteotype (welche die Anweisungen von Tabus ausformulieren) und Wertorientierungen erloschen. Die Formel »Im Jahre 1945 war der Punkt Null« wurde zuweilen aus dem Gefühl innerer Befreitheit, häufiger mit einer Beimischung von Ressentiments gebraucht. Sie war jedenfalls einer kindlichen (ob naiv, ob unter Schulddruck geübten) Verteidigung des Selbstbewußtseins dienlich, und zwar der Auffassung, man dürfe den staatlichen mit dem psychologischen Neubeginn in eins setzen. Das ist jedoch ein unbewußt determinierter Irrtum. Der Wunsch, man möge als »neuer Mensch« ein neues Leben beginnen können, befreit von allem, was sich im Dritten Reich zutrug und woran man mitgewirkt, was man – zumindest sich selbst schützend – geduldet hatte, ist gut verständlich. Ihm ist zuzuschreiben, daß viele Menschen unseres Landes nicht in einer kontinuierlichen Realität leben und auch ihre Identität nicht bewahrt haben. Was geht da eigentlich im Rahmen der sogenannten psychischen »Normalität« vor sich? Die heute Sechzigjährigen haben miterlebt, wie sich im Laufe ihres Lebens viermal die politischen Machtverhältnisse geändert haben, vom feudal-aristokratischen Kaiserreich zur Demokratie der Weimarer Republik, zur faschistischen Herrschaft, die man nach innerpolitischen Gesichtspunkten nur sehr bedingt als Terrorsystem bezeichnen darf, weil man – etwa 1938 oder 1940 – nur Brot und Butter in Deutschland zu kaufen brauchte, um zu sehen, daß hier nicht ein Volk unter einer es politisch-ideologisch überfremdenden Diktatur litt. Vom autoritären Führerstaat weiter mit fremder Hilfe zurück zur Demokratie – aber nur für diesen Teil des Landes, während der andere sich nach seiner Vorprägung sowohl mit einer ideologischen wie einer echten politischen Fremdherrschaft zurechtfinden muß.

Diese aufeinanderfolgenden Herrschaftssysteme sind gewiß von den Krisen und Wachstumsvorgängen der technisch-industriellen Entwicklung mit angestoßen worden; niemand wird dem industriellen Wettlauf vor 1914 oder der Weltwirtschaftskrise um den Beginn der dreißiger Jahre ihre Bedeutung für den Untergang des Kaiserreiches bzw. der Weimarer Republik und für die Heraufkunft eines technisierten Despotismus, wie ihn Europa nicht gekannt hat, bestreiten wollen. Aber hierin die alleinige Erklärung zu suchen wäre eine Einseitigkeit, die an jene in der naturwissenschaftlichen Medizin praktizierte erinnert, Krankheit nur aus materiellen Vorgängen am Organ zu erklären und Erlebnisprozesse, die in hohem Maße organisches, materielles Geschehen steuern, nicht zu berücksichtigen. Eine große Lücke unseres Wissens klafft dort, wo wir die Frage beantworten sollen, warum seit der Renaissance die europäische Szene nicht mehr zur Ruhe gekommen ist, warum eine geniale Welteinsicht der anderen folgte, aber das Wissen des Menschen über sich selbst mit sehr viel weniger Elan vorangetrieben worden ist, so daß heute zwischenmenschliche Barbarei mit allem technischen Raffinement betrieben werden kann.

Es muß eine starke Belastung des einzelnen in Deutschland bedeutet haben, derartige Stilbrüche des politischen Lebens mitvollziehen zu müssen. Und doch muß die kulturspezifische deutsche Charakterformung an diesen Umbrüchen entscheidend beteiligt sein; etwa daran, daß die Weimarer Republik nicht zum Funktionieren gebracht werden konnte und Millionen depressiven Phantasien vom starken Befreier nachhingen, die sie prompt zur

Beute politischer Abenteurer werden ließen. Wie jedermann tragen wir an jenen Zügen unseres Charakters weiter, die vor dreißig Jahren den Nazistaat zur Macht gebracht haben und die uns ohnmächtig machten, diese einmal gerufenen Machthaber wieder loszuwerden – etwa durch einen Bürgerkrieg, den wir so sehr verabscheuen, daß wir uns lieber dem Irrsinn unterwerfen. So bedurfte es einer der ganz großen Katastrophen der Geschichte, um uns zu »befreien«. Wir bringen unweigerlich aber unseren historisch erworbenen Charakter auch in unseren neuen Staat mit; nicht anders ist es in der DDR, wo sich rigider Untertanengeist in neuer politischer Einkleidung zur Macht gebracht hat.

Was nun die Rückständigkeit, diese Sterilität des Lebensmutes, als kollektive Verfassung betrifft, so bietet sich erneut die Parallele zu den psychoneurotischen Erkrankungen an. Auch in ihnen sieht sich der Leidende in die Rückständigkeit manövriert. Im Symptom der seelischen Krankheit, sei es einer Phobie, eines Zwanges, einer Perversion, steht die Entwicklung still. Der Endeffekt ist, daß der Leidende, je kränker er ist, desto mehr von seiner Aufmerksamkeit, von seiner geistigen Beweglichkeit, seiner Phantasie, insgesamt von den Energien seines Seelenlebens der Abwehr des Unbewältigten opfern muß. Es wird zur absorbierenden Aufgabe, die »Wiederkehr des Verdrängten« zu verhindern. Von jeder dieser seelischen Krankheiten kann man sagen, sie halte den Patienten, jedenfalls in Teilen seines Wesens, infantil. Seelische Krankheit erzwingt also Reaktionsstarre und Rückständigkeit. Mit kollektiven seelischen Verfassungen, die auf unzulänglicher Durcharbeitung eines Konflikts, eines Traumas beruhen, die dieses Trauma, weil es zu sehr schmerzt, unbewältigt lassen und es zugleich tabuieren, ist das ebenso. Soweit das Symptom – hier zum Beispiel die Denkhemmung – herrscht, kann keine Realitätsveränderung wahrgenommen und kein Anpassungsschritt vorgenommen werden, der ein neues Selbstverständnis ausdrückt. Bildlich gesprochen: Man ist in einer (infantilen) Position, in der einem der Stempel aufgedrückt wird, in der man nicht sich selbst in jenem Spielraum bestimmt, der sich mit kreativer Freiheit umschreiben läßt. Individuum und gleichermaßen ein Kollektiv, das sich derart einstimmt, verharren in der Fixierung an bestimmte Abwehrformen unbewußt motivierender Tendenzen. Die chronische

Wiederholung des krankhaften Verhaltens dient dazu, diesen Konflikt in Schach zu halten; geschlichtet werden kann er auf diese Weise freilich nicht. Die Methode der Konfliktverdrängung überwiegt die Neigung zur Konfliktbearbeitung; letzteres ist aber die Aufgabe, die normalerweise vom Erwachsenen gefordert wird.

Realität läßt sich nur dann gerecht und nicht allzu befangen einschätzen, wenn der einzelne gelernt hat, dem Lustprinzip – zu dem das Streben nach Geborgenheit in den Gruppengefühlen gehört – insoweit abzuschwören, daß er zwischen Wunschdenken und realisierbarer Hoffnung zu unterscheiden vermag. Pocht einer auf die Erfüllung seiner Wünsche, wie wir etwa auf die Wiederherstellung der Grenzen von 1937, und hat er das in der Erwartung getan, daß die Gegenseite in allem nachgeben müsse, dann wird er wenig erreichen; das wieder nährt die Ressentiments. Die bewußt gesuchte Verständigung muß ausbleiben. Die Unfähigkeit zum produktiven Kompromiß zeigt, vom Leben des Individuums bis hin zu dem nationaler Gruppen, die unbewußte Fixierung an Tabus und von ihnen gesteuerte Vorurteile an.

Der Zusammenhang des Früheren mit dem Späteren, der in unserer schematisierten Darstellung so klar ist, im Leben ist er es gerade nicht. Das Symptom (kollektiv: die wirre Forderung) steht an der Stelle der Erinnerung, steht anstelle der Einsicht in den tatsächlich wirkenden Zusammenhang. Ungeschlichteter Widerstreit verlangt nach Lösung, erzwingt – da diese nicht erreichbar ist – eine Ersatzbefriedigung. In diesem Wirkungskreis hat das Krankheitssymptom oder das Charaktersymptom seinen Platz. Der Endeffekt ist folgender: Je mehr sich unter dem Zwang von Tabus und ressentimentgeladenen Affekten das kritische Ich zur Nachgiebigkeit gezwungen sieht, desto mehr muß unbefangene Aufmerksamkeit, geistige Beweglichkeit der Abwehr jener Triebwünsche geopfert werden, die in einer »unbewältigten Vergangenheit« nicht zur Ruhe kommen.

Aber nur wenn wir vorsichtig verfahren, können wir die soeben umrissene Zwangslage, die in den psycho-sozialen *Immobilismus* führt, vom einzelnen auf Gruppen, ja sogar auf so unabsehbar ausdifferenzierte Kollektive wie Nationen übertragen. Ein Verhalten, das sehr häufig wiederkehrt, ist als typisch anzusehen. Die große Zahl der Individuen hat in der Tat auch gleiche Erfahrungen gemacht, auch vergleichbare Gewissenskonflikte erlebt: Zuerst hat man sich an etwas beteiligt, was damals als »nationale Erhebung« proklamiert wurde, dann hat dieses »man« nichts gegen die Verfolgung von Minoritäten unternommen, sich erfolgreich blind und taub gestellt, die Zerstörung der Städte, den Untergang von Armeen, den Tod von Millionen von Landsleuten gemeinsam in passiver Haltung gegenüber den Gewalthabern erlitten. Für nicht einmal wenige waren die von der Naziideologie gestützten Allmachtsphantasien so unerschütterbar, daß man bis fünf Minuten nach zwölf die Realität verleugnen konnte. In der Identität des einzelnen müssen diese Vorgänge – sicher je nach seiner Charakterstruktur – eingezeichnet sein. Das oft gehörte Argument, die Menschen seien doch so verschieden, daß immer noch eine Skala verschiedenster Reaktionen bestehenbleibe, auch wenn hoher sozialer Zwang herrsche, scheint nicht stichhaltig. Denn die Reaktionen auf die Naziherrschaft waren gar nicht so verschieden. Im Nazistaat gab es eigentlich nur drei Antworten auf die neuen Verhältnisse: 1. politische Apathie – die Gruppe, die nicht zum aktiven Widerstand, aber auch nicht zur aktiven Unterstützung bereit war, blieb recht schmal; 2. den Glauben, dem lange eine überwältigende Mehrheit anhing; 3. den Unglauben, zu dem sich während des ganzen Dritten Reiches nur eine prozentual ganz unerhebliche und politisch stets ineffektive Minorität hinfand. Die Anteilnahme war so unterschiedlich also nicht. Rechnet man noch hinzu, daß auch die Aufzuchtverfahren (die Erziehungsmethoden also) in Deutschland relativ homogener Art sind, daß in allen Schichten in der Erziehung eine ungeduldige Forderung nach Gehorsam, der nicht von Fragen aufgehalten wird, sich durchsetzen darf, so wird man vergleichbare vorgeformte, kräftig wirksame Muster der sozialen Anpassung erwarten dürfen. Mit anderen Worten: Es scheint ein nicht weltfernes Unternehmen, ein typisches Individuum zu konstruieren, das in die Nazizeit hineinwächst, sie durchlebt, in den neuen Staat Bundesrepublik hineinwächst und sich in ihm anpaßt.

Dieser »Typus« hat bis heute die Geschicke der Bundesrepublik in seinen Händen gehalten; er hat auch die heute Zwanzig- bis Dreißigjährigen erzogen. Weil er tief in sich selber gespalten ist, muß das unverkennbare Spuren in den Jüngeren hinterlassen.

Denn wir alle durchlaufen Identifikationen mit Älteren, die nach ihrer Eltern-, Lehrerrolle als »Vorbilder« wirken müssen, ehe wir die eigene Identität finden.

Es ist deshalb illusionär, anzunehmen, eine junge Generation könne leicht das Joch der Vergangenheit, das Joch von geheiligten Traditionen und Vorurteilen abwerfen. Sie wird das Erbe an Verhaltensmustern modifizieren. Das ist die Chance, mehr nicht. Eine der Möglichkeiten zur Modifikation liegt darin, daß die Abwehr von Schuld in der neuen Generation nicht mehr so unmittelbar und bedrängend gefordert ist. Das läßt eine etwas affektfreiere Beurteilung von Sachverhalten zu, die bisher unter Tabuschutz standen. Ein scharfes kritisches Durchdenken der tabuierten Vergangenheit gibt mehr Mobilität für die Entschlüsse in der Gegenwart. Wenn es ein Rezept gegen die Fortdauer von unbewußt wirksamen Motivationen gibt, so ist es die Förderung einer neuen Aufklärung an allen Stellen, an denen sich die Gesellschaft den nachwachsenden Generationen vermittelt. Wir haben es freilich mit einem Kolossus von Schuld zu tun, der solcher Aufklärung widerstrebt. Selbst das darf uns nicht abschrecken, denn die Suche nach der Wahrheit über die Vergangenheit stellt den ersten Schritt zur Quittierung des Wiederholungszwanges dar. Er hat auf schreckliche Weise Geschichte gemacht, wir können es uns, wenn uns das Leben unserer Nachfahren lieb ist, nicht mehr leisten, im antikischen Sinn das Fortzeugen der Schuld als »Schicksal« hinzunehmen.

3. Zur Psychologie des Vorurteils

Vorurteile sind, genauer betrachtet, ein verblüffendes Phänomen. Wer von ihnen sicher gedeckt ist, lebt oft angenehm, denn er weiß mühelos über Dinge Bescheid, von denen er wenig versteht. Wenn wir aber auf jemanden treffen, der uns zu seinen Vorurteilen überzeugen will, ohne daß wir in der Stimmung sind, mit ihm d'accord zu gehen, so ist es oft zum Verzweifeln. Gegen Meinungsbesessenheit ist auch mit guten Argumenten nicht viel auszurichten. Diese Starrheit muß uns neugierig machen. Wie kommt es denn zu derart unerschütterlichen Überzeugungen, in denen sich Bruchstücke von Realität und unsere Einbildung vermengen?

Als erstes fällt an Vorurteilen auf, daß man sie nicht in Ruhe haben kann. Sie sind unauflöslich mit Gefühlen, oft mit solchen heftigster Art, verknüpft. Wir kennen jemanden vielleicht nur flüchtig, dann wird über ihn von Leuten, die uns wichtig sind, abschätzig gesprochen. Schon finden auch wir ihn egoistisch, eitel, unaufrichtig oder was immer gegen ihn vorgebracht wird. Im Gegensatz zur Spärlichkeit unserer eigenen Erfahrung gewinnt dabei unser neuerworbenes Vorurteil eine beträchtliche Leuchtkraft. Alsbald kann es uns jenes Opfer eines sich verbreitenden Vorurteils nicht mehr recht machen, was es auch tun mag. Ein anderes Beispiel: In einer Ausstellung begegnen wir Gemälden eines neuen, uns ungewohnten Stils und urteilen relativ rasch, als hätten wir die Berechtigung dazu, sie seien das Werk von Nichtskönnern. Mit Musik, in ungewohnter Tonfolge gesetzt, ergeht es uns nicht unähnlich; wir sprechen von Katzenmusik. Immer ist also etwas sprungbereit in uns, zu verurteilen (und umgekehrt auch zu idealisieren) und uns dabei der Rückendeckung durch Gleichgesinnte zu versichern. Es schafft Befriedigung, sich über diese kläglichen Konkurrenten, diese offensichtlichen Stümper etc. erhaben fühlen zu dürfen (sich zu den Anhängern einer hervorragenden Person zu rechnen). Welche besondere Erlebnisqualität ein Vorurteil mit sich bringt, läßt sich schwer beschreiben, jedoch wissen wir alle genau, worum es geht. Offenbar entspricht es drängenden inneren Bedürfnissen, Realität so zu erleben, wie sie uns sich in einem Vorurteil oktroyiert, nämlich als einleuchtend, überzeugend, evident. Aber wir haben keine Ahnung, daß wir mit unseren Interessen am Zustandekommen dieses Eindrucks beteiligt sind. Er begegnet uns als ein ganz objektiver. Unsere kritischen Fähigkeiten unterwerfen sich in diesem Augenblick der trügerisch-überzeugenden Wirklichkeit, welche das Vorurteil schafft. Unser Mißtrauen, unsere Vorsicht sind eingeschläfert und wie gelähmt. Eine große Zahl von Vorurteilen begleitet uns während langer Lebensperioden, ohne daß wir jene Distanz zu ihnen gewännen, die es uns erlaubte, sie zu revidieren.

In der phänomenologischen Betrachtung treten an den Vorurteilen zunächst diese Starrheit und Unzulänglichkeit hervor und als zweites die Tatsache, daß sie überaus vielfältig in unser Affektleben einbezogen sind. Es dürfte sich lohnen, die Phänomenologie durch eine dynamische Betrachtungsweise zu ergänzen: Welcher Ökonomie dient eigentlich diese Mischung aus Wahrheit und Trug? Gewiß wird das Sonderbare dieser seelischen Gebilde deutlicher, wenn man die eigentlichen Vorurteile von den vorläufigen Urteilen, die wir ebenfalls unablässig vollziehen, unterscheidet.

Gordon W. Allport definiert sehr genau: »Vorläufige Urteile werden nur dann zu Vorurteilen, wenn wir sie unter dem Eindruck neuen Wissens nicht zurücknehmen können.«[1] In einem Essay *Über das Vorurteil* zitiert Max Horkheimer[2] einen Brief von Theodor Mommsen, der auch hier angeführt sei, weil er ein Vorurteil anspricht, das vielen Individuen mit hoher Überzeugungskraft Realität vorgetäuscht hat und vortäuscht. Es wird meist nicht nur nicht zurückgenommen, sondern auch noch von einer Generation auf die nächste übertragen. Daneben ist in dem Brief aber auch von einem vorläufigen Urteil die Rede. Es heißt dort:

»Sie täuschen sich, wenn Sie annehmen, daß überhaupt etwas durch Vernunft erreicht werden könnte. In den vergangenen Jahren habe ich das selbst geglaubt und fuhr fort, gegen die ungeheuerliche Niedertracht des Antisemitismus zu protestieren. Aber es ist nutzlos, völlig nutzlos. Was ich oder irgend jemand anderes Ihnen sagen könnten, sind in letzter Linie Argumente, logische und ethische Argumente, auf die kein Antisemit hören wird. Sie hören nur ihren eigenen Haß und Neid, ihre eigenen niedrigsten Instinkte. Alles andere zählt für sie nicht. Sie sind taub für Vernunft, Recht und Moral. Man kann sie nicht beeinflussen ... Es ist eine fürchterliche Epidemie, wie die Cholera – man kann sie weder erklären noch heilen. Man muß geduldig warten, bis das Gift sich selbst aufgezehrt und seine Virulenz verloren hat.«

Das Urteil über die Cholera war ein vorläufiges. Wir haben ihren Erreger inzwischen kennen und zu bekämpfen gelernt. Mommsen würde, um den unerklärlich ansteckenden Charakter mancher Vorurteile in bestimmten historischen Augenblicken anzudeuten, heute einen anderen Vergleich wählen müssen.

1 G. W. Allport *The Nature of Prejudice*. Cambridge (Mass.) 1954, 9.
2 Frankfurter Allgemeine Zeitung, 20. Mai 1961.

Es fällt uns allen nicht schwer, ein vorläufiges Urteil zu revidieren. Wo wir zu erklären gelernt haben, ist das eine Verbesserung der Aussicht auf Heilung. Der Wissensfortschritt hat im allgemeinen keinen Konflikt ausgelöst, in dem wir Realität durch Phantasievorstellungen ersetzen würden. Wir sind froh, der Cholera Herr zu werden. Hinsichtlich der mit »Meinung« und Affekt vollgestopften echten Vorurteile – wie etwa rassischer Vorurteile – befinden wir uns in einer ganz anderen und immer noch recht hilflosen Situation. Hier wird ein Konflikt zwischen uns und verzerrt eingeschätzten anderen sichtbar; und wir brauchen offenbar leider diesen Konflikt und die Realitätstäuschung. Wir scheinen, soweit wir zum Beispiel Antisemiten sind, gar nicht froh darüber zu sein, wenn uns jemand auf Irrtümer unsererseits aufmerksam macht. Was der Vorurteilsbefangene erlebt, wenn man ihn in seiner Meinungssicherheit erschüttert, ist Unlust, Verstimmung; dem weicht er aus.

So versteht man dann auch, daß uns die Betrachtung von Vorurteilen im Laufe der Geschichte lehrt, sie gehörten zum Haltbarsten, was man in ihr vorfindet. Unter Umständen sind sie viel haltbarer als staatliche Gebilde. Diese können einander ablösen, die Vorurteile der in ihnen Lebenden brauchen sich deshalb keineswegs viel zu ändern. Stereotype Vorurteile von Nationen, Rassen oder Religionen übereinander erhalten sich besonders dann hartnäckig, wenn mit ihnen Schuldgefühle verdeckt werden müssen. Daß Neger »andere« Menschen sind (nämlich nicht so intelligent und zuverlässig, dafür um so chaotisch triebhafter als wir selbst), wird um so glaubhafter, je mehr unser Verhalten (Gettoisierung, Ausübung von unbeschränkten Herrenrechten, Vorenthaltung gleicher Bildungschancen etc.) über den tatsächlichen Phänotypus hinaus die soziale »Verschiedenheit« herbeigeführt hat.

Erinnern wir uns ferner an das Vorurteil, es gebe angeborene soziale Privilegien, die als »Gottesgnadentum« Jahrhunderte hindurch eine unbefragbare Autorität ausstrahlten. Dazu gehört als ein Kontrastbild das des Unterprivilegierten, des Leibeigenen etwa, der sich selber durch viele Generationen in seiner Stellung in der Gesellschaft gar nicht in Frage stellte. Solange es ihn gab, stand er so unter dem Diktat des Vorurteils hierarchischer »gottgegebener« Ordnung, daß er kein Bewußtsein dafür zu entwickeln

vermochte, dieses Ordnungsprinzip werde von Vorurteilen hergestellt. Die soziale Welt gilt dann beiden Seiten als vorgegeben
wie die natürliche. Eine existierende Machtverteilung in der Gesellschaft erscheint als eine Selbstverständlichkeit, als etwas, was
mit den höchsten, weltschöpfenden Mächten in Übereinstimmung,
in Harmonie steht.

Es bedarf einer Distanz zu den eigenen Affekten, die uns den
Inhalt eines Vorurteils so nahelegen, so wichtig machen. Ein Zurücktreten, ein Durchdenken der Lage ist nötig, um zu erkennen,
was durch die Empfehlung eines Vorurteils an Wirklichkeit verdeckt wird. Teilen wir es mit anderen, so muß geklärt werden,
welche Bedingungen einer Gesellschaft diesen Rückzug aus der
Wirklichkeit fördern.

Vorurteile dienen der Abwehr unangenehmer Einsicht. Mehr
oder weniger weitgehend unterliegen wir alle dieser Versuchung.
Ihr Zustandekommen ist das Interessante, und wir können, wie
bei der Cholera, die wirksamen Bedingungen heute etwas weiter
erkennen.

Die Unzugänglichkeit gegen Einsicht, welche das Vorurteil
kennzeichnet und oft eine absolute Schranke der Verständigung
darstellt – Mommsen spielt auf sie an –, ist vielen Denkern in der
neueren Zeit aufgefallen. Zu erinnern ist an Le Bons *Psychologie
der Politik*, ein fast vergessenes Buch. In ihm unterscheidet
Le Bon zwischen Instinkt-Logik und Verstandes-Logik, und er
sagt (in Übereinstimmung mit Mommsen): »Den Versuch zu
unternehmen, aus Verstandes-Logik zu erklären, was aus Instinkt-
Logik entstanden ist, heißt, nichts aus der Geschichte lernen.«
Und doch kann es Le Bon (wie alle anderen Autoren, die auf die
Vernunft setzen) nicht aufgeben, der Instinkt-Logik mit Hilfe
der Verstandes-Logik auf die Spur zu kommen. Denn dies ist der
einzige Weg, auf dem wir überhaupt Vorurteile als solche entdecken.

Der nächste Schritt wäre dann, zu verstehen, *wieso* sie sich
bilden konnten. Hier muß das Thema eingeschränkt werden. Das
ganze Gewicht sozialer Einflüsse, welche die belastende Realität
bilden und aus der Vorurteile einen erleichternden Ausweg zu
bieten scheinen, kann hier nicht behandelt werden. Vielmehr beschränkt sich dieser Versuch auf die Untersuchung der *psycholo-*

139

gischen, der *intrapsychischen* Prozesse bei der Entstehung und Aufrechterhaltung von Vorurteilen.

Von den sozialen Faktoren sei lediglich ein einziger herausgegriffen; nämlich, daß die Ausbeutung von Menschen vornehmlich mit Hilfe von Vorurteilen bewerkstelligt wird. Das beginnt in der klassischen Situation sozialer Ungleichheit, der Erziehung. In ihr werden zur Formung des jungen Menschen nach dem Vorbild sozialer Rollenmuster einzelne auf verschiedenste Weise miteinander verknüpfte Vorurteile übermittelt. Mit ihrer Übernahme vollzieht sich ein wichtiger Anpassungsschritt des Neulings, aber zugleich wird damit ein bestehendes Herrschaftsverhältnis stabilisiert. »Ausbeutung« – das Wort ist absichtlich zur Kennzeichnung des Geschehens gewählt – meint eine Machtherrschaft des Stärkeren über den Schwächeren, in welcher der Stärkere dem Schwächeren nicht erlauben will, den Herrschaftsanspruch in Frage zu stellen. Eine Vorstellung wie die vom Gottesgnadentum oder von der Auserwähltheit bei Juden und Calvinisten muß gleichsam durch sich selber wirken wie eine unserer Erkenntnis apriorisch gegebene Erfahrung. So und gar nicht anders denkbar muß die Welt durch Vorurteile werden.

Damit haben wir eine wichtige Qualität des Vorurteils hervorgehoben. Es drängt sich uns mit Selbstverständlichkeit auf und schläfert oder schüchtert unser kritisches Ich ein. Wir errichten mit der Annahme und Übernahme von Einstellungen, die von Vorurteilen bestimmt sind, ein rigides System in uns selbst, meist ohne es zu wissen. Dabei ist weniger an die kleinen, privaten Vorurteile gedacht, die fließend in Wahninhalte übergehen können, als an gesellschafts- oder gruppentypische, die unseren Charakter auf Strecken, manchmal auf große Strecken ausmachen können. Wir erliegen hier einem »Reflexionsblock«, einer Reflexionslähmung, können vorurteilsbesetzten Komplexen der Realität gegenüber plötzlich nicht mehr nachdenken, reflektieren, uns abwägend verhalten, sondern es erscheint uns ein Stück Welt mit Evidenzcharakter, als so und nicht anders, als so selbstverständlich, daß es sich gar nicht lohnt, eine Frage darauf zu verschwenden. Zweifel kommen uns nicht in den Sinn.

Wie an die Gesellschaft, in der das Individuum lebt, so können wir auch an unsere seelischen Instanzen die Frage richten, ob sie ein offenes oder ein geschlossenes System bilden. Wie sind die Machtverhältnisse draußen? Wie weit kann man nach eigenen Kräften innerhalb der Gesellschaft seinen Platz finden, oder wieweit wird dieser Ort von Standes- oder Klassen- oder Kastengesetzen hergestellt, die ein System von Vorurteilen darstellen? Die dauerhaftesten dieser Statussysteme konnten sich gar nicht anders als unter Berufung auf die Gottwohlgefälligkeit ihrer Privilegien verteidigen oder mit dem Hinweis, daß alle »anständigen« Menschen eben so und nicht anders handeln. Das ist zwar eine logisch genügsame Beweisführung, aber der Konformismus bekommt in ihr gleichsam metaphysischen Adel. Genauso verhält es sich intrapsychisch: Wieweit handelt es sich bei einer Vorurteilsorientierung um die Befangenheit in einem »geschlossenen« System fest vorgegebener Reaktionen auf stabil gewordene Wahrnehmungstäuschungen? Denn als solche kann man Vorurteile beschreiben. Die Täuschung kann nicht revidiert werden, weil durch den verinnerlichten »Terror« des Kollektivs (so und nicht anders sollst du denken, handeln) die kritischen Urteilsfähigkeiten unseres Ichs ausgeschaltet werden. Verliert unser Ich aber die entscheidende Voraussetzung jeder konstruktiven Unbotmäßigkeit, die Fähigkeit zum selbständigen Denken über die Objekte, die es vorfindet, dann fällt es in Hörigkeit – in Vorurteilshörigkeit.

Aber es bleibt nicht dabei, daß unser Ich dieser intrapsychischen Diktatur unterliegt – einer Diktatur, die eigene innerseelische Bedürfnisse errichtet haben –, es macht den Diktator auch noch zu seinem Ideal und identifiziert sich mit ihm, wie dies Sigmund Freud zuerst in *Massenpsychologie und Ich-Analyse* [1] beschrieben hat. Immer dann erhalten Vorurteile eine besondere Durchschlagskraft und lähmen gleichsam das Ich wie das Pfeilgift Kurare die Muskulatur, wenn sie als Folge der Identifikation mit einem zur Macht gelangten Volksführer übernommen werden. Indem ich nach seinem Willen (und damit vorurteilshaft) handle, werde ich besonders wertvoll, weil ich wie der Führer werde. Diese mit Glücksgefühl vollzogene Selbstbeschränkung auf die Rolle des

[1] S. Freud, Ges. Werke XIII. (Vgl. auch Anna Freud *Das Ich und die Abwehrmechanismen*. München 1964; sie behandelt in der »Identifizierung mit dem Angreifer« einen einschlägigen Vorgang).

gehorsamen Kindes war während der Herrschaft Hitlers überaus deutlich zu beobachten. Hinter solchen Glücksgefühlen steht freilich die Angst vor dem gefürchteten Übermächtigen des Gott-Vater-Führer-Objekts. Auch diese Angst zwingt uns in den rettenden Konformismus im Vorurteil.

In seinem schon mehrfach zitierten Aufsatz aus dem Ersten Weltkrieg *Zeitgemäßes über Krieg und Tod* schreibt Sigmund Freud: »Menschenkenner und Philosophen haben uns längst belehrt, daß wir Unrecht daran tun, unsere Intelligenz als selbständige Macht zu schätzen und ihre Abhängigkeit vom Gefühlsleben zu übersehen. Unser Intellekt könne nur verläßlich arbeiten, wenn er den Einwirkungen starker Gefühlsregungen entrückt sei; im gegenteiligen Fall benehme er sich einfach wie ein Instrument zu Handen eines Willens und liefere das Resultat, das ihm von diesem aufgetragen sei. Logische Argumente seien also ohnmächtig gegen affektive Interessen, und darum sei das Streiten mit Gründen, die nach Falstaffs Wort so gemein sind wie die Brombeeren, in der Welt der Interessen so unfruchtbar.« [1] Hier ist zusammengefaßt, was wir zu explizieren versuchten. Unser logisches Denken – deshalb reden wir von Urteil – ist keineswegs ein sicher und zuverlässig arbeitendes, leistungsfähiges Organ, sobald intellektuelles Urteilen mit Affekten in Konflikt gerät. Vergegenwärtigen wir uns einen Augenblick, daß Affekte in unserem Erleben die Repräsentanten von Triebwünschen sind. Wenn wir uns zum Beispiel in einem aggressiven Affekt befinden, ein bestimmter Triebwunsch vorliegt – etwa auf Angriff, Vernichtung oder Selbsterhaltung oder was immer sonst –, dann übersehen wir oft die hohe Gefahr, in die wir geraten. Um zur entspannenden Befriedigung zu kommen, schreibt unser Triebbedürfnis unserem Intellekt vor, welche Urteile er zu fällen hat. Man nennt diese Willigkeit des Intellektes vor dem (unbewußten) Triebwunsch in der Sprache der Psychoanalyse »Rationalisierung«. Der Intellekt wird, wie Freud sagt, Instrument »zu Handen eines Willens«, das heißt der Triebwünsche, und liefert jenes Resultat, welches den Triebwünschen Befriedigung verspricht. Es werden also gleichsam bewußtseinsoffizielle Formulierungen gefunden,

1 S. Freud *Zeitgemäßes über Krieg und Tod*. Ges. Werke X, 339.

die eine Scheinbegründung schaffen. Hinter der Scheinbegründung, die gar nicht das wirksamste Motiv trifft, sondern es verbirgt, beeinflußt dieses eigentliche Motiv unsere Handlungen. Diese Rationalisierungen sind Vorurteilen sehr ähnlich. Beide, Rationalisierung und ihre quasi geronnene Form, das Vorurteil, ergänzen sich in der Bewirkung von Verleugnung unliebsamer äußerer Realität und der Herbeiführung einer Triebbefriedigung.

Vorurteile haben also mit unbewußten seelischen Vorgängen einen sehr viel innigeren Zusammenhang als mit bewußten. Angenommen, wir begegnen einem Bekannten, der uns mitteilt, Herr X. sei ein abgefeimter Charakter. Zwar tue er einem schön, in Wirklichkeit – darüber habe er, unser Bekannter, sichere Nachrichten – sei Herr X. intrigant und rücksichtslos. Bei alledem kann es sich um Tatsachen – und es kann sich um einen Wahn handeln. Das kann man dem Bericht vorläufig noch nicht ansehen. Nehmen wir weiter an, wir hätten die Möglichkeit, uns zu informieren, und müßten feststellen, daß unser Bekannter Kleinigkeiten außerhalb jeder Proportion aufbauscht. Bei unserer nächsten Begegnung machen wir ihn sanft darauf aufmerksam, daß er wohl doch übertrieben habe. Vielleicht zähneknirschend, weil er unter innerem Druck steht und ein Opfer haben muß, wird er sich die Einsicht abringen lassen, daß er übertrieben habe. Anders, wenn unser Gesprächspartner zunächst zwar unauffällig wirkt, aber doch einem Verfolgungswahn erlegen ist, der bei Gelegenheit unseres ersten Gesprächs in seiner Interpretation zutage kam. Dann werden wir bemerken, daß er, während er unsere Mahnung zur Mäßigung anhört, still wird; auf eine affektlose Weise scheint er uns mit einigen Worten recht zu geben. Kaum haben wir uns verabschiedet, wird er sich jedoch dem Gefühl überlassen, nicht nur Herr X., sondern wir selber verfolgten ihn. Er wird also, einem inneren Zwange folgend, statt sein Urteil zu revidieren, uns in sein wahnhaft gesteigertes Vorurteil einbeziehen. Dieser innere, unbewußt gesteuerte Zwang ist charakteristisch für Vorurteil und Wahn und verbindet sie qualitativ. Vom vorläufigen, leicht korrigierbaren Urteil zum wahnhaft fixierten Vorurteil besteht ein Kontinuum zunehmender Schwächung kritischer Ich-Leistungen. Die Überzeugung wächst und wird »felsenfest«. Entsprechend muß die unbewußte Motivation zunehmen. Einer schmerzhaften, erniedrigen-

143

den Realität soll um jeden Preis ausgewichen werden. Vor ihr schützen die Vorurteile. Indem sie einen inneren Triebkonflikt oder den Konflikt zwischen einem triebbestimmten Wunsch und dem Über-Ich externalisieren, zu einem äußeren Leiden werden lassen, erleichtern Vorurteile auf trügerische Weise die Erledigung des Konfliktes. Sie sind an jene seelischen Abwehrmechanismen gebunden, die wir aus den Psychoneurosen und schließlich auch den Wahnbildungen kennen. Die Einflußmöglichkeit des Ichs schrumpft, je fixierter ein Vorurteil ist. Damit ist aber ein psychopathologischer Tatbestand, ein Symptom seelischer Krankheit beschrieben.

Was nun die Ausbreitung solcher schwer erschütterbarer Vorurteile betrifft, so beruht ihr Übertragungsmodus vor allem im politischen Bereich darauf, daß *Kerne* wahnhafter Reaktionsmöglichkeit, wie sie sich in uns allen bilden können, lange Zeit ein mehr oder weniger abgeschlossenes Dasein in unserer Seele zu führen vermögen. Im Zuge einer erregenden politischen Entwicklung können sie mächtig angefacht, genährt und kultiviert werden. Solch umschriebene Wahnbildungen erfahren dann eine echt epidemische Ausbreitung, um nach einer bestimmten Zeit – wenn viel Grausames, das den Wahn zu befriedigen hatte, geschehen ist – in eine Art Schlafzustand zurückzufallen. Die Triebenergie, welche das Vorurteil besetzt hielt, wird von ihm abgezogen. Es charakterisiert aber das Genie des Demagogen, daß es ihm gelingt, die Besetzung neuerlich zu intensivieren – im Dienste seiner eigenen Triebwünsche. Wie Epidemien können Vorurteile, welche das Bewußtsein ganzer Völker beherrschen, erlöschen und sich bis auf einen endemischen Rest zurückbilden, auf jenes Mißtrauen zum Beispiel, das viele enttäuschte und in neurotischer Fehleinschätzung der Realität befangene Menschen ständig begleitet. Wir alle hegen und pflegen irgendwelche Vorurteile, etwa gegen unsere Nachbarn, die wir wegen irgend etwas unbewußt beneiden. Es wimmelt von zahllosen kleinen, keineswegs ungiftigen Vorurteilen, die uns ein Stück weit paranoisches, wahnhaftes Projizieren erlauben und zum Seelenhaushalt des Menschen zu gehören scheinen – man denke nur an den Klatsch. Wo Menschen leben, wird geklatscht, das ist ein unumgängliches Bedürfnis. Mit diesen kleingemünzten Vorurteilen, für die man um Anhängerschaft wirbt (das ist

Klatsch), kann man zwar quälen, aber sie wirken noch nicht als Treibstoff einer gewaltigen, für eine Zeitspanne unhemmbaren politisch-destruktiven Macht, nicht als Energiequelle historischer Katastrophen.

Es wäre nicht der Mühe wert, auf die Vorurteilsbereitschaft, der keiner entgeht, die das soziale Leben sehr erschwert und die zu ertragen wir uns arrangieren müssen, viel Gedanken zu verschwenden, wenn nicht eben doch relativ Harmloses plötzlich den Charakter von hochexplosiven, hochgefährlichen und unbezähmbar aggressiven Verhaltensweisen bekommen könnte.

Wie vollzieht sich das? Wie entstehen eigentlich solche hochbesetzten wahnhaften Provinzen in uns allen? Dieses »in uns allen« ist keine Redensart. Wer nicht bereit ist, sich in die Reflexion über Vorurteilsbereitschaft mit einzubeziehen, wer nicht bei sich selbst auf Vorurteile wie auf eine lästige Fessel gestoßen ist, wird wenig Gewinn aus Überlegungen wie diesen ziehen können.

Wenn wir aus der Verbreitung von Vorurteilen den Schluß ziehen, sie seien das Produkt einer konstitutionellen Eigenart der menschlichen Psyche, so bringt das nicht weiter. Zweifellos besteht diese psychische Reaktionsmöglichkeit, auf belastende Erfahrungen mit der Bildung von Vorurteilen zu reagieren. Aber es muß irgendwann dieser Konflikt zwischen Triebverlangen und Versagungen oder Verurteilungen durch die soziale Umwelt für jeden einzelnen beschworen worden sein, damit die bestehende Fähigkeit, sich mit Hilfe von Vorurteilen entlasten zu können, aktualisiert wird. Die Anwendung von Vorurteilen – wir wiederholen diese dynamische Definition – bringt Erleichterung vor schmerzhafter Realität; ein entscheidender Teil dieser Realität sind Triebwünsche, gegen die soziale Gebote errichtet sind. Der Preis dieser Entlastung ist hoch. Die Realität wird (etwa durch Projektion der eigenen, mit dem Ich-Ideal unvereinbaren Eigenschaften auf andere) entstellt, und es kostet von jetzt an keinen geringen Aufwand, diese Entstellung aufrechtzuerhalten. Nach all unseren Lebenserfahrungen können wir gut den Grad des inneren Zerwürfnisses ermessen, der den Historiker Heinrich von Treitschke zu der schon behandelten [1] Anklage führte: »... ertönt

1 Vgl. S. 69.

es heute wie aus einem Munde: die Juden sind unser Unglück!«[1] Schließlich wurde diese unsinnige Behauptung zu einem die Nation erfassenden Bekenntnis. Hier mußte ein seelisches Entgegenkommen in der Breite der Population geschaffen worden sein. Im Bewußtsein wurde das Deutschlands »Erwachen« genannt; in Wahrheit war dieses »Erwachen« eine Einschläferung, nämlich die kollektive Sicherung des Projektionsvorganges abgelehnter eigener Eigenschaften auf eine Gruppe, die Juden, die durch Vorurteil entstellt wahrgenommen wurden. Die Realitätsverfälschung, die im Vorurteil vollzogen wird, ist beispielhaft an dieser Parole »Deutschland erwache!« abzulesen. Die Entstellung der Wirklichkeit wurde dadurch gesichert, daß die Einstimmung ins Vorurteil das Individuum zur Einsicht zu bringen schien; es fiel ihm wie Schuppen von den Augen. Was es bisher nicht gesehen hatte, gab es freilich auch gar nicht, sondern war das Produkt kollektiver Selbsttäuschung.

»Unsere Kultur übt einen fast unerträglichen Druck auf uns aus, sie verlangt nach einem Korrektiv.«[2] Freud schwebte eine Erweiterung unserer Einsicht in die angsterweckenden Vorgänge unserer Gesellschaft vor. Das wäre die progressive Lösung. Vorurteilsbildung ist das Gegenteil: die Entlastung durch Realitätsverleugnung, durch Zurechtbiegen der Wirklichkeit nach den eigenen Wünschen. Aber es bleibt zuzugeben, mit Vorurteilen wird ein Korrektiv des »unerträglichen Druckes« der Kultur zur konformen Repression angeboten und aufgegriffen. Je schärfer der Zwang zur Anpassung an soziale Normen und Werturteile, desto mehr wird das Ich des Individuums mit Kontrollfunktionen über die Triebwünsche belastet, die ihm in sich selbst begegnen; desto eher wird es geneigt sein, von Realitätsverleugnung, von Verdrängung und Projektion (als den für die kollektive Anpassung effektvollsten Abwehrmechanismen) Gebrauch zu machen.

Es gibt nicht nur kein einziges, es gibt auch kein bestes System menschlicher Erziehung. Vielmehr laufen zahlreiche Methoden menschlicher Aufzucht nebeneinanderher. Auf alle wird Hoffnung

[1] Walter Boehlich *Der Berliner Antisemitismusstreit.* Frankfurt (Sammlung Insel) 1965.
[2] S. Freud, Ges. Werke XIV, 285.

gesetzt, viele und vieles wird aufgegeben, Änderungen werden erzwungen. Aber immer soll ein »normaler«, das heißt an die spezifische Gruppe angepaßter Mensch das »Erziehungsprodukt« sein. Das wechselvolle Schicksal menschlicher Gesellschaften verweist darauf, daß der Mensch – was wir uns viel zuwenig bewußt halten – nicht nur die »Krone der Schöpfung«, sondern ein in bezug auf seine soziale Lebensform ungeheuer anfälliges Wesen ist. Es ist keineswegs entschieden, ob er nicht eine der folgenschwersten Fehlwege der Evolution darstellt, durch den das Prinzip des Lebendigen seiner Aufhebung entgegenstrebt. Dies zu vollbringen ist dem Menschen jedenfalls möglich geworden. Er ist relativ bar von erbgenetisch festgelegten Verhaltensmustern, die sein soziales Leben organisieren. Tiere sind zu vielerlei Leistungen befähigt. Sie können auch vielerlei lernen, aber sie können nur in eng vorgezeichneten Grenzen für ihr soziales Verhalten lernen. Ihre sozialen Verhaltensweisen sind erbgenetisch festgelegt, und jedes Mitglied einer Spezies muß diesen Gesetzen so folgen, wie sein Blutkreislauf bestimmten physikalischen und physiologischen Gesetzen folgen muß. Es ist ihm zum Beispiel beim Werbungsverhalten und bei der Paarung keinerlei Freiheit gelassen. Sie sind völlig ritualisiert; wie dies überhaupt für das tierische Sozialleben gilt, und damit sind die Konflikterfahrungen in der Eigengruppe wie im Verhalten dem Feind oder der Beute gegenüber bei der einzelnen Spezies genau reguliert. Nur in sehr wenigen Tierarten steht es dem Individuum offen, gegen Artgenossen hemmungslos aggressiv zu werden; es gibt vielmehr Demutsgebärden, Unterwürfigkeitshaltungen, Fluchtreaktionen, die es verhindern, daß eine Art sich gegenseitig ausrottet [1].

Das ist beim Menschen nicht der Fall. Er hat keine eingeborene Tötungshemmung absolut sicherer, sondern nur eine solche moralisch erworbener Art. Mehr oder weniger dem bewußten kritischen Ich unzugängliche Vorurteilskonstruktionen, Systeme von Projektionen, die in Vorurteilen münden, lassen dann in Augenblicken hoher kollektiver Erregung die Wirklichkeit zwingend so erscheinen, daß die Tötungshemmung friedlicher Zeit außer

[1] Vgl. etwa Konrad Lorenz *Das sogenannte Böse. Zur Naturgeschichte der Aggression.* Wien (Borotha Schoeler) 1963.

Kraft gesetzt wird. Plötzlich wird es eine »Notwendigkeit«, zu töten (um nicht getötet zu werden, wie Angst und Logik sagen).

Hier streifen wir eine wichtige Voraussetzung für diese Enthemmung. Es ist ein Faktum, daß keine menschliche Gesellschaft (wegen des Mangels an erbgenetisch gesichertem Verhalten) ohne Unterdrückung bestimmter Triebregungen ihrer Einzelindividuen auskommen kann. Sie muß versuchen, etwas den erbgenetisch gesicherten Verhaltensweisen der Tiere Ähnliches zu schaffen. Alle Gesellschaften versuchen deshalb durch Erziehung, bestimmte Verhaltensformen zu »ritualisieren«. Die Erziehung besteht zu einem großen Teil darin, solche Rituale einzuprägen, zu konditionieren, wie sich das Individuum in der Gesellschaft unter Triebansprüchen und in Konfliktsituationen unter seinesgleichen bewegen soll. Diese Ritualien sind also gruppenspezifisch (klassenspezifisch), müssen gelernt, und zwar mit Schmerzen gelernt werden, da sie immer ein bestimmtes Maß an Triebunterdrückung verlangen. Daraus folgt: Es ist immer ein Teil nicht sozialisierter, nicht im täglichen Verhalten bereits festgelegter, automatisierter Triebhaftigkeit des Menschen vorhanden, sie stellt einen Triebüberschuß dar, der nicht im System der Wertnormen einer Gesellschaft verbraucht wird; er bleibt im Präsozialen (im Zustand des unbewußten »Primärvorganges«, der auf die direkte, unvermittelte Triebbefriedigung drängt[1]). Mit anderen Worten: Dieser Triebüberschuß entsteht dadurch, daß wir sehr viele Antriebe, die wir in uns erleben – Triebbedürfnisse, die wir haben –, nicht im Rahmen unserer Gesellschaft befriedigen, ja oft nicht einmal erleben, an uns wahrnehmen dürfen, weil wir auf andere Rücksicht nehmen müssen. In dieser Rücksicht ist aber auch der Zwang enthalten, sich den skurrilsten und absurdesten, extrem triebverneinenden, perversen Formen menschlichen Zusammenlebens anpassen zu müssen. Kollektiv geübte Ritualien verhindern zuweilen fast jeden Rest biologisch vorgezeichneter natürlicher Triebbefriedigung; der Rest präsozial bleibenden Triebüberschusses wächst dann gefährlich. So beobachten wir in Zeiten, in denen eine Gruppe hohen asketischen Idealen anhängt, ein gleichzeitiges Ansteigen heftiger aggressiver Neigungen, welche dann auf äußere

[1] S. Freud, Ges. Werke II/III, 607.

oder innere Feinde (»Konterrevolutionäre«) projiziert erlebt werden. Die eigene Aggressivität wird dann, nachdem einmal der Feind durch Vorurteile zu einer Gefahr aufgeladen ist, als legale Notwehr erlebt und ausgelebt. Besonders tragisch wird die »Verwirrung der Gefühle«, wenn auf beiden Seiten der aggressive Triebüberschuß hoch ist und die Projektionen wechselseitig die Vorurteile stützen.

Langsam wird die Welt eintöniger. Als es noch geschlossene Groß-Gruppen und kleinere Gesellschaften gab, konnte man beobachten, daß vielleicht schon von Dorf zu Dorf, sicher aber jenseits der Provinz- und Landesgrenze, von einer großen Weltgegend zu der anderen die Menschen tief unterschiedliche Verhaltensnormen als ihre »Natur« entwickelt hatten. Das Spezifische, das für die Gruppe Gültige, galt als das einzig Gültige. Zum Beispiel: Das Wort »Zulu« bedeutet Mensch – alle »Nicht-Zulus« sind keine Menschen[1]. Das Sichabheben der einzelnen Gruppen voneinander gehört offenbar zu den Ritualisierungen, die diese Gruppen in einer Gesellschaft zusammenhalten. Als sei es natürlich, im erbgenetisch gesicherten Verhalten festgelegt, wird dann dem Nicht-Zulu gegenüber das Feindverhalten mobilisiert und nicht das Freundverhalten. Das ist ein Teufelskreis, der durch die Jahrhunderte der menschlichen Geschichte bis heute fortbesteht.

Für die Stabilisierung der gesellschaftlichen Verhältnisse haben diese Vorgänge die größte Bedeutung. Je repressiver, je triebunterdrückender, je stärker ritualisierend eine Gesellschaft ist, je kastenhafter ihre Organisation, desto mehr wird ihre Struktur durch unbefragbare strikte Autorität bestimmt, einen desto größeren Triebüberschuß hat sie. Ein gut Teil der Triebenergie wird daran gehindert, mit lustvollen Erfahrungen verknüpft in sozialen Kommunikationen aufzugehen und dort produktiv zu werden. Die Individuen werden in den kollektiv gültigen Verhaltensnormen angewiesen, in sich selber Abwehrvorgänge gegen diese Triebhaftigkeit zu erwecken und diese Reaktionsweise zu ritualisieren. Sie leben also unter einem hohen Binnendruck. Dann bedarf es quasi eines genialen Einfalles, damit eine Manipulation gelingt,

1 Vgl. A. Mitscherlich *Auf dem Weg zur vaterlosen Gesellschaft.* München (Piper) 1963, ²1967, S. 21.

durch welche der hohe Binnendruck nach außen abgelenkt wird – der Einfall besteht darin, daß die Gesellschaft sich Haßobjekte erfindet, die außerhalb der jeweiligen Klein- oder Großgruppe existieren und denen gegenüber man asoziale oder, vielleicht genauer, präsoziale Triebverhaltensformen, also schieren Egoismus aggressiver, sexueller oder sonstiger Art ausleben darf, ohne mit den Gewissensinstanzen in Konflikt zu kommen. Diesen Vorgang nennt man Projektion. Er kommt dadurch zustande, daß das »Böse« auf den Sündenbock geladen und erst in ihm erfahrbar wird.

Die schwersten Folgen dieser Konditionierung zur Projektion sind die Neigung, den präsozialen aggressiven Triebüberschuß nicht zum Zuge kommen zu lassen und auf ein Objekt außerhalb der Gruppe zu lenken, zum anderen die Bereitschaft, dieses Objekt in seinem Wert so tief zu erniedrigen, daß kein Gewissenskonflikt mehr bei seiner Mißhandlung, Ausbeutung oder Tötung entsteht. Man denke hier etwa an den mittelalterlichen Stil der Verfolgung von Häretikern, an die große Zahl der Hexenverbrennungen, an die Vorstellungen der Kolonialherren von den »Eingeborenen«, die sie sich unterwarfen, oder an die Vorstellungen eines Fabrikherrn von »den« Arbeitern zur Zeit der Bismarckschen Sozialistengesetze oder an das stereotype Bild, das man sich in der bürgerlichen Familie vom »Dienstmädchen« machte, und vieles Zeitgenössische mehr.

Alle »Zulus« haben ihren eigenen Gruppenmitgliedern gegenüber natürlich einen relativ hohen Grad von Tötungshemmung. In der eigenen Gruppe ist es ein im höchsten Maße mit dem Gewissen in Konflikt bringender Vorgang, wenn wir einen unserer eigenen Mitbürger, einen Angehörigen unserer eigenen Gesellschaft, bestehlen, vergewaltigen oder gar töten. Wird aber das Haßobjekt im Klischee zur moralischen Wertlosigkeit herabgesetzt, erhält es die Attribute des Gemeinen, Unmenschlichen, des Menschenunähnlichen, dann wird es für jene, die unter solchem Einfluß ihrer Gesellschaft aufwachsen, sehr erleichtert, den vorgezeichneten Projektionsvorgang mitzuvollziehen.

Das Verhältnis zur Prostitution in der christlichen Kultur ist eines der Beispiele für dauerhafte Erniedrigung durch Projektion, wobei zwangsläufig im betroffenen Teil (wie bei allen Minoritäten, die mit ihnen feindselig gesonnenen Mehrheiten zusammenleben müssen) die Anpassung an die Phantasien des Angreifers nicht ausbleiben kann. Dieser Angleichungsvorgang ist sehr kompliziert. Die objektiven Bedingungen, welche die herrschende Klasse dem Unterdrückten vorschreibt, zwingen ihm die Verwahrlosung auf, für die er dann angeklagt wird. Die solcherart Deklassierten entgehen aber auch nicht der Sehnsucht nach Befreiung: Eine täuschende Illusion, der sie dabei verfallen, besteht darin, daß auch sie das Ideal des Unterdrückers für sich selbst anerkennen. Das zwingt sie dazu, sich in Selbstkritik genauso zu verurteilen, wie es ihre Beherrscher tun.

Die heroische Spielart der Ablenkung der aggressiven Triebbedürfnisse auf Angehörige von Fremdgruppen sieht keine hemmungslose Herabsetzung des Gegners vor; vielmehr wird der Kampf als solcher zu einem libidinös besetzten Ritual, das einzuhalten Ehre für beide Partner bedeutet. Wir haben in der Geschichte der nordamerikanischen Indianer vor dem Eindringen der Europäer ein Beispiel, wie diese Ritualisierung eines Kampfes aller gegen alle fast die ganze kulturelle Produktivität absorbierte.

Ein zentraler psychodynamischer Vorgang bei der Entstehung und Fixierung von Vorurteilen besteht darin, daß mit Hilfe der Fremderniedrigung eine Selbstidealisierung vorgenommen wird. Je größer die Distanz von Unterdrückern und Unterdrückten auf diese Weise wird, desto weniger fällt der Einspruch des Gewissens ins Gewicht, wenn das Haßobjekt ohne Rücksicht auf den Respekt behandelt wird, der nach den Spielregeln dem Mitglied der eigenen Gruppe zu zollen ist.

Wie es in der Tierwelt für bestimmte arteigentümliche, angeborene Verhaltensweisen neben der inneren Triebspannung eines »Auslösers« in der Außenwelt, der Merkmale der »Beute«, des »Rivalen« etc. bedarf, um das jeweilige Verhalten anzustoßen, so wird etwa für das menschliche Individuum ein von einem Vorurteilssystem ergriffenes Objekt in der Außenwelt zum Auslöser gewissenloser, im Dienst bestehender Herrschaftsverhältnisse konditionierter Verhaltensweisen. Durch solche kollektiven Vorurteile wird oft ein hoher Grad von Gruppenkonformität erreicht.

Das zweite Politikum solcher Vorurteile besteht darin, daß mit den Wölfen zu heulen Sicherheit in der eigenen Gesellschaft gewährt. Teilen wir den Wahn der anderen nicht, dann werden wir selbst zu Fremden, und es besteht die Gefahr, zu Haßobjekten zu werden. Die Projektionen der anderen können auch uns verfremden. Die Witterung dieser Gefahr trägt dann wieder zur gruppeninternen Versteifung der Vorurteilshaltung bei. Der Entdecker dieser unbewußt bleibenden psychischen Vorgänge, Sigmund Freud, hatte solche Entstellung durch die Zeitgenossen kennengelernt.

Vergegenwärtigen wir uns noch einmal die Dynamik des Anpassungsvorgangs, den jedes Individuum an die Normen seiner Gesellschaft zu leisten hat. Stets behält es einen mehr oder weniger drängenden präsozialen Triebüberschuß, der in den Kanälen der Gesellschaft und innerhalb des strukturellen Aufbaus der Person selber nicht zum Zuge kommen kann, dessen Repräsentanzen im Gegenteil verdrängt werden müssen. Die ungesättigten Triebvalenzen können sich nur als psychopathologische Phänomene den Weg zur Befriedigung erzwingen (zum Beispiel im krankhaften Zwang, die Haßgefühle zu projizieren oder gegen sich selbst zu richten). In diesem Sinn ist ein unkorrigierbares Vorurteil als pathologisches *Symptom* zu werten. Die Meinung, welche das Vorurteil vertritt, ist das Produkt unbewußt bleibender Realitätsentstellung, nicht der Bewältigung faktischer Konflikte. Das Verhalten unter Triebdruck gegen die von der Gruppe vorbestimmten »Opfer« wird nachträglich »rationalisiert«. In voller Stärke wird das den klassischen Sündenböcken gegenüber sichtbar. Es gibt aber auch verborgene Abfuhrwege des aggressiven Triebüberschusses. In vielen Familien sind es die Kinder geblieben, an denen sich die Eltern abreagieren.

Ein Beispiel: Ein Angestellter hat von seinem Chef einen erheblichen Tadel erhalten. Er kommt nach Hause und sieht, daß eine Kleinigkeit im Kinderzimmer nicht in Ordnung ist. Er ist reizbar und tadelt deswegen auf barsche Weise seine Kinder, vielleicht verprügelt er sie. Damit vollzieht er ein uraltes, ein in der menschlichen Psyche noch wenig abgeschwächtes Reflexgeschehen. Er gehorcht der Hackordnung, wie man diese Verhaltensfolge, abgeleitet von der Art, in der sich die Sozialordnung im Hühnerhof herstellt, genannt hat. Wenn ein Huhn von einem höherstehenden gehackt wird, rennt es ohne Aufschub zum nächstunterlegenen und hackt dieses. Nur das Omega, das auf der sozialen Leiter am niedrigsten Ort stehende Huhn, wird nur gehackt und hat keine Möglichkeiten, sein Selbstgefühl durch Hacken eines noch schwächeren Huhns wiederherzustellen. Das gleiche Verhalten in der menschlichen Gesellschaft ist mit dem analogen Begriff der »Radfahrer-Reaktion« gemeint. Viele Kinder befinden sich ihre ganze Jugendzeit über in dieser Situation, während der strafende Vater sein Verhalten vor sich selbst damit rechtfertigt (rationalisiert), daß er sich sagt, es sei für eine gute Erziehung unerläßlich, frühzeitig den Sinn für Ordnung drastisch einzupflanzen. Die seelische Mißhandlung der Kinder (Liebesentzug, moralische Verachtung etc.) stellt also eine die emotionelle Spannung herabsetzende und damit lustvolle Handlung dar. Im Affekt rasch ausgeteilte Prügel scheinen dagegen oft noch das kleinere Übel. Die dem Schwächeren zugefügten Herabsetzungen gelten eigentlich dem Stärkeren, dem sie nicht gegeben werden dürfen. Das ist der faktische Motivzusammenhang. Die rationalisierte Kausalität wechselt den Schauplatz entsprechend dem Machtgefälle. Aus dem unterlegenen Angestellten wird der machtüberlegene Vater seiner Kinder. Das Motiv der Handlung scheint aus dieser Beziehung zu stammen. Die Radfahrer-Reaktion ist um so leichter auslösbar, je größer der *permanente* ungesättigte Triebüberschuß aus den repressiven Prozessen der Kultur ist. Die kollektiven Sündenböcke sind dann das ungeschützteste Opfer der Radfahrer-Reaktion; die ihnen gezeigte Aggression ist durch demagogisch verstärkte Rationalisierungen am besten gesichert. In bedrückendem Wiederholungszwang vollzieht sich diese Dehumanisierung des Opfers und Selbstidealisierung der Verfolger immer und immer wieder – von der Diskriminierung in der Schulklasse bis zur Rassendiskriminierung.

Warum erzielen wir gegenüber dieser Elend verbreitenden Selbsttäuschung keinen Fortschritt? Die wichtigste Motivation ist vielleicht, daß sie nicht nur durch die faktischen Versagungen der Gesellschaft, sondern darüber hinaus durch unsere biologische Ausstattung gefördert wird. Wir sind in Kindheit und Jugend, also für lange Zeit hilfsbedürftig und auf Gedeih und Verderb auf andere angewiesen. Als physisch schwache Kinder und später als sozial Schwache geraten wir oft genug in die »Omegaposition« des absolut Ohnmächtigen. In unseren Allmachtsphantasien, die oft unser Ich-Ideal färben, sind wir zur Rache stark genug. Die früh erlittenen Demütigungen können die Erwartungshaltung eines Menschen lebenslang auf ein feindseliges Erlebnis des sozialen Feldes stimmen. Sobald wir uns zur Wehr setzen können, geht es uns deshalb nicht nur um die Sättigung unserer frustrierten Triebbedürfnisse, sondern auch um die Wiederherstellung unseres Selbstgefühles, unseres Selbstwertes. Adolf Portmann[1] hat den Menschen als »physiologische Frühgeburt« bezeichnet; er sollte eigentlich erst nach ungefähr 21 monatiger Schwangerschaft das Licht der Welt erblicken. Daß der zweite Teil unseres fötalen Wachstums extrauterin – im »sozialen Uterus« – erfolgt, macht das Ausmaß der sozialen Abhängigkeit klar. Hinzu kommt, daß es in der Eltern-Kind-Beziehung keine Ritualien festliegender Art gibt, die relativ konfliktfreies Verhalten möglich machen. Das bedeutet, daß wir im Verlauf unserer Entwicklung unvergeßbare Demütigungen erleiden. Auch diese Traumen werden mit strenggenommen psychopathologischen Hilfsmitteln bestanden, wir »vergessen« das meiste dieser Art aus unserer Kindheit und behalten dafür eine »Erinnerungslücke«.

Als Psychoanalytiker erwirbt man im Laufe der Zeit eine erhöhte Sensibilität für das Ausmaß der Schädigung durch Erziehung unter Einwirkung der Radfahrer-Reaktion. Der legendäre Kommißstiefel kann dann wie ein Tanzschuh sein, gemessen an dem, was Kindern von ihren Eltern ahnungslos – es ist keine Übertreibung –, völlig ahnungslos im Schutz kollektiver Erziehungsnormen angetan wird. Und eines Tages sind die solcherart Gedemütigten selbst Lehrer und Eltern. Dann spielt die »Hackordnung« vorwiegend als unbewußter Motivzusammenhang ihre Rolle weiter. Wir laufen nicht nur Gefahr, jene Ritualien der Gesellschaft, jene Wertordnungen, die uns selbst einst ein großes Ausmaß an Unlust bereitet, die uns viel Verzicht abgefordert haben, mit größter Wonne der nächsten Generation wieder aufzuerlegen – wir tun es auch und nehmen unbewußt Rache an unseren Eltern. Wir fügen unseren Kindern das zu, was eigentlich unseren Eltern zugedacht war und was zunächst durch die kindliche Ohnmacht und dann wegen der Normen der Gesellschaft nicht geschehen kann und darf. Denn

[1] Adolf Portmann *Zoologie und das neue Bild des Menschen*. Hamburg (Rowohlt, rde 20) 1956, 49 ff.

wir lernen: »Du sollst Vater und Mutter ehren« und nicht hassen. Aber viele Situationen wecken den Haß in uns, wohl beiderseitig. Das alles geschieht, obwohl wir im Bewußtsein die edle Absicht tragen: Meinen Kindern soll es einmal besser gehen als mir.

Wir können also sagen: Erst wenn es uns gelingt, einzusehen, daß das seelische Leben des Menschen ein Kontinuum fortwirkender Motivzusammenhänge bildet und daß dieses Kontinuum mit der Geburt beginnt, erst wenn es uns gelingt, gemäß dieser Einsicht zu handeln, haben wir die Möglichkeit, an jenen Voraussetzungen etwas zu mildern, die bis jetzt immer wieder zur Herstellung der Vorurteilsbereitschaft geführt haben, zur Entmachtung unserer kritischen Ich-Funktionen durch kollektiv gestützte Scheinlösungen von Konflikten, durch Vorurteile. Dieser kostspielige Triumph der Triebwünsche über die gerechte Einschätzung der Wirklichkeit, in der wir leben, wäre überdies oft vermeidbar, wenn eben unsere Erziehung auf Mündigkeit und nicht auf Autoritätsgehorsam angelegt wäre oder neuerdings auf illusionäre Autoritätsleugnung, was auf eine unbrauchbare, gekünstelte Kameradschaft zwischen den Generationen hinausläuft. Das verpflichtende Bindeglied zwischen ihnen könnte ungleich mehr, als es jetzt verwirklicht wird, Achtung vor der kritischen, der einfühlenden Überlegung sein. Mit dieser Forderung wird nichts Unerreichbares, kein utopisches Ziel verfolgt. Es bleibt vielmehr dabei, daß keine Gesellschaft denkbar ist, die nicht mit Verzichten (das heißt mit Triebrepressionen) arbeiten muß. Verzichte sind die notwendigen Reizmittel, bestimmte psychische Leistungen zu entwickeln, zu denen sich nur der Mensch bisher als fähig erwiesen hat. Er kann also nicht auf eine utopische paradiesische Sozialwelt spekulieren; seine Kindheit schon muß auch die Frustrationsreize für die Entwicklung seiner spezifischen psychischen Leistungen enthalten. Das ist die unersetzliche sozialisierende Funktion von Verzicht um der Liebe willen [1].

In der Kindheit muß also durch Einfühlung in den jungen Menschen der Anreiz gelegt werden, das infantile triebhafte Neugierverhalten nicht erlöschen zu lassen; es ist die Vorbedingung der vollen Entfaltung seiner Lernfähigkeit. Wir dürfen nicht erwar-

1 Vgl. S. 104 f., 327.

ten, daß wir dank besseren Verstehens unseren Kindern die altersentsprechenden Schmerzen und Anpassungskrisen ersparen können. Aber wir können ihnen vielleicht unsinnige Schwierigkeiten ersparen, indem wir unser eigenes Verhalten etwa auf archaische Reaktionsmuster wie die Radfahrer-Reaktion prüfen – mit selbstkritischem Ich.

Die menschliche Geschichte fängt also »ganz unten«, ganz früh an. Die Gesellschaft kann nicht mit Hilfe psychologischer Erkenntnisse in einen Paradieszustand versetzt werden, sondern umgekehrt, psychologische Erkenntnisse führen uns zu der Frage: Welche Unterdrückungen, welche Demütigungen sind vermeidbar, und welche Restriktionen muß ein Mensch andererseits um seiner sozialen Aufgaben willen ertragen lernen? Lernen im Umgang mit Bedürfnissen ist immer gleichbedeutend mit dem Verzicht auf unmittelbare Wunscherfüllungen zugunsten eines zielbedingten Aufschubes der Triebbefriedigung.

Vorurteile dämmen wir am besten dadurch ein, daß wir uns in der Beobachtung unseres eigenen Verhaltens schulen. Je besser es uns gelingt, uns, selbst im Aufruhr unserer Gefühle, nachdenkend zu beobachten, desto besser sind die Chancen, nicht unbemerkt unbewußten Steuerungen unterworfen zu sein. Das schreibt sich wesentlich leichter nieder, als es zu verwirklichen gelingt. Und doch ist die Schulung der Aufmerksamkeit für das eigene Verhalten die einzige Gegenkraft gegen die Blindheit für unsere eigenen Motive. Das Ziel ist der Erwerb der Fähigkeit, zwischen affektivem Drang und Handlung eine Pause der Besinnung einschalten zu können. An diesen Augenblick knüpft sich damit auch die Möglichkeit, ein sich schlagartig einstellendes Vorurteil zu korrigieren. Eine neue dynamische Definition kann demnach lauten: Vorurteile können dann zurückgedrängt werden, wenn es uns gelingt, Reflexion vor jene Handlungen einzulegen, zu der die Vorurteile uns auffordern. Mißlingt das den meisten Menschen, so zeigt sich darin die Macht, die ein Vorurteil ausüben kann, und damit die aktuelle Gefährdung der Denkfreiheit des einzelnen durch seine Gesellschaft.

Es sieht nicht so aus, als wäre die Vorurteilsbereitschaft so leicht aus der Welt zu schaffen. Wer hätte – um noch einmal an die Cholera zu erinnern – vor hundert Jahren zu denken gewagt, daß es uns gelingen wird, die Infektionskrankheiten zu besiegen? Wir konnten es, weil wir Erreger und Übertragungsweise studierten. Das Studium der Übertragung krankmachender seelischer Agenzien – mit dieser Analogie zur ansteckenden Krankheit lassen sich die flagranten Vorurteile klassifizieren – ist eine Aufgabe vielleicht noch größeren Ausmaßes. Um sie in Angriff nehmen zu können, müßten wir uns allerdings zu der Einsicht bequemen, wir könnten überall dort einem Wahn verfallen sein, wo wir meinen, etwas sei »felsenfest« sicher. Von der Bescheidenheit, solch kardinale Irrtümer als Möglichkeit in uns anzuerkennen, hängt es ab, ob die Menschheit vom Leiden der Vorurteile befreit werden oder weiter an ihm dahinsiechen wird. Die Heilungschancen scheinen von der Geduld und von der Freundlichkeit abzuhängen, mit der wir in Kindertagen auf das Leben unter unseresgleichen vorbereitet werden.

III

Die Relativierung der Moral
Von den Widersprüchen, die unsere Gesellschaft
dulden muß

»Es bleibt auf alle Fälle lehrreich, den viel durchwühlten Boden kennenzulernen, auf dem unsere Tugenden sich stolz erheben. Die nach allen Richtungen hin dynamisch bewegte Komplikation eines menschlichen Charakters fügt sich höchst selten der Erledigung durch eine einfache Alternative, wie unsere überjährte Morallehre es möchte.« (S. Freud *Die Traumdeutung*. Ges. Werke I/II. 626.)

Materialien zur These von der Relativierung der Moral

1. Wenn man unsere Lage kennzeichnen will, muß man immer wieder zu Globalfaktoren Zuflucht nehmen: Technisierung, Urbanisierung, Bürokratisierung und wie die den gesamten gesellschaftlichen Raum durchdringenden Geschehnisse auch heißen mögen. Natürlich kann man Einzelmerkmale an ihnen herausheben, aber so, wie sie wirken, wirken sie nur in der Gesamtheit der Zusammenhänge. Mit der Technisierung haben wir ein hohes Maß an Beweglichkeit erworben. Auf diese Weise werden Menschen aus Kulturen zusammengeführt, die sich in der Geschichte der Menschheit bisher nie so nahe begegnet sind. Wir haben täglich Gelegenheit, Geschehnisse in Ländern zu beobachten, in denen man sich nicht nach unseren Wertsystemen, nach den Zielvorstellungen unserer Kultur orientiert. Sosehr sich an diese »Kulturdifferenzen« die Aggressivität anheftet und es als eine Herausforderung unserer Ideale empfindet, daß andere sich über sie hinwegsetzen – der Pluralismus der Sitten ist nun einmal eine Realität, mit der wir uns abfinden müssen und die unseren moralischen Scharfsinn herausfordert. Wie die Konflikte der Weltpolitik beweisen, ist Toleranz zu einer Existenzfrage geworden,

und es wächst ein Bewußtsein davon, daß nicht wir allein den einzig richtigen Weg zu einer sinnvollen Lebensform besitzen, wie tief dieser Glaube insgeheim auch in uns verwurzelt sein mag.

Die Prozesse dieser fortschreitenden Industrialisierung, Verwissenschaftlichung, des Aufbaus totaler Verwaltungsmaschinerien erzwingen – und dies ist die zweite Entwicklung – die Distanzierung von vielen der moralischen Maximen auch *unserer eigenen* Kulturtradition. Wir beginnen, diese unsere Moral zu ihrer Vergangenheit relativ zu sehen, wie wir sie gegenwärtig relativ zu den Moralen anderer Länder, anderer Kontinente sehen müssen. In dem Maß, in dem sich unsere Umwelt unter diesen Geschehnissen, die keinen Teil der Erde mehr ausnehmen, global verwandelt, altert unsere Moral. Viele ihrer Anweisungen werden zunehmend unbrauchbarer. Da aber eine Gesellschaft ohne Regeln für ihr Triebverhalten undenkbar ist, uns die alten Regeln nicht nur lästig wie immer, sondern darüber hinaus oft sinnlos erscheinen – und es nicht selten sind –, geht die Suche nach verpflichtenden neuen Werten, aus denen sich Moral ableiten läßt, weiter.

2. Wir finden Moral immer als etwas Fertiges vor. Auch wenn sie sich wandelt, der Prozeß, in dem wir sie erlernen während unserer Kindheit und Jugend, gibt uns den Eindruck von etwas Abgeschlossenem und Unveränderlichem. Die Menschen aller heute lebenden Kulturen erwerben subjektiv für die in der jeweiligen Kultur gültige Moral den gleichen Eindruck. Wenn wir im Auge behalten, daß unser Sozialverhalten nicht nach angeborenen Mustern reguliert, sondern in einem langsamen Prozeß lernend übernommen wird, verstehen wir, warum Toleranz, Verständnis für fremde Sitten, so schwer zu erwerben ist. Es ist uns am Anfang unseres Lebens sehr schwergefallen, unsere Triebbedürfnisse aus Rücksicht auf andere einzuschränken, und es überfällt uns später leicht eine Art Schwindel, wenn wir uns davon überzeugen müssen, daß man sein Leben auch unter einer anderen moralischen Formel führen kann als der, die uns in unserer Kindheit als die selbstverständliche übermittelt worden ist.

Was die Technisierung gebracht hat, ist ein einheitliches Kontakt-, kein einheitliches Toleranzsystem, in dem wir genötigt wären, fremde Sittlichkeit als etwas Lebenswürdiges zu achten.

Moral erscheint für manchen ein weithergeholtes Wort, die Bezeichnung für etwas, was zumindest fragwürdig ist. Der gleiche Kritiker wird aber nicht umhinkönnen, anzuerkennen, daß es brennende moralische Probleme gibt, wenn das Wort Moral gegen das Wort Ideologie ausgetauscht wird. Fremde Ideologie als etwas Lebenswürdiges anzuerkennen, besonders dann, wenn sie zentralen Werten unserer eigenen Ideologie den Kampf ansagt, ist ebenso schwierig wie für viele die Anerkennung von Glaubenssätzen, um die sich ein heiliger oder unheiliger Streit entwickelt hat. Die Versuche erst Rußlands, jetzt Chinas, sich ganz von der Außenwelt abzuschließen (wie dies auch rückständige Feudalstaaten des Nahen Ostens tun), machen uns deutlich, daß man keineswegs von einem Verschmelzungsprozeß zu einer Weltzivilisation sprechen kann, der sich widerstandslos vollzöge. Unaufhaltsam ist allein die Ausbreitung technischer »facilities«. Gegen die Infiltration weltumspannender Begeisterungen, sei es für Sport, für Automobile, für Schallplatten, gibt es auf die Dauer keine Abwehrmaßnahmen. Zwar erkennt sich die Menschheit am Konsum einer wachsenden Zahl von Markenartikeln, das hat aber ihre Fähigkeit zur affektiven Kontrolle, zur Toleranz, nur wenig beeinflußt.

3. Diese von den Umständen erzwungene Relativierung der eigenen Moraltradition, zum Beispiel mit unbestrittenem Stolz empfundener nationaler Tugenden, stellt eine Herausforderung an unseren Scharfsinn dar. Die Bedrängnisse, in denen wir selbst stecken, müssen im Hinblick auf weltgeschichtliche Vorgänge eingeschätzt werden. Aber es gibt auch Probleme, die wir offensichtlich mit allen Staaten teilen: Wie finden wir uns in dem Netz von institutionellen Vorsorgen, Reglements zurecht, und wie finden wir uns aus ihm wieder heraus? Wie bleiben wir empfindungsfähige Wesen – die unter Umständen sehr geteilter Meinung sein können – und lassen uns nicht zum Verwaltungsobjekt herabwürdigen? Aber dieses Attentat auf unsere Freiheit, als deren Sicherung doch unsere Moral wirken soll, geschieht ununterbrochen, weil die immer noch gewaltige Notlage, in der der überwiegende Teil der Menschheit steckt, nach technischer Vereinheitlichung der Weltgeschäfte verlangt. Das Attentat kann aber um so

leichter geschehen, als der Wert des Individuums überall dort rapide sinkt, wo sich die Zahl der Menschen so rasch vermehrt, daß keine der traditionellen Lebensformen sie mehr zu bewältigen und ihre Minimalbedürfnisse zu befriedigen vermag.

Die technische Industriezivilisation garantiert zunächst keine Moral, aber sie garantiert einen höheren Lebensstandard für alle, bei weniger und weniger anstrengender Arbeit und geringer Verantwortung. Völkern, deren Lebenszuschnitt bisher von magischem Denken, Hunger, Seuchen bestimmt war, bringt das Auftauchen verblüffender Konsumgüter, die wie faszinierende Wunder einsickern, einen solchen unmittelbaren und eben märchenhaft empfundenen Zuwachs an Genußmöglichkeit – zu schweigen von der Vertreibung endemischer Krankheiten –, daß ihre hergebrachte Moral – wie ihr ganzes Sozialgehäuse – mehr oder weniger rasch zerfallen. Es kann nicht ausbleiben, daß in der Begegnung mit solchen Dingen wie dem Automobil, die ein primitives Potenzgefühl inflationär steigern, Allmachtsphantasien beträchtlich zunehmen, da zunächst der innere Zusammenhang dieser rationalen technischen Kultur dem gleichsam von ihren Produkten Berauschten verborgen bleibt. Das von den neuen Lustquellen geweckte Hochgefühl geht mit allen unterdrückten Triebregungen aus dem alten Moralsystem wechselseitige Verbindungen ein, die zu einer unberechenbaren Folge von aggressiven und sexuellen Ausbrüchen führen. Die ihres alten Gefüges beraubten Gruppen erweisen sich zunächst als unfähig, die neue Lebensform zu beherrschen, an deren Entstehen sie auch gar keinen Anteil hatten, die sie überfällt, wie früher wandernde Völkerschaften in Kulturräume einbrachen. Der Fremdheitsgrad, vermischt mit der Verlockung, die von den neuen Produkten ausgeht, ist aber so stark, daß man die Traditionen fahrenläßt, ohne eine verbindliche neue Sitte gefunden zu haben. Es entsteht ein gesellschaftliches Chaos, das am ehesten mit dem Stichwort »Kongo« zu kennzeichnen ist. Schließlich wird ein Zustand extremer Abhängigkeit im weltpolitischen Kraftfeld erreicht. Dieses Ausgeliefertsein stellt die angefachten Omnipotenzphantasien in ihrer Ohnmacht bloß und weckt untergründige Wut. Hier liegt das Elend menschlicher Moralordnung nackt zutage.

Die Sprengkraft des technischen Fortschritts bringt nicht nur die

Verringerung alter Morallasten zustande, sie zerstört auch Identitäten bis zur Unkenntlichkeit. So gibt es Gruppen gänzlich verschiedener historischer Entwicklung, die doch in analogen moralischen Notständen leben, deren Individuen neue verpflichtende Anweisungen verlangen und sich voneinander abwenden, wenn sie diese nicht erhalten. Die Sehnsucht nach einem in sich beruhigten Dasein wird unerreichbar; dieser Verlust löst einen großen Schmerz aus, der häufig durch Zynismus verleugnet wird. Moral versteht sich also nicht mehr von selber wie in statischen Sozialgebilden, es richten sich vielmehr neben den quasi offiziellen Bräuchen ununterbrochen neue die Lage abtastende Verhaltenskonventionen ein. Sie haben nicht den Charakter dauerhafter Ordnung, aber sie geben doch wenigstens auf Zeit dem Individuum das Gefühl, in einer Gruppe Gleicher geborgen, durch sie in seiner Lebensart bestätigt zu sein.

Man stimmt nicht in die stetigen Klagen über die Schlechtigkeit der Welt ein, wenn man angesichts der Vorgänge in den Gesellschaften dieser Welt die ausgedehnte Desintegration des moralischen Verhaltens wahrnimmt. Trotzdem läßt sich die Frage stellen: Ist denn diese Desintegration etwas so Gefährliches? Hat sie nicht auch sehr begrüßenswerte Seiten? Ist sie gefährlicher als zu anderen Zeiten? Spielt sich nicht menschliches Zusammenleben immer nur unter mehr oder weniger intensiver Verleugnung des ungenügenden Charakters seiner Einrichtungen ab? Dann hätte dieses Öffentlichwerden der moralischen Ohnmacht und der Greuel, die rundum im Namen irgendwelcher Moral geschehen, wenigstens diesen einen Fortschritt gebracht, daß das alles mit gar keiner Ideologie mehr, mit keiner einzigen denkbaren Moral entschuldigt werden kann. Auch die Versuche der bürgerlichen Gesellschaft, ihre beängstigende Roheit im Umgang mit Schwächeren, zunächst den Arbeitssklaven im eigenen Hause, dann den Sklaven der imperialen Besitzungen, zu beschönigen und ihr einen moralischen Anstrich zu geben, fallen in sich zusammen. Erfolgreiche politische Macht erzwingt für ihre Interessen den Anschein der Moralität. Nicht selten glauben die herrschenden Gruppen unreflektiert an diese Auslegung der Machtverhältnisse; sie zwingen sogar die Unterlegenen zur »Identifikation mit dem Aggressor« – die Schwachen beginnen sich ob ihrer Schwäche zu hassen. Sehr deutlich ist dies bei Minoritäten zu beobachten, die wie die jüdische oder eine farbige in langer auf eine Moral begründeter Unterdrückung leben.

4. Denkt man an Moral, so kann einem auch etwas anderes vorschweben als ein Katalog von Verboten: etwa die Aufforderung, wechselseitig zur Befriedigung des Daseins beizutragen. Dies aber setzt voraus, daß die gesellschaftlichen Verhältnisse es den Individuen erlauben, sich füreinander zu interessieren, mit ihren Gefühlen aneinanderzugeraten. Dazu benötigt der einzelne aber Handlungsanweisungen, muß er Wege des Kontaktes vorfinden, soll er nicht in Gefühlseinsamkeit, in Gefühlsautismus verkommen, was sich sehr gut mit gesteuertem Konformismus verträgt. Diese Wegleitungen sind Funktionen der Moral, wie sie zu ihr erziehen. Fehlen sie, so gilt das Umgekehrte.

Wahrscheinlich ist unsere systematische Kenntnis über die Verschiedenartigkeit der Kontakte, über die Intimitäten des Lebens gewachsen, wissen mehr Menschen über Neigungen, »Laster«, Perversionen anderer Bescheid und können sich zutreffender über fremdes Innenleben unterrichten, als dies jemals der Fall war. Das hatte aber bisher nicht die Konsequenz, dieses Wissen im sozialen Alltag zur Anwendung zu bringen. Vielmehr werden in wechselseitigen affektiven Kontakten erdrückend häufig Fehlentscheidungen getroffen und Mißverständnisse aufgehäuft. Man ist deren Konsequenzen ziemlich hilflos ausgeliefert, da man die tieferen Motivationen nicht versteht. Denn die erprobten moralgelenkten Rollenschemata genügen nicht als Handlungsmuster für die Reizangebote und Konfliktmöglichkeiten in unserer Zeit. Die Expansion unserer technischen Fähigkeiten läßt uns in vieler Hinsicht – was unser Verlangen betrifft, befriedigt zu leben – weniger fatalistisch sein. Das Individuum, das in der großen Masse fast immer untergeht – in seinen Gefühlen möchte es sich einzigartig verstanden wissen.

Hier liegt aber ein entscheidender innerer Widerspruch unserer Kultur, denn in all ihrer arbeitsteiligen Perfektion und in Entwicklungen befangen, die sie ins Unabsehbare führen, hat sie keine tiefere Lust an der Kultivierung des Individuums. Das »Individuum« als Kulturideal hat eine faszinierende Kraft ausgeübt.

Der »Geniekult« einerseits und der »Millionärkult« andererseits zeigen, daß das »Individuum« jedoch eine Idealvorstellung von großer Ungenauigkeit geblieben ist. Wie man tatsächlich für sich ein unverkennbares Selbst und dann auch für andere unverwechselbar wird, was man hierbei für Risiken läuft, welchen Preis man zu zahlen hat, das vermitteln die Sozialisierungspraktiken unserer Gesellschaft kaum. Hier geht es immer um die Fiktion, man sei um so identischer mit sich selbst (und damit um so erfolgreicher), je gehorsamer man seine Rollenschemata in Fleisch und Blut aufgesogen hat. Zwar wächst der Anspruch, ein Ich zu haben und von einem Ich bestimmt zu leben. Aber zugleich ist dieser Individualismus des Westens eine der großen Ideologien der Gegenwart (und wird von den Gegenideologien auch entsprechend »entlarvt«).

Die Manipulation der Sehnsucht nach dem Selbst zeigt, daß technische Erleichterungen noch keine Distanz, keinen Zuwachs an Souveränität im Umgang mit den Trieben und mit den uns zugetragenen Rollenerwartungen brachten. Es scheint ziemlich sicher, daß eine den neuen technischen Machtmitteln angemessene *moralische Grundorientierung* noch nicht gefunden ist. Am unmittelbarsten nachzuprüfen ist diese These darin, daß kein Consensus über sinnvolle Verzichte und Zielsetzungen des Individuums besteht. Einig ist man sich viel eher in den Anpassungstaktiken an die uns gegebene soziale Umwelt, wobei gerade von einer Entwicklung differenzierter moralischer Vorstellungen abgeraten wird. Diese Empfehlung, mit den Wölfen zu heulen, zeigt die Sehnsucht nach der Geborgenheit in der Gruppenstimmung. Die Idealität des Individuums läßt sich leichter an anderen bewundern – oder bemäkeln, so sie nicht sehr erfolgreich bleiben.

5. Die Entstehung von Moralen[1] ist etwas überaus Geheimnisvolles. Eine Moral beginnt als zweckmäßige oder intuitive Erfindung eines Verhaltensmusters, das allmählich von immer

[1] Das Wort »Moral« (und ganz entsprechend »Sittlichkeit«) wird nur in der Einzahl gebraucht. Moral beansprucht einen ausschließlichen Raum. Im Zeitalter der Konfrontation der Moralordnungen, eines Bewußtseins von der Koexistenz solcher Moralbereiche, scheint es angebracht, den Plural einzuführen und von Moralen und Sittlichkeiten zu sprechen.

mehr Menschen befolgt wird. Im Laufe der Generationen automatisiert sich das Verhalten, es wird zu einem Zwang. Die Moral institutionalisiert sich und strebt eine Lenkung des einzelnen an, die ihm in sozial wichtigen Entscheidungen keine denkbare Alternative übrigläßt.

Ebenso unberechenbar ist die Zerstörung einer Moral. Die Techniker der ersten Dampfmaschinen wußten nicht, daß sie die bestehenden Lebensgleichgewichte unter Menschen einzureißen begannen. Mit der industriellen Revolution kam auch die Revolution in der Sphäre moralischer Regulative auf. Denn eine Moral spiegelt immer viel von dem, was einer Gesellschaft mangelt.

Wir haben also davon auszugehen, daß auch Moralen ein Teil der geschichtlichen Wirklichkeit sind. Sie kommen und gehen. Der Umbau am Komplex der Sittengesetze ist einer der dynamischen Faktoren dieser Wirklichkeit. Die jeweilige Moral wird vom gesamtgesellschaftlichen Prozeß ergriffen und wirkt ihrerseits auf ihn zurück. Ihrem Anspruch nach scheint jede der Moralen die Ewigkeit auf ihrer Seite zu haben. Dieser Herrschaftsanspruch wird vom Individuum um so absoluter erfahren, je abgeschlossener der jeweilige Geltungsbereich einer Moral ist.

6. Der zentrale Inhalt einer Moral ist ihre dogmatische Aussage über ein in der Gruppe, im Kulturbereich jeweils »richtiges« Verhalten: »Du sollst nicht töten«, heißt es im zivilen Leben; »rüste dich, zu töten – töte«, fordert unsere Moral im Krieg von uns. In beiden Fällen versichert sie uns, wir seien »gute Menschen«, wenn wir ihr gehorchen. Eine gespenstische Welt der Widersprüche, die unvereinbar, aber in sich folgerichtig nebeneinanderstehen und nebeneinander befolgt werden. Es wird auch gar kein Versuch gemacht, solche und viele andere pragmatische Anweisungen miteinander zu versöhnen. Erst wenn man versteht, daß die Widersprüche dieser Diskontinuität des Verhaltens durch eine unbewußte (und auch kollektiv steuerbare) Motivation erklärbar werden, kann man sich ihre Absurdität »zusammenreimen«.

Die Moral erklärt das widersprüchliche Verhalten nicht, sie »rationalisiert« es vielmehr, das heißt, sie schiebt wie einen Vorhang eine rational klingende vor die wirklich bestimmende Motivation. Denn Moralen sind Ordnungs- und, damit unauflösbar verbunden, Herrschaftsinstrumente. Wer Moral durchsetzt, übt erst einmal Macht aus. Dem Sittengesetz ist Gehorsam zu leisten. Am Lebensanfang verlangt das eine äußere Autorität, schließlich das Gewissen in uns. Kritische Einwände gegen moralische Gebote oder deren Auslegung können uns mit den uns nächsten Menschen entzweien. Angst hält uns häufig genug stärker dazu an, die Gebote zu befolgen, als Überzeugung. Denn zum *Erwerb* einer Überzeugung – was sich in einem unbefangenen Abwägen der Alternativen abspielen müßte – ist meist kein Spielraum gelassen. Dafür sind die moralischen Handlungsanweisungen in der Blüte ihres Geltens zu imperativ, zu diktatorisch. Im Laufe der Tradition wird Moral dann zu einem Stück naiv hingenommener, wenn auch schwer erlernter Welterfahrung. Wir, die wir aus einer stark sexuell repressiven und kompensatorisch aggressiv harten Moraltradition hervorgegangen sind, vergessen leicht, daß es auch weniger ambitiöse Moralen gibt als die unsrige; in ihnen pflegen die paradoxen Umschwünge, welche die Identität des Individuums tief spalten können, wesentlich weniger scharf zu verlaufen.

7. Mit großer Selbstverständlichkeit wird auch die Beobachtung hingenommen, daß fortgesetzt und allüberall der Moral entgegengehandelt oder daß sie scheinheilig mißbraucht wird. Die Reichweite einer Moral zeigt sich aber ganz besonders auch darin, daß sie nicht nur die Frevler richtet, sondern daß diese Frevler selbst sich ihr unterwerfen, sich als Sünder empfinden. Das gilt insbesondere für die stärksten Moralgebote, die Tabus. Der sich selbst blendende Ödipus zeigt, daß auch für den ahnungslos vollzogenen Frevel Sühne zu leisten ist. Zuweilen darf eine Moral unter Duldung einer anderen verletzt werden, ohne inneren Konflikt, wenn damit ein Macht- und Vergeltungsanspruch verbunden ist, etwa in den Vergewaltigungen, mit denen sich siegreiche Heere ihre Überlegenheit bestätigen. Hier erlebt das Individuum mit rauschhaftem Entzücken die Agonie moralischer Verbote. Im Alltag befinden sich nur der Asoziale und vielleicht der kritische Denker jenseits der Einflußzone von Selbstverständlichkeiten, die menschliches Verhalten lenken. Der erstere, weil er die Verpflichtung zu moralischem Handeln nicht fassen, nicht erleben, der letztere, weil er gegebenenfalls den Unsinn einer Moralforderung aufzeigen

kann; freilich opponiert er aus der Sicht auf eine anderslautende moralische Verpflichtung.

8. Die ökonomische Bedeutung der Moral für die Gesellschaft ist deutlich. Sie schafft überall dort Normen des Sozialverhaltens, wo Triebbedürfnisse im Spiele sind. Durch den Vorgang der Identifikation wird sie während der Jugendjahre als Orientierungsschema übernommen; sie wandert gleichsam ins Innere der Individuen ein und wirkt nun als deren »eigene« Meinung fort. Diese Selbsttäuschung verschafft erst einer Moral die relativ krisensichere Geltung.

Worauf Moral sich zunächst bezieht, sind die unverfeinerten, das heißt von des Gedankens Blässe keineswegs angekränkelten Wünsche nach Entspannung der Triebbedürfnisse. In ihren selbstsüchtigen Strebungen werden die Gruppenglieder dadurch zusammengehalten, daß Moralgebote ihre Triebwünsche konformistisch zulassen, auf andere als die ursprünglichen Objekte verschieben oder unterdrücken. Wer herrschaftsmächtig ist, kann sich freilich Privilegien innerhalb des Moralkodex erzwingen; sie werden wiederum moralisch sanktioniert. Er kann etwa verlangen, daß der Schwächere seinen Glauben annimmt. *Cuius regio, eius religio* gilt auch für die heutigen Reiche totalitärer Herrschaft. Die Legitimität, sich eine persönliche Moral bilden zu dürfen, ist historisch wohl sehr viel jünger. Sie ist ein hart errungenes Zugeständnis an die Toleranz. Die Moral der persönlichen Verantwortung ist nicht älter und nicht weiter verbreitet als das am Ringen mit der Kollektivmoral gewachsene und dadurch selbstbewußt gewordene Individuum.

9. Das regulatorische Prinzip solchen Verhaltens ist dialektisch: Gehorsam dauernd mit dem kritischen Einwand konfrontiert. Dabei werden die selbstverständlichsten der Selbstverständlichkeiten nicht von der Analyse ausgeschlossen. Das fällt naturgemäß hauptsächlich denen schwer, in deren seelischer Entwicklung es nie zu einer sicheren Trennung von Phantasie und realem Verhalten gekommen ist. Der magische Glaube ist keineswegs völlig gebrochen, der davon ausgeht, ein »schlimmer« Gedanke – gar wenn gewagt wird, ihn in Worte zu fassen – sei schon der Anfang

der schlimmen Tat. Von Gedankenfreiheit läßt sich nur dort Gebrauch machen, wo ein kritisches Ich stark genug ist, Gedanken zu wagen und sie zunächst von den Affekten getrennt zu halten. Auf diese Weise erliegt das Ich nicht jeder Phantasie, die einen Genuß verspricht, und schlägt die Herausforderung der »Idee« nicht allzu eilig selbstgerecht, moralgepanzert aus.

10. Es ließe sich von dieser Kontrollfunktion des kritischen Ichs her eine Definition der Moral vertreten, die sich an der Voraussicht orientiert. *Moralisch wäre dann nur jenes Handeln, das im vorhinein die Folgen des eigenen, auf eigene Befriedigung drängenden Handelns auf den Partner abzuschätzen vermag.* Wer dieser Moral mächtig ist, könnte sich zum Beispiel in einem Liebeskonflikt seinem egoistischen Triebverlangen gegenüber besser behaupten. Er wäre geübt, *vor* einer Versuchung zu denken, statt erst nach der Kapitulation vor seinen Triebforderungen sich über sich selbst zu wundern. Da niemand fehlerfrei lebt, gäbe eine *Moral der einfühlenden Voraussicht* auch umgekehrt den Weg zum Eingeständnis unhaltbarer Situationen frei, welche die starre Dogmenmoral (etwa von der Unauflöslichkeit der Ehe) zu verdecken und vor dem eigenen kritischen Ich zu verleugnen trachtet. Denn Abweichung von der moralisch vorgezeichneten Verhaltensnorm bringt die Gefahr, aus der Gruppe ausgeschlossen zu werden.

Auch in Kollektivproblemen käme man weiter, wenn große Gruppen es zustande brächten, sich mit den Empfindungen und Erinnerungen anderer Gruppen einfühlend auseinanderzusetzen. Die Forderung, man solle dem Verlangen zustimmen, die deutschen Ostgrenzen wiederherzustellen, läßt sich abstrakt, ohne Ansehen der betroffenen Menschen, leicht vorbringen. Es sieht dann so aus, als gehe es nur um eine Rechtskonstruktion, die sich scheinbar zwanglos in schlüssige Form bringen läßt. Es ist nur von »Heimat«, von Land die Rede. Erinnert man sich jedoch der Erniedrigungen, welche die polnische Bevölkerung durch die deutschen Machthaber erfuhr, an ihre menschliche Deklassierung, an die Art, wie sie (1939) an Rußland ausgeliefert wurde, dann bietet sich ein ganz anderes Bild; man wird sich kaum unbeschwert über Erinnerungen hinwegsetzen können, die bei den Polen nicht vergessen sind und deren Gebietsforderungen sachlich begründen. Die Nazipropaganda hatte leichten Erfolg, als sie die deutsche Niederlage 1918 und ihre Folgen in die »Jahre der Schmach« umfälschte. Ähnlicher Stolz wird anderen nicht gern zugebilligt, auch wenn die Schmähungen und Erniedrigungen, die sie durch uns erfuhren, unvergleichbar größer waren.

Mit solcher Einfühlung in den Kontrahenten wäre noch keineswegs einer generellen Verzichtmoral das Wort geredet, die dann gleich als Aufruf zur Selbstverstümmelung von den Praktikern der Politik abgetan wird. Durch Einsicht in seine Mitmenschen, die man nun mühsam, gegen falschen Stolz zum Beispiel, erwirbt, ist vorerst noch niemand zu Schaden gekommen. Aber auch ein an sich sinnvoller Verzicht kann jederzeit zur Heuchelei werden, wenn ich nicht verzichte, weil mir der andere etwas bedeutet, sondern einzig, weil die Verzichtleistung mir Prestige in der eigenen Gruppe einträgt. In einer Religion wie der christlichen, deren Auslegungen oft zu drakonischen Triebverboten führten, wurden die Gebote weniger aus Nächstenliebe als aus Prestigebedürfnissen und Angst befolgt. Mit solchen oft hypokritischen Haltungen verbindet sich leicht ein Egoismus, der über viele Masken verfügt. Er zeigt, wie leicht Moral dazu benutzt werden kann, auf »Rechte« pochend dem anderen leichthin Leid zuzufügen. Will man hier nicht von einem Unrecht, das man tut, zum nächsten, das man erleidet, durch die Geschichte weitertaumeln, so ist nicht abzusehen, wie auf die Bändigung des Egoismus durch Moral verzichtet werden könnte.

Die Idee des »Fortschritts« ist nicht in einer Schwächung moralischer Verpflichtungen als solcher, sondern in der Versöhnung von moralischem Anspruch mit der kritischen Einsicht zu suchen. Moral, die nicht den Verstand für ihre Forderungen zu gewinnen vermag, bleibt ein Schrecknis blinder Drohung – ein Schrecknis, das unsere ältesten Ängste um die Unversehrtheit unseres Körpers, die ältesten Strafängste für verbotene Lusterfahrungen immer wieder weckt.

11. Der Zusammenschluß von Moralisten, die sich individuell für eine Moral entschieden haben und darin ihre Identität finden, ist etwas anderes als der Konformismus jener Individuen, denen

erst das Befolgen der allgemein anerkannten Moral zu ihrem Identitätsgefühl verhilft. Geraten solche dezidierte Moralisten – man denke auch an die vielen Sozialrevolutionäre – unter feindlichen Druck, so haben sie die Tendenz, sich noch stärker an ihrer Ideologie (gleich welcher Art) zu orientieren und sich in Richtung der Märtyrer zu verhalten. Brechen dagegen die Gebote der Gelegenheitsmoralisten, der Konformisten unter sozialem Druck, in äußeren Katastrophen zusammen, so werden sie richtungslos trieborientiert, wozu die Zeit nach der totalen Niederlage Deutschlands im Jahre 1945 einen reichen Anschauungsunterricht bot.

Alle ernstlichen Revolutionäre – auch die religiösen wie Christus – versuchen, reflexhaft gewordene, automatisierte Bindungen an die bestehende Moral aufzulösen. Da hierdurch die bisher bestehende Identität gefährdet wird, erweckt das zuerst ängstliche Unsicherheit und Abwehr. Die Mehrheit der Menschen in den bisherigen Kulturen ist nicht darauf vorbereitet gewesen, in diesem Zustand innerer Bedrängnis kritisches Denken walten zu lassen. Das war auch gar nicht so notwendig oder vordringlich, da sich die gesamtgesellschaftlichen Verhältnisse mit Vorzügen und Übeln, zum Beispiel ihre Produktionstechniken, von Generation zu Generation nur wenig zu ändern pflegten und deshalb für das sozial eingebettete Individuum kein Anlaß bestand, an der überzeitlichen Gültigkeit der vorgefundenen Sitten zu zweifeln. Und auch die an neuen Werten orientierten Sozialreformer – etwa die Religionsstifter – verkündeten ihre Moral mit Ewigkeitsanspruch, blind für den geschichtlichen Beweis, daß es sozial keine »letzten« Lösungen gibt. Bei Führern und Gefolgsleuten – in der Tat im allgemeinen Bewußtsein – herrschte in dieser Hinsicht Wunschdenken. Krisenhafte Zusammenbrüche solcher »ewigen« Moralen hoben nicht deren Relativität ins Bewußtsein, sondern ließen nur nach neuen Heilsversprechungen greifen, welche die Sicherheit wiederherzustellen versprachen.

Unter den Angeboten, die in derartigen Perioden des Zusammenbruchs der Autorität gemacht wurden, steht in der Geschichte neben großmütigen Ideen nackter Wahn; beides hat Gefolgschaft gefunden, in bedrückender Kritiklosigkeit. Nur wenige aufgeklärte Geister vermochten sich von ihrem Denken leiten zu lassen;

170

sie zogen die große Gefahr der Anklage wegen Ketzerei auf sich.

Inzwischen ist ein Faktor hinzugekommen, der das Leben des Menschen in der Welt von Grund auf änderte: Wir verfügen über unvergleichlich größere Energiemengen als je eine Kultur der Vergangenheit. Das ist eine Folgeerscheinung der evolutiven Bewußtseinsentwicklung. Die Kombination von unveränderter Triebkonstitution und außerordentlicher Verfügungsgewalt über physikalische Energie und biologische Prozesse ist die bedeutendste Gefahr für die menschliche Spezies. Deshalb liegt ihre Überlebenschance in der Schulung des kritischen Verstandes *bei allen*, nicht in der Konservierung der Einschüchterungsmethoden des Denkens, mit denen man jahrtausendelang das Individuum domestizierte.

Es ist abzusehen, daß die Entwicklung von glaubensgelenkten zu verstandesgelenkten (besser: die Reflexion trainierenden) Moralen noch lange zu Unruhen, wie sie die Welt gegenwärtig erschüttern, beitragen wird. Der Kenner der psychoanalytischen Theorie wird das Ziel einer *Stärkung der Ich-Funktionen* im Ganzen des psychischen Apparates als gut begründbar erkennen. Die psychische Energie, welche das Ich aus dem Reservoir der Triebenergien zu binden, zu »neutralisieren«, das heißt, für seine Zwecke verwendbar zu machen vermag, mindert zugleich den Triebdruck; es wird Es-Energie in Ich-Energie verwandelt. Dieser Vorgang vollzieht sich unendlich langsam, verglichen mit der Erweiterung unserer Naturkenntnisse. Da die Naturenergien unseren destruktiven Tendenzen ebenso gehorchen wie konstruktiven Absichten, bleibt die Gefahr einer selbstdestruktiven Katastrophe der Menschheit als Dauergefahr erhalten.

12. Angesichts der endlosen Folge von Kriegen wagt man nicht zu behaupten, daß die »Erziehung«, das heißt die in der Menschheitsgeschichte üblichen Praktiken zur sozialen Zähmung des Individuums, bisher zur Überwindung egoistischer Interessenkonflikte ausgereicht hätten. Hingegen läßt sich kaum etwas gegen die Behauptung einwenden, daß angesichts einer sich anbahnenden Weltzivilisation und ihres unendlich größeren Machtpotentials keinesfalls mehr mit der herkömmlichen, den kritischen Verstand ausschließenden Erziehung zum Sozialgehorsam auszukommen

ist. In der politischen Wirklichkeit erweist sich jedoch in unserer Epoche das Anschwellen aggressiver Triebbedürfnisse dem Wachstum der Ich-Funktionen weit überlegen. Das letzte und das gegenwärtige Jahrhundert haben jeder Selbstkritik unzugängliche geltungsbesessene Kollektive hervorgebracht, deren Verhalten durch rücksichtslose Selbstüberschätzung und Intoleranz bestimmt werden. Es sind die Kollektive des modernen Nationalismus, und es ist offenbar geworden, daß ihre jeweiligen politischen Ideologien vorwiegend den Bedürfnissen der Selbstidealisierung des Egoismus dienen, und nicht umgekehrt, daß die jeweiligen nationalen Ideologien »ideal« wären.

Seit es möglich ist, nationales Prestige mit Atomwaffen zu verstärken, ist die Risikorate eines allgemeinen Unterganges in der Weltseuche des aggressiven Nationalismus um ein Vielfaches größer geworden als durch die schwersten Bedrohungen des »schwarzen Todes« in der Vergangenheit. Der Pest war die Menschheit damals ausgeliefert; es ist immerhin tröstlich, daß wir den Aggressionsproblemen unserer Zeit ein Wissen entgegenzustellen haben, das uns befähigt, zu durchschauen, daß wir es hier mit einem Motivationszusammenhang in uns und nicht mit (lange undurchschaubar gebliebenen) Naturvorgängen außerhalb von uns selbst zu tun haben. Viele Politiker gehören freilich noch zu den Anhängern der Theorie von der »Unverbesserlichkeit« des Menschen. Diese These erweist sich aber bei genauerer Betrachtung als Rationalisierungsversuch einer Taktik, die dem anderen jede Amoralität zutraut, weil – die gute Chance vorausgesetzt – man selbst der Versuchung nicht widerstehen könnte. Zweifellos wäscht hier eine Hand die andere weniger, als daß sie sich wechselseitig beschmutzen; wobei man sich schwer eine andere Möglichkeit vorstellen kann, wie dieser Teufelskreis zu durchbrechen wäre, als durch Vermehrung der Einsicht in die unbewußt wirksamen Motivationen unseres Verhaltens. Dennoch kennen wir die Wurzeln kollektiver Aggressivität nicht genügend, geschweige, daß wir sie aus Erkenntnis moralisch zu lenken verständen.

13. Gemessen an den Epochen, in denen gleichbleibendes Instinktverhalten eine Tierart lenkt, sind die Epochen menschlicher

Moral nur kurze Augenblicke. Die Nutzbarmachung atomarer Naturvorgänge brachte einen tiefen Einschnitt im geschichtlichen Prozeß in prä- und postnukleare Zeiten. Moral in einer derart hoch technisierten Gesellschaft, außerdem von bisher unbekannter Größe, muß sich anpassen; insbesondere muß sie Handlungsorientierungen und -anweisungen bereithalten, die den neu entstandenen Machtpotentialen angemessen sind. Willensappelle und die Beschwörung im Jenseits zu erwartender Strafen sind kein hinlängliches Rüstzeug mehr.

Es kann keine Rede davon sein, daß der technische einen allgemeinen Fortschritt bedeutet. Vielmehr haben sich zu unseren Lebzeiten Rückfälle in sehr bewußtseinsfern gesteuerte Moralformen zugetragen. Dabei werden von Moral unberührte destruktive Phantasien in Taten umgesetzt. Ein Leitmotiv bildet dabei die in den Sozietäten fast ubiquitär gelebte Lust an grausamen Vergeltungsstrafen. Die Intensität dieses Verlangens läßt sich von der Heftigkeit der Wut gegen die Einschränkungen ableiten, die unser (infantil unreflektiertes) Allmachtsgefühl in der Realität erleiden muß. Und die Heftigkeit dieser Qualfreude leitet sich wiederum neben der Triebstärke von der Härte und Heftigkeit her, mit welcher zuvor die Einhaltung von moralischen Verboten erzwungen wurde.

14. Reaktionäre Gesinnung entzündet sich regelmäßig auf wütende Weise, wenn es zu einer Niederlage der phantasierten Allmacht kommt. Hier können wir uns nochmals der bohrenden, nicht abzuschüttelnden Enttäuschung des deutschen Bürgertums über den verlorenen Krieg im Jahre 1918 erinnern – nach soviel damit wertlos gewordenen Siegen. Wird die Entwertung des Selbstgefühls durch den Einbruch neuer Denk- und Produktionsmethoden bewirkt, so wäre die adäquate Reaktion ein Umlernen aus der Einsicht in die Gefahr, rückständig zu werden. Diese doppelte Unlust wird abgewehrt durch Regression auf eine Mythologie, die eine angeborene Überlegenheit garantiert – etwa die des weißen Mannes oder die von Blut und Boden – und von der die magische Bewältigung der Notstände erwartet wird.

Wut gegen geheime und hinterhältige Feinde pflegt sich nicht nur als Abwehr und Projektion eigener Schwächen und Aggressionen, sondern auch dann einzustellen, wenn eine neue revolutionäre Idee übernommen wurde und der verheißene ideologische Endsieg ausbleibt, im Gegenteil, Notzeiten anbrechen. Dann beginnen Zweifel aufzusteigen, ob denn die neuen Ideale, Pläne, Praktiken die bessere Zukunft bringen werden. Ziemlich sicher hat etwa dieser Widerstreit von nagenden, vorbewußt gehaltenen Zweifeln im einzelnen mit den magischen Hoffnungen, die er auf das bolschewistische System setzte, in Rußland dazu beigetragen, daß eine Figur wie Stalin an die Macht kommen konnte. An ihm läßt sich (wie am geringer begabten Hitler) mit Schaudern beobachten, was aus der Welt wird, wenn dem vom Verfolgungswahn zerrütteten Individuum die absolute Macht zufällt, diesen Wahn zu verwirklichen. Halb mit Angst, halb mit Hoffnung verfolgt der kleine Mann dieses von Rücksicht auf menschliches Wohl befreite Regiment. Solange er erwartet, er werde an das überzeitliche, endzeitliche Ziel herangeführt, hält er ihm die Treue – auch wenn er Zehntausende seinesgleichen ermordet. Die Faszination des Über-Vaters ist zu groß. Wenn Einsicht zu dämmern beginnt, ist es zu spät; dann hält ihn die inzwischen ausgebaute Organisation des Terrors auf der vorgezeichneten Linie des Glaubens.

15. Die gegenwärtige Dynamik der geschichtsbestimmenden Prozesse – als da sind: die Progression in der Lösung wissenschaftlicher Probleme und ihrer praktischen Auswertung, die Vermehrung der Menschheit, die nicht umkehrbare Entwicklung zu einer weltumspannenden Zivilisation von zunehmender Urbanisierung und vieles ähnliche – hat die Lebensbedingungen des Menschen in einem unabgeschlossenen und in seinen weiteren Wendungen nicht abzusehenden Vorgang verändert, so umfassend und tiefgreifend, daß das menschliche Bewußtsein sich darüber noch keine ausreichende Rechenschaft abzulegen vermag. Vor allem übersteigt das Tempo des Umbaus unsere Fähigkeiten zur kritischen Analyse der Rückwirkungen auf unser Selbstverständnis. Wir werden zum Beispiel bald in der Lage sein, an unserer genetischen Substanz zu manipulieren. Werden wir das Machbare tun? Und wenn wir es tun, wer setzt die Maßstäbe? Diesmal sind es Konservative *und* Revolutionäre, die vom Ausmaß der Veränderungen überrascht sind, welches die Anwendung technischen

Wissens an den Objektivitäten der sozialen Welt hervorgebracht hat. Die Reaktionsformen auf die Technisierung schwanken zwischen Mißtrauen und neuer Zuversicht auf Realisierung der Allmachtsträume. Die Entwicklung geht aber offenbar in Richtung eines Eingeständnisses, daß wir Gefangene unaufhaltbarer Vorgänge, die wir selbst angestoßen haben, geworden sind, wie wir früher in großem Umfang Gefangene von Naturprozessen waren, die wir nicht beeinflussen konnten. In Ländern, in welchen die Grundlagen dieser zur »sekundären Natur« gewordenen technischen Welt gelegt wurden, reflektiert sich das Geschehen bei weitem drastischer als dort, wo mit »Fortschritt« erst einmal intellektuelle Basisleistungen wie Lesen und Schreiben zum Zug kommen.

In unserer Kultur hatten sich unter dem Druck alt organisierter repressiver Zwänge (der Moralgebote) die vielfältigsten kollektiv geachteten Sublimierungsformen (als Moralprämien) entwickelt. Diese so entstandenen Techniken und Fertigkeiten sind mit der Lust, die sie vermitteln, der begrenzte Sieg des Subjektes über die objektiv oder gesellschaftlich verhängte Unlust. Nun heißt das generelle Ziel der technischen Perfektion ebenfalls Unlustvermeidung. Der Kampf gegen den Hunger, den Schmerz, die Mühsal körperlicher Arbeit verläuft erfolgreich. Das kann nicht ohne Folgen auch für den moralischen Habitus bleiben; denn Not und Krankheit werden nicht nur, fortschreitend von Kontinent zu Kontinent, besiegt, sie werden auch ideologisch als Rückständigkeit entwertet. Es ist aber vorerst gänzlich ununtersucht, welche positiven biologischen und psychologischen Funktionen sie ausübten hinter den offenkundig negativen.

In welchem Milieu gedeiht eigentlich waches, hartnäckig bei der Frage bleibendes kritisches Bewußtsein am besten? Verläuft die hierzu nötige Aufwendung von seelischer Energie ganz unabhängig von den Vorgängen in der Ökologie, in der Umwelt, zu welcher dieses Bewußtsein gehört? Das ist kaum zu erwarten; aber eine verbindliche Antwort über die Zusammenhänge besitzen wir nicht, insbesondere, welche Frustration stimulierend und welche entmutigend wirkt.

Unserer Zivilisation ist es gelungen, die Angst vor Krankheit, die Angst der Armut und des Nichtwissens zu lindern. Lasten sind damit erleichtert, an denen alle Generationen vor uns schwer zu tragen hatten. Es wäre nicht abwegig, zu erwarten, Dankbarkeit und ein mildes moralisches Klima könnten die Folge sein. Die Siege an der Front der Naturforschung, der wir den Fortschritt danken, haben aber unerwartetes Unbehagen an anderer Stelle geweckt. Zunächst hat die sprunghafte Vermehrung der Menschheit dank hygienischer Maßnahmen unerwartet viele neue Esser gebracht. Das bringt ein neues Generalproblem mit sich: Ist es moralisch, dem für diese Entscheidung ganz unvorbereiteten Individuum in Indien oder Südamerika die Vermehrung nach seinem Willen oder dem Zufall zu überlassen? Wie kann Aufklärung so weit verbreitet werden, daß ein Problembewußtsein entsteht, ohne welches von einer echt moralischen Entscheidung gar nicht gesprochen werden kann? Die so überaus hygienische, wohlorganisierte technische Zivilisation ist nach wie vor durchsetzt von unaufgeklärten, gepanzerten Egoismen, unter deren Einfluß die Chancen einer aggressionsfreieren Gesellschaft kaum besser sind als früher. Dazu kommt die neue Enge des verwalteten Daseins in den immerfort wachsenden Menschenmengen. Zwar hat die materielle Sicherheit zugenommen; Fluchtwege aus dem Netz der Institutionen gibt es aber keine. Sublimierungen sind schwer erreichbar, sie müssen vom Individuum entdeckt und durchgehalten werden. Die glaubhafte gesellschaftliche Anweisung zu kultiviertem Leben, zur Humanität, die alle anginge, fehlt uns. Das Abwandern des »Machens« auf immer potentere Maschinen depotenziert die »Schaffenslust«. Arbeit ist – in der Form, in der sie heute von den Massen geleistet werden muß – nur wenig geeignet, dem Individuum als Hilfsmittel seiner Integration zu dienen. Integration meint hier Stabilisierung kritischer Selbstwahrnehmung. Für viele Millionen Menschen kann die Art der Arbeit, die man von ihnen fordert, nicht mehr libidinöse Zustimmung heischen als dumpfe Sklavenarbeit der Vergangenheit.

16. Die Arbeit an und mit der Maschine, so notwendig sie ist und sosehr der einzelne daran gewöhnt erscheinen mag, bringt mit allen anderen Folgen der technischen Zivilisation auch Abstumpfung und aggressive Gereiztheit mit sich. Sie schafft jenes uninteressierte, unverantwortliche Plebejertum, das man dann wiederum

als unverbesserlichen Zug der menschlichen »Natur« anspricht. Freilich wird diese Art von Arbeit heute besser bezahlt; was aber, wie immer deutlicher wird, kein Generalheilmittel ist.

Die Arbeitsteilung hatte vor der Herrschaft der Automaten eine Fülle von handwerklichen Techniken (skills) hervorgebracht, deren Erwerb sich im Charakter des einzelnen niederschlug. Diese Chance ist für den »Werktätigen« vergeben, von den wenigen Stellen abgesehen, an denen experimentelle Entwicklung betrieben wird. Es ist in keiner Weise mehr »sein Werk«, an dem er tätig ist. Die Tätigkeit, die von ihm als Arbeit gefordert wird, ist wenig geeignet, seinem Triebhunger zu sublimierten Befriedigungen zu verhelfen und dadurch seinen Selbstwert mitzubegründen. Erworbene Fertigkeiten befriedigen aus sich selbst heraus, auch wenn sie sich nicht unmittelbar im gesellschaftlichen Status niederschlagen.

Versucht das Individuum unter Vermeidung der zur Konsumgesellschaft gehörenden Kunst der Verschleierung von Tatbeständen, sich über seine Lage klarzuwerden, dann muß es erkennen, daß der »Apparat«, die Organisation, der Betrieb, mit denen es im Leistungstausch steht, nur zu wenig persönlicher Beziehung fähig sind. Die Arbeitswelt hat einen Grad von Anonymität angenommen, in der nur noch die Illusion überlebt, es käme auf den einzelnen an. Es kommt *nicht* auf ihn an; der militant menschenverachtende Satz »Keiner ist unersetzlich« wird zur pragmatischen Grundmaxime. Die Apparatur verlangt nach *sach*gerechter Bedienung. Die persönliche Qualität wird daran gemessen, wie vollkommen der, der den Apparat bedient, dessen Möglichkeiten und Schwächen gerecht wird. Wenn über das Arbeitsklima reflektiert wird, ist es ein Pseudohumanismus, vielleicht auch Ratlosigkeit, weil die Maschinen anfangen, den psychosomatischen Zustand der Menschen zu formen. Jedoch ist es die Angst vor der möglicherweise sinkenden Produktion, die treibt, und nicht die Frage: Wie kann eigentlich der Stanzer X oder der Zeitnehmer Y aus seiner Arbeit Befriedigung gewinnen? Das stellt aber ein Sozialproblem erster Ordnung dar, weil es dem einzelnen in der Masse nicht offensteht, durch Initiative sich eine an seine *persönliche* Arbeitsleistung gebundene Befriedigung zu verschaffen. Er kann zum Beispiel nicht die Leistungsnormen nach seinen Wünschen abstimmen, auch wenn er dabei produktiver wäre. Dieses

Problem wird mehr geahnt und mit unguten Gefühlen beiseite geschoben, als daß es zu einem zentralen Bewußtseinsinhalt entscheidungsbefugter und machtbegabter Gruppen – also zu einem Politikum der Massengesellschaft – geworden wäre. Die Erfindung technischer Apparate befreite von schlecht angesehener, schwerer körperlicher Arbeit, brachte dafür die Monotomie der Kontrolle der Apparaturen; also eine Versklavung an diese technischen Arbeitsprozesse. Die Automation wird in vieler Hinsicht die Befreiung auch von dieser zermürbenden gleichförmigen Arbeit zur Folge haben. Die »Entkörperlichung« (Desomatisierung) von Arbeit schreitet fort. Der Wegfall von Arbeit schafft zunächst Leerräume, nicht Arbeits-, aber Beschäftigungslosigkeit. Wie werden die Menschen diese Leerräume füllen? Welche Identifikationen werden ihnen angeboten werden? Das ist eine der Aufgaben einer neuen Moral, von der wir oben sprachen. Man kann sie sich denken, weil sie notwendig ist; aber sie existiert nicht.

17. Die politische Lethargie der Massen ist die depressive Antwort auf eine Lage, in welcher ihre alltägliche Wirklichkeit deshalb zum Verzweifeln ist, weil jede persönliche Anteilnahme von der Struktur der Institutionen, der Großorganisationen her enttäuscht werden muß. Das »Arbeitsklima« stellt einen mit den Produktions- oder Organisationsprozessen – also der Arbeit – ziemlich unverbundenen Überbau dar, einen tröstlichen Selbstbetrug, als ob es die gelingende Arbeitsleistung wäre, welche die gute Stimmung schafft. Eine dauernde Musikkulisse in vielen Betrieben soll unbewußt den Eindruck des heiter Festlichen erwecken. In sich ist aber die Montage am Fließband, die Bearbeitung von Versicherungsfällen im je herkömmlichen Sinn »Sklavenarbeit«, vielleicht notwendige Arbeit, aber keine Herausforderung an das Sensorium und die Leistungsfähigkeit des Individuums zu differenzierter Antwort.

Die große Mehrzahl der Menschen erhält demnach, trotz Verbesserung der materiellen Lebensbedingungen, höchst unzureichende Hilfe im Umgang mit den neuen Chancen. Sie wird nicht darin unterwiesen, wie sie ihre Bedürfnisse sublimieren könnte. Das Leben ist nicht mehr so beschwerlich, daß unmittelbare orale Befriedigungen so im Vordergrund stehen müßten, wie sie es noch tun; die in den Schulen vermittelten Kenntnisse sind auch nicht mehr so beschränkt, daß nicht eine Teilnahme an der Entwicklung des Wissens, die vor 200 Jahren nur wenigen offenstand, heute für ungleich mehr Menschen zugänglich wäre; aber es fehlt die Anleitung der Neugier, der inneren Beteiligung. Das begründet die dauernde Unzufriedenheit, die den ahnungslosen Kritiker unserer Zeit erstaunt: Unzufriedenheit, »wo es den Leuten doch soviel besser geht«.

Psychologisch gesprochen geht es um die Frage, wie mehr Individuen an Sublimierungen ihren Gefallen finden könnten. Es mag dahingestellt bleiben, ob diese Unterweisungen – deren Schritte uns vorerst unbekannt sind – noch »Erziehung« zu nennen wären; jedenfalls »Sozialisierung« unter den Gegebenheiten unserer Zeit. Wir werden hierin nur dann erfolgreicher sein können, wenn wir den Vorgang der Sublimierung und anderer Reaktionsbildungen im Individuum besser verstehen, und zwar von seiner Kindheit an, wenn die Anlage zu diesen psychischen Prozessen geweckt und geformt wird – je nach Begabung vielleicht auch: wenn eine primär sich äußernde Anlage nach Gestaltungshilfe verlangt. Vielleicht ist die Kompliziertheit dieses Problems die wichtigste Berechtigung für die langwierigen psychoanalytischen Heilbehandlungen. Jede von ihnen trägt zur Vermehrung unserer Kenntnisse bei, die uns ohne sie nie zugänglich würden.

Es könnte so aussehen – und viele spontane Kritiker glauben das –, als habe sich auch das moralische Empfinden entdifferenziert und als erlebten wir einen Verfall der Gesittung. Partiell wird das gewiß zutreffen und möglicherweise auch korrespondierend zum Verlust an Selbstverantwortung bei der aufgezwungenen unselbständigen Arbeit des Großbetriebes. Erzwungene Abhängigkeit bringt unvermeidlich psychische Regression hervor, zunächst jedenfalls, solange das Bewußtsein unter dem Eindruck eines Systems immer lückenloserer Verwaltung steht. Was den an administrative Unfreiheit akklimatisierten Individuen einfallen wird und ob ihnen etwas einfallen wird, um individuelle Entscheidungsfreiheiten zu erkämpfen, die *diese* Form der Bevormundung hinter sich lassen, wissen wir nicht.

Am Eindruck eines Sittenverfalles ist jedoch auch eine optische Täuschung beteiligt. Einer stetig wachsenden Zahl von Menschen werden Befriedigungsmöglichkeiten zugänglich, die ihnen bisher verschlossen waren. Das Angebot ist bunt und verlangt von ihnen Unterscheidungsvermögen. Aber gerade diese Urteilsselbständigkeit haben sie nie entwickelt, weil niemand in ihrer Umwelt zuvor je in ähnlicher Lage war. Die sprunghafte Vermehrung der Süchtigkeit verschiedener Art in unserer Gesellschaft (besonders mit den legalen Mitteln: Alkohol und Nikotin[1]) zeigt diese relative Schutzlosigkeit des Individuums gegen Wohlstandsformen an, in denen die Entsagung nunmehr weniger von der Not diktiert wird, als sie von der Vernunft zu leisten ist. Es geht also nicht um Sittenverfall, sondern primär um neue Kollektivanpassungen an die Fremdwelt der Großzivilisation, und dies geschieht nicht nur »vernünftig« mit Ich-Funktionen kritischer Art (Voraussicht, Selbstkontrolle, Einfühlung etc.), sondern ebenso mit jenen anderen (infantilen) Ich-Leistungen, welche wir »Abwehrmechanismen« gegen die Unlust aus Triebversagungen und Einschränkungen aus der sozialen Realität nennen: Verdrängung, Projektion etc.

Der Abwehrmechanismus der »Verschiebung des Triebzieles«[2] ist im gegebenen Zusammenhang besonders wichtig. Kann man bei der »Sublimierung« von einem Funktionswechsel in Richtung komplizierterer, mit Triebaufschub verknüpfter Verhaltensweisen sprechen, so existieren dazu in den Suchtformen gegensätzliche Ersatzbefriedigungen, in denen es zwar auch zu einer Verschiebung kommt; sie geschieht aber im Dienste imperativ auftretender Triebwünsche. Das Suchtmittel soll Unlust rasch beseitigen.

Wie in allen Zeitaltern vor dem unsrigen genießen es die Menschen, mit Hilfe von Rauschmitteln sich über die Einschränkungen und Verbote ihrer eigenen Gesellschaft hinwegzusetzen, sich entschädigen zu können. Der Überfluß dieser Möglichkeiten ist das Neue an der Lage, in der sehr viel Unlust erzeugt wird.

---

1 Die Suchtmittel haben offenbar eine sehr stark empfundene Bedürftigkeit zu befriedigen. Das ließ sich aus der Tatsache ablesen, daß der *Terry-Report*, welcher den Zusammenhang zwischen Rauchen und Lungenkrebs zu einer unbezweifelbaren Tatsache werden ließ, auf den steigenden Zigarettenkonsum keinen nachhaltigen Einfluß ausüben konnte. Als nächstes kündigt sich die uneindämmbare Sucht nach Halluzinationen erweckenden synthetischen Drogen (z. B. LSD) an.

2 Vgl. Anna Freud *Das Ich und die Abwehrmechanismen*. München 1964.

18. Moralisten pflegen jeweils dann von »Verfall der Gesittung«
zu sprechen, wenn neue Befriedigungschancen in einer Gesellschaft entstehen und wahrgenommen werden; wenn etwa weniger gearbeitet werden muß, um das Leben zu fristen. Die Kritik
läßt sich aber leicht irreführen, denn während der Umgestaltung
sozialer Strukturen kommt immer auch ein bestimmter Typus
hoch, dessen Über-Ich schwach entwickelt ist. Es sind rücksichtslose und gierige Individuen, Parvenüs, Betrüger und Selbstbetrü-
ger. Sie sind aber mehr Indikatoren des sozialen Umbaus als solchen denn Repräsentanten der kommenden Lebensform, wie dies
konservative Kritik jeweils gerne glauben machen möchte.

Die rasche Verbesserung des Lebensstandards für fast alle bei
ebenso rasch wachsender ungewohnter psychischer Belastung hat
die eingeübte, tradierte Lust-Unlust-Relation erschüttert und die
ungelenke und oft abstoßende Neigung zu Ersatzbefriedigungen
en masse erzeugt. Woran Moralisten sich seltsamerweise viel weniger stoßen, ist das subjektive Elend neuer Sklaverei, das mit dem
Wohlstand eingezogen ist und das kaum Worte findet, weil es so
selbstverständlich, unserer Zivilisation so immanent ist.

Unzweifelhaft besteht weitverbreitet moralische Abstumpfung
oder Stumpfheit. Fraglich bleibt, ob sie in nennenswerter Weise
zugenommen hat. Manches wird mit zunehmender Aufwendigkeit
nur sichtbarer. Jedenfalls ist die Diskontinuität der neuentstan-
denen sozialen Wirklichkeit mit dem Hergebrachten tief und be-
unruhigend. Die überlieferten Rituale und Gewohnheitsherrschaf-
ten versehen zwar noch eine Art Notdienst, können aber nur noch
wenig schöpferische Libido in sich binden. So restaurativ der Habitus in den westlichen Länder ist, es tragen sich täglich Dinge zu,
denen gegenüber es keine sichere Einstellungsnorm gibt: z. B. hinsichtlich der technischen Möglichkeiten, menschliches Leben zu verlängern, künstliche Bewußtseinsbeeinflussung von Massen durch
Beimengung von Drogen zum Wasser u. ä. Wird sich vielen dieser
Möglichkeiten gegenüber eine stillschweigende Konvention der
Nichtanwendung entwickeln, wie sie sich nach der Entwicklung
von Giftgas als Kampfwaffe hergestellt hat? Das ist sehr ungewiß,
denn die Vorbilder, an denen wir uns solchen Angeboten gegenüber moralisch orientieren könnten, sind noch nicht errichtet.

19. Der großen Mehrzahl der Menschen ist der grundsätzliche Konflikt mit der Gesellschaft fremd [1]. Man wird die durch Generationen gewahrte Treue zu abweichenden Glaubens- und Moralsätzen bei Minoritäten bewundern, aber sie widerspricht nicht dieser Konfliktscheu; das Individuum gehört glaubend zu einer Gruppe, auch wenn diese aus irgendeinem Grund diffamiert werden sollte. Wo sich die Dissidenten nicht zu organisieren und dadurch am Leben zu erhalten vermögen, setzt sich das in Versuchung geratene Individuum stillschweigend in den Trab des »Mitlaufens«, um der Angst des Ausgeschlossenseins, der Ächtung, zu entgehen. Demgegenüber nimmt sich die aus jüdischer Erfahrung stammende Maxime »Wenn einer dir sagt: ›Töte, oder du wirst getötet!‹ – laß dich töten« unendlich anspruchsvoll, ja hochmütig aus. In sehr stark moralintegrierten Gruppen, die ein festumrissenes Eigenideal (unter Umständen ein Sendungsbewußtsein) besitzen, wie etwa die Juden der Diaspora oder die Albigenser oder die Urchristen, die Ernsten Bibelforscher in den KZs, mag sich eine solche Handlungsanweisung als verbindlich für alle Mitglieder durchsetzen lassen. Die meisten Moralen können nicht erwarten, Menschen so weit zu beherrschen. Wohl aber kann ein einzelner in den Schrecknissen der Welt Einstellungen von solcher Entschiedenheit sich als seine persönliche Moral zu eigen machen.

Wir verfolgen das Thema Relativierung der Moral; folglich haben wir uns nicht vorgenommen, diese oder jene zu verfechten, sondern haben uns mit der schon erwähnten Tatsache auseinanderzusetzen, daß in unserer Zeit Menschen verschiedenster Kulturen miteinander in regen Kontakt getreten und damit unvermeidlich auch in Interessenkonflikte geraten sind. Die Hauptströmung der Geschichte hat bisher trotz aller sogenannten Völkerwanderungen und Handelsbeziehungen die Isolierung, die statische Existenz hinter Sprach- und Brauchtumsgrenzen, ungleich nachdrücklicher als die Tauschvorgänge zwischen den Kulturen gefördert. Aus dem Geschichtsunterricht erinnern wir uns noch, daß uns der Hellenismus, jene Epoche durchlässig gewordener kultureller Grenzen, als eine Epigonenzeit mit deutlich abschätziger Betonung vermittelt

[1] Vgl. K. M. Michel *Die sprachlose Intelligenz I und II*. Kursbuch 1 und 4. Frankfurt (Suhrkamp) 1965/66.

wurde. Die Thermopylen, das war Geschichte; Praxiteles, das war Kunst. Die feine Kultur der Toleranz erschien im Lichte eines Untergangs der Sitten. Unsere Lehrer waren für den deftigen Ethnozentrismus im allgemeinen, was unsere eigenen Sitten betraf, für den aufrechten Barbarismus, der sich vom Welschen fernhielt. Mit solcher Vereinfachung ist nicht mehr auszukommen. Wir müssen die Vielheit von Ordnungssystemen für menschliches Verhalten hinnehmen; das ist der geschichtliche Zwang, dem wir uns zu fügen haben. Die blinde Wut, mit der im Westen Chimären des Kommunismus und umgekehrt im Osten solche des Kapitalismus, Revanchismus etc. errichtet werden, verweist uns auf den mächtigen aggressiven Triebüberschuß, der vorerst (wie in den Tagen der Kreuzzüge) aus dem eigenen Kulturbereich hinauszukanalisieren, abzuleiten versucht wird, lange bevor eine standfeste Einsicht in das jeweilig Fremde versucht wird. Auch das ist ein Merkzeichen für die vorläufige Schwäche unseres Ichs gegenüber den in uns entstehenden Triebstauungen, denen es keinen produktiven Auslaß zu eröffnen vermag.

Angesichts dieser hochgefährlichen *Überbelastung des Individuums mit unerfüllten* – vornehmlich aggressiven – *Triebneigungen* leuchtet es ein, daß menschliches Gruppenleben nicht ohne Verpflichtungen von der Art einer Moral denkbar ist; auch die zu der herrschenden Moral exzentrisch lebende Gruppe (etwa eine Gangsterorganisation) hält nur dadurch zusammen, daß sie verpflichtende Verhaltensnormen annimmt und die Kraft hat, diese unter den Mitgliedern durchzusetzen. Dennoch ist – unter den Lebensbedingungen der Überflußgesellschaft, die tief zur christlichen Verzichtmoral in Widerspruch steht – allerorts der Unwille fühlbar, unnötig, leerlaufend zu leiden, Lustprämien sich abhandeln zu lassen für nichts als einen Blick auf die theologisch verwaltete Ewigkeit. Statt dessen besorgen modische Konventionen, noch kurzlebiger als Moral- und Ideologieherrschaft, oft als Unsitten verunglimpft, zuweilen richtig als solche erkannt, die Vermittlung von Markierungen der Bekanntheit. Dieses Bedürfnis, sich unter seinesgleichen sicher fühlen zu können, ist so groß, daß nicht allein religiöse, auch die vielfältigsten paganen Brauchtümer, die gar keinen Bezug zur Realität mehr haben, konserviert werden und an dem, was wir Moral nennen, mitwirken.

Demgegenüber sind die Versuche selten und unorganisiert, mit denen einzelgängerisch getrachtet wird, durch neue Selbstbegrenzungen ein neues Selbstgefühl aufzubauen. In der Langeweile puren Triebverschleißes meldet sich die Erfahrung, daß Verzichten die Verfügungsgewalt über sich selbst vergrößern, mitmenschliche Beziehungen vertiefen und damit auch glücklich machen kann. Wer »nein« sagen, sich einer Lust enthalten kann, bleibt vielleicht wach für eine stärkere, zum Beispiel für die Gratifikation, die ihm durch die Achtung anderer oder auch seines eigenen Gewissens zufällt. Wer sich Lust allzu leicht gönnt, wird möglicherweise für jenen Genuß unempfindlich, der freier, reifer, heiterer macht. Er gerät unter ein Pendant des moralischen Zwangs, er wird vom Suchtzwang beherrscht.

20. Die Überschichtung rückläufiger und vorauslaufender, progressiver, unabgeschlossener Moralität war kurz zu berühren, um die Fülle dessen, was wirklich vorkommt, im Bewußtsein zu halten. Die umfassende Arbeitshypothese, die wir zum Thema vorbringen, scheint ziemlich gesichert: keine Gesellschaft ohne Moral. Ernstlich ist dieser Behauptung keine Ausnahme entgegenzusetzen, jedenfalls nicht in Kulturen mit einer der unseren vergleichbaren Leistungsdifferenzierung. Offenbar wird aber immer um die Prämie gerungen, die uns Moralen abfordern im Tausch gegen den Schutz, den sie verleihen: dazuzugehören, kein Fremder, kein »Unmoralischer« zu sein. Um das Ausmaß der Restriktion geht es nicht nur in der Praxis, auch in der kritischen Besinnung.

Da ist der Untersuchende gezwungen, den in Punkt 10 begonnenen Definitionsversuch fortzusetzen und sich nach einer weiteren Minimaldefinition umzusehen, die aber doch die Essenz des Moralischen enthält, und zwar gleichgültig, auf welche spezielle Moral wir treffen werden. Was darf nicht gedacht, geplant, getan werden, wenn der Anspruch der Moralität erhoben wird? Es scheint, daß zwischen den Kulturen große Unterschiede hinsichtlich des Ausmaßes der Beherrschung bestehen, der sich libidinöse und aggressive Neigungen beugen müssen. Wenn Bändigung und Ritualisierung der Triebäußerungen die Aufgabe der Moral ist – und darin erfüllt sie funktionell die korrespondierende Aufgabe zu den angeborenen sozialen Instinktleistungen in der Tierwelt –, dann läßt sich definieren: *Um moralisch zu sein, muß ich so zu handeln trachten, daß ich mit meinem Streben nach Lust, nach Gewinn* – beides im konkreten wie im weiteren Sinne – *dem anderen nicht schade*; und bei dieser Einstellung habe ich auch dann zu bleiben, wenn ich durch diese Maxime mit dem eigenen Drang, den eigenen Zielen in Konflikt gerate, mich also zu Verzichten bequemen muß. Auch Angst soll mich nicht den anderen vergessen lassen.

Nun kann ich so viel ungerechtfertigtem, rücksichtslosem Egoismus beim Partner begegnen (und ich selbst könnte nicht frei davon sein), daß es notwendig ist, zu präzisieren, um nicht unversehens in Philantropie zu verfallen, statt Moralkritik zu betreiben. Denn die Frage taucht sofort auf: Wann schädige ich eigentlich? Darüber könnten sehr verschiedene Auffassungen entstehen, sobald der Interessenkonflikt entbrennt. Der expansive Egoist fühlt sich benachteiligt, wann immer seinen Absichten von den Interessen anderer Schranken gesetzt werden. Wie ihm deutlich machen, daß auch andere berechtigte Ansprüche verteidigen? Wer unterscheidet das gewichtige, überlegene Argument vom Scheinargument, mit dem »Rationalisierung«, also eine nur vorgetäuschte Logik, die in Wahrheit Interessenlogik ist, betrieben wird?

Unsere Minimaldefinition verhilft also nicht zu einem Katalog von Ratschlägen bei den wiederkehrenden sozialen Grundkonflikten. Sie stellt eine einzige Forderung, die zu erfüllen ist, ehe etwas geschieht: Versuche, den anderen soweit wie möglich zu verstehen, deine Empfindsamkeit für seine Gefühle zu steigern; vermeide damit vermeidbare Schädigung im Sinne der Kränkung und Demütigung. Bemühe dich um dieses Fremdverständnis besonders dann, wenn du dich ganz im Recht wähnst und *wenn der andere schwächer ist als du selbst.*

Einfühlung wird als Gegenkraft gegen die Einfärbung der Realität durch Affekte benötigt. Die moralische Auflage konzentriert sich auf die eine verpflichtende Anweisung, keine Anstrengung zu scheuen, sich in die Position des anderen zu versetzen, mit so viel Schärfe einer teilnehmenden Beobachtung, als wir verfügbar haben, und dann in unsere eigene Position mit diesen Erfahrungen zurückzukehren, bevor wir handeln[1].

---

[1] Die hier gestellten Forderungen sind alt. Der Aufruf zur Selbstkontrolle.

Jede Zeit muß ihre Moral einüben und entdeckt dabei, daß sie eine »doppelte Moral« besitzt. Beide, die Forderungen der ersteren und die Gefahr der Fallstricke der letzteren, halten das Individuum in Atem. Nicht immer ist es leicht, Rücksichtnahme und selbstgerechte Heuchelei auseinanderzuhalten. Denn das Argument, welches der Scheinheilige vorbringt, kann fadenscheinig genug sein, wenn es aber die unbefriedigte Triebspannung bei vielen anderen anspricht und Genuß verheißt, wirkt es doch überzeugend. Gegen diese wortlos verabredeten Verschwörungen im Schatten der Moral ist oft für lange Zeit wenig auszurichten, vor allem, wenn der Triebgenuß dabei in Gefahr geraten sollte. Es mag viele Argumente gegen die Existenz von Hexen gegeben haben (und sie mögen auch vorgebracht worden sein), das hat nicht den Tod einer Unzahl angeblicher Hexen im Mittelalter verhindert; denn hier konnte sich eine von Verbotsängsten und äußeren Katastrophen – wie Epidemien und Hungersnöten – bedrängte Bevölkerung beim zuschauenden Teilnehmen an hochnotpeinlichen Verhören und öffentlichen Hinrichtungen eine kollektive Befriedigung ihrer in die Hexen projizierten sexuellen und destruktiven Phantasien verschaffen. Für die repressive Struktur dieser Gesellschaft war Folter und qualvolle Tötung der Opfer ein unersetzlicher Preis ihrer Moralität.

Ein starkes neues Mittel gegen die Scheinmoral ist die psychologische Untersuchung der Motive – auch und gerade der verborgenen Motive – einer Einstellung. Das Verständnis der Motive eines Individuums bringt uns schrittweise an die *unbekannte Welt des anderen* heran. Diese Fremdwelt haben die Moralen bisher mehr verdeckt als enthüllt, weil es ihnen auf die Typisierung in fremd – bekannt, gut – böse etc. ankam. Inzwischen hat uns Freud zu erkennen gelehrt, wie leicht in diese Stereotype die Projektion

den die Philosophen immer wieder erließen, an sich schon schwer genug, wurde durch keine Methode für die Prozedur der kritischen Selbstwahrnehmung unterstützt. Bald stand die moralische Selbsterniedrigung, bald die verkappte Selbstapologie im Vordergrund. Freuds psychoanalytische Behandlungs*technik* hat den gleichsam archimedischen Punkt vorbereitet, von dem aus es mit der Hilfe des »wohlwollend neutralen« und teilnehmend beobachtenden Analytikers leichter ist, die blinden Flecken in der Selbstwahrnehmung aufzufinden und sie allmählich zu verkleinern.

eigener, verleugneter Charaktermerkmale eingeht. Wir unterliegen dann einer Wahrnehmungstäuschung, durch welche Moral aufgehoben wird. Denn anstelle einer Fremd-Begegnung nehme ich am anderen *das Fremde in mir* wahr. Ich mache aus ihm, meinen Bedürfnissen folgend, ein Ideal oder einen Ausbund meiner Fehler. Die Entdeckung des Projektionsmechanismus im Sozialverhalten hat neue Kriterien für die Bestimmung moralischen Verhaltens nötig gemacht.

21. Wir unterscheiden also zwischen der Prämisse, die moralischen Entscheidungen voranzugehen hat, und den faktischen Konventionen. Die Prämisse fordert die Reflexion über den Partner und über die eigenen Absichten, das Handeln soll durch solche Reflexion gesteuert werden. Moral als faktische Konvention dagegen stellt ein System von Verhaltensanweisungen dar. In unserer Gegenwart breitet sich das Verlangen nach nationaler Selbständigkeit mit dem nach technischen Produktionsmitteln aus, welche allein in der Weltöffentlichkeit Ansehen verleihen. Dabei treffen – wie wir eingangs betonten – Menschen aufeinander, die sich nach ihrer Herkunft gänzlich fremd sind. Das verstärkt die Notwendigkeit für eine Verbesserung und Verfeinerung der Wahrnehmung, da jetzt Menschengruppen ins Blickfeld kommen, die bisher zur Erleichterung der Einhaltung der Moral in der eigenen Gruppe fremd, unverstanden bleiben mußten und dadurch in jedem Fall als nicht so wertvoll wie man selbst gelten durften. Sie waren deshalb das scheinbar ganz natürlich vorgegebene Objekt der Ausbeutung und kollektiver Verachtung. *Überwindung von kollektiven Vorurteilen* ist also (neben der Einübung in die Verhaltensmuster der eigenen Gruppe) die zweite Hauptaufgabe moralischer Erziehung geworden. Beide Aufgaben, und das ist das gänzlich Neue, stehen zueinander in einem dialektischen Verhältnis. Derartiges hat sich noch keine Moral zuvor gefallen lassen müssen.

Vielleicht taucht erst in diesem historischen Augenblick auf merkliche Weise der Anspruch auf, das Individuum müsse für eine lebenslange ständig erneute Anpassung an das System der moralischen Werte bereit sein. Das Erlernen einer Moral ist nicht mit der Errichtung erster innerer Vorbilder (am Ende der ödipalen

Entwicklungsphase) beendet, also mit fünf bis sechs Jahren – wie uns die psychoanalytische Beobachtung zu erkennen gelehrt hat –, auch nicht mit dem geglückten Übergang von einer »heteronomen« zu einer »autonomen« Moral, das heißt von einer Moral, die man bei den Erwachsenen vorfindet, zu einer, der man sich selbst verpflichtet, die die eigene Person repräsentiert, wie J. Piaget dies beschrieben hat. Diese Entwicklungstheorien halten ohne Zweifel wichtige Grundbedingungen für die Verknüpfung von Moral und Charakter fest. Die Eigenart unserer Situation besteht jedoch im Auftauchen von eigentlich unlösbaren moralischen Problemen. Sie werden dadurch unlösbar, weil ein allgemeiner moralischer Grundsatz mit den Pflichten aus der unmittelbaren Situation, in der das Individuum steckt, in Widerspruch gerät. Am eindringlichsten sind die Pflichtenkollisionen geworden, welche aus Krieg und Terror herrühren. In vielen Lebenslagen gibt es keine allgemeinverbindliche Anweisung. Nicht selten entwickelt das couragierte Individuum mit seiner abweichenden Entscheidung erst eine Bewußtseinslage, aus der für ein Kollektiv die Ahnung neuer Gewissensverpflichtungen entsteht. Die Attentäter des 20. Juli brachten über das Attentat auf ihren obersten Kriegsherrn hinaus einer Gruppe – dem deutschen Offizierskorps – zum Bewußtsein, daß die Gehorsamspflicht des Soldaten durch die Widerstandspflicht aufgehoben werden kann – aber das nicht in abstracto, sondern unter Einsatz des Lebens.

Solche Ereignisse sind nicht so leicht durch die traditionelle Moral aus dem Weg zu schaffen. Was die theoretische Analyse betrifft, so zeigt sich die Brauchbarkeit unserer Definition. Das Attentat ist gerechtfertigt durch den Terror. Dieser verletzt die moralische Verpflichtung, dem anderen nicht willkürlich zu schaden, und er gibt dabei gerade seiner Brutalität eine ideologische Rechtfertigung. Sie liest sich als seine Moral. Wie soll sich etwa das Individuum der verwalteten Gesellschaft in einem Krieg verhalten, an dem es nicht schuld zu sein und zu dem es nicht Schuld beizutragen begehrt? Wieweit muß es sich exponieren im Widerstand, und wieweit schädigt es, vielleicht subjektiv ehrlichen Widerstand leistend, eine gute Sache seines Kollektivs, die es nicht als solche erkennt?

Die bedrückende Widersprüchlichkeit moralischer Pflichten –

von den Triebansprüchen, die im Spiele sind, war noch nicht die Rede – macht deutlich, daß die Verschiebung der Verantwortung nach oben, wie in der Vergangenheit, immer weniger entschuldet. Zugleich werden die Situationen, in denen Entscheidungen getroffen werden sollen, für den durchschnittlich in der Großgesellschaft plazierten einzelnen undurchdringlich; was naturgemäß die Neigung, sich zu »privatisieren«, die Neigung zur Apathie (das heißt zum Rückzug der Objektbesetzungen, des Interesses) oder zur Delegation der Verantwortung fördert.

Alle Erfahrungen belehren uns, daß wir die Moralgebote unserer Gesellschaft in ihren Grundzügen gegen große innere, eben gegen die Widerstände unserer Triebnatur während unserer Kindheit erlernen und dabei schwere Krisen in unserem Verhältnis zu unserer unmittelbaren Mitwelt durchleben. Der wichtigste dieser Schritte von der triebbestimmten Selbstbezogenheit, dem primären Narzißmus, zur sozialen Einordnung geschieht in der Drei-Personen-Situation Kind-Mutter-Vater. Die Konfliktspannung dieses Geschehens (der Ödipuskomplex) lockert sich dadurch, daß wir unsere Objektliebe (z. B. die des Sohnes zur Mutter, die er zu heiraten wünscht) erhalten, indem wir uns mit dem auf seine Weise auch geliebten Vater identifizieren – uns seine Verbote, aber auch seine Stärke, seine Fähigkeiten dadurch zu eigen machen. Obgleich diese Identifikation zur Lösung des ödipalen Konfliktes, zur Ich- und Über-Ich-Bildung Wesentliches beiträgt, verhilft sie uns nicht unbedingt zu einer größeren Einfühlungsfähigkeit. Je totaler die Identifikation ist, um so größer pflegen ihre unbewußten Anteile zu sein. Das verhindert die Einfühlungsfähigkeit eher, da wirkliche Einfühlung gerade ein bewußtes Wissen um die Andersartigkeit, Eigenzentriertheit des geliebten Objektes voraussetzt.

Die Art der Lösung oder Ungelöstheit der ödipalen Konfliktsituation ist das Ausgangsschicksal des Individuums als Sozialwesens. Wir müssen uns ein sehr breites Spektrum möglicher Anpassungs- und Widerstandsformen denken. Immer steht dabei dieses Individuum auch im Kampf um Anerkennung seines Privatum, seines Selbstseins. Vom Extrem einer konstitutionellen Triebschwäche oder einer rücksichtslosen erzieherischen Überwältigung abgesehen, die ein »selbst*loses*«, in seiner Selbstbehauptung tief gestörtes Individuum hervorbringen, stellt wohl das Geschehen während der ödipalen Phase die Weichen, aber es sind nicht die letzten. Auch in den späteren Krisensituationen seines Lebens vermag sich das Individuum moralisch zu entwickeln in neuen Identifikationsstufen; wie überhaupt die verschiedenen Altersphasen auch biologische Forderungen an eine der Lebensepoche entsprechende moralische Anpassung stellen. Die Konflikte dieser späteren Moralisierung des menschlichen Verhaltens sind nicht kleiner geworden, seit die Rollenmuster für Triebbewältigung an Allgemeinverbindlichkeit eingebüßt haben.

Die bleibende Einengung der Entwicklung durch eine zu frühe, zu heftige, nicht einfühlende moralische Indoktrinierung – in welcher keine Freiheit für »Trotz« oder für das Besetzen einer dialektischen, kritischen Gegenposition offenbleibt – kann zu einer allzu innigen Verbindung von Über-Ich und Ich [1] führen. Das Über-Ich läßt von nun an dem Ich zu wenig Spielraum; dies führt zur Hemmung der kritischen Ich-Funktionen, nicht zuletzt zur Beschränkung kritischer Selbstbeobachtung. Das Ich kann sich dann nicht anders als mit den Augen des »Großen Bruders«, eines weniger liebevollen als unerbittlichen oder rächenden Gottvaters, sehen. Der Gedanke an eine Alternative zur Vorschrift ist schon strafwürdige Verfehlung.

22. Die im Über-Ich verinnerlichte Moralität der Gesellschaft ist es also, die zunächst über die moralgerechte Steuerung des individuellen Verhaltens wacht. Minoritäten, die inmitten einer frem-

---

1 Zum Beispiel kann man darauf verweisen, daß es seit je das Bestreben der katholischen Kirche war, durch einen möglichst frühzeitigen Einfluß auf die Erziehung des Individuums gerade diesen Effekt zu erreichen. Der Pragmatiker wird die Bewunderung nicht unterdrücken können, daß mit diesem Mittel durch die Jahrhunderte der Machtapparat der Kirche instand zu halten war. Wer in der Erhaltung dieses Apparates nicht den letzten Sinn der Geschichte sieht, wird trotz Bewunderung diese Form der Domestizierung uneingeschränkt ablehnen. Aber die hier angenommene Situation ist einfacher, als es der komplexen Wirklichkeit entspricht. Schon Freud (*Neue Vorlesungen zur Einführung in die Psychoanalyse*. Ges. Werke XV, 68 und 73) hat zum Beispiel darauf hingewiesen, daß eine milde und freiheitliche Erziehung das Kind nicht immer daran hindert, ein strenges und intolerantes Über-Ich zu entwickeln. Die Analyse solcher Fälle ergab, daß das Kind sich nicht mit dem bewußten Verhalten der Eltern, sondern mit den den Eltern selbst unbewußten Anteilen ihrer moralischen Einstellungen identifizierte.

den Kultur vor allem ihre Sprache, ihre Ehrvorstellungen, ihre Familientraditionen festhalten, belegen die Festigkeit dieses dem individuellen Ich in der Entwicklung zunächst überlegenen Impulszentrums. Freuds Bezeichnung »Über-Ich« ist deshalb korrekt; sie verweist auf ein intrapsychisches »Strukturverhältnis« und »personifiziert nicht einfach eine Abstraktion wie die des Gewissens« [1].

An Immigrationsschicksalen mit ihrer Aufgabe der Anpassung an eine kulturbestimmte Lebensform läßt sich aber auch beobachten, wie die Struktur eines traditionellen Über-Ichs aufgebrochen wird und wie dies Angst erweckt. Im neuen Milieu kann es entweder zu einer stürmischen Verleugnung der alten und zur Übernahme der neuen Gruppenidentität kommen; oder aber meist älteren Menschen gelingt es nicht, die erwartete kulturelle Anpassung zu leisten, sie behalten ihre mitgebrachten Identifikationen und Wertorientierungen bei, bleiben dadurch »seltsam«, Fremde, randständig. Im letzteren Fall schützt das Individuum seine Identität also mit einer »innengeleiteten« Orientierung im Sinne David Riesmans, im ersteren Fall verhält es sich »außengeleitet«. Es kann aber auch der Kompromiß zustande kommen, daß der Neuling die Fertigkeit entwickelt, auf zwei Schauplätzen zu leben, in der Familie oder in der ethnischen Gruppe mit der alten, auf dem Arbeitsplatz mit der neuen Moral und ihren Idealen.

Wenn wir die Vielzahl dieser unterschiedlich schnell und unterschiedlich tief verlaufenden Anpassungsvorgänge und überhaupt die Nöte der sozialen Umorientierung an neue soziale Werte und Rollen im Auge behalten, gelingt es uns besser, die Phänomene eines raschen Identifikationswechsels (der »Außenleitung«), rascher Veränderungen im Über-Ich als Anzeichen wenig haltbar gewordener Objektbeziehungen, zu verstehen. Es bleibt dabei die Frage, ob der geringe innere Abstand zwischen Ich und Über-Ich, die starke Abhängigkeit des Ichs vom Über-Ich, eine ungünstige Voraussetzung zur produktiven, das heißt die Reifung fördernden Anpassung an sehr neuartige Umweltbedingungen, wie die der

1 S. Freud *Neue Vorlesungen zur Einführung in die Psychoanalyse.* Ges. Werke XV, 71.

technischen Industriezivilisation, ist. Wir hatten jedenfalls in Deutschland Gelegenheit, zu beobachten, wie ungezählte Individuen bei relativ unveränderter familiärer Gruppenmoral sich rasch wechselnden Werten der nationalen Gruppenmoral anzupassen verstehen, wobei freilich gerade die Unterlegenheit der Ich-Funktionen gegenüber den Über-Ich-Ansprüchen dazu prädestinierte. Auf den Wogen nationaler Omnipotenzphantasien überließ man sich einer höchst zweifelhaft begründeten Moral der »Stärke«, das heißt der Gewissenlosigkeit, und war nach dem Zusammenbruch dieser Ideologie nicht in der Lage, zur Selbstkritik zu schreiten; vielmehr trennte man sich ohne sichtbare Trauer von der bisher emphatisch hochgehaltenen »Herrenmoral«, um die nächst opportune anzunehmen. Der Persönlichkeitswandel nach dem Kapitulationsjahr 1933 und die Anstrengungen der Verleugnung nach der totalen Niederlage 1945 haben sozialpsychologische Fragen aufgeworfen, die wir zwar teilweise zu beantworten vermögen, die aber doch in vieler Hinsicht unsere analytische Kapazität überschreiten. Diese jähe Umorientierung und dieses Mundtotmachen des Gewissens[1] bei Menschen so verschiedener sozialer Lokalisation wie zum Beispiel Arbeitern der Industriezonen und vornehmlich religiös gruppenorientierter Agrarbevölkerung bedürfte noch sehr viel exakterer Kenntnis der jeweiligen Sozialisierungsprozeduren, der jeweiligen Rollenkombinationen (der Statusrollen Talcott Parsons und ihrer Verknüpfung und Abfolge, wie von Robert K. Merton beschrieben).

Als Beispiel eines aktuellen Relativierungsvorganges der Moral ist unsere Rückbesinnung auf europäisch-demokratische Sittlichkeit 1945, nach totalem Machtverlust, nicht ungeeignet. Die Einstel-

---

[1] Auf den Unterschied von Gewissen und Über-Ich kann nicht näher eingegangen werden. Die wesentliche Differenz: Die Wirksamkeit des Gewissens ist bewußter Natur; aus ihm ist die Ambivalenz getilgt, es wiederholt auf positive Weise die Gebote, die es gelernt hat. Das Über-Ich enthält alles, was im Wahrnehmungs- und Lernprozeß als Identifikation, als Introjektion von Autoritäten ins Innere des jungen Menschen eingewandert ist. Dabei geraten viele unterschwellig wahrgenommene Züge mit in den Verinnerlichungsvorgang, die strenggenommen nicht »vorbildlich«, aber doch Merkmale des Vorbildes sind. All das bleibt unreflektiert, wird unbewußte, dem Ich vorgeordnete, übergeordnete Weisungsmacht. Es bedarf energischer Anstrengungen im Ich, um die Vorherrschaft des Über-Ichs zu bemerken und zu korrigieren.

lungsänderung ist als zunächst opportunistische Unterwerfungs-geste verständlich. Neben der Einschränkung der Realitätskritik des Ichs durch das Über-Ich (einschließlich der Selbstkritik) ist es noch ein zweites Ergebnis einschüchternder Erziehungsprozeduren, welches hier ins Gewicht fällt. Durch eine Erziehung, die früh in der Kindheit und Jugend auf Unterjochung des Ichs, auf Aus-schaltung seiner kritischen Fähigkeiten, erpicht ist, wird die Ambi-valenz aller Gefühlsbeziehungen sehr gesteigert. Aber die negative Seite dieser Doppelgefühle von Bewunderung (für die Macht) und Neid (auf sie), von Liebe und Verachtung etc. darf das Kind nicht zeigen, jedenfalls nicht unchiffriert, sicher nicht dem Inhaber der überlegenen Rolle gegenüber. (Es versucht vielleicht, etwas vom Haß auf den beneideten Vater in der Aufsässigkeit dem Lehrer gegenüber unterzubringen.) Demagogie stellt mit Freund-Feind-Polarisierungen übermäßige Gefühlsambivalenzen in den Dienst einer »gerechten großen Sache«. Die Entmischung der Ambivalenz geschieht durch Bahnung der Projektion ihres nega-tiven (bisher unterdrückten und dadurch unsublimierten) Anteils auf den Fremden oder Andersdenkenden. Hier spielt sich also ein fortwährendes Überfremdetwerden mit Moral ab, zunächst durch den inneren Usurpator, dann durch den militärischen Sieger.

23. Der Sadismus, der einen so starken Anteil an autoritären Äußerungen hat, wird bei uns wie anderswo als Lustquelle selten unumwunden zugegeben; er tritt als »Strenge« auf, und diese ist moralisch hoch stehend [1]. Wir idealisieren also unsere Sadismen; das macht sie besonders unzugänglich für (Selbst-) Korrektur. Die in den banalen Alltagssituationen hervorbrechende Aggressi-vität ist ein »acting out«, ein Ausagieren einer inneren Trieb-spannung, die dadurch entsteht, daß unser archaisches, unpersön-liches und hartes Über-Ich unser Ich unterdrückt und zu einer permanenten Gehorsamshaltung zwingt, gleichgültig, ob es sich um wahrhaft wichtige oder um irgendwelche ganz nebensächlichen Entscheidungen handelt. Das Über-Ich ist wie ein strenger Gott, der unablässige Aufmerksamkeit fordert. Ihm entlaufen wir nach

1 Vgl. Klaus Horn *Dressur oder Erziehung*. Schlagrituale und ihre gesell-schaftliche Funktion. Frankfurt (edition suhrkamp) 1967.

dem Prinzip der Radfahrer-Reaktion, wo immer uns ein Mitmensch in die Quere kommt und sich ins »Unrecht« setzt. Der kleinste Verstoß in der Verkehrsordnung oder in ähnlichen Situationen findet sofort die unfreundliche und seltener die freundliche Erledigung, was auf die dauernde Enttäuschung unseres Ichs über die nie zu befriedigenden Über-Ich-Ansprüche schließen läßt. Das Kind ist unser bevorzugtester »Untertan«. Es wurde gezwungen, die Überwältigung seiner eigenen Würde als »Gerechtigkeit« zu erleben; womit ein sado-masochistisches Verhältnis, häufig zwischen gleichgeschlechtlichen Partnern, gestiftet war. Viel anderwärts nicht zu befriedigende Libido geht auf diese Weise die Fusion mit Aggression ein.

In der bewußten Moralität bleibt solcher Mitvollzug infantil perverser Lustbefriedigung unbemerkt. Man quält und wird gequält, als ob es das Natürlichste auf der Welt wäre. Es handelt sich also um eine Unterströmung von Triebverlangen, welches seinem Ziel, der Entspannung, zustrebt, das durch Moralisieren rational akzeptabel wird. Als Perversion, die im Bewußtsein tabuiert, ein »unmöglicher Gedanke« ist, kehrt sich der Sadismus nicht viel daran, welchen Geschlechts das Objekt ist, dessen er zu seiner Befriedigung bedarf. Es geht eben um eine prägenitale und nicht um eine genitale Befriedigung der Libido. Das aggressive Ausagieren in Sadismen wird aber noch dadurch gefördert, daß die Moralität unserer Gesellschaft wenig unverblümte Neigung zum gleichgeschlechtlichen Partner erkennen zu geben erlaubt; vorherrschende Heterosexualität, erlernte Ekelempfindungen und vorgefundene Gesetzesschranken stehen davor. Nur heterosexuelle Beziehungen sind akzeptabel. Auch sublime Formen der gleichgeschlechtlichen Neigung, besonders unter Männern, stehen im Verruf des »Weibischen«; nur über die verbindende Lust an der Zote ist etwas homoerotische Befriedigung (die ganz unbewußt bleibt) möglich. Ein ärmlicher Ausgleich.

Das ganze Feld ist derart tabuiert, daß gerade für den körperlichen Anteil der gleichgeschlechtlichen Libido [1] wenig Realisie-

---

[1] Wir gehen dabei von der Hypothese der bisexuellen Geschlechtsanlage aus, für die sich immer neue Beweise finden. Die definitive Sexualrolle ist weitgehend sozial geprägt.

rungen und wenig Anweisungen zur Sublimierung bleiben. Es paßt nicht ins Idealbild dieser paternistischen Freude an der Gewalt, daß es keine Kulturaufgabe sein könnte, ins Bild des Mannes auch weichere, weiblichere Züge zu integrieren. Damit unterblieb die innerseelische Dialektik zwischen männlichen und weiblichen Identifikationen.

Eine kulturspezifisch deutsche Variante seit den Gründerjahren war die Abweichung aller Einsprüche mütterlicher Güte. Die Frau wird im Denkstereotyp des deutschen Mannes seither prinzipiell nicht ernst genommen. Bis wenigstens in die Mitte des vorigen Jahrhunderts war jedoch ein hochidealisierter, schwärmerisch entkörperlichter Freundesbund unter Jünglingen eine häufige Erscheinung. Das war ein anderes, vorindustrielles Deutschland, in dem für die Entwicklung sublimer Feinheiten in gleichgeschlechtlichen Beziehungen noch akzeptierte Rollenmuster bestanden. Später, unter dem Vorbild der Kadettenerziehung, sank diese Anstrengung, gleichgeschlechtliche Neigungen zu kultivieren, in rüdere Formen der Kameraderie ab. Das Rangverhältnis dominierte alles andere. Selbst nach dem Untergang zweier Großmachtkonstruktionen finden sich im männlichen Idealtypus unserer Gesellschaft kaum entspanntere, einfühlungsbereitere Züge. Nach wie vor bestimmt ein sadistisch eingefärbter Ton, ein »herrisches« Wesen, den Umgangsstil in Abhängigkeitsverhältnissen. Wo Mangel an Arbeitskräften zu vorsichtiger Haltung zwingt, wird das als Notstand und nur zögernd als Chance empfunden, den sozial Schwächeren trotz dieser Schwäche für voll zu nehmen. Weder das wilhelminische noch das hitlertreue deutsche Bürgertum verstanden sich darauf, ihre Moral der Härte (die unbegriffenerweise nicht der Stärke entsprach, sondern der Unfähigkeit, despotischen Vatervorbildern zu begegnen) relativ zu sehen. Der Mangel an Selbstironie zeichnete die Lage aus und tut es noch. Lust, die nicht Befehls- oder Gehorsamslust war, schien Defätismus. Die Distanz der Ironie war etwas, was das gruppenspezifisch deutsche Über-Ich unserem Ich nur in Ausnahmefällen ließ (wohl ein Grund, weshalb die Intelligenz in der Weimarer Republik nie aus dem Geruch, »zersetzend« zu sein, herauskam; ein Odium, das bei uns allezeit rasch erworben war und ist und zur Rigidität unserer Moral entscheidend beitrug).

24. Das Elend der menschlichen Moralen (und wohl auch der Grund für ihre geringe Stabilität) ist die Leichtigkeit, mit der sie sich mißbrauchen lassen. Die angeborenen auslösenden Mechanismen, durch welche das tierische Sozialverhalten reguliert wird, besitzen eine hohe Selektivität; sie sind unmißverständlich, denn sie sprechen nur auf »ganz bestimmte, charakteristische Reiz-Kombinationen« [1] an, die wie ein »Schlüssel« die arterhaltenden Handlungen in Gang setzen. Im Prinzip sind die überlieferten Moralen auf eben dieser möglichst starren Verknüpfung von »Befehl« und »Antwort« errichtet. Die Situation, zum Beispiel ein Examen, wird mit bestimmten Ansprüchen dressathaft verknüpft; es kann etwa als ehrenrührig gelten, mit Täuschungen zu arbeiten. Solange eine Konfliktsituation zwischen gesellschaftlicher Spielregel und Egoismus, der die Regel nicht beachten will, so einfach geartet ist, mögen die Entscheidungen problemlos fallen. Schon ein so vielschichtiges Geschehen wie eine Ehekrise aber macht deutlich, wieviel Mißverstehen, wieviel Moralismus im Dienste eigenen mitmenschlichen Versagens aufgeboten werden kann, so daß schließlich niemand mehr auf den Boden der Tatsachen findet. Ein Knäuel von Verletztheit, Einfühlungslosigkeit, Eigensinn und Eigennutzen, konformistischer Enge, geheimer Quälsucht aus Enttäuschtheit und vieles andere ist dann nicht mehr mit einfachen moralischen Geboten zu entwirren. Der Unterschied zum angeborenen Auslösemechanismus liegt demnach in der mangelhaften Selektivität, mit der moralisches Verhalten ausgelöst oder – ebensowichtig – nicht ausgelöst wird.

Viel zuviel und viel zuwenig kann unter das Regulationsprinzip der Moral geraten. Diese Unsicherheit kommt auch darin zum Ausdruck, daß keiner Moral eine verläßliche Tötungshemmung gegen Artgenossen gelungen ist. Die Einsicht fällt uns nicht leicht, daß es nicht nur die Schwäche oder Bosheit der Bösen ist, die Moral mißachtet, sondern daß wir alle mit viel mehr List, als wir uns vergegenwärtigen können, Moral mißbrauchen. So daß man formulieren kann – und wir in einem Atemzug damit auch unser eigenes Verhalten befragen sollten –: *Wenn dir einer mit*

1 K. Lorenz *Über tierisches und menschliches Verhalten*, Bd. II. München (Piper) 1965, 137.

Moral kommt (oder wenn du dich selbst auf Moral berufst), *vergiß nicht, dich zu fragen, ob und inwiefern er dich übervorteilen will* (beziehungsweise ob du mit ihm ein Gleiches vorhast).

Es ist unentschieden, ob es eine primäre Destruktivität (einen genuinen »Todestrieb«) gibt oder ob die natürliche Aggressionslust sich nur unter dem Erlebnis der Ohnmacht, der Erniedrigung des Selbstwertes, in die Lust am Zufügen von Schmerz verwandelt. Sicher ist, daß es bisher keiner der »Hochkulturen« gelang, auf die Dauer ihre Mitglieder so weit zu Sublimierungen zu veranlassen, daß dadurch jene Energien aufgesogen worden wären, die sich bisher in Haß- und Zerstörungsausbrüchen entluden. Diese letzteren repräsentieren anstelle der Ich-Leistung »Sublimierung« die kollektive Regression zur Anerkennung der Herrschaft von Primärprozessen.

Wenn wir die Relativierung der Moral im positiven Sinn als eine unvermeidliche Aufgabe wirklich verantwortlichen sozialen Daseins ansehen, dann bietet sich der Kritik ein besonders auffälliger Zug an. Vertreter der Moralität haben immer wieder und besonders fanatisch Aggression und Destruktion als sozial positive Leistung interpretiert. Foltern, Sieden und Verbrennen wurden ohne weiteres gebilligt, wenn einer der Sittenlosigkeit, des Umgangs mit dem Teufel – oder was immer die Unzucht signalisiert haben mag – verdächtig war. Es konnte also auf der Welt unter diesen beobachtenden Augen der Sittenhüter seit je ungleich brutaler als unverhohlen erotisch zugehen. In die Sprache der psychologischen Wissenschaft übersetzt: Aggressive Triebbefriedigung ist moralisch bis heute zulässiger geblieben als die zärtlich-sexuelle.

Das hat eine Folge, die von der Moral der Gewaltlosigkeit, also vom Kern der christlichen Moral her betrachtet besonders beklagenswert ist. Die Unterdrückung der erotischen Komponente im Verlangen der Menschen verhilft automatisch der Aggressivität zum Übergewicht.

»Triebe« kommen rein nicht vor; sie sind begriffliche Abstraktionen zur Verständigung über die Grundrichtungen, in denen menschliches Verhalten sich entfaltet. Die Wirklichkeit kennt nur »Legierungen« des Triebgeschehens. Dabei bestimmt der überwiegende Triebanteil das Ziel, nämlich aggressive oder libidinöse

Befriedigung. Im Fall eines Überwiegens liebevoller Besetzung eines Objektes werden wir unsere Aggression im Dienste der freundlichen Gesinnung, des Zärtlichen mildern können; wir suchen uns das Objekt unserer Lust zu erhalten. Diese Bändigung aggressiver Tendenzen wird nicht gelingen, wenn der Aggression das höhere soziale Prestige eingeräumt ist. Dann vollzieht sich die eigentliche Perversion der Libido: Sie gerät in den Strom aggressiver Zielsetzung und verleiht ihr den Charakter des Lustvollen. In der Tierquälerei des libidinös enttäuschten Kindes, wird deutlich, daß die mit Lust aufgeladene destruktive Handlung den Ersatz für eine entgangene Liebesbefriedigung darstellt.

Nicht nur, daß diese infantile Enttäuschung den Triebcharakter des Individuums definitiv beeinflussen kann, auch später bleibt diese Ersatzbildung aus chronischer Frustration heraus bei vielen Menschen ein nicht schwer provozierbares Verhaltensmuster; denn auch der brutale Exzeß, etwa die im Dienst der Moral verwendete Folter, enthält eine pervertierte libidinöse Befriedigung. Auffallend ist, daß stets ein Bedürfnis besteht, die Perversion umzubenennen und moralisch zu rechtfertigen.

Die Verdammung der sexuellen Lust in langen Perioden der christlichen Geschichte zwang das Individuum zur Unterdrückung der Sexualität und zur ersatzweisen Triebbefriedigung in Akten der Destruktion. Daß dieser Tausch der Triebbefriedigungen möglich ist, muß als ein Apriori hingenommen werden. Weil aber gar kein Kult der Sexualität im Religiösen geduldet wurde, liefen die moralischen Anforderungen auf eine Überanstrengung in den Triebverzichten hinaus. Obgleich auch Gewaltlosigkeit gefordert wurde, geschah die Behandlung von Verstößen gegen dieses Gebot – vor allem auf kollektiver Ebene und durch die herrschenden Schichten der Gesellschaft – mit mehr Nachsicht als bei Verletzung sexueller Tabus; doch war die führende Schicht auch hier entschieden privilegiert.

Den Zeugnissen der großartigen Verinnerlichung der Gefühle, der hingebenden Selbstlosigkeit, der Abtötung des Leibes stehen die Akte der brutalen Zerstörung dieses so tief entwerteten Leibes gegenüber. Die auf Freuds Einsichten in das unbewußte Triebgeschehen aufbauende Anthropologie hat uns zur Erkenntnis gezwungen, daß sie einander bedingen. Extremer Sexualverneinung im Selbstbildnis wird nach den Erkenntnissen der Psychologie kaum eine spurlose Desexualisierung zur Folge haben; vielmehr muß damit gerechnet werden, daß sie im Kollektiv zu einer Rollenverteilung führt, in welcher bestimmten Gruppen die Sexualisierung der Grausamkeit oder das Ausleben der Sexualität an sozial niedrigeren, entwerteten Partnern zugestanden wird, und die tonangebenden Schichten der Gesellschaft dies, sich miteinander identifizierend, gutheißen.

25. Die Besonderheit des Mißbrauchs von Moral liegt also darin, daß es für das Individuum in der Zange der öffentlichen Meinung nicht leicht ist, seine berechtigten Forderungen von ihrer Korruption zu unterscheiden. Die Zahl der larvierten und offenkundigen Übertretungen ist sehr groß, die Diskussion dadurch erschwert, daß wir es meisterlich verstehen, vor unserem Gewissen uns zu rechtfertigen, wenn es nichts zu rechtfertigen gibt.

Unsere Grundthese, Moral solle uns darin hindern, dem anderen zu schaden, ist zunächst eine negativ formulierte Aussage. Jemandem nicht zu schaden hat aber nur dann einen Sinn und einen merkbaren Aufforderungscharakter, wenn ich am anderen »interessiert« bin, das heißt, wenn ich ihn in all seiner Fremdheit (aber auch dann, wenn er meinen Erwartungen wie in der Verliebtheit und Liebe entgegenkommt) in dieser seiner Andersartigkeit respektieren kann, wenn ich ihn mit meiner Libido zu besetzen, als mir wertvolle Erweiterung meines Selbstseins zu erleben vermag.

Konsequenterweise entdeckt man, daß höhere Formen der Moral der Polizeiaufsicht und dem Bürgergehorsam immer unähnlicher werden. Die Wahrheit über die Motive eines Tuns enthüllt sich erst zögernd im *Zwie*gespräch, das wir aus Interesse aneinander führen; das *Selbst*gespräch ist nicht verläßlich. Das ergibt immerhin einen neuen Aspekt des moralischen Anspruchs: Das Befolgen eines Auftrages (»Du sollst ...«) entscheidet nicht allein; das *Selbstverständnis meiner Motive*, warum ich folge oder nicht, ist nicht weniger wichtig. Überhaupt bin ich in Konfliktlagen dieser Art wenigstens auf einen Mitmenschen angewiesen, der mit mir an der Erkenntnis meiner (und seiner eigenen) Motive interessiert ist. Mit der »Beichte« allein ist es ausdrücklich nicht

199

getan. Vielmehr ist vorausgesetzt, daß »Sympathie« sich auch als gemeinsame Erkenntnislust auswirkt und ein Bedürfnis nach Motiverhellung und überhaupt nach Erweiterung des Bewußtseins weckt. Dabei darf dann nicht von vornherein gemäß moralischem Kodex feststehen, wie mein Verhalten zu verurteilen oder zu prämiieren ist. Erst ein langsames, einsichtiges Eindringen in die Vielschichtigkeit meiner Motive schafft die Voraussetzungen zur genuinen Moralität, dämmt den Mißbrauch der Moral ein oder ihre Verachtung.

26. Der Verwahrlosung, Gewissenlosigkeit korrespondiert die moralische Überangepaßtheit, die bigotte Gefügigkeit, die übergroße Gewissenhaftigkeit im Befolgen der Moral, die Skrupulosität; beide sind Anzeichen einer krankhaften Charakterentwicklung. Sie wird natürlich in individuellen Erfahrungen vermittelt, prägende Einzelheiten wiederholen sich aber (zum Beispiel in Sozialisierungspraktiken) unter Umständen so regelhaft, daß wir von »Gruppendruck« sprechen können. Es ist der Kodex des moralischen Verhaltens, der dem einzelnen dieserart aufgepreßt wird. Seine abwägende Besinnung auf dieses ganze Geschehen kann später als ein Prozeß kritischer Ich-Leistungen erfolgen, sie muß es nicht. Die konfektionierte, die kollektiv gültige Weisung erstickt in der überwiegenden Zahl die Orientierung an einem solchen persönlich gewordenen Gewissen. In der Errichtung manipulierbarer Ohnmachtsverhältnisse lag das Schwergewicht moralischer Erziehung in der Vergangenheit. Man denke an dörfliche und kleinstädtische Enge, um sofort zu sehen, daß höchstes Mißtrauen Ansätze zu selbständiger Denkleistung des Individuums begleitet, wenn daraus abweichendes Verhalten folgte.

Die Überanpassung, in welcher das Individuum eigentlich als Marionette seiner Rollenvorschriften agiert, wird von Kindesbeinen an eher prämiiert. Das »brave« Kind, der Musterknabe, der Biedermann sind »Stützen der Gesellschaft«. In dieser Rollentreue gelingt es, das Ich so dauerhaft zu domestizieren, daß es alle Konflikte zwischen eigenem Ich-Ideal und kollektivem Rollentypus verleugnet. Bleibt andererseits die libidinöse Bindung an die Gruppe schwach, lernt das Individuum die primären Triebansprüche nicht zu beherrschen, so entwickelt es mehr oder weniger starke Züge einer Rücksichtslosigkeit, die sich bis zur kriminellen Asozialität steigern mag. Der unbezweifelbar Asoziale fällt aus der Rolle, er wird zum Outsider, schließt sich damit aus der Gruppe für deren Selbstgefühl aus. Daß er auch unter den Lebensumständen der Gruppe so geworden ist, verleugnet das jeweilige Selbstbewußtsein des Biedermannes. Seine Deformation ist Ich-Symptom geworden; das heißt, sie wird bejaht und als wertvolle Charaktereigenschaft erlebt.

Einer der unleugbaren Fortschritte im moralischen Bewußtsein der Menschheit liegt darin, daß sich das ehemals drakonische Strafrecht als Vergeltungsrecht überlebt und an seine Stelle die »Rehabilitation«, die Resozialisierung tritt. Wie konservativ adaptierend dieser neue Begriff auch ausgelegt werden mag, er verrät doch, daß die Gesellschaft sich mehr für die soziale Entwicklung des Individuums interessiert und zunächst einmal für seine Verbrechen nicht mehr den Teufel oder die Erbanlage, sondern die Lebensumstände, die sie bereitet, verantwortlich zu machen beginnt.

Die Gesellschaft wirkt auf den einzelnen – auf gewiß sehr unterschiedlichen Vermittlungswegen – wie ein anonymer Apparat, der »Direktion«, bedingte Reflexe (von der Art des »stop« und »go«) setzt. Diese automatisierte Sozialanpassung hat zu allen Zeiten beim Gros der Menschen nicht tief gereicht. Im Jahre 1966 wurden in den Vereinigten Staaten drei Millionen Gewaltverbrechen und sonstige Straftaten gerichtskundig; niemand kennt die Dunkelziffer. In deutschen Kaufhäusern wurden 1966 für die stattliche Summe von 24 Millionen Mark Güter gestohlen. Moral bleibt demnach in der Sozialisierung weitgehend ein Ich-fremder Verhaltensautomatismus.

27. Unter politischen Verhältnissen, die sich durch Generationen gleichförmig dem Individuum einprägen, bleibt die Zahl der Anpassungsversager relativ stabil. Die gleichen Über-Ich-Merkmale, was Anschauungen, Vorurteile, gesamten Habitus betrifft, werden durch eine Erziehung vermittelt, deren Anweisung zur Internalisierung der gesellschaftlichen Spielregeln ein erprobtes Verfahren ist. Die steigende Zahl der Kriminalfälle ist es aber

nicht allein, welche die gelockerte Bindung an Sozialgebote anzeigt; eine nicht kleine Zahl von Verhaltensweisen, die vor ein bis zwei Generationen »unmöglich« (im Doppelsinn) gewesen wären, sind heute unverdeckter Brauch. Selbst ein Arzt, der seine Patientinnen verführt, kann sich heute unter Umständen der Billigung und Stützung durch die Öffentlichkeit erfreuen.

Wir begegnen mindestens zwei Entwicklungstendenzen, von denen klar ist, ob und wie weit sie sich beeinflussen. Zunächst ist nachweisbar, daß die Zahl der aggressiven Anpassungsstörungen (kurz: der Kriminalfälle) wächst; andererseits wirkt ein kollektiver Druck (allen triebfeindlichen Institutionen und Bräuchen trotzend) zugunsten der Erniedrigung der Verbotsschwelle für sexuelles Verhalten. Vor längerer Zeit von Todesstrafe bedrohte, vor kurzem noch sozial brandmarkende Verhaltensweisen wie Ehebruch oder vorehelicher Geschlechtsverkehr sind zu Privatangelegenheiten geworden, an denen sich die Gruppe zwar neugierig, aber kaum noch Strafen verhängend interessiert zeigt. Sei es im Sinne der dissozialen aggressiven Triebdurchbrüche oder dissozialen Organisation (des organisierten Untergrundes), sei es im Sinne der konzedierten sexuellen Befriedigungsmöglichkeiten, Triebansprüche zeigen sich in ihrer ursprünglichen Äußerungsform; die alten Umwege verfallen zunächst. Aber auf den Straßen lassen sich zuweilen Zärtlichkeitsgesten sehen, die zur Zeit der Gültigkeit des Satzes »Love in public is disgusting« möglicherweise auch im Privatbereich nicht gelingen konnten.

Völlig unklar ist, welche Frustrationen im einzelnen diese massive Verstärkung der affektiven Erregung und damit die Veränderung der sozialen Verhaltensnormen herbeigeführt haben. Wobei noch zu bedenken ist, daß auch das Aburteilen der Kriminellen, vor allem der jugendlichen Kriminellen, nicht mehr mit unkompliziert gutem Gewissen erfolgt, sondern selbst in das kollektive Abwehrsystem gegen soziale Unordnung, welches doch zugleich der Erhaltung geheiligter Ungerechtigkeit dient, Unsicherheit eingedrungen ist – daß also selbst in der Justiz eine Veränderung des Bewußtseins unaufhaltsam sich vollzieht; man könnte das die Suche nach einer neuen justiziablen Moral nennen. Kontrapunktiert werden diese Umwandlungen von Einflüssen, die aus der veränderten objektiven Umwelt, von der Aufsaugung der Mehrheit der Population in Großunternehmungen aller Arten herrühren. Hier ist das Klima gar nicht so sozial und menschenfreundlich, wie die Promotoren es aufzuputzen sich bemühen. Das Angebot – der Arbeitsplatz – ist meist monoton, läßt selbst in den gehobenen Positionen wenig spontane Eigenbeteiligung zu; ihm zu genügen fordert einen deformierenden Anpassungsvorgang, im Prinzip nicht um vieles besser als das Beugen unter das Joch einer schweren Körperarbeit, bei der einem das Denken verging. Der Affektbetrag, der den Arbeitsvorgang begleitet, ohne ihn berühren zu dürfen, vergrößert sich gefährlich; der Klatsch schwillt an, wird hinterhältiger, opfersüchtiger. (Man lese unter diesem Aspekt die Massenpresse und beachte die kaschierenden Devisen: »Seid nett zueinander!«) Eine kleine Zunahme der Intensität des Bedürfnisses, durch Ausspionieren der Schwächen des anderen (und was als solche Blöße zählt) sich zu befriedigen, kann das Leben des Betroffenen schon beträchtlich vergällen. Die Abhängigkeit, in die man geraten ist – ziemlich gleichförmig in West und Ost –, erzeugt psychischen Rückschritt, Regression in Richtung primitiver Denk- und Gefühlsformen. Keinem soll es besser gehen dürfen in diesen Horden von infantilisierten Lohn- und Gehaltsempfängern. Die faktisch gültige Moral heißt: Laß die Hände von allem, was dich nichts angeht, und fast alles geht dich nichts an. Konsumiere, wie dir signalisiert wird; die Statusqualität ist markiert, sie gehört zur ungeschriebenen Dienstanweisung. Hier politisiert sich das Leben in einer höchst anonymen und anonymisierenden Weise. Genauer betrachtet: Es entpolitisiert sich. Mit der Angestelltenmoral ist nicht zu spaßen, sie ist zu befolgen, um »dazu zu gehören«. Es liegt demnach eine Verschiebung des repressiven Druckes vor. Man kann ziemlich sicher annehmen, daß auf der mittleren Einkommenshöhe das Leben nicht weniger zensiert verläuft als einst in dörflicher, kleinstädtischer Enge.

Unsere Gesellschaft ist, wie alle vor ihr, von Unterschieden bestimmt. Die stärkste Gliederung geht von den Gehaltsunterschieden aus, denen Konsumgruppen entsprechen. Die überindividuellen Konflikte, in die wir geraten, bilden sich entsprechend nicht mehr in einem (dynamisch empfundenen) Klassen-, sondern in einem (gleichsam wieder ahistorisch sich verstehenden) *Kasten*bewußtsein ab, das sich in den Statussymbolen der Konsumsphäre zu erkennen gibt.

Den indischen Kastenbegriff hier einzuführen ist durchaus zweckmäßig. Er verweist darauf, daß diese Lohn- und Gehaltsempfänger nebeneinanderher leben, ohne im politischen Sinn aufeinander zu wirken. Der Aufstieg von einer Kaste zur nächsten ist zwar nicht ganz unmöglich, die Ausbildungswege ritualisieren aber mehr und mehr die Zugehörigkeit; und ebenso homogenisieren sich Moral wie Unmoral dieser Gesellschaft. Altes, vorindustrielles Prestige löst sich auf; nicht mehr der Typus einer Tätigkeit verleiht Ansehen, sondern das verfügbare Einkommen. Alte Standesvorstellungen täuschen vor, sie wären noch wirksam; in Wahrheit laufen sie leer. Die Besitzerin eines Friseursalons, die sich mit einer Ärztin unterhält und feststellt, daß sie mindestens ebensoviel verdient, bezieht daraus ihr Statusbewußtsein; wer einen Beruf ausüben will, der ihm Spaß macht, und dabei ökonomische Opfer bringt, »ist selbst schuld daran«. Das Ethos des preußischen Beamten, der stolz auf den Dienst ist, den er dem Staat seines Königs leistet, und dafür die ärmliche Bezahlung hinnimmt, ist ein vergangenes Moralschema. Es mag in der Mangelwirtschaft eines armen Staates eine Sublimierungsleistung dargestellt haben; die steigende Produktionsrate konnte es spielend außer Kraft setzen und ein selbstbewußtes Fordern nach angemessener Bezahlung an seine Stelle treten lassen.

Die Beispiele zeigen, wie die Verankerungen einer Moral im jeweiligen Charakter, im Reaktions- und überhaupt Verhaltenshabitus einer Gruppe oder ganzen Sozietät auf sehr verschlungenen Wegen zustande kommen. Warum entwickelt Preußen den korrekten Beamten (als neuen Archetyp geradezu), während andere ähnlich arme Gesellschaften mit einer fast rituell geregelten Korruption auch nicht schlechter gefahren sind als Preußens Bürger vor den Schaltern ihrer Beamten?

Handelte es sich um die Kultur Assyriens, der die Darstellung der sozialen Größenunterschiede und der Gleichförmigkeit des dienenden Menschen mit so hoher symbolischer Deutlichkeit gelungen ist, handelte es sich um Kontinente und Subkontinente, die nie eine »Aufklärung« erfahren, nie die kritische Vernunft als analytisches Werkzeug für die Regulierung ihrer sozialen Zustände entdeckt haben, so wäre die Entwicklung so homogener Wertmaßstäbe, wie sie jetzt mit Hilfe der Werbetechniken erreichbar werden, nicht verwunderlich. Dem hochentwickelten Freiheits- und Individualitätsideal des westlichen Europa, als einer sublimierten Auflehnung gegen das Verhaftetbleiben in frühinfantilem Gehorsam (und das ist das psychische Äquivalent des Werbeerfolges), widersprechen diese neuen Konformismen von Grund auf. Es läßt sich aber einwenden, diese künstlichen Einstimmungen, Appetitanregungen, diese Versprechungen, mit dem Kauf eines Artikels, der Übernahme eines Jargons und ähnlichem sei ein Ideal zu erreichen, hätten nur an der Peripherie mit Moral zu tun. Diese Angleichungsvorgänge wären alltäglich-harmloser Natur. Sind sie das? Denn die Überzeugung, beim Überfall auf Holland oder die Tschechoslowakei oder heute beim Krieg gegen Nordvietnam handle es sich jeweils um eine gerechte Sache, wird mit genau dem gleichen Instrumentarium aufbereitet wie der »Glaube« an die Qualitäten einer neuen synthetischen Faser oder eines Waschmittels. In jedem Fall wird die Erzeugung eines einheitlichen Verhaltens angestrebt. Es scheint besser, den Begriff »Moral« in diesem erweiterten Sinn anzuwenden; man vermeidet auf diese Weise, zwischen ethisch neutralem und positiv oder negativ wertigem Verhalten zu gewandt zu unterscheiden.

28. Der Augenblick ist günstig, jetzt auf ein häufig vorgetragenes Argument einzugehen: Psychologisches Verständnis löse die Unbedingtheit der moralischen Ansprüche auf, sie schwäche also die Kultur. Derart vereinfacht ist die Aussage gewiß irrig, denn man kann mit Recht sagen, daß Verständnis einer guten Sache nur nützlich sein kann. Dem Einwand liegt die Auffassung zugrunde, daß kritische Urteile nie so sicher seien wie die in Fleisch und Blut übergegangenen Sittengebote. Und das trifft zu. Wenn es jedoch abgewehrten Triebansprüchen gelingt, sich in rationaler Einkleidung der Strafpotenz, die in jeder Moral gegeben ist, zu bemächtigen, dann kommt es zur Perversion der Moral. Darunter ist zu verstehen, daß aggressive Triebbefriedigungen als Ersatzbefriedigung für moralisch tabuierte libidinöse einspringen. Die tragische Folge unserer Trieborganisation besteht darin, daß der umgekehrte

Weg – Tabuierung aggressiver Akte und dadurch folgende Verstärkung libidinöser Besetzungen – nicht oder nur höchst unvollkommen vorgezeichnet ist. Zweitausend Jahre Liebesverkündigung der chirstlichen Lehre haben an dieser Tatsache kaum etwas zu ändern vermocht, daß enttäuschte Liebesbefriedigung sich mit Haßbefriedigung weitgehend aufwiegen, verhinderter Destruktionswunsch sich nicht ebenso leicht in Liebesakten befriedigen läßt. Freuds Konzept vom Todestrieb ist schon durch diese einzige Beobachtung gerechtfertigt. Es scheint, daß viele unserer Moralen unbewußt starke Aktionsschemata dieses Todestriebes und nicht der Liebe sind. Als Beispiel melden sich die durch Jahrhunderte andauernden Hexenverfolgungen als eine der Begleiterscheinungen extremer Repression sexueller Freude. Aber die Abfolge solcher Entschädigungsbemühungen ist wohl so alt wie die seßhaft gewordene Menschheit und reicht bis in die Brutalität unserer Gegenwart.

Die Euthanasie-Morde, die Freigabe des Mordes an Millionen »Rassenfremder« oder »Ideologie-Fremder« durch die Moral der Nazigesellschaft oder zuvor des Bolschewismus, die »Säuberungen« in der Stalin-Ära, das wurde alles moralisch verantwortet. Wir sind Zeugen, wie zäh die Weißen der amerikanischen Südstaaten an der Rassendiskriminierung festhalten. Das Vorurteil der Superiorität der Weißen ist dort keineswegs so dramatisch zusammengebrochen wie die Herrenrassen-Idee der Nazis; sie überlebt vielmehr an vielen Orten und hat sich in den Zielen der »Black Muslims« und in vielen afrikanischen Staaten oder unter den Chinesen ins Gegenteil, in die Verkündung der Auserwähltheit der ehemals Diskriminierten verkehrt. Auf das Ausleben ungehemmter Aggression unter ideologischem Schutz – sei es durch die weiße, sei es durch farbige Rassen – kann nur wieder »Vergeltungsdenken«, also ein aggressiver Erregungszustand folgen. Die Organisation eines passiven Widerstandes unter Gandhi bleibt die große Ausnahme. Sie ist vielleicht nur auf dem Hintergrund einer fatalistischen Kultur denkbar.

Das tiefreichende Verständnis der Motivationen perfider Quälereien des Alltags wie der großen Schreckenszeiten kann uns etwas von jenen Prozessen erhellen, die sich ausbreiten, wenn Menschen, in der subjektiven Selbstgewißheit, eine starke, gottgegebene Moral zu besitzen, ausgesonderte Gruppen von Minoritäten oder rivalisierende Fremdgruppen zu quälen, schließlich auszumorden beginnen. Daß *Moral* diese falsche Sicherheit zu verleihen vermag, die vor Mord nicht zurückschreckt, muß der besonders im Bewußtsein festhalten, der sich um ihre Erweichung durch Psychologie, durch aufklärende Vernunft Sorgen macht.

Alles verstehen – wenn wir dazu nur imstande wären! – heißt in der Beobachtung menschlichen Verhaltens ganz gewiß nicht, alles verzeihen. Einiges besser verstehen zu können schafft aber Voraussetzungen für die Verinnerlichung einer Moral, die nicht so leicht und möglicherweise ungewollt und unbewußt der Zerstörung menschlichen Glückes Vorschub leistet. Bei alledem ist es eine entscheidende Crux, daß die verbotssüchtigen Moralisten wie auch die moralfeindlichen Sozial-Utopisten – etwa im Stile Henry Millers – sich nicht um eine prägnante Kenntnis biologischer und psychologischer Gesetzlichkeiten bemühen, die unser Leben bestimmen. Solche Gesetze lassen sich zwar im Wunschdenken ausschalten, nicht aber in der Wirklichkeit.

29. Triebe gehen leicht Fusionen ein; sie unterstützen sich dabei, um das gemeinsame Ziel – Entspannung, lustvolle Beruhigung – zu erreichen. Ohne Zuschuß aggressiver Triebenergie bleiben die meisten libidinösen Befriedigungen unerreichbar. Aggression ohne Fusion mit Libido zerstört das Objekt, ohne sich darum zu kümmern. Die moralische Ordnung beabsichtigt den Ausgleich zwischen göttlichen Ansprüchen und den Wünschen des »Fleisches«. Versteht man die ersteren als die Anforderungen, die wir unserem Ideal zubilligen, so gerät die materielle Wirklichkeit, die wir faktisch darstellen, leicht ins Hintertreffen. Denn das Ideal hat die seltsame Neigung, sich unverzeihlich dem gegenüber zu benehmen, der es erzeugt hat. Die Lust aus Liebe wie aus Zerstörung erweckt dann Schuldgefühl. Wobei die Lust aus der Zerstörung die eigentlich verbotene ist. Aber die Liebeslust darf nur im Dienst des Ideals empfunden werden (wie jede mönchische Ordnung zeigt); ein Rückfall auf die natürlichen Triebobjekte ist dann ein Akt der Zerstörung der idealen Liebesbindung und weckt die Eifersucht des vorgestellten Gottes und dann das Schuldgefühl des Sünders. Dieses Schuldgefühl repräsentiert den stetigen Anspruch

des (göttlichen) Ideals (jedenfalls des christlichen) und muß verleugnet werden, um nicht alle Hoffnung auf straffreie *und* irdische Freude zu zerstören. Damit ist seine Wirkung aber noch nicht zu Ende. Als *unbewußt* weiterwirkendes Schuldgefühl weckt es den Haß auf das unerbittliche Ideal, den unerbittlichen Gott in seinen Metamorphosen. Dieser Haß gegen ein so hehres Objekt darf noch weniger als alles andere bewußt werden. Aber durch Verschiebung in der Richtung geringeren Widerstandes wird er auf die irdischen Gegner abgelenkt. Sie wurden von der Moral her als jene Schuldigen präpariert, die all die Verstöße sich zuschulden kommen lassen, die man selbst so erfolgreich durch Entfernung aus dem Bewußtsein abgewehrt hat. Damit schließt sich der Kreis unbewußter Wirkungen der überstrengen Moral. Daß sie immer wieder so erbarmungslos ausfällt und dann solch ungezügelter Vernichtung Vorschub leistet, ist vielleicht das stärkste Argument für die Existenz eines Todestriebes. Dabei ist das Wort »Trieb« für den Tatbestand, der bezeichnet werden soll, womöglich unpräzis. Es soll darüber informieren, daß die Intensität menschlicher Triebansprüche und ihrer Abbildung im Seelischen (bewußt wie unbewußt) größer ist als die moralische Kraft – also die Ich-Leistungen. Deren relative Machtlosigkeit verurteilt sie deshalb jedoch nicht zur Bedeutungslosigkeit. Vielmehr verknüpfen sich moralische Einwendungen ohne Mühe mit »Selbsterhaltungstrieben«, den »Ich-Trieben« der ersten Triebtheorie Freuds. Das Ideal (der Gott) bedroht das Menschenkind bei der Suche nach Befriedigung seiner Bedürfnisse an Leib und Seele; diese ewige Verdammnis und die sofortige Strafe des Gewissens sind Über-Ich-Instrumente von elementarer Wirksamkeit. Das alles wirkt trotz der moralischen Ideologie, dem Leben zu dienen, auch in Richtung von Zerstörung und Tod. Die Permanenz, mit der sich Leben in diesen Teufelszirkel verstrickt, ist es, die den Namen »Trieb« anzuwenden erlaubt.

In der Geschichte unserer Kultur befand sich das Individuum unter diesem zweifachen Druck, dem es nicht entfliehen konnte: weder den Triebforderungen noch den Gewissensforderungen. Das galt jedenfalls so lange, als Moralen dieser Struktur kollektive Gültigkeit besaßen.

Wenn sich seit einigen Generationen ein doppelter Rückzug sowohl aus der Idealprojektion wie aus den Gewissenspositionen zuträgt, so könnte das – trotz Phänomenen, die als Desorganisation gedeutet werden müssen – ein Heilungsvorgang sein, gerichtet gegen eine jahrtausendelange Hypermoralität und entsprechend erzwungene Umwandlung von aggressiver Triebenergie in Destruktivität, Grausamkeit[1]. Es wäre kein stichhaltiger Einwand, auf die unbeständige Tugendhaftigkeit der Menschheit in unserer Zivilisation hinzuweisen, so daß kein Anlaß wäre, von Hypermoralität zu sprechen; es kommt auf die permanente Bedrohung mit Höllenstrafen und deren psychische Repräsentation, nämlich Todesangst, an. Darin lag die Strafpotenz unserer christlichen Moral. An diese Bedrohung durch Verdammnis glaubte jedermann, der zu dieser Kultur zählte, und auf diesem Weg kam es dann zur Verstärkung und zum Ausagieren des Todestriebes; am besten sichtbar in »Kreuzzügen« und vergleichbaren Unternehmungen, in denen die Angst um das eigene Seelenheil (wegen der unentrinnbaren Triebforderungen in unserem Inneren) auf einen als bedrohlich aufgebauten Feind externalisiert wird. Dessen Vernichtung verspricht eine Linderung der Schuldangst zu bringen.

30. Der Gedanke, Moral sei relativierbar, weckt Unbehagen, weil viele Menschen wegen dieser soeben dargestellten latenten, durch unsere Moral vermittelten Todesdrohung offenbar über Alternativen zu ihrem moralischen Verhalten nicht nachdenken können; unmittelbar aufsteigende Angst hindert sie daran. Beispielhaft kommt das in den Schwierigkeiten der Verständigung zwischen den Generationen über ihre Maximen und ihre Tabus zutage, wenn die Gesellschaft einen raschen Wechsel ihrer Orientierungsschemata überhaupt und dabei auch ihrer moralischen Normen erlebt. Die Kommunikationsstörungen etwa zwischen Generationsgruppen werden in ihrer ganzen Bedeutung angstvoll geleugnet, und nur an grob demonstrativen Auswüchsen wird »Sittenverfall« bei einigen festgestellt. Man bemüht sich, durch Verschärfung von Verboten und Strafen den Krankheitsherd ein-

[1] Das ist wohl der zutreffende Kern der sogenannten »Frustrationstheorie«, nach welcher destruktive Aggression sich aus nicht zu verwindenden, nicht verzeihbaren Enttäuschungen entwickelt. (Vgl. Dollard, Doob, Miller, Mowrer, Sears *Frustration and Aggression*. Yale University Press, New Haven 1939.)

zudämmen (in totalitären Staaten erwartungsgemäß am drastischsten). Die Unterwanderung der vom gesamtgesellschaftlichen Zustand nicht mehr abgerufenen tradierten moralischen Verhaltensstereotype geht trotzdem unaufhaltsam weiter. Das Faktische siegt, aber der Preis ist subjektiv eine schwere Desorientierung vieler Mitglieder der Gesellschaft. Der Preis müßte nicht so hart sein, wenn Einsicht in Chancen und Gefahren der neuen Lage nicht durch angstvolles Anklammern an die erlernten Dressate behindert würde. Aber das ist die Konsequenz der Dressatmoralen, mit denen das kritische Ich bisher unterdrückt wurde.

Ist Relativierung der Moral demnach der Weg zur Hölle, oder ist sie ein Segen? Das ist nichts weniger als eine unsinnige Alternative. Der Unsinn besteht darin, daß man den historischen Prozeß so darstellt, als ließe er die Möglichkeit der Rückkehr in einen Zustand vor der Relativierung offen. Die Popularität pompös die Arme reckender, die Fäuste ballender greiser Politiker und auch mancher jüngeren Konservativen mag darauf beruhen, daß die Unsicherheit, wohin die Entwicklung treibt, mächtig die rückwärtsgewandten Phantasien der Menschen anstachelt: zurück zur nationalen, ständischen oder Klassen-Isolation, zur Glorie der eigenen Moral als der einzigen, wahren.

Die realitätsgerechtere Frage würde etwa lauten: Welche Anstrengungen müssen wir vollbringen, um die Determinanten für die tatsächlich erfolgte Relativierung der Moralen zu analysieren, um zu *verstehen,* wie das alles sich zugetragen hat und aus welchen Quellen die Unruhe unserer Zeit stammt, in der keine der alten Moralen mehr ihre alte Gültigkeit behalten kann? Wie muß in einer auf Verantwortung und gegenseitiges Vertrauen bauenden Gesellschaft erzogen werden, damit soziale Verhaltensweisen wie Zuverlässigkeit und Vertrauen gedeihen können – und nicht das Gegenteil? Die Hoffnung, es möge gelingen, in unseren Massengesellschaften Aufzuchtpraktiken zu finden und durchzusetzen, die eine leidenschaftliche, vom Ich mitgesteuerte Hingabe fördern, wo doch eine überwiegende Zahl von Entscheidungen sowie Verantwortung, Schuld und Erfolg immer mehr an anonyme Organisationen und nicht mehr an Individuen geknüpft sind – diese Hoffnung mag trügerisch sein; trotzdem ist sie als Utopie unersetzlich. Denn es ist noch keine bessere Gegenkraft zur Anonymisierung unseres Lebens in Massen entdeckt worden als die denkende Anteilnahme.

31. Jene reibungslose Anonymität, die sich die Bürokratie erträumt, ist dann hergestellt, wenn Individuen ohne Störung des Leistungszusammenhanges austauschbar werden; dies galt zum Beispiel in hohem Maße für die Degradierung des Menschen in der Fabrikarbeit der ersten Industrialisierungswelle und ist heute bei gemilderter ökonomischer Härte weiter verbreitet als je zuvor. Anonymität ist aber auch dann hergestellt, wenn man in den Individuen deren Wertgefüge kurzfristig ändern kann. Das Schlagwort dieser Humantechnik heißt »Manipulation«, und zwar Gefühlsmanipulation, als deren Auswirkung sich der einzelne dann oft sogar wahnhafte Begründungen gefallen läßt. Umgekehrt gilt also: Je leidenschaftlicher dieser einzelne durch denkende Anteilnahme beteiligt ist, desto weniger ist er emotionell, durch Ansprechen seiner primärprozeßhaften Phantasien, manipulierbar.

Wenn die Arbeitsanforderungen vom einzelnen nicht modifiziert werden können – wie in allen mechanisierten Arbeitsgängen –, kann sich das Individuum nicht in seiner Leistung darstellen. Es arbeitet überwiegend quantitativ und hat keine Möglichkeit, sich produktiv zu identifizieren. Das drängt es in Resignation, die weitgehend als vorbewußte Stimmung erlebt wird. Diese Unlust macht für Losungen um so zugänglicher, die eine rasche Beseitigung der Unlust versprechen; noch besser, wenn das auch durch Gewaltanwendung geschehen darf, weil dann der aufgestauten Aggression Befriedigung winkt.

Die Steuerung des Individuums von außen wie seine Selbststeuerung geht also auf eine Verkürzung der Unlustphasen hinaus. Moralische Einwendungen kommen da viel weniger vor als etwa das Streben, durch modische Übereinstimmungen die Isolierung zu vermeiden und an den verfügbaren Lustmöglichkeiten teilzuhaben. Freiheit bleibt in unverbindlichen ästhetischen Empfindungen erhalten, etwa in der Freiheit, zwischen zwanzig Farbnuancen eines Autotyps wählen zu können.

Der psychologisch wichtige Gedanke in diesen Überlegungen ist, daß in einer sich selbst planenden Industriegesellschaft das Individuum mit ziemlich vielen Konsum- und Bequemlichkeitsgütern versorgt werden kann. Deren Herstellung erfordert den wachsenden Apparat; und umgekehrt: Der wachsende Apparat fordert die Weckung von Bedürfnissen. Das Individuum wird nur als potentieller Konsument – z. B. auch als Soldat (Konsument von Kriegswerkzeug) – »eingeplant«. Das ist eine neue Form von Antiindividualismus, der den älteren ablöst, in dem das Individuum sich als Repräsentant einer ständischen Ordnung zu erleben hatte. Die Präformierung der sozialen Wahrnehmung wirkte damals von den oberen zu den niederen Ständen. Jetzt wird das Individuum nach Merkmalen, die seinen Konsumanspruch verraten, aufgefaßt und eingeordnet. Die Aufwendungen für den Erwerb des Prestige verleihenden Besitzes, für die Statussymbole, sind sehr belastend. Das Individuum muß hoch greifen, denn wir leben in einer Gesellschaft, in welcher der »Aufstieg« als eine moralische Verpflichtung verlangt wird (übrigens auch in den sozialistischen Gesellschaften, in denen die Leistungskonkurrenz eher noch erbarmungsloser ist). Die Eigenart der Arbeitsleistung, die zur Fundierung des Status nötig ist, trägt aber wenig zum Reifungsweg der Person bei; sie entfremdet das Individuum sich selbst wie Lohnarbeit seit jeher.

32. Die traditionsgelenkten Gesellschaften hielten das Individuum mit der Androhung göttlicher Strafen bei der geltenden Moral. Wir beobachten das Entstehen des ersten ganz verweltlichten Sittenzwanges. Dessen Möglichkeiten, den »Sünder« ausfindig zu machen, überschreiten bei weitem alles, was die Phantasie den alten Göttern zutrauen mochte. Die stetig wachsende Programmierung aller Lebensbereiche, die Bürokratisierung der sozialen Kommunikationen zwingen das Individuum in eine Lebenslage, in der es fortwährenden Kontrollen unterworfen werden kann, wie dies früheren Zeiten nur vielleicht von Galeerensklaven oder von Milizen bekannt war. Ist der einzelne Mensch aber zu solcher Ohnmacht verurteilt, dann verliert die Demokratie ihre Grundlage: den wenn nicht entscheidungsfreien, so doch entscheidungswilligen Bürger. Der Rivalität, dem Wettkampf zwischen Individuen, die sich zur Mitentscheidung aufgerufen fühlen dürfen, bereiten autoritäre Anweisungen ein Ende, wobei es interessant ist, festzustellen, daß die paternitären, ja terroristischen Zwänge zum guten

Teil von der Wirtschaft übernommen werden. Die Dauerdusche mit Musik und Angeboten, welche der Warenhausangestellte über sich ergehen lassen muß, präpariert ihn auf politische Indoktrination mit gleichen Mitteln. Meinungsbildung aus kritischer Einsicht wird erstickt, insbesondere durch Informationsverweigerung. Es bleibt nur die Unterwerfung oder das Ausscheiden aus der Gruppe. Die Moral der kritischen Voraussicht muß abdanken, kaum hat sie sich zu regen begonnen. Gehorsam den Oberen gegenüber löst sie erneut ab. Es bleibt dabei: Das Individuum hat anonymen Befehlen oder Verführungen ohne kritische Ich-Beteiligung zu gehorchen. Das war und ist Massenschicksal.

Ist das Individuum erst einmal in solcher Ordnung aufgewachsen, läßt sich an der Art, wie es seinen psychischen Haushalt organisiert hat, nur mehr wenig ändern. Der große Schritt, den zu tun denkbar wäre, bestünde im Ersinnen und Erfühlen eines Erziehungsverhaltens, durch das der einzelne von Kindesbeinen an lernt, nicht nur herrschende Moral in seinem Verhalten zu befolgen, gesellschaftlichen Stil zu reproduzieren, sondern – wo es dringlich ist und mitmenschlich gefordert wird – zu einer *Antimoral* sich zu bequemen und ihr anzuhängen. Was *wache, kritische Vernunft* voraussetzt.

Antimoral soll heißen: ein begründetes Gegenverhalten zu den Handlungsanweisungen, die in ideologischen Kampfsituationen erteilt werden. Von Widerstandsrecht sprechen die Juristen. Eine Maxime der Erziehung könnte es sein, zu lehren, wie man solche Antimoral entwickelt, wie man sie gegen Verleumdungen zu prüfen lernt, überhaupt erkennt, daß es sich hier nicht bloß um neurotischen Negativismus, sondern um eine Entscheidungsanweisung mit zutreffender Voraussicht handelt. Wenn eine solche abweichende Wertorientierung von fremden Gruppen entwickelt wird, können sie dadurch zu Feinden werden. Ein Musterbeispiel: die Abschaffung des Privatbesitzes an den Produktionsmitteln in Rußland nach der Oktoberrevolution 1917. Wer die gleiche Forderung in der eigenen Sozietät erhebt, wird zum innenpolitischen Feind. Diese Gruppierungen vollziehen sich beinahe automatisch über jeden Ansatz zu kritischer Reflexion bei der Masse der einzelnen hinweg. Ein weiteres Musterbeispiel: der Kampf des deutschen Bürgertums gegen die Sozialdemokraten während der Kaiserzeit.

Die damals entstandenen Vorurteile haben in vielen Teilen der Bundesrepublik noch heute kaum erschütterte Gültigkeit behalten, hüben wie drüben. Wenn sich der Kampf abschwächt, dann nicht, weil die sozialistische Moral in der Sozialdemokratie unserer Tage noch für verbindlich gehalten würde oder weil die deutsche Unternehmerschaft etwa Einsichten dieser sozialistischen Moral sich zu eigen gemacht hätte, sondern weil die Szene in toto sich geändert hat. Finanz- und investitionsstarke Interessenverbände (zu denen die Gewerkschaften gehören) kämpfen um Marktanteile und -vorteile; nicht mehr gekämpft wird um eine Änderung der Wertstruktur unserer Gesellschaft. Der letzte Abglanz eines idealistischen Engagements, auch eschatologischer Hoffnungen, ist erloschen. Das schafft neue Bedingungen für die Libidoverteilung im sozialen Umfeld, neue Vorbildstrukturen entwickeln sich. (Sie erinnern an ziemlich bekannten archaischen Dämonenkult, zelebriert etwa in der Stalin-, Hitler-, Sukarno-, Nkrumah-, Mao-Verehrung usw., aber auch in der Art und Weise, in der Parteien sich demokratisch empfindender Staaten starke Züge eines Parteiführers als Übervaters annehmen, dem gegenüber die Einflußkraft der Unterführer zurücktritt.)

Da wir bisher gewohnt waren, Moral mit Idealismus irgendwelcher Art im Bunde zu sehen, könnte die pragmatische Verhaltensweise des Durchschnittsbürgers der Angestelltenkultur, der sich am absehbaren und zur Lebzeit auch kassierbaren Nutzen orientiert, viel an Einfachheit gewinnen. Die Anlässe zu einer doppelten Moral verringern sich. Wer das beklagen möchte, diese Simplizität, darf auch erwarten, daß das hohe Maß frustrierter Libido, das wir in den neuen Lebensverhältnissen anwachsen sehen, die Phantasie anregen wird. Die Bindungen, die soziales Durchschnittsverhalten heute einzuhalten sich genötigt sieht, sind in einem positivistisch strukturierten Bewußtsein entstanden. Dieses Abschütteln der Vergangenheit, die tatsächlich in kaum einer Arbeits- und Vorstellungsform weiterdauert, ist infolge der Explosion unseres Faktenwissens ein unvermeidlicher Ballastabwurf. Daraus kann nicht geschlossen werden, diese Welt erweise sich auf die Dauer für Gestalten unzugänglich, die verfeinerter Wahrnehmung emotioneller Vorgänge fähig sind. Mit ziemlicher Sicherheit ist zu schließen, daß die Moral der Zukunft – wie es auch bei den

Moralen der Geschichte in allen umfänglicheren Gesellschaften der Fall war – auf mehreren Ebenen sich realisieren wird. Das provozierend Anspruchsvolle wird sich zunächst nur als Antimoral verstehen können und verstanden, genauer: mißverstanden werden.

33. Die in Krisenzeiten sich verschärfenden Kontraste zwischen herkömmlicher Moral, Moralindifferenz und den Ansätzen zu einer Antimoral machen erneut deutlich, daß die Orientierung nach einer bestehenden oder einer in ihrem Schutz noch begrenzten neuen Moral jeweils dem Erwerb und der Aufrechterhaltung des Identitätsbewußtseins dient. Die Konstanz moralischer Leitsätze hilft die Erinnerung an das eigene Verhalten stärken. Aber es kann im Mißbrauch der Moral für Zwecke der Herrschaft dahin kommen, daß sich das folgsame Individuum im Doppelspiel von moralischer Fassade und Korruption in Zweifel und Konflikte gestürzt sieht. Moral verwandelt sich dann leicht in Geheul mit den Wölfen, während die Einwendungen von kritischem Ich und Über-Ich zum Schweigen gebracht werden müssen. In der Mitläuferhaltung entfremdet sich das Individuum von sich selbst; was nichts anderes heißen kann, als daß es sich intensiv der Verleugnung von wahrnehmbarer und auch wahrgenommener Wirklichkeit bedient und dafür pauschale Vorurteile oder trügerische Auslegungen vorbringt. Der ökonomische Vorzug dieses Verhaltens, das moralisch formuliert (wenn es nur bewußt vor sich ginge und nicht weitgehend unbewußt) als Lüge zu bezeichnen wäre, liegt im Anspruch auf einen Gewinnanteil aus der Zugehörigkeit zur herrschenden Clique.

Das Gefühl des Unbehagens – woran man sein Verhalten nun auch mißt – geht immer vom realitätsprüfenden Ich aus. Es ist entweder mit der vorgezeichneten moralischen Lösung – etwa keine Mischehe einzugehen – nicht befriedigt oder mit dem eigenen Verhalten: eine Mischehe eingegangen zu sein. Die Identität ist also trotz Moral stets gefährdet durch Überanpassung, welche das Ich unter einem kollektiven Über-Ich erstickt, oder durch Triebimpulse, die das Ich nicht aufhalten kann und deren belastende Konsequenzen es im nachhinein »rationalisiert«, mit Scheinbegründungen entschuldigt; und schließlich können sich radikale Veränderungen in der Gesellschaft vollziehen, etwa der Übergang zu neuen Produktionstechniken, die das Individuum seines Status berauben oder ihm unversehens Statuszuwachs bringen. In jedem Fall wird um ein neues Arrangement zwischen Über-Ich und Ich und dann nochmals um eines zwischen Über-Ich, Ich und Es gerungen. Ein *Identitätssprung nach vorwärts* kann nur dort gelingen, wo die Ich-Entwicklung vom Anfang des Lebens an gefördert wurde und wo das Individuum über bedeutende autonome Ich-Funktionen verfügt. Der Zuwachs an Realitätseinsicht und Einsicht in die triebabhängigen eigenen Motivationen sind es, die diesen Identitätssprung nach vorwärts möglich machen. Beides ist auch für die Folgen unerläßlich. Denn wer sein Verhalten an anderen Werten als denen seiner Gruppe orientiert, also Antimoral vollzieht, wird unter Umständen nicht besser als ein Krimineller behandelt. Er kann ganz und gar zum »Fremden«, zum Outcast werden.

Aus der Hoffnung auf bessere Zukunftslösungen kann kaum ein moralischer Anspruch auf eine Haltung abgeleitet werden, die wieder das Risiko an Leib und Leben einschließt. Man kann nicht fordern, sich für die Antimoral aufzuopfern, für die »bessere« Moral einer »besseren« Zukunft. Den Revolutionären und Fanatikern muß dies als unmoralische Schwäche erscheinen. Möglicherweise zuweilen mit Recht, besonders dort, wo es nicht gelingt, bestehende Herrschaftsverhältnisse von großer Ungerechtigkeit anders als mit dem Einsatz des eigenen Lebens abzuändern. Wo immer Töten zum Programm wird, möchte der Moralist wie im *Kriegslied* des Matthias Claudius sagen: ». . . 's ist leider Krieg – und ich begehre nicht schuld daran zu sein!«

Im Hinblick auf die deutsche Besetzung Frankreichs 1940 und die Schimpflichkeit der Kollaboration erörtert Merleau-Ponty [1] die Grenzen des moralischen Widerstandes: »Wollen wir damit sagen, daß man den deutschen Besatzungstruppen eine heroische Ablehnung hätte entgegensetzen müssen, wenn auch ohne jede Hoffnung? Ein ›niemals‹ aus reiner Moralität? Eine solche Ablehnung und die Entscheidung, nicht nur das Leben zu riskieren, sondern auch lieber zu sterben, als unter der Herrschaft des Auslands oder

1 Maurice Merleau-Ponty *Humanismus und Terror I.* Frankfurt (edition suhrkamp) 1966, 82.

des Faschismus zu leben, ist ebenso wie der Selbstmord ein *acte gratuit* in letzter Konsequenz, jenseits des Daseins. Durch mich und für mich möglich, insofern ich zu meinen Werten transzendiere, verliert diese Haltung ihren Sinn, sobald sie von außen aufgezwungen und von einer Regierung beschlossen wird. Es ist eine individuelle Haltung, keine politische Position.«

Wir können also moralische Wunder vollbringen; aber es ist unmoralisch, solche Wunderleistungen zu fordern unter Berufung auf irgendeine Moral, denn die Chance, den anderen dabei zu schädigen, ist untragbar groß.

34. Im Überblick hat sich uns also gezeigt, daß Entwicklung und Nutzung der Naturwissenschaften Verhältnisse schufen, in denen die Relativierung aller bestehenden Moralen zu einem unabwendbaren Vorgang wurde. Keine Gruppe, keine Kulturtradition kann sich weiterhin im Bewußtsein ihrer Mitglieder absolut setzen. Das soll nicht heißen, daß der Angehörige einer Kulturgruppe nicht für sich selbst die unbedingte Gültigkeit der ihm übermittelten Moralvorschriften anzuerkennen und zu befolgen berechtigt wäre; dazu ist er berechtigt. Aber er kann sie nicht als die einzig gültigen für alle Menschen ansehen, sosehr wir alle insgeheim dazu neigen, doch davon überzeugt zu sein, nur unser eigener englischer, französischer, chinesischer »way of life« repräsentiere eine lebenswerte Lösung. Die Wurzeln dieser Überzeugung sind tief, denn die Wertnormen, denen wir gehorchen, sind in unserer jeweiligen Sozialform an die Stelle der erbgenetisch verankerten sozialen Verhaltensweisen getreten. Die starke Angst vor Anarchie taucht immer dann auf, wenn die fixierten Werte einer Gruppenordnung relativiert werden. Und doch können wir an den auf die Dauer immer wieder scheiternden Versuchen auch von Riesenreichen, sich ideologisch nach innen zu orientieren und gegen Nachrichten, die eine Relativierung ihrer Lehren mit sich bringen könnten, abzuschirmen, beobachten, wie unvermeidbar im Gegenteil die Durchdringung der Orientierungsschemata geworden ist. Mit Hilfe uneindämmbarer Nachrichtentechnik verbreiten sich Sportleidenschaft, Kleidungsgewohnheiten, Tanzstile usw. und ein zu ihnen gehörendes Lebensgefühl, um nicht zu sagen ein Hunger, dieser Dinge teilhaftig zu werden. Diese derart »importierten«

Verhaltensweisen, Vorlieben etc. wirken wie Fragmente einer Lebensform, die sich nach ihren eigenen Gesetzen ergänzen will. Vorerst ist das von Westen nach Osten gerichtete osmotische Gefälle stärker; doch zeigen sich auch schon deutliche Anzeichen einer steigenden Attraktivität östlicher Denkbemühungen und Haltungen für im Westen lebende Menschen. Es ist anzunehmen, daß sich mit der gleichmäßigeren Verteilung und Verstärkung der Industrialisierung die angst- und ressentimentbestimmten Einstellungen mildern werden. Unbekannt bleibt das Maß von Destruktivität, welches die Lebensformen der industrialisierten Massenzivilisation, die Bedrohung durch rapides weiteres Ansteigen der Bevölkerung hervorbringen werden. Der Vorgang des sozialen und moralischen Umbaus verschont niemanden. Alle Teile der Menschheit müssen ihre Rollen neu zu definieren lernen in einem Geschichtsprozeß, der erstmals von einem universalen Bewußtsein getragen wird, mag der historisch gewachsene Hintergrund von Fall zu Fall noch verschieden sein.

35. Dieser Umbau spiegelt sich aber auch in kleinen Veränderungen unserer Umwelt, welche aber doch, weil sie Dinge betreffen, die einmal wegen ihres Gefühlsgehaltes wichtig waren, als dramatisch oder zumindest unbehaglich empfunden werden. Um ein recht banales Beispiel zu wählen: die Sparsamkeit. Noch vor dreißig Jahren brachte man einen Anzug zum Schneider, um ihn, wenn er abgetragen wirkte, wenden zu lassen. Strümpfe und Wäsche wurden geflickt und gestopft. Das Bewahren, Schonen und Achten waren nicht nur von der relativen Armut vorgeschrieben; auch der Vermögende verhielt sich so. Die gesamte Gesellschaft war sich einig, daß Sparen ein ethischer Akt war, und Verhaltensweisen, die wir noch lange nicht als verschwenderisch bezeichnen würden, wurden bereits als herausfordernd unmoralisch empfunden. Dann kam die Entwertung des Ersparten durch Inflation und Krieg. Die mechanisierten Produktionsformen verbilligten und vermehrten Roh- und Industrieprodukte relativ zum Wert der Arbeitskraft. Mit dem Wachsen der Investitionen verwandelte sich die Kultur des Sparens in eine der Expansion, in der vieles, was unter beschränkten Produktionsverhältnissen für ethisch erklärt wurde, seine ökonomische Motivation verlor.

Auch das in seiner Analität leicht zu karikierende Sparen hat den Sublimierungsaspekt des sorgfältigen Umgehens, Bewahrens, Schützens. Wenn die Gegenstände als Konsumartikel weniger langdauernde Besetzung erfahren, verschwindet eine anale Sublimierungsform, die nicht nur finanziell, sondern auch, was die ererbten Güter betraf, zum Traditionsreichtum beitrug. Hier muß also der einzelne nach neuen Wegen und Objekten der Sublimierung suchen, um einen psychischen Differenzierungsgrad zu behalten, der unter den alten Bedingungen schon einmal erreicht war. Wie immer sollten wir nicht das psychologische Gegenstück vergessen. Die reiche Besetzung von Dingen mit libidinöser und aggressiver Triebenergie – also das Streben nach Besitz im weitesten Sinn des Wortes – hat die entsprechenden Konflikte mit heraufbeschworen, die zu den hartnäckigsten und bösartigsten der Geschichte gehören. Die Angestelltenkultur der durchschnittlich angepaßten Einkommen, eines zunehmend kurzlebigeren Dingbesitzes könnte hier eine Lockerung der Sitten, einen Abbau analer Besitzbürgerlichkeit (als oberstes Kulturvorbild) zum Gefolge haben. Das Verschwinden von Verbissenheit in den Besitz, also ältester, auch oral-aggressiver Erregung (Verbissenheit!), könnte in der Welt dazu beitragen, etwas mehr Heiterkeit aufkommen zu lassen. Wobei Heiterkeit hier eine angstfreiere Einstellung zum Objektverlust erkennen ließe.

Wie kann der Vater, der selbst gerade noch zur Sparsamkeit erzogen wurde, seinen eigenen Kindern Normen der Begrenzung, des achtsamen Bewahrens (einer Vorstufe der Einfühlung) vermitteln in einer Umwelt, in der alles in Aufwendigkeit geraten ist und dies allein Handel und Wandel in Schwung zu halten verspricht? Wo liegt die moralische Grenze zwischen gewünschtem und verderblichem Aufwand? Die Kongestionierung in der Zeitplanung, die oft zum vorzeitigen Tod des »aufwendigen Verbrauchers« führt, zeigt, daß die Verbrauchskultur über keinen zauberischen Reichtum verfügt, sondern erhöhte Arbeitsleistung verlangt. Was wird nun wem geopfert: die Zeit, die man für den Erwerb und die Benutzung aufwendiger Güter braucht, der Zeit, die man für mehr introspektive, pflegende Aufgaben benötigen würde? Wer bestimmt, was hier moralisch ist, und wer installiert ein Gewissen, das diese Moral in Aktion überträgt?

Mancher technische Fortschritt trifft die überlieferten Moralgebote zentral und setzt sie außer Kurs. Die Last, zu einer Ordnung zu finden, fällt dann fast ausschließlich dem einzelnen zu, der darauf alles andere als gut vorbereitet ist. Seine Gesellschaft ist desorientiert, wo sie ihn bisher besonders autoritär geführt hat. Dieser Mangel an Führung provoziert Angst und regressive Schutzbedürfnisse neben dem Suchen nach neuartigen Identifikationsmöglichkeiten, das immer langwierig und reich an Irrtümern zu sein pflegt.

Dieser Kampf zwischen regressiven und progressiven Tendenzen ist gut beobachtbar, seit Endokrinologie und Biochemie in den Ovulationshemmern eine überaus wirksame Form der Konzeptionsverhütung geschaffen haben. Bei dem permanenten Kampf der sexuellen Triebkräfte gegen die kulturellen Beschränkungen gelingt es auch in ihrem Ich wohlorganisierten Individuen nicht, gleichförmig erfolgreich Triebansprüche zu kontrollieren. Ein gut Teil der wirksamen Einschränkung geht auf die Gefahr zurück, die der Triebbefriedigung von außen droht. Ein Teil dieser Gefahren ist jetzt aber beseitigt. Nicht nur ist der Schutz gegen Geschlechtskrankheiten sehr gewachsen, auch die Konzeptionsverhütung ist kein ernstliches Problem mehr. Die Angst vor den nicht zu verleugnenden Folgen intimer Beziehungen war bisher aber die stärkste Hilfe zur Einhaltung der Sexualmoral. Hieraus zog sie ihre wirksamsten Argumente und Verbotsimpulse. Die Möglichkeit, eine unerwünschte Schwangerschaft einfach, mit Sicherheit und, soweit wir sehen, ohne biologischen Schaden verhindern zu können, macht es notwendig, die überlieferte Sexualmoral von Grund auf zu durchdenken. Einerseits wird die sichere Konzeptionsverhütung unzählige Frauen vor Leid, vor moralischer Ächtung, bewahren und verhindern, daß Kinder das Schicksal erleiden müssen, ungewünscht geboren zu sein. Zudem haben wir – alle partikulären Moralprobleme überragend – jetzt Wege offen, um die schrankenlose Vermehrung der Menschheit einzudämmen. Wie wird aber unser moralisches Bewußtsein mit dieser Chance gefahrloser sexueller Beziehungen fertig werden? Es könnte dies zu einer Vertiefung vieler sexueller Beziehungen zu Liebesbeziehungen größerer emotioneller Breite führen, da voreheliche oder eheliche Schwangerschaftsangst die Beziehung nicht mehr überschattet.

Wir können nicht voraussagen, ob die freiere sexuelle Sättigung in der Adoleszenz und den frühen Jahren der Reifezeit eine spätere Partnertreue fördern und damit günstige Voraussetzungen für eine beruhigende Kindheit der folgenden Generation schaffen wird; manches spricht für eine Entwicklung in diesem Sinn. Der oft ängstlich beschworenen Verflachung in purer Promiskuität steht das biologisch fundierte Bedürfnis nach konstanten Objektbeziehungen entgegen, denn sie sind eine Voraussetzung für die Entwicklung der Identität[1]. Nur eines scheint ziemlich sicher: Mehr Fehlformen der Entwicklung, mehr seelisches und körperliches Elend als die alte Sexualmoral kann eine von Angst befreitere neue kaum bewirken. Freilich wäre es unrealistisch, zu glauben, daß das bloße Entfernen von Repressionen schon Genuß und Reifung garantiert.

Angesichts dieser einfachen technischen Möglichkeit, die Fruchtbarkeit zu kontrollieren, ist es aussichtslos, alte asketische Ideale unberührt weiterzupflegen. Unzweifelhaft müssen sich aber neue Ordnungsformen des Verkehrs der Geschlechter erst entwickeln, Regeln, die so überzeugend sind, daß das Individuum sich angesprochen fühlt, sie in sein Ich-Ideal aufzunehmen. Diese Einwilligung in moralische Einschränkungen und Gebote ist kein willkürlich herbeizuführender Akt. Die langsamere Einwilligung läßt sich geradezu als ein Kriterium für die Verschiedenheit zwischen Mode und Moral verwenden.

Damit berühren wir noch einmal die Frage, wie eigentlich die *Entstehung moralischen Verhaltens* unter so veränderten Voraussetzungen zu denken sei. Es geht um die Aufnahme übereinstimmender Züge in das Ich-Ideal von Menschen, die sich aus der Überlieferung ihrer jeweiligen Lokalkulturen bisher einander weitgehend fremd waren. Vielleicht war die Brandmarkung des Völkermordes durch die Vereinten Nationen ein beispielhafter Schritt auf diesem Weg – ein noch lange gefährdeter Fortschritt, der sich zunächst mehr im Denken, im Akzeptieren neuer Lösungsmöglichkeiten in Krisensituationen niederschlägt als im realpoli-

---

1 Zu den theoretischen Implikationen des Begriffs »Identität« vgl. Norman Tabachnick *Three Psycho-Analytic Views of Identity*. Int. J. Psycho-Analysis, 46 (1965), 467.

tischen Geschehen. Und doch hat man, trotz der barbarischen Methoden der Kriegführung durch Nationen, denen die Welt große Beiträge zur Humanisierung der Sitten dankt, den Eindruck, daß sich nicht nur im Bewußtsein der »Eliten«, sondern bei nahezu jedermann Veränderungen vollzogen haben, die den Krieg nicht mehr als unvermeidliches, gar gottwohlgefälliges Ereignis erscheinen lassen. Das bedeutet nicht nur eine Ausbreitung von Schuldgefühl, wo er trotzdem geschieht, sondern einen wachsenden Unwillen auf seiten des Ichs, für dieses Verhalten entschuldende Abwehrmechanismen in Gang zu setzen. Mag sein, daß in China heute noch die gleiche Begeisterung herrschen könnte, bräche der Dritte Weltkrieg aus, wie in Europa 1914 zu Beginn des Ersten. Bei uns käme sie nicht mehr auf, und dies steht im Zusammenhang mit historischen Erfahrungen, die stärkere Spuren hinterlassen haben, als aggressive Impulse sie auszulöschen vermöchten. Anders formuliert: Die Anpassung an die letzten Stufen der technischen Entwicklung beginnt sich bei uns im Über-Ich bemerkbar zu machen, das zum Beispiel in China noch auf archaische Weise den Todestrieb verstärkt. Möglicherweise ist das ein Fortschritt der psychischen Evolution, der nicht mehr spurlos verloren werden kann.

36. Wir haben mit vereinfachten Modellen und Beispielen gearbeitet. Der entscheidende Punkt, den es zu illustrieren galt, war die unerprobte Lage, in der wir uns moralisch zu entscheiden haben. Eine Bevölkerungszunahme in nie vorher erreichtem Maße, technische Entwicklungen bisher unbekannter Art können nicht mit den tradierten kollektiven Handlungsanweisungen beantwortet werden. Ein herkömmliches Moralgebot stellt eine Handlungsanweisung dar, die sich an Präzedenzfällen ausrichtet. Es geht aber um das Unvorhergesehene. Für die offenen Apparate der Kybernetik, für die »Antibabypille« und tausend und ein anderes Ding gibt es keinen Präzedenzfall. Die einzige Chance, sich auch in solchen Überraschungssituationen einigermaßen erfolgreich zu orientieren, kann nur in der Schärfung der kritischen Vernunft liegen, bei jener Fähigkeit also, die in der Tradition durch rasch sich einstellende moralische Urteilsschablonen von der Mitarbeit bei Entscheidungen ausgeschaltet werden sollte. Das bedeutet

Widerspruch zu S. 223!

nichts weniger als einen Umsturz in der Erziehung. Es ist nötig, ein möglichst hohes Maß von Selbständigkeit von früh an zu schulen, um Vorurteilen, die im moralischen Gewand auftreten, begegnen zu können. Selbständigkeit kann das Individuum nur erreichen, wenn es sich in den Anfangsversuchen, in denen es seine Initiative übt, vom Mitgefühl, von der Teilnahme seiner Nächsten sicher getragen weiß. Fehlt dieses Band, dann entsteht nicht Selbständigkeit, sondern der Mensch fällt unvermeidlich auf die Anreize zur Konformität zurück, ohne es zu lernen, sein Verhalten tiefer zu begreifen; psychologisch: ohne ausreichend kritische Selbstwahrnehmung zu entwickeln. In dieser Selbstentfremdung ist er gegenwärtig dem stärksten Druck ausgesetzt, eine Haltung einzunehmen, in der er die Übernahme von Verantwortung scheut, aber in seiner Einstellung zu den Hilfsleistungen seiner Gesellschaft anspruchsvoll ist. Er entwickelt also ein regressives Verhalten in der Befriedigungsform seiner Libido, in einer Umwelt, die das auf dem Konsumsektor fördert, zugleich aber so kompliziert geworden ist, daß nur, wenn Sublimierung, Triebaufschub in hohem Maß geübt werden, jener Grad von Einsicht erreichbar wird, der eine erfolgreiche Steuerung dieser Umwelt verspricht.

Wir können zwischen automatischen Fertigungsstraßen, in Großsiedlungen von standardisierter Tiefkühlkost lebend, auch kulturell ferngespeist, keine Agrarmoral, keine Aristokratenmoral und auch nicht die des Bürgertums leben, ohne in ein wahnhaftes Mißverständnis unserer Umwelt zu geraten. Die überlieferten Moralen geben uns nur noch Teillösungen auf den Weg mit. Es sind keineswegs die entscheidenden Stücke, die wir hier vorgeordnet finden. Suchen wir in unserer Lage nach einem Mittel, das uns zwingt, unser Handeln moralisch, das heißt mitmenschenfreundlich zu lenken, so kann das nur eine unentwegte Bemühung um *einfühlendes Denken* sein; weder sentimentale Einsfühlung mit dem anderen noch idealistische Weltverbesserungsideen stehen uns an, auch Verharren in den frühen unbewußten Identifikationen ist uns nicht erlaubt, gefordert ist einfühlendes Denken: eine Bereitschaft also, sich sowohl in den anderen einzufühlen, wie die »Lage« (seine Lage, meine Lage – unsere Beziehung) kritisch zu reflektieren.

Solch bescheiden klingender Empfehlung, die so schwer zu verwirklichen ist, weil sie viel Überwindung in Konflikten mit unserer Selbstliebe verlangt – solch schlichter Empfehlung ist nicht ohne weiteres zuzutrauen, daß sie die Moral retten könnte. Einfühlung verlangt jedoch gleichzeitig Distanzierung von sich selbst und Aufmerksamkeit für den anderen. Diese Eigenschaften laufen auf eine Verstärkung der Ich-Funktionen hinaus, die uns ermöglichen soll, in den sich wiederholenden Konflikten mit unserer Triebnatur einerseits, andererseits unter dem Einfluß der Zwänge unserer Zivilisation vorausschauende Lösungen zu finden. Die Selbstüberwindung, die Lage von beiden Seiten sehen zu können, gibt uns die unersetzliche Atempause des Denkens vor drang- und angstabhängigen Entscheidungen. Wenn in dieser Atempause unter Einfühlung zwischen Alternativen abwägend vorausgedacht wird, dann spielt sich hier ein Elementarvorgang jener Moral ab, die wir suchen.

Auf die weltpolitischen Situationen angewandt, gilt ebenso das Postulat des geduldigen einfühlenden Verständnisses – auch meiner Gegner. Erst wenn ich im politischen Konflikt die Situation auch vom anderen her sehen, ihn als dialektischen Partner begreifen kann, habe ich die Chance eines volleren Verständnisses der Geschichte, an der ich mitwirke. Was für die alte Moral wie eine Gefahr sich ausnehmen mußte – Fremdverständnis, soweit als möglich befreit von Vorurteilen –, wird jetzt die Voraussetzung einer Moral, die auf Einfühlung beruht. In diesem Sinn wird Relativierung zum integralen Bestandteil der Moral – einer Moral, die mündigere Menschen verlangt, als sie unter den bisherigen Moralen im allgemeinen gedeihen konnten. »Mündiger« läßt sich psychologisch dahingehend bestimmen, daß es den Individuen gelingt, über Identifikationen und Introjektionen (das heißt Verinnerlichungen von Vorbildzügen) hinaus sich zu Identitäten zu entwickeln, denen eigene moralische Entscheidungen ebenso wie das Einhalten der Moral ihrer Gesellschaft möglich sind, je nachdem, was Einfühlung und kritische Vernunft verlangen.

Wer wagt indessen, zu entscheiden, ob die Gesellschaft im wachsenden Überfluß sich das Ziel setzen wird, ihre Identität im kritischen Urteil ihrer Mitglieder zu suchen?

IV

Identifikationsschicksale in der Pubertät

1. Protest und Verwirrung

Die Adoleszenz ist die natürliche Zeitspanne des Protestes. Zum Protest gehört ein greifbares, ein angreifbares Ziel. Der Jugendliche, der mit seinen Identifikationen, seinen Introjekten, das heißt mit verinnerlichten und zum größten Teil unbewußt weiterwirkenden Zügen von Vorbildfiguren, und mit seinen Idealen sich auseinandersetzen muß, blickt jetzt über die heimische Welt der Familie und Schule hinaus auf die Gesellschaft in ihren größeren Zusammenhängen. Er sieht, was in ihr geschieht und welche Zustände herrschen – Zustände, die von Traditionen, das heißt von wirksam gebliebenen Identifikationen, geschaffen wurden.

Dieses Bild ist in der Gegenwart verwirrend und unklar. Zunehmende Industrialisierung und Urbanisierung haben in den vergangenen Jahrzehnten die Veränderungen vieler sozialer Strukturen erzwungen. Durch diesen fortschreitenden Wandel ist ein Charakteristikum statischer Sozietäten, sind die kontinuierlichen Identifikationsmöglichkeiten innerhalb eines unangefochtenen Wertsystems in vielen Lebenslagen verlorengegangen. Entsprechend vielfältig sind die Reaktionen: Resignation; moralische Analgesie; leerlaufende moralische Proklamation; ein regressives Einmünden in die Anerkennung von Autoritäten der Vergangenheit, die, obwohl sie aus ihren vorindustriellen Konzeptionen nicht zu lösen sind, mit heutigen Daseinsformen verbunden werden; Einschwenkungen in ziemlich rasch sich wandelnde, aber das Individuum machtvoll ergreifende Richtungen und Moden; in ihnen spielen sich Reaktionsbildungen auf Verhaltensweisen ab, die vorangehende Zustände der Gesellschaft charakterisieren. All das sind Belastungen, denen der einzelne schon immer ausgeliefert war, das Besondere sind die Mischungen und wechselseitigen Abschwächungen beziehungsweise Verstärkungen dieser Einflüsse in *raschem Wechsel*.

Auf diese Verhältnisse trifft der Jugendliche, dessen inneres Gleichgewicht von heftigen Erschütterungen aus den biologischen Reifungsvorgängen gestört wird. Die Markierungen, die ihm unsere deutsche Gesellschaft anbietet, sind jedenfalls unsicherer, von geringerer allgemeiner Gültigkeit, von höherer Widersprüchlichkeit, als dies bei weniger in Fluß geratenen Gesellschaften der Fall ist. Die Wirrnis solcher innerer und äußerer Erfahrungen spiegelt sich im Erleben des Jugendlichen in einer widersprüchlichen Reihe von Verhaltensbruchstücken; an die Stelle eines Charakters mit durchschnittlicher Voraussagbarkeit des Verhaltens, wie dies für die bürgerliche Epoche eher bezeichnend war, sind oft beziehungslos nebeneinanderstehende und mitunter höchst widersprüchliche Sequenzen der Einstellung und des Handelns eines einzelnen getreten. Im Phänotypus gehen sie oft spurlos ineinander über und wecken den Eindruck einer »Momentpersönlichkeit«[1]. Paradoxerweise hat sich jedoch die Vorhersagbarkeit des Verhaltens großer Gruppen erhöht. Dieser Widerspruch löst sich aber auf, wenn wir uns vergegenwärtigen, daß die Momentpersönlichkeiten dem Einfluß von Meinungen, Einstellungen, Vorlieben, die ihnen die Massenmedien nahebringen, besonders schutzlos preisgegeben sind. Je dichter das Netz dieser Instrumente der Massenlenkung geknüpft ist, desto höher ist die Genauigkeit, mit der das Verhalten derer gesteuert werden kann, die auf diese Massenmedien angewiesen sind oder sich an sie gewöhnt haben.

Diese Inkonsequenz individuellen Verhaltens, die bisher nur als charakteristisch für die Adoleszenz-Periode galt, trifft der Jugendliche heute also auch im Lager der Erwachsenen an, an denen er sich trotz der Auflehnung orientieren möchte und muß. Die Persönlichkeitskrisen der Erwachsenen, von denen der Jugendliche aus der Geschichte erfährt – etwa Glaubens- oder Loyalitätskrisen der Persönlichkeit –, scheinen sich heute weniger als Krisen einer kontinuierlichen Entwicklung abzuspielen, sondern vielmehr als

---

1 Vgl. A. Mitscherlich *Auf dem Weg zur vaterlosen Gesellschaft*. München (Piper) 1963, ²1967, 280.

momentane Anpassungsleistungen ohne Niederschlag, ohne Einfluß auf eine stabile Identitätsfindung. Widersprüchliche Verhaltensweisen liegen nahe beieinander; so die hohe Empfindlichkeit einerseits gegen jede Art autoritärer Bevormundung und ein geradezu begieriges Aufnehmen von befehlshaften Losungen, von bevormundenden Angeboten andererseits. Aber man sollte sich vor herabsetzenden Generalisierungen hüten. Man muß sich darin bescheiden, von Tendenzen zu sprechen, denen der einzelne in unserer Zeit ausgesetzt ist und die oft in Widerspruch zu den Werttraditionen unserer Kultur stehen. So haben sich Enklaven der Vaterautorität alten Stils erhalten, an denen festgehalten wird, obwohl sie ein echtes Wertsystem für den einzelnen nicht zu bedeuten scheinen. Die im Gesetz verankerten moralischen und sittlichen Forderungen steuern das faktische Verhalten kaum noch. Diese väterliche Autorität kann sich zum Beispiel mit ihrem repressiven Anspruch in sexueller Hinsicht den Befriedigungswünschen der Menschen unserer Zeit nicht mehr erfolgreich entgegensetzen. Ihr Gebot wird nicht heimlich, sondern offen verletzt. Aber zugleich scheinen an der Fülle von Statusvorurteilen, die dieser Vater vermittelt, weder er selbst noch seine Kinder zu zweifeln. Hier bleibt er Autorität. Der Grad der Orientierung an Prinzipien im sozialen Verhalten hat also abgenommen (entsprechend der Dynamik, mit der sich die technisierte Umwelt verändert). Der Konsensus stellt sich durch das Zurschaustellen unmittelbar zeigbarer Macht her. Die Vereinfachung solcher Ideologie ist an die Stelle eines strengen, kollektiv gefestigten und kontrollierten Über-Ichs getreten.

Man kann also alles nebeneinander finden: einmal die starr und beharrend vorgetragene unaufgeklärt absolutistische Vaterautorität. Wo sie auf selbstverständliche Anerkennung stößt, wirkt sie, wie sich immer deutlicher erweist, neurotisierend auf das Verhalten der Abhängigen. Von Prinzipien getragene Anpassung an eine solche Unterwerfungshaltung kann offensichtlich in einem sozialen Raum, in welchem sich diese Haltung als überrepressiv und veraltet ausnimmt, nur noch geleistet werden um den Preis eines pathologisch sich auswirkenden Aufgebots an Abwehrformationen gegen die Gefühlsambivalenz, die sie erweckt.

Daneben findet sich ein Treibenlassen, emotionelle Teilnahmslosigkeit der Eltern am provozierenden, herausfordernden eigenwilligen Verhalten der Kinder, das oft genug einer tieferen Interesselosigkeit der Eltern entspricht. Ein Symptom dieser Einstellung ist es, wenn Eltern ihre Kinder mit Geld abspeisen und auf den Konsummarkt verweisen. Diese Attitüde eines resignierten oder narzißtischen Rückzuges der Eltern – sie kann auch beides zugleich sein – aus unhaltbar gewordenen Autoritätspositionen ist bereits selbst eine Tradition geworden, denn sie beruht zumeist auf Kindheitserfahrungen der Menschen, die jetzt als Eltern Halt gewähren sollen. So stuft sich die Verhaltensskala auf der Elternseite von überlebter und starrer Autoritätsforderung zu ermüdetem oder gleichgültigem Autoritätsverzicht. Auf der Seite von Kind und Jugendlichem schwankt das Verhalten von überempfindlicher Protesthaltung gegen Autorität bis zu bohrender Suche nach ihr; letzteres, wie gesagt, Haltungen, die bei den Eltern selber auch anzutreffen sind.

2. Eltern als Vorbild

In diesem Zusammenhang muß umrissen werden, was wir als eine gelingende Orientierungsleistung der Eltern gegenüber den Jugendlichen ansehen. Als wichtigstes sollten Eltern fähig sein, die Identitätsverwirrung des Heranwachsenden, seine Lösungsversuche, die sich mit Anklammerungswünschen vermischen, mitdenkend und mitfühlend zu verstehen; sie sollten ihre eigene Lebenserfahrung nicht als fragloses Vorbild, das zu jeder Zeit und bei jedem Menschen gültig ist, hinstellen, sondern sie als erlittene und einigermaßen verstandene Vorerfahrung vermitteln. Das Schwergewicht dieser Weitergabe von Erfahrungen würde in der bewußten Einsicht liegen, daß es sehr schwer ist, von sich selbst ein erinnerungsgetreues Bild zu gewinnen. Das Vorbildliche verdichtet sich dann in der Empfindsamkeit gegen Selbstidealisierung und gegen Affektdurchbrüche, die nicht einem plausiblen, sondern einem darunterliegenden unbewußt bleibenden Motiv entspringen. Dazu kommt eine Empfindsamkeit für die Beweggründe, die uns zur Bejahung von oder zum Widerstand gegen Wertvorstellungen, Sitten, Ideologien bewegen. Aus der verwirrenden Widersprüchlichkeit unserer Gesellschaft ist zu folgern, daß Erziehung, die dieser Lage gerecht werden will, sowohl Hilfe bieten muß zur Anpassung an die gegebenen Verhältnisse wie auch Hilfe, sich selbständig zu machen von solchen Anpassungsforderungen, in denen die Gefahr des Identitätsverlustes besteht.

Zusammenfassend kann man sagen: Die Entwicklung der Zivilisation im allgemeinen wie auch die Erfahrungen unserer jüngsten deutschen Geschichte unterminieren ein in der frühen Kindheit notwendiges gültiges Vatervorbild – das Bild einer positiv zu bewertenden sicheren Autorität. Der Jugendliche gelangt aus seiner Neigung, die väterliche wie die anderen Autoritäten kritischer zu betrachten, zu sehr konträren Beobachtungen. Jedoch sucht auch er – wenngleich mit anderen Zieleinstellungen – für seine Aufgaben Vorbilder. Es kann also nicht davon die Rede sein, die Entwicklung unserer Gesellschaft habe diese Vorerfahrungen – Tradition als Vermittlung verschiedenster Art – für den Jugendlichen überflüssig gemacht. Am Anfang seines Lebens ist der Mensch gewiß nicht zur vollen Übernahme des Risikos in seinen Entscheidungen fähig. Wird ihm hier nicht seinem Alter entsprechende Hilfe zuteil, so fehlt ihm eine entscheidende mitmenschliche Erfahrung, und wir können erwarten, daß darauf Reaktionsbildungen erfolgen werden. Das Regredieren zum Wunsch nach einem besonders starken, gottähnlichen Vater als Inbegriff politischer Erwartungen bietet sich als Beispiel eines solchen kompensatorischen Ausgleichs für erlittene Entbehrung, für gestörte Identifikationsmöglichkeiten, an. Ohne solche regressiven psychischen Mechanismen könnten sich in unserer Zeit nicht immer neue Diktaturen etablieren. Aber auch im Wunsch nach Vermeidung jedes Lebensrisikos, nach Versicherungen großen Stils, zeigt sich diese Fixierung an kindliche Führungs- und Schutzbedürfnisse. Die Kirchen erfüllen ein ähnliches Verlangen, wenn sie sich bereit erklären, die Verantwortung für ihre unmündigen, elternbedürftigen Kinder zu übernehmen – eine Verantwortungsbereitschaft, die in einer oft kuriosen Mischung von Unglauben und magischer Erwartung von den Angehörigen dieser Kirchen angenommen wird.

3. Wandlung der Rollen

Aber beim Versuch, zu einer begrifflich abgrenzbaren Ordnung zu kommen, stoßen wir auf weitere Verwirrungen. Die sozialen Grundrollen von Mann und Frau gleichen sich mit der Ausbreitung von Technisierung und Bürokratisierung einander mehr und mehr an. Die Rollenstereotype fransen sich von ihrer Peripherie her immer weiter gegen zentrale soziale Funktionen hin auf. Erleben wir ihn wirklich als väterlich, den Pensionen, Renten und Schutz gewährenden Staat – oder vielleicht nur darum, weil vorerst die Sprache (»Vater Staat«) uns ein solches Erleben nahelegt? Knüpfen die Funktionen, die eigentlich gesucht werden, nicht unmittelbar an Erlebnisse mit der Mutter an? Sollen Staat und Kirche nicht eigentlich solche kindlichen Erwartungen befriedigen, die man der Mutter gegenüber hegt? Man ist wohl berechtigt, in all den sozialen und religiösen Institutionen, die Bedürfnissen und Phantasien dieser Art gerecht werden sollen, mehr und mehr nicht nur die wegweisenden, ge- oder verbietenden Eigenschaften des Vaters, sondern im Grunde die der fürsorgenden, nährenden Mutter auftauchen zu sehen.

Durch die Verringerung überzeugender väterlicher Autorität innerhalb der Familie hat das Kind eine viel größere Möglichkeit als früher, seine ödipalen Konflikte offen auszutragen. Dieser Prozeß bringt nicht nur größere Freiheit, sondern er kann auch größere Richtungslosigkeit zur Folge haben, da das Objekt, Vater oder Mutter, gegen das sich der offene Protest richtet, weniger Aggressionen an sich zu binden vermag.

So beobachtet man etwa, daß Jugendliche vielfach sich über die Abneigung ihrer Väter gegen tiefer gehende Gespräche und Auseinandersetzungen mit ihnen beklagen. Das wird meist dem Zeitmangel unserer gehetzten technischen Welt zugeschrieben, und das mag auch teilweise zutreffen. Aber der Gedanke liegt nahe, daß die Väter diesen väterlichen Gesprächen aus dem Wege gehen, weil sich in ihnen ein starker Wunsch regt, im Kind, im Sohn, einen Freund zu haben, der ihnen, den Vätern, in ihrer eigenen Richtungslosigkeit Hilfe bietet. So daß nicht nur die Jugendlichen in ihren überschießenden, nebeneinander bestehenden Bedürfnissen nach Freiheit und Führung das Gefühl entwikkeln, die Eltern zeigten nicht genügend Aufmerksamkeit für sie; die Eltern, mit ihren eigenen Anpassungsproblemen und ihrer eigenen Richtungssuche zu sehr beschäftigt, können nur wenig von dem Interesse für das Innenleben ihrer Kinder aufbringen, das diese von ihnen erwarten.

Gustav Bally hat in Anlehnung an Adolf Portmann betont, daß der Mensch des Menschen bedarf, um Mensch zu werden – ein Satz, der sich in diesem Zusammenhang spezifischer formulieren läßt: Der Sohn bedarf des Vaters, um Vater zu werden. In einer Zeit erhöhter Identifikationsnot bedarf der Vater jedoch selbst der Unterstützung. Nicht zuletzt die Psychologie unter dem Einfluß der Psychoanalyse hat den »Vater« in seiner Autoritätsrolle in Frage gestellt, andererseits sind es auch die rapiden technologischen Entwicklungen, die er nicht zu überschauen vermag. Das macht ihn unsicher und legt ihm in Intimbeziehungen die Regression nahe, zum Beispiel den Wunsch, daß der Sohn, wo er selbst »nicht mehr weiterkommt«, ihm Stütze sein soll, was von diesem her gesehen dem väterlichen Rollen- und Pflichtenschema zutiefst widerspricht. Väter und Söhne scheinen gleichermaßen auf der Suche nach einem »Vater« – einem Übervater –, dem sie aber ambivalent gesonnen sind und den sie so leicht als Ideal nicht anerkennen wollen.

Der Widerspruch dieses Bedürfnisses zu allen progressiv-technischen Tendenzen, die nach den Sternen greifen, ist offensichtlich so stark, daß er den Reifungsfortschritt der Identitätsfindung auf der Ebene zweier Generationen beeinträchtigt. Der Widerspruch zwischen jenem Ich-Anteil, der gigantischer Konstruktionen fähig ist, und dem tief regressiven, unbewußten Schutzverlangen ist nicht nur ein Problem mit dem Vater; gesucht wird auch der »animalischere« mütterliche Schutz.

Da die Pubertät im Leben jedes Menschen normalerweise die Zeit der Lösung von seinen kindlichen Bindungen und der Übernahme neuer sozialer Rollen, der beginnenden Profilierung einer eigenen Identität darstellt, müssen sich in dieser Phase Komplikationen besonders dort einstellen und verschärfen, wo bisher leitende gesellschaftliche Ideale nicht mehr standhalten. Eine solche substantielle und einigermaßen glaubwürdige Position der Sittlichkeit einer Gesellschaft ist aber sowohl als Halt wie als

Provokation zum Finden neuer, gemäßerer Lebensform unerläßlich. Da die Entwicklung eines abgegrenzten Selbst – der Erwerb einer eigenen Identität und ihr zugehöriger Wertvorstellungen – in jeder Kultur zu den schwersten Aufgaben der Reifungsperiode gehört, bedarf der junge Mensch in den Werten seiner Gesellschaft eines festen Bodens, sei es, um sich darauf einzurichten, sei es, um sich abstoßen zu können.

4. Identifikation – Identität

Ein kurzer Überblick über die Identitäts- und Identifikationsproblematik mag an dieser Stelle hilfreich sein. Die Identifikation mit den Eltern, besonders dem Vater, erfährt in der Pubertät eine besondere Belastung, weil mit dem weiter reichenden Blick, den er sich langsam erwirbt, der Jugendliche die faktische Rolle, die der Vater in der Gesellschaft spielt, zu verstehen beginnt. Die Enttäuschung am Vater als dem Ideal, das man in ihm zu sehen gewohnt war, zeichnet sich schon um das zehnte bis elfte Lebensjahr, wenn nicht früher, ab und ist, wegen der bestehenden Identifikation mit ihm, immer mit einem schmerzlichen Gefühl eigener Entwertung verbunden. Durch die erweiterten Möglichkeiten, den Vater mit anderen zu vergleichen, wird auch das eigene Wertgefühl vor neue Probleme gestellt: Wie verhalten sich die Identifikationen, Ideale und Wertvorstellungen, die man aus der eigenen Familie mitgebracht hat, zu denen der Gesellschaft? Wie bestehen sie bei den neu gewonnenen Vergleichsmöglichkeiten?

Was Identität ist, meinen wir aus der Selbsterfahrung zu wissen, sie ist aber ein schwer zu definierender seelischer Komplex[1]. Einerseits wird sie durch Identifikationen, beginnend mit den primären Beziehungspersonen wie Vater und Mutter, gebildet, denen dann Lehrer, Freunde folgen bis dahin, daß man sich mit größeren Gruppen sozialer und weltanschaulicher Natur in eins setzt. Psychologen und Psychoanalytiker haben dies die soziale Definition der Identität genannt und sie mit dem Begriff der »Rolle«

[1] N. Tabachnick *Three Psycho-Analytic Views of Identity*. Int. J. Psycho-Analysis 46 (1965), 4.

in Zusammenhang gebracht. Trotz dieser vielfältigen, auch wieder aufgegebenen Bindungen und Rollenfunktionen ist für die Identitätsbildung die Erfahrung der inneren Kontinuität und das Gefühl, einer Selbstverwirklichung zuzustreben, die sich den von außen kommenden Erwartungen gegenüber Unabhängigkeit zu bewahren vermag, von großer Bedeutung.

Auf einem primitiven Niveau des Erlebens, aber auch des Erklärens wird die Selbstverwirklichung mit Triebbefriedigung gleichgesetzt. In der psychoanalytischen Strukturlehre kann der soziale Aspekt der Identität in eine enge Beziehung zum Bereich der Ich-Ideal- und der Über-Ich-Bildung gebracht werden, während die Selbstverwirklichung in ihrer Verbindung mit Wunsch- und Triebbefriedigung im Es-Bereich verwurzelt ist. Sigmund Freud sieht diese beiden Anteile der Persönlichkeit, das Es und das Über-Ich, oft miteinander in Konflikt, da der Drang nach Triebbefriedigung und die Forderungen der sozialen Umwelt als auch des Gewissens leicht in einen Gegensatz zueinander geraten. Das Ich wird als vermittelnde, die Realität überschauende Instanz eingeschaltet. Erik H. Erikson, der eine mögliche Entsprechung von Triebwünschen und den Forderungen und Bedürfnissen der sozialen Umwelt entdeckt, wendet sich deswegen gegen die Vorstellung, daß zwischen diesen beiden Bereichen ein Konflikt nicht zu vermeiden sei. Alice Balint, die in *Mutterliebe und Liebe zur Mutter* [1] eindrucksvoll beschreibt, daß die sozialen Bedürfnisse der Mutter – zu stillen, zu helfen, zu versorgen – den Triebbedürfnissen des Kindes entsprechen, bekräftigt damit die Einstellung Eriksons, der in der geglückten Gegenseitigkeit einer solchen Bedürfnisbefriedigung das entstehen sieht, was er »basic trust« genannt hat, das »Urvertrauen«, und was wahrscheinlich im späteren Leben zur Identitätsbildung Wesentliches beiträgt [2]. Auch in den der Säuglingszeit folgenden kindlichen Entwicklungsstufen gibt es zahlreiche Gebiete, auf denen sich die kindlichen Bedürfnisse mit den andersartigen, aber entsprechenden der Eltern gegenseitig zu befriedigen vermögen. Die sexuellen Wünsche der Erwachsenen etwa ent-

1 A. Balint *Mutterliebe und Liebe zur Mutter.* Psyche, 16 (1962/63), 481.
2 E. H. Erikson *Identität und Lebenszyklus.* Reihe Theorie 2. Frankfurt (Suhrkamp) 1966.

sprechen neben den Bedürfnissen der jeweilig Beteiligten auch denjenigen der menschlichen Gesellschaft, deren Bestehen schließlich auf der Befriedigung solcher Triebwünsche mitberuht.

Es gibt jedoch eine Form der Identitätsfindung, die in ihrem sozialen Aspekt eine Gegenidentifikation gegen Haltung und Weltanschauung der Umgebung darstellt. In ihr wird offenbar ein Autoritätskonflikt verewigt, der in Verbindung mit besonderer Begabung und starken Ich-Kräften die selbstverwirklichende Seite der Identität begünstigen und zu neuen Dimensionen führen kann. In dem Buch von Erik H. Erikson *Der junge Mann Luther* [1] wird dieser Vorgang ausführlich und bewegend beschrieben. Freilich verläuft er keineswegs immer so produktiv wie bei Luther.

Im allgemeinen besteht der folgende Ausspruch Anna Freuds [2] zu Recht: »Die negative Bindung läßt keinen Raum für unabhängiges Handeln oder wachsende Selbständigkeit, und die zwanghafte Auflehnung gegen die Eltern ist in ihren Auswirkungen nicht weniger einschränkend, als zwanghafter Gehorsam sein könnte.« Die insbesondere von Heinz Hartmann [3] beigetragenen Erkenntnisse zur Ich-Psychologie sehen die beiden Seiten der Identität – sich mit seiner Umwelt und mit sich selber identisch zu fühlen – nicht nur als das Ergebnis einer konfliktreichen Beziehung zwischen Über-Ich und Es; Ausmaß und Qualität der sich in diesen Kämpfen entfaltenden organisierenden Ich-Funktionen haben einen entscheidenden Einfluß auf ihren Ausgang. Für Hartmann sind also nicht nur die äußeren Einflüsse der Umwelt für die Entwicklung der Identität von Bedeutung, sondern auch die dem Ich innewohnenden Entwicklungsmöglichkeiten, zwischen außen und innen sowohl zu vermitteln, als auch zu unterscheiden, um eigene innere Wertvorstellungen sowohl aufzubauen, als sie auch einer Beeinflussung und Kritik von außen zugänglich zu halten.

---

[1] E. H. Erikson *Der junge Mann Luther*. München (Szczesny) 1964.

[2] A. Freud *Probleme der Pubertät*. Psyche, 14 (1960/61), 1.

[3] H. Hartmann *Bemerkungen zur psychoanalytischen Theorie des Ichs*. Psyche, 18 (1964/65), 6.

5. Wiederholung und Auflösung bisheriger Verhaltensweisen in der Pubertät

Vergleichen wir den Verlauf der Pubertät heute etwa mit dem der Zeit vor dem Ersten Weltkrieg, dann ist augenfällig, wie dieser Umbauprozeß zunehmend mehr Zeit beansprucht. S. Bernfeld[1] sprach bereits 1923 von »verlängerter Pubertät«. Die physische Reifung in der Pubertät bringt, wie es Ernst Jones[2] etwa zur gleichen Zeit darstellte, eine Wiederholung und Reintensivierung des ödipalen Konfliktes mit sich, der seinen Höhepunkt zwischen dem dritten und sechsten Jahr erreicht. Sein klassischer Inhalt ist, daß das Kind den Elternteil des anderen Geschlechts liebt, während es den des gleichen Geschlechts als Rivalen erlebt und ihm gegenüber bewußt oder unbewußt Todeswünsche hegt. Da das kleine Kind trotz aller Rivalitätsgefühle aber beide Eltern liebt und braucht, entsteht ein Konflikt zwischen Liebe und Haß, zwischen Weg- oder gar Totwünschen und unbedingtem Behaltenwollen. Dieser Konflikt kann die verschiedenartigsten Lösungsversuche aktivieren. Nehmen wir den Knaben als Beispiel: Er kann die mit soviel gefährlichen Wünschen verbundene Liebe zur Mutter durch eine Identifizierung mit ihr abwehren; er liebt dann gemeinsam mit der Mutter oder gar quasi als Frau den ursprünglichen Rivalen, den Vater. Oder er identifiziert sich mit dem Vater, mit seiner männlichen Stärke, aber auch seinen Verboten, und gibt sich mit einem Teilbesitz der Mutter zufrieden. Das sind zwei häufig vorkommende Lösungsformen des Ödipuskomplexes, von denen das Vorherrschen der zweiten die normale Entwicklung fördert. Ungestörte, das heißt auch dem Geschlecht des Kindes entsprechende Identifikationsprozesse stehen in enger Verbindung mit der Lern- und Anpassungsfähigkeit – Fähigkeiten, die für den gesunden Verlauf der auf die ödipale Phase folgenden Latenzzeit von großer Bedeutung sind. In dieser Zeit, die sich etwa über das sechste bis zwölfte Lebensjahr erstreckt, ist also der ödipale Konflikt vorübergehend

---

1 S. Bernfeld *Über eine typische Form der männlichen Pubertät*. Imago, IX (1923), Int. Psychoanal. Verlag, Wien.

2 E. Jones *Some Problems of Adolescence*. Papers an Psycho-Analysis. London (Bailliere, Tindall & Co.) 1922.

zugunsten von Identifikationen mit dem gleichgeschlechtlichen Elternteil zurückgetreten, das heißt, der kleine Junge benimmt sich wie sein Vater. Die Mobilisierung der in der Latenzzeit gebildeten und relativ gefestigten, aber beschränkten und etwas rigiden Persönlichkeitsstruktur ist in der nun folgenden Adoleszenz notwendig, damit es zur weiteren Reifung des Ichs, insbesondere im Hinblick auf seine bisher an die Familie gebundene Orientierung, kommen kann. Mit der Auflösung der Persönlichkeitsstrukturen in der Pubertät geht eine Neubelebung der bisher durchlaufenen lebensgeschichtlichen Phasen einher. Die Reintensivierung des Ödipuskomplexes, der jetzt auf einen genital entwickelten und in seinen Ich-Funktionen gereiften Menschen trifft, wurde schon mehrfach erwähnt. Die Art, wie das kleine Kind seine Probleme zu lösen versuchte, wird weitgehend wiederholt, wenn auch auf entsprechend gereiftem Entwicklungsniveau.

Wichtig für den Pubertätsverlauf ist deswegen auch, ob das Kind, bevor es in die Latenzzeit eintrat, das erreicht hatte, was in der Psychoanalyse als die »phallische« Phase bezeichnet wird; eine Phase, die beide Geschlechter gleichermaßen durchlaufen, da das Mädchen die Existenz seiner Vagina erst in der Pubertät wirklich erlebt. Diese Phase fällt in die gleiche Zeit, in der auch der Ödipuskomplex seine zentrale Bedeutung gewinnt. Der positive Umgang mit dieser Problematik, verbunden mit einem physiologischen Aktivitätszuwachs, erhöht die Selbständigkeit und Selbstbehauptung des Kindes. Gemessen an der eigentlichen ödipalen Periode sind die Ich-Funktionen in der Latenzzeit gereift. Dem entspricht eine erweiterte und reifere Identifikationsbereitschaft. Rivalität besser ertragen und Frustrationen besser tolerieren zu können sind weitere Indikationen für eine diesem Alter entsprechende Entwicklung. Die Fähigkeit des Kindes, infantile Wunschbefriedigungen schrittweise aufgeben zu können, ohne dabei die neu von ihm geforderte spezifische Aktivität zu verlieren, verdient als positiver Indikator eine besondere Beachtung.

Außer diesen progressiven Anpassungsformen und dem Zurücktreten ödipaler Konflikte finden wir in der Latenzzeit ein spezifisches Zurückgreifen auf präödipale Verhaltensweisen, insbesondere solche der analen Phase, die durch ihre rigiden Abwehrmechanismen gekennzeichnet ist. Die anale Phase mit ihrer Reinlichkeitsdressur, ihrem Trotzverhalten, ihren Wutausbrüchen liegt zeitlich vor der ödipalen Phase, also etwa zwischen dem zweiten und dritten Lebensjahr.

6. Die Beziehung des Pubertätsverlaufs zum Autoritätswandel

Neben Bernfeld und Jones schildern zahlreiche Autoren, unter ihnen Anna Freud, J. Lampl-de Groot, L. Spiegel, die Problematik der Pubertät und ihre Bedeutung für das Leben der Erwachsenen. Erikson fordert von der Mitwelt, den Jugendlichen eine turbulente Zeit zuzugestehen, ihnen ein »Moratorium« zu gewähren, das heißt, der selbstverwirklichenden Seite der Identitätsfindung eine Chance einzuräumen, bevor die sozialen Anpassungsforderungen eindämmend auf sie wirken. Für die Reifung der Persönlichkeit bleibt es unumgänglich, daß jetzt die kindlichen Orientierungen und die Befriedigungsformen der Latenzzeit weitgehend umgestaltet werden. Bemerkenswerterweise verlangt ein Teil unserer Jugendlichen jedoch gar nicht nach einem »Moratorium«, sondern paßt sich ganz unrevolutionär der bestehenden Sozialordnung an. Wenn Erikson sagt, daß »die Identitätsbildung beginnt, wenn die (ungefragt übernommenen) Identifikationen mit den Personen aus der Vergangenheit enden«[1], dann scheint sich dieser Prozeß gegenwärtig zunehmend länger auszudehnen, und oft wird diese Schwelle nie überschritten; was einen Widerspruch zu der oben bemerkten Entwertung der Vaterautorität zu bedeuten scheint. Der Widerspruch klärt sich, wenn wir uns den Unterschied zwischen bewußt und unbewußt klarmachen. Neben dem bewußten Aufgeben alter, offensichtlich zerstörter Ideale wird unbewußt an alten Identifikationen festgehalten. Was unbewußt bleibt, kann sich nicht verändern, nicht reifen, das Unbewußte ist zeitlos. Mit dieser Fixierung verbinden sich Regressionen zu Allmachtsphantasien und eine kleinkindliche Muttersehnsucht.

Die notwendige Auseinandersetzung mit den Werteinstellungen der Umwelt geschieht um so zögernder, je schwerer es den Jugendlichen wird, sich von den Eltern zu lösen. Mit der Zerstörung des

1 Erikson *Identität und Lebenszyklus*, l. c.

väterlichen Vorbildes, die vollständiger als nach dem Zweiten Weltkrieg in Deutschland kaum vorgestellt werden kann, hat sich durch die dadurch entstehenden Identifikationsnöte die Unselbständigkeit der Jugendlichen noch verlängert. Diese unrevolutionären Jugendlichen brauchen deswegen nicht zu den »Braven« zu gehören, die an der anpassungsfreudigen Latenzzeit fixiert und im Einklang mit Idealen und Forderungen ihrer Eltern leben, weil sie eine überstarke Abwehr gegen ihr diesen Einklang störendes Triebleben aufgerichtet haben. Sie protestieren nicht, sind aber auch nicht »brav«, vielmehr erinnern sie uns an die von Anna Freud beschriebenen Waisenkinder, bei denen die normale Mutterbindung schon früh durch deren Verlust unterbrochen wurde, ohne daß dafür ein Ersatz gefunden wurde. Bei diesen Kindern traten nach einem verhältnismäßig normalen Entwicklungsverlauf in der Kindheit schwere Störungen in der Pubertät auf. Die jungen Mädchen, von denen Anna Freud berichtete, konnten den Weg zu außerfamiliären Objekten in der Pubertät nicht finden; sie konnten die unbewußte Bindung an die nicht vorhandene, aber gesuchte Mutter nicht aufgeben, »als wäre der innere Besitz und die Besetzung einer Mutter-Imago die unerläßliche Vorbedingung für den normalen, zum sexuellen Partner führenden Ablösungsprozeß« [1].

So scheint es dem jungen Menschen zu Beginn unseres Jahrhunderts, als ein starkes autoritäres Vorbild zu entsprechend starken Identifikationen aufrief, leichter gewesen zu sein, seine Identität, sei es zustimmend, sei es rebellierend, zu finden. Nicht nur durch Hitler und seine Zeit wurden bisherige Ideale und Identifikationsmöglichkeiten erheblich gestört, es kam hinzu, daß die Vorstellungen der Eltern von ihren elterlichen Aufgaben unsicher und in dauernder Veränderung begriffen sind. Wie wir oben betonten, erscheinen sie in bezug auf das Generationsproblem kaum weniger verwirrt als ihre Söhne und Töchter; nicht nur verwischen sich die Unterschiede zwischen den Generationen, auch die zwischen den Geschlechtsrollen werden immer geringer. Tatsächlich sind Eltern wie Kinder auf der Suche nach einer Beziehungsform, die ihnen wechselseitig aus durchdachten und verpflichtenden Wertvorstellungen Identifikationsmöglichkeiten und Ansätze

1 A. Freud, l. c.

zur Identitätsfindung bietet. Denn gegenwärtig gilt eben, daß nicht nur die Jugendlichen, sondern auch ihre Eltern sich in einem Unsicherheitszustand befinden, in dem Auflehnung mit einem Bedürfnis nach idealisierten omnipotenten Elternfiguren sich mischt.

Dieser Einbruch von Unsicherheit in eine Gesellschaft, die bisher eher durch eine repressive Vaterautorität beherrscht wurde, mag es Hitler erleichtert haben, an die Macht zu kommen: Er zerstörte alte Ideale, befreite von der Anstrengung, negative Gefühle gegen die alten Autoritäten verdrängen zu müssen, und versprach anstelle dieser Mühen, im Sinne eines omnipotenten, scheinbar neuen, aber in Wirklichkeit tief regressiven Ideals fortan für jedermann zu denken und zu entscheiden.

Wenn die in der Pubertät normalen Anstrengungen, das Über-Ich und das Ich-Ideal neu zu formen, durch eine umfassende Störung bestehender Idealformen, wie sie bereits der Erste Weltkrieg bewirkt hatte, zusätzlich erschwert und verwirrt werden, können gewiß katastrophale Folgen entstehen; deswegen scheint es der Mühe wert, die Entwicklung der Identifikationsnöte genauer zu betrachten, die mit einer jeweiligen Gesellschaft und deren Idealen in einem engen Zusammenhang stehen.

In diesem Zusammenhang wird der Begriff des Ich-Ideals häufig erwähnt werden, das in enger Beziehung zum Über-Ich steht, jedoch mehr auf eine Erfüllung der verinnerlichten Werte und Wünsche der Eltern zustrebt als ihrer moralischen Forderungen. Nicht den Werten des Ich-Ideals entsprechend zu leben erzeugt Scham und Angst vor Ablehnung und Verlassenwerden; den Forderungen des Über-Ichs nicht nachzukommen erweckt Schuldgefühle und Angst vor Strafe.

7. Verlängerung oder innere Abwehr der Pubertät

Freud beschrieb in den *Drei Abhandlungen zur Sexualtheorie* (1905) die Pubertät als eine Phase, in der die Unterordnung aller frühinfantilen Ursprünge der sexuellen Erregung unter das Primat der Genitalzone stattfindet und in der sich der Prozeß der außerfamiliären Objektbesetzung vollzieht, das heißt, ein Knabe beginnt sich von seiner Liebe zur Mutter oder auch Schwester zu lösen und sich für ein junges Mädchen seiner weiteren Umgebung zu interessieren. Das gehört zur normalen Entwicklung und ist notwendig. Die in dieser Periode stattfindende Triebverstärkung läßt die neubelebten sexuellen Neigungen des Kindes zu seinen Eltern um vieles gefährlicher als zur Zeit des kindlichen ödipalen Konfliktes erscheinen, weil biologisch die Erfüllung der inzestuösen Wünsche tatsächlich möglich wäre. Erst der Jugendliche muß die beim Kinde wesentlich durch seine körperliche Unreife bedingte Inzestschranke endgültig als eine moralisch geforderte Tatsache hinnehmen.

Die Inzestvermeidung ist also ein allgemeingültiger Antrieb zur außerfamiliären Objektfindung; aber Dauer und Form dieses Vorganges wie des Pubertätsverlaufes überhaupt stehen zweifellos in Beziehung zu den Sitten und Gebräuchen der Umgebung. So haben Untersuchungen an primitiven Völkern gezeigt, daß die Pubertät die Dauer der körperlich sexuellen Reifung an und für sich nicht zu überschreiten braucht. Bei diesen Völkern und zum Teil auch in den nicht bürgerlichen Klassen unserer Gesellschaft, bei denen die außerfamiliäre Objektfindung im Sinne einer sexuellen Beziehungsaufnahme mit der Reifung der Sexualität gewissermaßen eine Selbstverständlichkeit war und den Jugendlichen mit den Rechten auch die Pflichten des Erwachsenen übertragen wurden, war und ist das, was sich in höheren Gesellschaftsschichten mit ihrer langen Berufsvorbildung als Pubertät versteht, kaum vorhanden. Hier pflegt die psychische Pubertät weit länger anzudauern, als es der körperlichen Reifungszeit entsprechen würde, deren untere Grenze man etwa auf zwei Jahre festsetzen könnte. Zumindest wäre von diesem Zeitpunkt an, von der körperlichen Entwicklung her gesehen, die Einnahme definitiver Sozialrollen möglich. Nach oben hin ist die Dauer der Pubertät sicherlich unbegrenzt, und nicht nur auf Grund der sich immer mehr ausdehnenden Berufsausbildung. Es gibt genügend Menschen, die das von Freud beschriebene Endstadium der außerfamiliären reifen Objektfindung zeit ihres Lebens nicht erreichen. Ein solcher Mißerfolg hat seine Ursache in der Fixierung der Libido auf die ursprünglichen Objekte, die Eltern, die dem Individuum zu lösen nicht mehr gelingt, wie wir es in extremer Weise im Falle der Waisen sahen. Auch wenn wir dem

Psychischen eine gewisse Zeit einräumen, bevor es sich an den neuen körperlichen Zustand gewöhnt, so überschreitet das, was wir an Pubertätserscheinungen in unserer Kultur als normal empfinden, bei weitem einen den physischen Bedürfnissen adäquaten Zeitraum.

Mit der sexuellen Entwicklung im Rahmen eines rapiden körperlichen und geistigen Wachstums ist eine solche Zunahme an physischer Energie verbunden, daß sich gelegentlich neurotische Störungen und Fixierungen, die aus der frühen Kindheit mitgeschleppt werden, von selber zu lösen vermögen. Dieser Energiezuwachs der Adoleszenz kann aber auch ein Übermaß an aggressiven Impulsen freisetzen, insbesondere wenn der Jugendliche die Lösung von den Eltern mit einer Lösung von Über-Ich-Identifikationen verbindet, das heißt, die ursprünglich an den Eltern orientierte Über-Ich- oder Gewissensbildung wird dann auf Grund ihrer Herkunft mit der Bindung an sie abgelehnt und aufgegeben. Dabei werden neben den aggressiven auch noch die bisher in diesen Identifikationen gebundenen narzißtischen Strebungen befreit, was die Heftigkeit und Selbstherrlichkeit vieler pubertärer Regungen verständlicher macht und zur Bandenbildung und Jugendkriminalität führen kann.

Je weiter der Jugendliche sich von seinen infantilen Liebesobjekten entfernen zu müssen glaubt, um so mehr verlängert sich die Phase, in der er von narzißtischen Zielen und Beschäftigungen auf Kosten von wirklich objektgerichteten in Anspruch genommen wird. Solche geistigen, eigenbrötlerischen oder auch antisozialen Interessen versetzen den Jugendlichen ökonomisch kaum in die Lage, allmählich unabhängiger zu werden. Aber die mehr »weltlichen« Interessen werden auch, wenn überhaupt, nur verborgen oder entstellt von diesen Jugendlichen verfolgt, da sie nicht zu ihren Idealen gehören; sie haben in der Tat ein »Moratorium« nötig, da sie keine Verantwortung zu übernehmen bereit sind.

8. Die Wirkung des Ich-Ideals auf die Pubertätsentwicklung

Dabei ist der Pubertätsnarzißmus, wie ihn Bernfeld [1] beschrieb und wie er uns auch bei produktiven Persönlichkeiten gut bekannt ist, keineswegs nur lustvoll, sondern von zahlreichen Depressionen begleitet. Einer der Gründe dafür ist die Bildung eines übertriebenen und deswegen außerordentlich empfindsamen Ich-Ideals, das bei der Lösung von den elterlichen Figuren eine beträchtliche Quantität der Libido an sich bindet. Durch die hohen und kaum zu erfüllenden Forderungen, die dieses Ich-Ideal an das eigene Ich stellt, entsteht mit den Erschütterungen im Selbstwertgefühl eine erhebliche Kränkbarkeit, die sich in den häufigen Verstimmungen des Jugendlichen ausdrückt, ohne daß ihm die Ursache zu seinen Depressionen oder Affektausbrüchen klar bewußt wird. Der Konflikt ist darin zu suchen, daß die Objektliebe, die sich von den idealisierten Elternfiguren abwendet, vom Ich-Ideal darin gestört wird, sich statt dessen auf das eigene Ich zu richten, weil dieses nicht als ideal genug empfunden wird. Das heißt, der Jugendliche kann jetzt weder seine Eltern noch sich selber lieben und wird gezwungen, Besetzungsmöglichkeiten zu suchen, die das Ich-Ideal ihm erlaubt.

Diese Form der Pubertät, in der die Lösung von den Elternbildern mehr zu narzißtischen Besetzungen als zu neuen Objektbeziehungen führt, ist gewiß nicht ohne Gefahren. Sie kann jedoch, und darin liegt ihre produktive und erweiternde Möglichkeit, den Jugendlichen in seiner Suche nach Vollkommenheit zu immer neuen Auseinandersetzungen mit Idealen, geistigen Inhalten und Zielen zwingen.

Ein anderer schon angedeuteter Verlauf der Pubertät, in dem die Ideale der Latenzzeit beibehalten werden, ist in seinem Mangel an Autoritäts- und sonstigen Konflikten für die Eltern wesentlich leichter zu ertragen und macht nach außen hin den stabileren und daher gesünderen Eindruck. Wenn wir uns aber daran erinnern, daß das Interesse an Inhalten und Formen der Kultur im späteren Leben nur dann eine wesentliche Rolle spielt, wenn es in der Pubertät seinen Ursprung fand, werden wir diesen zweiten Typus

[1] L. c.

des an kindliche, konservative Ideale fixierten Jugendlichen in seinen Entwicklungsmöglichkeiten als wesentlich begrenzter ansehen müssen. Die Beziehung zu den Eltern bleibt kindlich. Mit einer weitgehenden Unterdrückung der mit der Pubertät anwachsenden genitalen Wünsche vermeidet dieser Jugendliche die Inzestgefahr und schafft damit die innere Notwendigkeit, sich von den Eltern innerlich und äußerlich zu lösen, aus der Welt. Ihre Lebensweisen, aber auch ihre Ideale und Ansichten bleiben die seinen. Es muß eine innere Notwendigkeit bestehen, sich von den Bindungen an die Eltern zu lösen, damit kulturellen Inhalten und Formen über die bisherigen Grenzen hinaus ein intensives Interesse zugewandt werden kann. Ohne die Bildung eines entsprechenden Ich-Ideals würde die Auflösung der ursprünglichen libidinösen Bindungen die Gefahr bergen, nur Verwirrung, Asozialität, unzureichende Stabilisierung etc. hervorzurufen und nicht die typische Produktivität, das gesteigerte geistige Interesse der oben beschriebenen dramatischer verlaufenden Pubertätsform.

Die Pubertät ist aber nicht nur durch ein Zurücktreten bisher wirksamer Vorbilder ausgezeichnet; zum charakteristischen Reifungsschritt dieser Zeit gehören die vielfältigen Anläufe, bis sich über neue Identifikationen neue Orientierungen gewinnen lassen, an denen sich Ideale im allgemeinen und das Ich-Ideal im besonderen formen können. Die Pubertät, wie sie heute verläuft, dürfte sich seit Bernfelds Beschreibung nicht verkürzt haben – eher ist das Gegenteil der Fall –, auch die pubertätsspezifischen Formen des Narzißmus weisen kaum ein geringeres Ausmaß auf. Von der jeweilig charakteristischen Ausbildung des Ich-Ideals hängt ab, ob eine produktive Verwertung der narzißtischen Besetzung des Ichs möglich wird, das heißt, ob ein Ich-Ideal zu übermäßiger Kränkbarkeit, Selbstbefangenheit, überhöhtem Interesse am eigenen Wert, zu Wertlosigkeitsgefühlen und Aktivitätshemmung führen oder als Ansporn dienen und dem Ich des Jugendlichen so viel Spielraum lassen wird, daß er sich zu verschiedenartigen Leistungen und Interessen gedrängt sieht, um das Gefühl des eigenen Wertes einigermaßen im Gleichgewicht halten zu können.

Ideale werden durch Identifikationen geformt und fordern wiederum neue Identifikationen heraus. Die Identifikation mit den Eltern erleichtert es uns, auf ihren unmittelbaren Besitz zu verzichten. Ihre Idealisierung spielt in der Kindheit eine große Rolle und hilft auf der Höhe der ödipalen Konfliktsituation nicht nur, die Identifikation zu erleichtern, sondern ist auch als Abwehr einer aus diesen Situationen sich ergebenden narzißtischen Kränkung anzusehen. Gleichzeitig dient diese Elternidealisierung den Bedürfnissen des hilflosen und verletzlichen Kindes nach allmächtigen und schützenden Eltern und der Abwehr gegen Aggressionen aus Enttäuschungen.

Um zu wiederholen: Für den Heranwachsenden bringt die Reifung der Ich-Leistungen um die Zeit der Vorpubertät und Pubertät auch eine realere Einschätzung der Eltern mit sich. Das ist nicht nur ein befreiender, sondern durchaus auch ein schmerzlicher Vorgang, da er den Jugendlichen mit der Auflösung der elterlichen Idealbilder einen unmittelbar identifikatorisch erworbenen narzißtischen Besitz verlieren läßt. Dieser Verlust drängt ihn, sich durch neue Identifikationen neuen narzißtischen Wert zu erwerben.

9. Die Art der Gefühlsbeziehung zu den Eltern als Grundlage des eigenen Wertgefühls

Es hängt nun vieles davon ab, ob neben dem Besitz idealisierter Elternfiguren eine Eltern-Kind-Beziehung bestand, die so weit aufrichtig und unmittelbar war, daß das reifende Ich des Jugendlichen seine kritischen Fähigkeiten auf seine Vorstellungen von den Eltern ausdehnen darf, ohne diese damit allzusehr zu kränken. Wenn auf diese Weise verhindert wird, daß sich Kind und Eltern unüberwindlich entfremden, müssen auch die bisherigen idealisierten Vorstellungen des Kindes nicht in tiefsten Enttäuschungen zusammenbrechen, wodurch sein eigener Wert, der sich ja weitgehend auf Identifikationen mit den Eltern stützt, eine zu große narzißtische Kränkung erfahren muß.

Die Wertbeständigkeit der Identifikationen mit den Eltern hängt jedoch nicht nur davon ab, ob die Eltern einer realeren Einschätzung standhalten können, sondern in hohem Maß auch von der Qualität der Gefühlsbindung zwischen Eltern und Kindern. Je gleichgültiger, unaufrichtiger oder ambivalenter die Eltern ihren Kindern gegenüberstehen, um so zerbrechlicher oder neurotischer pflegen die Identifikationen mit ihnen zu sein. Auch der Zeitfaktor spielt eine Rolle. Das Bild der idealisierten Eltern und die Identifikation mit diesem Bild können zu früh verlorengehen, zu einer Zeit, in der das Ich in seiner Entwicklung nicht genügend gefestigt ist, um diese Enttäuschung ohne traumatisierende narzißtische Einbuße ertragen zu können. Dies kann neben manchen anderen Faktoren die Ausbildung eines gesunden und ausgeglichenen Narzißmus erheblich stören und eine lebenslange Labilität des Selbstwertgefühls verursachen.

Als Abwehr gegen solche Kränkungen, gegen solch unerträgliche Ambivalenz, oder als Folge eines kindlich bleibenden Ichs werden in manchen Verläufen die idealisierten Beziehungen zu den Eltern ungebrochen weitergeführt; gegen den Abbau des Ideals »Eltern« wird ein Verleugnungsmechanismus eingesetzt, von dem aus es zu immer weiteren Realitätsverleugnungen kommen kann, die sich auf die Beziehungen zu anderen Menschen ausdehnen und mit einer gestörten Beziehung zur eigenen Gefühlswelt verbinden. Ein solches Abwehrverhalten fixiert natürlich den Jugendlichen an die Eltern oder an ihre unerreichbaren idealisierten Imagines, und er wird nicht aufhören können, bei ihnen das Ideal zu suchen. Ein junger Mensch also, der nicht ertragen lernte, seine Eltern einigermaßen realitätsgerecht zu beurteilen, wird auch anderen Bereichen der Außenwelt gegenüber blind sein oder sie verzerrt sehen. Ähnlich geht es ihm mit seinen Gefühlen: Sie dürfen nur seinen eigenen Idealisierungen gemäß wahrgenommen werden; er darf die Eltern zum Beispiel nur lieben und verehren, seine Haßgefühle muß er mit Hilfe von Verteuflungen woanders loszuwerden suchen.

Auch in diesem Zusammenhang sind Anna Freuds Erfahrungen mit verwaisten Kindern wertvoll. Wir lernten daraus, daß nicht nur ein realitätsgerechtes Sehen der Eltern eine Erweiterung und Reifung kindlicher Idealisierungen und Identifikationen mit sich bringt, sondern daß Identifikationen überhaupt nur mit Hilfe starker emotioneller Bindungen an tatsächlich vorhandene, reale Objekte so tragfähig werden, daß es in der Pubertät zu der notwendigen teilweisen Lösung und Neuorientierung kommt.

Es gibt also viele unterschiedliche Störungsmöglichkeiten, je nach der Art der Elternbeziehung und der damit verbundenen nar-

zißtischen Kränkungen. So liegt auch eine Gefahr in der von Bernfeld beschriebenen Form der verlängerten männlichen Pubertät
darin, daß die aus der ödipalen Konfliktsituation und ihren Identifikationen stammenden narzißtischen Kränkungen jetzt eine weitere Vertiefung erfahren und zur Entwicklung jenes überhöhten
Ich-Ideals führen, das nunmehr ein Leben lang vor allem die Forderung nach Aufwertung des gekränkten Ichs stellt. Wieweit sich
der produktive Pubertäts-Narzißmus, nachdem er zur Lösung von
den ursprünglichen Objekten und zu neuen Identifikationen und
Idealen geführt hat, so weit abzubauen vermag, daß neue Objekte
in der menschlichen Umwelt besetzt werden können, das wird von
Art und Tiefe der narzißtischen Kränkung abhängen, die den
Pubertätsverlauf bestimmte. Zur Erhaltung eines gesunden Nar-
zißmus, eines gesunden Gefühls von Selbstwert, ist unerläßlich,
daß von seiten der Eltern bei allen aggressiven Ausfällen des
Jugendlichen und trotz seines libidinösen Rückzugs ein grundsätz-
liches Verstehen erhalten bleibt. Die emotionale Kind-Eltern-
Bindung kann in dieser Zeit so gestört werden, daß ein dauernder
Rückzug auf das eigene Selbst die Konsequenz ist; die erneute
Kränkung des sekundären Narzißmus führt leicht dazu, daß das
Ideal-Ich weit über die Pubertät hinaus primär zur Aufwertung
des eigenen Ichs drängt.

Eine Störung jenes Aspektes der Selbstsicherheit, der aus der
frühen emotionalen Mutter-Kind-Beziehung stammt, kann zu
einer dauernden symbiotischen Sehnsucht nach dem ursprünglichen Einssein mit der Mutter führen und alle Objektbeziehungen
diesem Bedürfnis unterwerfen.

Eine vorübergehende Identifizierung mit dem jeweiligen Objekt eher als eine *Beziehung* zu ihm ist auch die für die Pubertät
charakteristische Verliebtheit. Anna Freud [1] sagt dazu: »Diese stürmischen und wenig haltbaren Liebesbindungen der Pubertät sind
gar keine Objektbeziehungen im erwachsenen Sinn des Wortes.
Es sind Identifizierungen der primitivsten Art, wie wir sie etwa
in der ersten Entwicklung des Kleinkindes vor Beginn aller Objektliebe kennenlernen. Die Treulosigkeit der Pubertät andererseits wäre dann gar kein Liebes- oder Überzeugungswechsel inner-

[1] A. Freud *Das Ich und die Abwehrmechanismen*. München 1964.

halb des Individuums, sondern ein durch den Wechsel der Identifizierung bedingter Persönlichkeitsverlust.«

Die Bindung des Jugendlichen an neue Ideale ist, um es zu wiederholen, auch deswegen notwendig, weil sie ihm erlaubt, sich von den in der Pubertät regressiv neu besetzten inzestuösen Objekten zu entfernen, ihre Entlibidinisierung erleichtert; zudem versetzt sie den Jugendlichen in die Lage, den mit den eben geschilderten primitiven Identifizierungen verknüpften Gefahren des Persönlichkeitsverlustes zu entgehen, indem der Aufbau neuer, progressiver Identifikationen erleichtert wird. Allerdings können die Ideale sich so weit von jeder äußeren Verwirklichungsmöglichkeit entfernen und auch auf keine innere stoßen – etwa eine Begabung des Jugendlichen –, daß das Ich sich nur durch Rückzug, Verleugnung und Allmachtsphantasien vor unerträglicher Entwertung retten kann.

Einer solchen Gefahr sieht sich derjenige Typus des Jugendlichen nicht ausgesetzt, der es vermeidet, die Objektbindungen der Latenzzeit zu lockern, und der die Wertvorstellungen der Eltern fraglos übernimmt. Dies ist ein nicht seltener, gleichsam zeitloser, von den revolutionären Strebungen seiner Altersgenossen relativ wenig berührter Typus, den es immer gab und immer geben wird.

So hat zum Beispiel das patriarchalisch-bürgerliche Identitätsmodell des Erwachsenen die Einschränkung irritierender Triebwünsche, wie sie von dem gehorsamen und lerneifrigen Kind der Latenzperiode erwartet werden konnte, auch vom Adoleszenten verlangt. Vollzog er die Unterwerfung, so konnte das nur durch Abwehr seiner aggressiven Strebungen auf der analen Ebene gelingen, worin er sich insbesondere in der Latenzzeit geübt hatte. Es brauchte auch deshalb nicht zu einem wirklichen Bruch im Verhalten während der neuerlichen Anpassung an die gesellschaftlichen Forderungen zu kommen, weil die väterliche Autorität in dieser Gesellschaft – und mit ihr mußte sich der Jugendliche im weiteren Verlauf notwendigerweise identifizieren – selbst durchaus das war, was man in der Fachsprache »anal geprägt« nennt.

Dieses von der historisch-gesellschaftlichen Entwicklung längst überholte patriarchalisch-anale Idealbild, das pünktlichen Gehorsam forderte, wurde dann in der Hitler-Diktatur als traurig-absurde Karikatur seiner selbst wiederbelebt. In der NS-Diktatur herrschte die anale Zwangsordnung – nicht nur in den sadistischen Zerstörungsakten, die sonst nur in den Phantasien von Neurotikern sich finden, die auf der analen Stufe fixiert sind – sie beherrschte vielmehr das ganze System.

Nun hat aber weder die Auflösung der patriarchalisch-bürgerlichen Gesellschaftsordnung noch der Zusammenbruch des Hitlerschen Zwangssystems das Verschwinden des jugendlichen Typus mit sich gebracht, der an die Latenzzeit gebunden bleibt. Seine Entstehung ist umfassender konditioniert. Doch scheint sich auch an diesem Typus vieles geändert zu haben und noch zu ändern durch die veränderte Einstellung zum ödipalen Konflikt, der viel offener zum Ausdruck kommen darf und deswegen weniger strikt durch Identifikationen mit den elterlichen Verboten abgewehrt zu werden braucht. Das spiegelt sich auch in der veränderten Einstellung zur Onanie, der nur noch in den seltensten Fällen jene krankmachende oder sündig-verruchte Wirkung zugeschrieben wird, wie es im vergangenen Jahrhundert gang und gäbe war.

So positiv diese Entwicklung ist, so mag doch der fehlende Identifikationszwang in Verbindung mit kontaktschwachen Elternbeziehungen dazu führen, daß der an die Latenzzeit fixierte Typus des Jugendlichen zwar nicht weniger abhängig als der ihm vergleichbare Typus früherer Generationen, auch nicht weniger eingeschränkt in seinen Interessen ist, aber sich doch den Wertvorstellungen seiner Umgebung gegenüber weniger verpflichtet fühlt. Das heißt, seine Über-Ich-Funktionen sind unreifer, oder das, was man sein Gewissen nennt, ist unverbindlicher geblieben. Er bleibt an die Eltern fixiert, mag sie auf kindliche Weise weiter idealisieren, fühlt sich aber zunehmend weniger verpflichtet, ihre Verbote, Wertvorstellungen und Verantwortungen zu übernehmen, ohne daß er deswegen für andere Ideale glaubt kämpfen zu müssen. Die Autorität an sich ist ganz allgemein kein Ideal mehr. Sie ist weitgehend ersetzt durch rasch wechselnde Sieger in Sportkämpfen oder die Matadore des Schaugeschäftes. Deswegen können die Eltern von ihren Kindern auch nur mit verringertem Nachdruck Gehorsam fordern, und es wird immer sinnloser, fraglos zu erwarten, daß die Kinder in der Familie eine hierarchische Ordnung erkennen.

Eltern und Kind bilden vielmehr häufig eine Gemeinschaft von zwar Gleichberechtigten, aber weniger gleich Verpflichteten. Beide haben Versorgungswünsche. Die Kinder richten diese auf die Eltern, die Eltern vor allem auf den Staat, der natürlich den Bedürfnissen derer, die ihn bilden, angepaßt wird; Staat wird als Versorgungsstaat imaginiert. Die Eltern weisen viele Konsumwünsche ihrer Kinder nicht ab, aus dem schlechten Gewissen, ihnen nicht so viel Zeit und Interesse entgegengebracht zu haben, wie sie hätten erwarten dürfen. Dadurch wird eine Fixierung beider aneinander forciert und prolongiert, und es kommt nicht zu dem die Persönlichkeit erweiternden Ablösungsvorgang, wie ihn Freud für die Ablösungsarbeit in der Trauer so eingehend geschildert hat. Eine Erweiterung der Persönlichkeit im späteren Leben kann allerdings nur dann stattfinden, wenn sich in einer Beziehung die Persönlichkeiten der Partner so weit voneinander unterscheiden, daß die mit einer äußeren Loslösung einhergehende Verinnerlichung dieser Objektbeziehung zu neuen, die Persönlichkeit bereichernden Identifikationen führt.

Wenn heute viel von einer verzögerten geistigen Reifung des Jugendlichen gesprochen wird, hat man vor allem den Typus des Heranwachsenden vor Augen, der, da er die Ideale seiner Väter nicht übernehmen konnte und auch sonst keine ihm verbindlich erscheinenden vorfand, wenig Halt in Identifizierungen gefunden hat und nicht weiß, wem oder welcher Sache gegenüber er überhaupt Verantwortung empfinden soll. Da er sich keine dauerhaften eigenen Wertvorstellungen aufbauen konnte, befindet er sich in einem Zustand innerer Verwirrung, wodurch sein Urteilsvermögen getrübt und ein realitätsgerechtes Handeln erschwert werden. Diese Identifikationsnöte mögen im Ansatz zu jeder Zeit bestanden haben. Sie haben sich aber in der heutigen Zeit quantitativ verstärkt. Sie lassen sich sowohl an der achtlosen Ablehnung oder Verachtung wie auch am Gegenteil, an der angstvollen Abwehr gegen die Tendenzen zur Auflösung bisher bestehender Ideale, ablesen.

10. Der Einfluß des Dritten Reiches

Da wir es offenbar mit Idealen sehr verschiedener Herkunft zu tun haben, vor allem in Hinblick auf ihre unbewußte Motivation, lohnt es, einige der noch anerkannten Wertvorstellungen hervorzuheben. Aber bestehen denn überhaupt noch solche unerschütterlichen Ideale? Konnten die bürgerlichen, »anal« determinierten Ideale die Zerstörung durch das NS-System und das Verhalten der Individuen in ihm überleben? Der zwischen 1933 und 1945 erfolgte offizielle Bruch einer mit den anderen Völkern der westlichen Kultur gemeinsamen Wertidentität kann nicht einfach verleugnet werden, indem heute auf Ideale der Vornazizeit zurückgegriffen wird. Es ist gewiß eine Untersuchung wert, wie sich die verschiedenen Wertvorstellungen der Kriegs- und Nachkriegszeit auf die Identifikationen der Jugendlichen auswirkten, welche Spuren im Charakter sie hinterließen. Das wird die Einstellungen betreffen, die mit politischen oder geistigen Vorbildern zu tun haben.

In der Zeit des nationalsozialistischen Regimes wurde das Kind frühzeitig aus seiner familiären Identifikation herausgerissen. Werte und Wertvorstellungen des Vaters und der Familie, die nicht mit der neuen Ideologie übereinstimmten, wurden entwertet und verfolgt. Überall verlangen Diktaturen das »Abschwören«, was die Erniedrigung der alten Autorität bezweckt. Der Einbruch eines solchen neuen Wertdiktates bedeutet für die Kontinuität der Identifikationen des Kindes und Jugendlichen mit dem Vatervorbild einen Schock. Der ödipale Konflikt besteht, wie wir schon oben darstellten, darin, daß das Kind den gegengeschlechtlichen Elternteil liebt und den gleichgeschlechtlichen als Rivalen empfindet. Etwa zu Beginn der Schulzeit findet dieser Konflikt mit dem Beginn der Latenzzeit seine vorläufige Beendigung. Nun beginnt das Kind, sich mehr mit dem gleichgeschlechtlichen Elternteil, den es ja auch liebt und nicht nur haßt, zu identifizieren. Es erkennt dessen Fähigkeiten, Wertvorstellungen, Gebote und Verbote an, übernimmt in einer Art Vorbereitung auf die definitive Sozialrolle seine Verhaltensweisen und setzt ihn als Vorbild ein.

In Zeiten und unter Einflüssen, die diesen Vorgang stören – im extremen Fall also unter einer totalitären Diktatur –, wird das durch die Identifikation mit dem gleichgeschlechtlichen Elternteil entstehende Gleichgewicht gestört. Gegen die Verletzlichkeit dieser Identifikation mit dem von der Ideologie abgewerteten Vater setzt das totalitäre System die Fiktion vom allmächtigen und unfehlbaren »Führer«, mit dem als Vater oder großem Bruder sich zu identifizieren der Jugend durch verschiedene Techniken leichtgemacht wird. Nun können Neid und vor allem Eifersucht, die immer im Verlauf des ödipalen Konflikts geweckt werden, Zuneigung und Identifikation um so leichter beeinträchtigen, je mehr in der Beziehung zu den Eltern die Rivalitätsaggressionen die Gefühle der Zuneigung überwiegen. Mit dem schlafwandlerischen Geschick des Demagogen machte sich Hitler diese ihm weitgehend unbewußt bleibende Konstellation zunutze, als er sein »Image« als das eines unverheirateten Mannes etablierte, der ausschließlich für sein Volk, das heißt für seine Kinder oder seine Brüder und Schwestern lebte. Eifersucht im Verhältnis zum Vorbild und Ideal des »Führers« wurde dadurch vermieden; jeder einzelne sollte empfinden: Er ist »mein Führer«. Die nach Befriedigung strebenden sexuellen Hingabebedürfnisse passiver Art wurden in mannigfacher Weise gefördert und mit Hilfe der Organisationen, Symbole und Aktionen der Massenverehrung befriedigt, die Wertproblematik durch Identifikation mit einem von der Gesellschaft akzeptierten Helden gelöst.

Die mit dem Führerkult verbundenen Gruppenbildungen wie HJ, BDM etc. entsprachen einem genuinen Bedürfnis der Adoleszenten nach gegenseitiger Identifikation per Gruppe der Gleichaltrigen. Solche wechselseitigen Identifikationen verstärken die Sicherheit der Jugendlichen in der Ablehnung, mindestens Auseinandersetzung mit ihren bisherigen Vorbildern. In der damaligen Zeit pflegte dies zudem mit dem blinden Einverständnis der Eltern einherzugehen. Von einem Massenidol wie Hitler, das die Wertwelt der Eltern weitgehend in den Schatten drängte, um neue Werte zu diktieren, gingen starke Anregungen zu solcher Gruppenidentifikation aus. Die Möglichkeit solcher Beeinflussung junger Menschen wurde im Dritten Reich sehr geschickt manipuliert. Mit der Idealisierung der Person Hitlers wurde zugleich die nationalsozialistische Wertwelt stabilisiert: Wer den Führer verehrt, ist gut. Wer gut ist, kann in der Gruppe, in der alle im gleichen Sinne gut sind, auch verehrt werden.

Solche übertriebenen, gegenseitigen Idealisierungen können niemals ohne eine Feinderfindung auskommen, weil die innerhalb der Gruppe nicht zugelassenen negativen Gefühle nach außen abgelenkt werden müssen. Auch die fanatische Führerliebe bleibt dem Gesetz der Ambivalenz der Gefühlsbeziehungen unterworfen. Je ekstatischer die Verehrung, desto infernalischer der Haß auf Feinde dieses Führers, die aber in der Phantasie der Anhänger geboren werden. Einige Einzelschicksale Jugendlicher können vielleicht diese Identifikationsnöte mit mehr Anschaulichkeit zeigen.

11. Pubertätsschicksale

Beim Versuch, diese Schicksale während und nach der Nazizeit darzustellen, wird jedoch klar, daß nicht nur der frühzeitige Einbruch einer militanten Ideologie in die Wertwelt dieser Jugendlichen ihre Entwicklung beeinflußt hat, sondern daß auch die Art, wie dieser Einfluß sich auswirkte, eng verflochten war mit den jeweiligen frühen Elternidentifikationen. Die auf so komplizierte Weise ineinander verwobenen Bestandteile dürfen nur behutsam voneinander isoliert werden, auf die Gefahr hin, daß die Darstellung dieses Aspektes der Pubertät das nämliche Moment der Verwirrung behält, das diese Lebensepoche auszeichnet.

Erstes Beispiel: Fritz, geboren 1922, Pfarrerssohn, Vater national und wenn auch kein überzeugter Nazi, so doch den Idealen dieser Zeit gegenüber nicht unempfindlich: Er vermochte Goethe, Freiheitskriege und Dolchstoßlegende mit Tausendjährigem Reich und Ostfeldzug ohne Schwierigkeiten zu verschmelzen zum Ideal des die Welt zur Genesung bringenden deutschen Wesens. Eine Mischung von Vateridentifikation und aus Rivalität mit dem Vater stammendem geistigem Vatermord machte es Fritz leicht, sich mit den national-idealistischen selbstverherrlichenden Zügen der Nazis zu identifizieren. Da ihm seine Vaterambivalenz dennoch Schuldgefühle machte und da Haß und Sadismus mit seinen christlichen Identifikationen unvereinbar waren, gelang es ihm nicht, seine Aggressionen ungehemmt zu projizieren: Der menschenvernichtende Antisemitismus der Nazis hielt ihn schließlich von einer Totalidentifikation mit ihnen ab und ermöglichte eine wachsende kritische Distanz ihren Idealen gegenüber. Er behielt aber frühe nationale Identifikationen, ihre Stabilität rührte von der gegenseitigen Idealisierung und Identifikation seiner durch Kriegserlebnisse vereinten Altersgruppe her. Nach einer gewissen Erschütterung durch die Enthüllung der Kriegsverbrechen und Massenmorde verhalf ihm diese außerfamiliäre Gruppenidentifikation, seinen Selbstwert mit Hilfe alter nationaler Wertbegriffe wieder aufzubauen, mochten sie auch noch so abgegriffen und überlebt erscheinen.

Fritz gehört zum Heer jener, die ihre Selbstachtung nur mit Hilfe von Selbstidealisierung erhalten können, einer Selbstidealisierung, die ihre Grundlage in regressiven kindlichen Traditionen hat. Eine zur menschlichen Reifung gehörende Trauer und das Durchstehen des Schmerzes im Abschiednehmen von überlebten oder als wertlos erkannten Idealen und der immer infantilen Selbstidealisierung gelang ihm nicht.

Zweites Beispiel: Peter, Jahrgang 1927, ist durch die in der Blüte seines ödipalen Konfliktes erfolgte Geburt eines Bruders so beeindruckt und gekränkt worden, daß er sich vom Vater wie von der Mutter innerlich zurückzog und erhebliche Aggressionen entwickelte, die sich in einem wenn auch nur in Andeutungen erkennbaren kriminellen Lebensstil äußerten. Nie wieder wollte er in einem Rivalitätskonflikt der Unterlegene sein – diesen Anschein erweckt er bis zum heutigen Tage. Damit verband sich aber nicht nur eine Abwendung von Vaterfiguren – die er, wenn irgend möglich, vor sich und anderen ironisierte –, sondern auch die Abwendung von den Frauen, im Sinne einer Kontaktstörung seelischer Natur. Trotz aggressiv geladener Rivalitätsauseinandersetzung erlebte er viele Eigenschaften des Vaters als nachahmenswert, dessen überlegene Verhaltensweise und dessen Angstfreiheit für Peter zu eigenen Idealvorstellungen wurden. Der Vater zeigte wenig Neigung, die Ideale der Nazizeit anzuerkennen – ähnlich abwehrend zeigte sich der Sohn, der es zudem nicht ertragen konnte, daß die Kameraden in der Hitlerjugend sich in der Hierarchie dieser Verbindung ihm gegenüber als überlegen aufführten. Eine Identifikation mit den Naziidealen, soweit sie seine eigene Überlegenheit angriffen, war ihm zuwider. Wieweit das System als Ganzes, solange es siegreich war, nicht doch einen erheblichen Eindruck auf ihn gemacht hat, bleibt dahingestellt: Erfolg als solchen schätzte er hoch. Seine politische Einstellung war sehr ambivalent – einerseits gehörte er gerne zur erfolgreichen Partei, andererseits war es ihm nicht möglich, seine ironische Verachtung ihr gegenüber zu unterdrücken.

Die bleibende positive Identifikationslinie mit dem Vater ließ ihn das Kriegsende ohne allzu große persönliche Werteinbuße überstehen; da er schon vorher den Naziidealen gegenüber eine ablehnende Haltung eingenommen hatte, entwickelte er nur begrenzte Schuld- und Schamgefühle. Eine völlige Entwertung aller bisherigen Ideale blieb ihm erspart und damit auch die Anstrengung, zu einer eindeutigen Neuorientierung zu gelangen. Er brauchte sich auch nicht in ein entmutigtes Desinteressement oder einen begrenzten Restaurationsversuch, wie Fritz ihn unternahm, zurückzuziehen. Wie in der Nazizeit, in seiner Pubertät also, entwickelte er nach Kriegsende eine ambivalent-konservative Anpassungsbereitschaft, die er zunehmend ironisierte und zugunsten progressiver Tendenzen aufgab.

Wie zu erwarten, waren diejenigen in ihrem Wertgefühl besser daran, die einen Vater hatten, der sich mit der Naziideologie nicht einverstanden erklärte, und die deswegen nach dem Zusammenbruch Deutschlands auf ihre frühe Identifikation mit diesem Vater zurückfallen konnten. Hier fehlt in der Umgebung der tiefgehende Identifikations- und Identitätsbruch, wie ihn etwa auch der opportunistische »Mitläufer«-Vater dem Kind vermitteln mußte.

Die beiden Beispiele zeigen gewisse typische Erlebnisaspekte. Bei dem zuletzt skizzierten Patienten hatte die Rivalität mit dem Vater in einer unbewußten Identifikation mit den starken Nazis eine gefährliche Wendung bekommen. Mit Hilfe sadistischer Verhaltensweisen seine Konkurrenten zu besiegen war ihm, weil die Nazis Taktiken solcher Art propagierten, erlaubt gewesen. Das nur halb verdrängte Wissen um die sadistischen Bedürfnisse in ihm selber ließ ihn ein tiefes unbewußtes Schuldgefühl entwickeln, das in ständigem Konflikt mit seinen Triebbedürfnissen lag.

Drittes Beispiel: Der Sadismus spielte auch bei Hans, der 1929 geboren wurde, eine große Rolle. Er war einziges Kind, wurde von der Mutter verwöhnt und mädchenhaft erzogen. Mutter »hätte eigentlich etwas Besseres verdient« als den Vater, der von Hans als schwach und unbestimmt empfunden wurde. Die Identifikation mit ihm bot dementsprechend wenig Anreiz, zumal Hans in einer Zeit aufwuchs, in der harte Männlichkeit als Ideal galt. Er selber konnte sich wegen seiner Schüchternheit in der Schule diesem Ideal nicht anpassen und verachtete sich deswegen. Schuld daran, so schien ihm, war sein Vater, der zwar schwach war, aber doch den Naziidealen huldigte. Wegen dieser Schwäche konnte er trotz seiner geheimen Wut dem Vater gegenüber nicht aggressiv werden, da er fürchtete, ihn damit zu tief zu kränken. Heimlich aber verfolgte er Erniedrigungen Schwacher mit Triumph. Trotz Neid- und Haßgefühlen starken Männern gegenüber zeigt Hans nach außen eine unterwürfige Haltung. Ressentiments, Rachegefühle beherrschten ihn und verbanden sich mit einem Allgemeinempfinden der Minderwertigkeit und der Leistungsunfähigkeit. Außer der in der frühen Kindheit erfolgten Identifikation mit der Mutter hinderten ihn seine starke Ambivalenz und das Gefühl der Aussichtslosigkeit, irgendeine eindeutige Identifikation mit weiteren Figuren wie Lehrern, Freunden etc. einzugehen. Der geheime Wunsch, Schwache so zu erniedrigen, wie er sich selbst oft erniedrigt fühlte, blieb die Triebfeder vieler seiner Handlungen. Eine seine Liebesfähigkeit und seine Selbstachtung störende Identifikation mit den sadistischen Verhaltensweisen der Nazis wurde durch diese familiäre Konstellation gefördert. Nie ausgelebte und erprobte Rivalität mit den zu ihr gehörenden Affekten ließ eine unterdrückte Rivalitätsaggression zu einer Dauergestimmtheit werden. Andersgeartete libidinöse Beziehungen konnten daneben kaum Raum gewinnen.

Es ergab sich also folgende Konstellation: Der schwache Vater gab keinen Anreiz zur Identifikation; inzestuöse Liebe zur bewunderten Mutter wurde frühzeitig durch Identifikation mit ihr abgewehrt und ersetzt. Diese feminine Identifikation führte wiederum dazu, daß Hans in der Hitlerjugend Ablehnung erfuhr, mit deren Idealen sich zu identifizieren ihm dadurch erschwert wurde; es blieben ihm die Schadenfreude und die sadistischen Bedürfnisse. Er genoß es, wenn andere Schwache mißhandelt oder wie er erniedrigt wurden, da er sich im Grunde mit seinen Verfolgern identifizierte. Der Zusammenbruch des Dritten Reiches bedeutete dementsprechend für ihn eine erneute Werteinbuße. Unausgetragene Rivalität und fehlendes Wertgefühl ließen ihn abwechselnd depressiv und aggressiv reagieren; die alte Unsicherheit und Ängstlichkeit ließen ihn der neu sich etablierenden Gesellschaft einerseits unterwürfig gegenübertreten, andererseits erlaubte ihm seine erhebliche Intelligenz dadurch eine Realisierung seiner Identifikationen mit dem sadistischen Verfolger, daß er sich gelegentlich durch scharfe, ja beißende Kritik einen Ausgleich schuf.

Viertes Beispiel: Wir haben bisher Identifikationsschwierigkeiten männlicher Adoleszenter beschrieben. Auf welche Weise verwirrten sich die Identifikationen und Werteinstellungen junger Mädchen? Sophie, 1926 geboren, kann einiges davon zeigen. Sie ist in einer mittleren Stadt Süddeutschlands als Tochter eines kleinen Fabrikbesitzers aufgewachsen. Sie war die älteste von drei Geschwistern, ein recht intelligentes, zum Idealisieren neigendes Mädchen, das seine Aggressionen eher durch passive Resistenz und verträumten Rückzug als durch offene Rebellion und bewußte Wut ausdrückte. Ihre Liebe galt insbesondere dem Vater, den sie idealisierte und umwarb. Die dem Außenstehenden offenkundigen Rivalitätsgefühle in der Beziehung zur Mutter waren ihr selbst nicht bewußt. Was sie bewußt empfand, war eher ein Abwerten und eine Verachtung für die kindliche Art der Mutter und deren Anlehnung an den Vater, die Sophie als übertrieben empfand, da sie eine eigenständige Beziehung zu ihr, der Tochter, nicht aufkommen ließ. Ihre bewußten Wertvorstellungen holte sie sich wesentlich von der ruhigen, besonnenen und liebevollen Art des Vaters. Als der Vater, ein offenbar gutartiger und zuverlässiger, wenn auch schwacher und autoritätsgläubiger Mensch, sich mit der Nazipartei identifizierte und in ihrer Organisation einen kleineren Führungsposten einnahm, war die Patientin in der Pubertät und übernahm ganz selbstverständlich die mit dem allgemein anerkannten Wertschema in Übereinstimmung stehende Orientierung ihres Vaters. Erst Bekanntschaft und Vergleich mit anderen auch von ihr idealisierten Männern, deren politische Einstellungen mit dem damaligen Regime nicht übereinstimmten, ließen sie am Vater und seinen Wertbegriffen zweifeln. Nach dem Zusammenbruch des Dritten Reiches erlebte sie erschüttert – und weil so verspätet, besonders empfindlich – die Schwächen ihres Vaters. Diese Erfahrung wurde bestimmend für ihre weitere Einstellung zu Männern, zu Idealen, zu ihrem Selbstwertgefühl. Es blieb die Neigung zum Idealisieren mit dem sicher voraussagbaren Verlauf, daß die so idealisierten Beziehungspersonen eines Tages sie enttäuschten, ihre

Schwäche offenbarten, worauf sie in qualvolle Ambivalenz und Unentschiedenheit verfiel: Soll ich ihm trauen, soll ich einen anderen suchen, soll ich bleiben, einerseits verzeihen, andererseits äußere Sicherheit vorziehen? Die grundlegende Bereitschaft zur Begeisterung, in der schon die Enttäuschung im Keim bereitlag und die immer wieder zu »Strohfeuern« führte, unter denen Sophie selber litt, stellte sich automatisch auch neu aufgenommenen Idealvorstellungen, sachlichen Arbeitsgebieten, politischen Einstellungen gegenüber ein. Eine Haltung, die sie trotz Interesse und Begabung von einem tiefer gehenden, Enttäuschungen ertragenden und kontinuierlichen Engagement mit geistigen oder auch politischen Bereichen abhielt.

12. Pubertät und politisches Verhalten

Vielleicht sind es ähnliche aus der Kindheit stammende, in der Pubertät wieder oder auch neu erlebte tiefe und typische Kränkungen der in Identifikationen aufgebauten Wertwelt, die heute dazu beitragen, die Jugend von politischem Engagement abzuhalten, wie es die Untersuchung über »Student und Politik« von Jürgen Habermas [1] und anderen so deutlich machte. Eines freilich, wofür unser erstes Beispiel typisch war, darf nicht übersehen werden: Sosehr die Nazis es einerseits ermöglichten, mit dem Vater zu rivalisieren, indem er entwertet und seine Schwäche frühzeitig offenbar gemacht wurde, sosehr ermöglichten sie andererseits den Jugendlichen das Erlebnis eines übersteigerten nationalistischen Wertgefühls. Es könnte sein, daß die Energie dieses Nationalgefühles das Kriegsende noch um einige Jahre zu überdauern vermochte, das Selbstwertgefühl eine Zeitlang aufrechterhielt und zum Beispiel auf die »Europa-Idee« verschoben wurde. Hier bot sich ein unkompromittiertes und tatsächlich progressives Ideal an, mit dessen Verwirklichung Wiedergutmachungshoffnungen verknüpft werden konnten. Erst als die Erkenntnis der tiefen nationalen Kompromittierung nicht mehr abzuweisen war und zudem die politische Integration Europas verschleppt wurde,

1 J. Habermas *Student und Politik*. Neuwied (Luchterhand) 1961.

schwand die neue Identifikationsbereitschaft, die Lernlust, die geistige Aufgeschlossenheit, die in der unmittelbaren Nachkriegszeit viel häufiger anzutreffen war als in den darauffolgenden Jahren, und es stellte sich jener psychosoziale »Immobilismus« her, den wir zu Anfang[1] beschrieben haben.

Aus vielen Gesprächen mit jener Altersgruppe, die Ende der dreißiger, Anfang der vierziger Jahre in der Pubertät war, ging hervor, welche Bedeutung dem Lebensalter zuzumessen ist, in dem der nationale und der allgemeine Wertzusammenbruch erkannt und erlebt wurde. Die Gruppe, die noch Wertgefühle aus gemeinsamen Kriegserlebnissen herleiten konnte, auch wenn sie dem Regime nicht begeistert zugestimmt hatte, behielt nicht selten gewisse nationale Identifikationsmöglichkeiten. Diejenigen aber, die am Ende des Krieges vierzehn- bis ziebzehnjährig waren, kannten eine solche aus der gegenseitigen Erlebnisidentifikation geborene Wertorientierung nicht mehr und standen den über sie hereinbrechenden Enthüllungen der in der Nazizeit verübten Verbrechen fassungslos gegenüber. Ein auf nationalen Idealen begründbares Wertgefühl ist für die geistig Aufgeschlossenen, Intelligenten und Sensibleren dieser Generation kaum mehr möglich.

Die während der Hitlerzeit geborene Generation, welche während der Kriegsjahre und eventuell noch länger vaterlos aufwuchs, weil der Vater in Kriegsgefangenschaft geraten war, erlebte einen viel tiefer reichenden Zusammenbruch der Werte. Sie war von früh an zur Identifikation mit einem als ideal und unbesiegbar angesehenen Führer angehalten worden, und auch der abwesende Vater erhielt zunächst den Glanz des siegreichen Helden. Und dann ging dieser Führer unter, die Väter kehrten als Besiegte zurück. Eine anziehende, real faßbare Identifikationsmöglichkeit konnten diese Jugendlichen und älteren Kinder zunächst nirgends finden. Soweit sie sich noch nicht in der identifikationsempfindlichen Pubertätsphase befanden, reagierten sie oft mit einer generellen Gleichgültigkeit Idealen gegenüber. Diese Unempfindlichkeit und die Neigung, unbequeme Fakten, für deren Zustandekommen man keine Verantwortung zu übernehmen bereit war, zu verleugnen (da ja die Identifizierung mit

[1] Vgl. S. 9, 17 ff.

dem Vater als Vorbild so tief gestört war) – diese Apathie in geistig-politischen Fragen also hat sich in der späteren Charakterstruktur dieser Generation erhalten. Sie zeigt sich dann ausschließlich an materiellen Werten interessiert.

Eine Wendung kam erst mit Beginn des Kalten Krieges anfangs der fünfziger Jahre. Die Auseinandersetzung zwischen Rußland und den Vereinigten Staaten zwang die letzteren dazu, der Bundesrepublik neue, ihr Wertgefühl restituierende Funktionen und Projektionsmöglichkeiten zuzugestehen. Durch ein Aufwerten konservativer bürgerlicher Ideale aus der Vornazizeit wurde ein zerbrechliches Wertgefühl aufgebaut, das fortwährend durch das Wiederauftauchen der durch Affektentzug entwirklichten Nazivergangenheit gefährdet bleibt.

Von 1945 bis Anfang der fünfziger Jahre gab es keine Autorität – für das an Autorität in allen Dingen der Öffentlichkeit so gewohnte Deutschland eine frappante Situation. »Wenn die Söhne sich auflehnen, sind die Väter gemeint, die Welt, die sie repräsentieren, also eine zumindest äußerlich noch intakte Welt. Nach 1945 aber fanden die jungen Männer in Deutschland nur Trümmer vor. Was die Väter geschaffen hatten, war so ungeheuerlich, daß es jeder Anprangerung spottete.«[1] Es gab also niemanden, den man bekämpfen, gegen den man protestieren konnte. Erst als es den konservativen Kräften gelang, den Kalten Krieg zu ihrer neuerlichen Etablierung zu nützen, entstanden wieder Autoritätspositionen, mit denen junge Menschen in Konflikt geraten konnten. Diese Chance wurde freilich bisher nur von einer relativ kleinen Gruppe politisch und geistig Interessierter genutzt (wie die Studentenunruhen in Berlin 1967 zeigten), während die Masse der Jugendlichen nur ein sehr distanziertes Verhältnis zur Politik gewinnen konnte, wenig um eigenes Urteil zu ringen und sich oberflächlich mit den wichtigsten Werten und Tabus der westlichen Zivilisation zu identifizieren scheint. Auch ausgesprochene Gegenidentifikationen, eine betonte Nicht-Anpassung, wie sie extrem die »Gammler« zeigen, können nur einen kleinen Teil der Jugendlichen zu neuen gegenseitigen Identifikationen bewegen.

[1] K. M. Michel *Die sprachlose Intelligenz I und II*. Kursbuch 1 und 4. Frankfurt (Suhrkamp) 1965/66.

Was aber in der Pubertät an geistigen und intellektuellen Interessen im Ansatz nicht erworben wird, pflegt sich später – wie bereits angedeutet – nicht mehr zu entwickeln. Identifikationsmöglichkeit mit einer idealen Person oder Sache auf der einen, der Konflikt mit einer Autorität auf der anderen Seite scheinen für die Entwicklung und Erhaltung der geistigen Interessen des Jugendlichen eine unersetzbare Funktion auszuüben. Nicht selten wird der Autoritätskonflikt verewigt. Das geschieht vor allem in Zeiten, deren Wertsysteme nur Macht, aber keine Überzeugungskraft besitzen und in denen keine neuen Orientierungsmöglichkeiten sich abzeichnen. Von der gleichzeitigen Verewigung einer Fixierung an ein archaisches nährendes Mutterbild haben wir oben schon gesprochen.

Versuchen wir zusammenzufassen: Schon in der Kriegszeit war es nur wenigen Jugendlichen möglich, sich mit einem Vater zu identifizieren. Selbst wenn er gegenwärtig war, war der Vater meistens im Vergleich zu den Naziführern und den Führern der Hitlerjugend ein schwacher Vertreter des bestehenden Wertsystems. Neben dem Führerideal, in dem eine real unbekannte, nur in der Entfernung erlebbare Person angebetet wurde, fand eine gegenseitige Idealisierung in der Gruppe statt. Der bedingungslose Identifikationszwang während der Hitlerzeit zerbrach mit der Niederlage ganz abrupt; und da im totalitären System des Nationalsozialismus der Identifikationszwang nicht ein Problem der Jugendlichen allein, sondern der ganzen Nation gewesen war und sie sich ihm unterworfen hatte, herrschte 1945 ein Wert-Vakuum; daß es eine Revolution oder doch eine Selbstreinigung anstelle der von außen auferlegten Entnazifizierung nicht gegeben hat, ist zugleich ein Symptom dieses Vakuums und seine Folge. Es leuchtet ein, daß es in dieser Situation keine Figuren gab, die dem Jugendlichen als Anreiz für eine Idealbildung hätten dienen können. Wohlstand, Kalter Krieg und Regierung durch Männer, die auf die Ideale zurückgriffen, die etwa vor dem Ersten Weltkrieg Gültigkeit hatten, prägten also die Atmosphäre in der Bundesrepublik. Autoritätskonflikte gab es dadurch für die an Problemen interessierten Jugendlichen erneut, allerdings ohne entsprechende wertkritische Gegner, die ihnen zugleich Anreiz und Anregung zu einer Idealbildung gegeben hätten, aus der heraus sich ein Gespräch und neue Wertsysteme hätten entwickeln können. Dieser Mangel an wertkritischen Gegnern, unter dem die Jugend so leidet, mag sich über weite Bereiche der sich im Wandel befindlichen westlichen Welt ausdehnen, er steht in unserem Lande aber darüber hinaus in engem Zusammenhang mit unserer jüngsten Geschichte; denn kein anderes entsprechend industrialisiertes Land gebärdet sich auch nur entfernt so konservativ wie gerade die Bundesrepublik. Unter der Oberfläche der scheinbar so gefestigten »Konservativen« entdecken wir jedoch ein Heer von verwirrten Eltern, Lehrern, Politikern etc., die mit ihrer Hilflosigkeit auf diese Weise fertig zu werden versuchen. Es ist verständlich, daß dann dem intelligenten Jugendlichen, zu dessen Entwicklung eine in ihrer einseitigen Rücksichtslosigkeit gewiß oft schwer erträgliche wertkritische Haltung gehört, ängstlich, abwehrend und verurteilend begegnet wird. Das führt zum Dauerkonflikt mit den Intellektuellen überhaupt.

So hat sich im Deutschland der fünfziger und sechziger Jahre eine intellektuelle Minderheit gebildet, die wegen ihres intellektuellen, das heißt den herrschenden Verhältnissen gegenüber kritischen Verhaltens von der weniger kritischen Umwelt als Gruppe empfunden und bezeichnet wird. Da diese Minderheit einer weit größeren konservativen oder reaktionären Gruppe gegenübersteht, welche für Idealbildung hält, was doch nur problemabwehrendes Festhalten an veralteten, oft genug verschwommenen oder sentimentalen Vorstellungen ist, entwickelt sich bei der Minderheit eine Neigung zu permanenten Autoritätskonflikten und gegenseitiger Identifizierung. Diese beiden Gruppen haben geistig kaum einen Einfluß aufeinander. Sie bilden nur jede gegen die andere eine Art affektiver Reibungsfläche, sie lehnen sich gegenseitig ab. Diese Situation sehen wir als Folge einer verhärteten ungelösten Pubertätsproblematik an, einer Problematik, die dadurch entstanden ist, daß die die Autorität vertretende Generation in ihren Wertgefühlen zu tief erschüttert war, um zu einer wertkritischen Auseinandersetzung wirklich fähig zu sein.

Die durch Freud vermittelte Einsicht, daß Moral und Werteinstellungen ohne Kenntnis ihrer unbewußten Inhalte und Motive keine zureichende Beurteilung erfahren können, bleibt der Mehrheit unbekannt oder wird ängstlich verleugnet, um das geschwächte Wertgefühl vor weiteren Erschütterungen zu bewahren. Daß aber das Ende des Zweiten Weltkrieges den Verlust bisher hoch bewerteter Ideale bedeutete, ist offensichtlich.

Für einen großen Teil der Jugendlichen war die Lösung von derart ihres moralischen Wertes beraubten Eltern eine schwierige psychische Leistung, da die Verinnerlichung dieser Eltern, die Identifikation mit ihnen, die das Ergebnis solch schmerzlichen Abschiedes von diesen Figuren der Kindheit zu sein pflegt, keine Stärkung seiner Selbstachtung brachte. Wir meinen deswegen, heute am häufigsten den Typus eines Jugendlichen zu sehen, der das, was wir eine *Identifikationsscheu* nennen möchten, zeigt. Er ist insofern ein Gegentypus zum Jugendlichen mit der verlängerten Pubertät und dem verewigten Autoritätskonflikt, als er dessen leidenschaftliche Suche nach neuen Identifikationsmöglichkeiten in keiner Weise teilt. Sein Selbstwertgefühl scheint so labil zu sein, daß er überhaupt vor neuen Einstellungen zurückschreckt, aus dem Empfinden heraus, neue Erkenntnisse könnten ihm nur neue Erniedrigungen bringen. Er neigt zur Regression, er zeigt ein Bedürfnis nach früher sozialer und materieller Sicherung. Er löst sich im Grunde von den Eltern, auch wenn er sie wenig achtet, nicht. Diese Fixierung erschwert und verzögert die Möglichkeit einer lebendigen Beziehungsaufnahme zu Menschen und Dingen der außerfamiliären Welt.

Dem von Bernfeld beschriebenen Typus des Jugendlichen war eine innere Entwicklung durch persönlichkeitsbereichernde Umwege möglich, durch ein intensives Interesse zu Dingen geistig-politischer Natur und durch das, was man als Sachliebe und Problembewußtsein bezeichnet. Viele der Jugendlichen heute versuchen die Lösung von den Eltern und die Wiederherstellung ihres gestörten Selbstwertgefühls nicht sosehr in der Suche nach geistigen Idealen; ihre Objektbindungen sind mehr anklammernder Natur, und ihre identifikatorischen Bedürfnisse verraten die Tendenz zur Herstellung einer primitiven symbiotischen Einheit. Wenn dieser Jugendliche Ideale sucht, fehlt ihm das Unterscheidungsvermögen. Es wird dann, wie es kürzlich Joachim Fest über eine neu gebildete Jugendgruppe »Singout« formulierte, »mit den Idealen der Verstand über Bord geworfen«.

V

Proklamierte und praktizierte Toleranz

Gehen wir davon aus, daß die Menschenart eine hochaggressive Spezies ist, dann verwundert es nicht, wie spät und selten Toleranz, Duldsamkeit im Gesamtverlauf der Geschichte zu bemerken sind. Toleranz ist in einem von Natur aggressiven Wesen ein Anzeichen hoher Selbstüberwindung. Im sozialen Feld entsprechen deshalb die Merkzeichen des feindseligen oder wenigstens eigensüchtigen Verhaltens der Erwartung; sie geschehen in einem reich verflochtenen Kontakt, der von aggressiv geladenen Verhaltensformen und ihren Rückkoppelungen durchstimmt ist. Die relativ junge Rechtfertigung der Aggression durch eine (meist mißverstandene) Theorie, nämlich die Lehre von der Selbsterhaltung der Art, hat die Szene als solche nicht geändert; frühere Zeiten haben sich auf andere Theorien berufen, in denen die eigene Aggression und ihre Abkömmlinge (Verlangen nach Gehorsam, Botmäßigkeit, Tribut etc.) wohlgefällig, womöglich gottwohlgefällig erschienen, die der Partner, Gegner, Feinde aber als unbotmäßig, kurz unberechtigt. Das schlägt sich von den Gesängen der Dichter bis zu den Rechtssprüchen nieder. Die Ungleichheit der Menschen vor dem Gesetz hat eine vitalere und ältere Geschichte als die ihrer Gleichheit.

Eine nur wenig eindringende Untersuchung dieser naiv oder militant vorgetragenen Intoleranz führt rasch zu der Angst, die wie ein nicht abzuschüttelnder Schatten zum Triebkomplex Aggression gehört. Die Verknüpfung von aggressiver Handlung, aggressiver Haltung und Angst ist außerordentlich vielschichtig; entscheidend ist daran, daß beide sich in der Motivation aggressiven Verhaltens vertreten können. Triebhaftes Bedürfnis nach aggressiver Entladung und Angst vor dem gleichen Bedürfnis anderer, Gegenaggression unter Lenkung des Gewissens gegen die innere Wahrnehmung aggressiver Impulse – vielerlei derartige Aufspaltungen eines Triebkomplexes in einer differenzierten, instanzenreichen psychischen Organisation verwirren das Bild. Für unsere momentane thematische Abgrenzung genügt es, die Sequenz: aggressiver Triebimpuls – von ihm motivierte Handlung (oder Handlungsphantasie) – Vergeltungsangst (oder phantasierte, vorweggenommene Vergeltung) im Auge zu behalten.

Da die angeborenen arteigenen Mechanismen des Verhaltens nicht ausreichen, um das menschliche Gemeinschaftsleben in seinen libidinösen wie seinen aggressiven Äußerungen zu regulieren, wie das bei den sozial lebenden Tieren der Fall ist, resultiert – wenn man so sagen darf – eine tiefe *Rechtsunsicherheit*. Sie ist die Folge unserer arthaften Ausstattung. Wir müssen unser ganzes Repertoire des Benehmens mühsam erlernen. Da in uns etwa keine ausreichende angeborene Tötungshemmung gegen Artgenossen wirkt, ist Milde, Duldung ein riskantes Verhalten. Die Abschreckung scheint zweckmäßiger. Der langsame Stilwandel der politischen Beziehungen zwischen Ost und West – von der Drohgebärde zu toleranteren Formen des Zusammenlebens – bahnte sich an, als beide Seiten zu der Einsicht neigten, daß sie über annähernd gleiche Kraftpotentiale verfügen; Aggressionsneigungen werden durch die Aussicht auf ein zu großes Vergeltungsrisiko in Schach gehalten. Erst in dieser Situation beginnt so etwas wie ein wechselseitiges Interesse für die Lebenswirklichkeit der anderen Seite sich zu melden. Hinter Klischees, die unter dem Einfluß unserer eigenen eingestandenen oder unbewußt bleibenden Angst und Aggression entstanden sind, beginnen wirklichere Menschen aufzutauchen. Die ersten Anzeichen dieser Toleranz, den Gegner als ein differenziertes Wesen mit spezifischer Problematik zu sehen, sind das Ergebnis der Einsicht, ihn *nicht* vernichten zu können. Diese schüchtern sich anbahnende west-östliche Toleranz bleibt vielseitig bedroht; sie ist die Frucht des nuklearen Patts.

Wenn wir von Duldsamkeit sprechen, haben wir jedoch noch eine andere und wesentlich prekärere Situation im Sinn: die Toleranz, die der Stärkere dem Schwächeren erweist – ja, die er ihm, wie es unser Grundgesetz mit der Garantie gleicher Glaubens- und Meinungsfreiheit aller vor dem Gesetz tut, rechtlich garantiert. Da Proklamationen der Toleranz nur so viel wert sind, wie die Adressaten dieser Erklärung willens und fähig sind, sie zu befolgen, müssen wir untersuchen, was es mit dieser Fähigkeit, tolerant zu handeln, auf sich hat, woher sie in jedem einzelnen eingeschränkt, ganz außer Kraft gesetzt wird und wie sie gestärkt werden könnte. Denn dies wäre in der Tat unsere Überzeugung, zu der wir keine gleichrangige Alternative sehen, daß Toleranz das höhere Rechtsgut einer Gesellschaft ist als die Intoleranz, welche die Freiheit anderer zu vernichten sucht.

Sie ist freilich ein Rechtsgut, das sich wenig auf naturrechtliche Traditionen, überhaupt auf Traditionen im Rechtsdenken berufen kann. Toleranz hat die Fähigkeit unserer psychischen Organisation zur Voraussetzung: auf die Triebgrundlage des eigenen Wesens reflektieren zu können. Die Verständigung über diesen Vorgang bleibt trotzdem schwer. Wenn wir von »reflektieren« sprechen, meinen wir nicht isolierend die abstrakte, logisch überzeugende Einsicht, sondern Einsicht geknüpft an das *Gefühl,* genauer an ein *Mitgefühl,* das man gleichermaßen für sich wie für den anderen zu haben imstande ist. Diese Reflexion, die Gefühl so *unmittelbar* in *Bewegung* bringt, mit ihm korreliert ist wie Schmerz mit erlösender Träne, verändert die Lage, verändert die Haltung, durchbricht den geschehenden Ablauf von aggressiver Aktion und ebensolcher Reaktion, macht Denken in triebbedrängter Lebenslage möglich; diese Einheit von Triebbedürfnis – Reflexion – Mitgefühl muß überhaupt erst verläßlich in sich kommunizieren, ehe so etwas wie »neue Lösungen« in ausgefahrenen Verhaltensgeleisen *denkmöglich* werden. Übrigens kann ohne diese psychische Erfahrenseinheit auch der sogenannte »freie Wille«, der im anthropologischen Konzept des Rechtsgebers eine so verhängnisvolle Rolle spielte, nie zum Zuge kommen. Was derart »frei« und von einem Willen abhängig zu sein scheint, erweist sich durch ein haltbares antiaggressives Verhaltensritual bestimmt, dessen Hemmwirkung auch in einer Lebenslage standhält, die unter starker (aggressiver) Triebspannung steht.

Toleranz ist demnach als Leistung zu definieren, in der es einem psychischen Impulszentrum, und zwar dem einfühlenden Ich, gelingt, die triebhaft aggressive Verhaltensgrundlage eigenartig zu manövrieren. Toleranz entsteht nämlich nicht durch Unterdrückung des aggressiven Triebanteiles, sondern durch *Energie-entzug.* Das aggressive Bedürfnis kann von einem Objekt losge-knüpft werden, dem gegenüber es bisher wie selbstverständlich »auslösbar« war. Das ist die eigentliche, die triebdynamisch ge-sicherte Voraussetzung, unter der ein verhaßter Mensch für eine Gruppe anderer nicht mehr als Reizobjekt fungieren muß; son-dern unter dieser Voraussetzung wird Duldsamkeit zwischen dem Starken und dem Gehaßten, Fremden, Schwachen erst möglich – nicht aus Laune, sondern im Prinzip. So interessant es ist, Re-gungen der Toleranz im Spiel weltweiter Politik zu verfolgen – wir müssen uns zwingen, Toleranzschicksalen im Interessenkampf des Alltags auf der Spur zu bleiben. Denn hier wird ohne Zweifel eingeübt, was dann bei der Regelung der Interessen immer größerer Gruppen als politischer Stil in Erscheinung tritt. Wir behalten dabei die politische Verantwortung, die jedermann trägt, die sich nicht nach oben delegieren läßt, im Auge.

Auf das Unabgeschlossene, historisch Begrenzte der sozialen Verhaltensweisen menschlicher Gesellschaften einschließlich ihrer Rechtsnormen und Ideale haben wir schon hingewiesen. Alle Regulative, alle Gesetze sind *gesetzt,* nicht angeboren. Recht kann übertreten und geändert werden. Diese in unserer Natur begründete Rechtsunsicherheit können auch die jeweilig gültigen Rechtsnormen und die vielfältigen ungeschriebenen Verhaltens-normen der Gruppen nicht ganz beruhigen. Je sicherer es der Er-ziehung gelingt, ein konstantes konformes Verhalten der Grup-penglieder zu erreichen, desto konfliktfreier verläuft das soziale Zusammenleben. Der Preis bleibt gleichwohl hoch, denn Freiheit und Konformismus sind schwer zu versöhnen.

Die bisherige Geschichte verlief in relativ in sich geschlossenen größeren und kleineren Gruppen, die ihre Identität – vom Ver-haltensstil bis zu den religiösen Bekenntnissen – nach innen, in der Tendenz der Abschließung, formten. Erst in neuester Zeit bilden sich Verhaltensformen von allgemeiner Verbindlichkeit heraus, die etwa in der Deklaration der Menschenrechte ihren ersten Kodex gefunden haben, die aber auch an so weltlichen Phänomenen wie global sich ausbreitendem Konsumverhalten abzulesen sind.

So groß die Mannigfaltigkeit der Gruppenstile, denen wir in Geschichte und Gegenwart begegnen, auch ist, alle haben die gleiche Aufgabe zu bewältigen: ein in seinen Verhaltensäußerungen nicht artspezifisch festgelegtes Wesen zu sozialisieren. Das heißt, sie müssen das Triebverlangen, die vitalen Antriebskräfte des Individuums, in »Ordnung« bringen, und zwar in die spezifische Ordnung der jeweiligen mitmenschlichen Umwelt. Das verlangt Triebverzicht, Einbuße an Befriedigung vital vorgezeichneter Bedürfnisse. Das Kollektiv, das dem schutzbedürftigen Einzelwesen das Leben erst ermöglicht, wird so auch zu seinem Feind. Es ist eine späte Norm, die Menschen vor dem Gesetz gleich zu behandeln – denn von Natur werden sie durchaus ungleich geboren. So siegte lange das Sonderinteresse des Stärkeren und schlug sich im Gesetz nieder. Die Ungleichheit vor dem Gesetz – sagten wir – ist die ältere Regel, und von ihr wird das Ausmaß der Triebversagungen in ihren Abstufungen diktiert.

Doch an dieser Stelle schiebt sich langsam eine Einsicht vor: Wo Menschen Grundrechte, Grundfreiheiten der Entscheidung vorenthalten werden, muß Intoleranz am Werke sein. Das Argument, das die Ungleichheit vor dem Gesetz als den maßstabgenauen Reflex der natürlichen Ungleichheit hinstellen will, verliert seine Überzeugungskraft. Wir beginnen klar zu sehen: Intoleranz fußt auf der Verteidigung von Vorrechten, die Lust versprechen – von den primitiven Formen aggressiver Triebbefriedigung bis hin zur Gewißheit, von Gott auserwählt zu sein. Eine These wäre demnach: Intolerantes Verhalten wurzelt in der Aussicht auf ein Mehr an Triebbefriedigung und auf einer Minderung der Angst durch höheres Prestige in der Gesellschaft als ganzer. Ist ein solches Sozialsystem verbriefter Ungleichheit einmal traditionell gesichert, so hat das einen weitreichenden Einfluß nicht nur auf die Privilegierten, sondern ebenso, spiegelbildlich, auf die Unterprivilegierten einer solchen Gesellschaft. Vor unseren Augen spielt sich das Ringen zwischen Toleranz und Intoleranz im Kampf um die Aufhebung der Rassentrennung in den amerikanischen Südstaaten ab. »Zu den Folgen der absoluten Segregation«, schreibt F. G. Friedmann [1] in einem Essay über *Schwarzweißes Amerika*, »gehörte seitens der Weißen die Fiktion, daß es sich dabei um Gewohnheitsrecht oder althergebrachte Sitten

---

[1] Merkur, 189, November 1963.

handelt, und für den Neger die Notwendigkeit absoluter Anpassung ... sich jederzeit so zu verhalten, wie es der Weiße erwartete. Und das bedeutete nicht nur, die eigene Individualität zu verbergen, sondern sie in eine Maske zu stecken, die sich der Weiße aus stereotypen Vorstellungen und Mythen, die zur Beruhigung seines Gewissens dienen, für den Neger geschaffen hatte.« Allezeit hat es zu den zugkräftigsten Argumenten der intoleranten Verteidiger sozialer Vorrechte gehört, auf die »Normunwürde«, auf die »Minderwertigkeit« des Unterdrückten hinzuweisen; jetzt entlarvt sich die Deformation der Schwächeren als das Produkt der Unterdrückung und nicht, wie vorgetäuscht, als ein Merkmal der Natur.

Verschweigen wir an dieser Stelle nicht, daß auch die oft grausame, achtlos grausame Vorherrschaft der Eltern über ihre Kinder unsere These stützt, daß hier der Stärkere seine Intoleranz dem Schwächeren gegenüber genießt. *Quod licet Jovi, non licet bovi*, heißt es da – was Jupiter geziemt, geziemt nicht dem Ochsen; es geht aber gar nicht um Ochsen oder Götter, sondern um Menschen, schwächere freilich und stärkere.

Die Motive zu intolerantem Verhalten lassen sich also in der Richtung der aggressiven Triebnatur aufspüren; von hier bezieht dieses Verhalten seine Kraft. Umgekehrt: Der Rückhalt, den die Toleranz findet, liegt im kritischen Einsichtsvermögen. Dieses Feld zu beschreiben ist ungleich schwerer. Denn wir dürfen uns nicht dem gerne gehegten Glauben überlassen, kritische Bewußtheit sei etwas ziemlich Freischwebendes, abgehoben von den übrigen seelischen und leiblichen Vorgängen. Soweit sich unser kritisches Vermögen jedenfalls auf *Selbsterkenntnis* erstreckt, bleibt es eine Fähigkeit, die von Affekten eng umklammert ist und von diesen nicht wenig Bedrängnis zu erleiden hat. Auch der Intolerante denkt – meint kritisch, beweiskräftig zu denken, wenn er etwa auf den Jahrhunderte gettoisierten Juden verweist und von diesem Bild eines mißhandelten und unterdrückten Volkes seine rassische Überlegenheit herleitet. Aber es fehlt seinem einstufenden Blick jene Reflexion, von der wir oben sprachen und die fragen kann, warum mich dieser Mensch abstößt – um von da aus zum Mitgefühl, zur Einfühlung fortzuschreiten. Unser Bewußtsein, speziell unser Bewußtsein von uns selbst, wird oft uneingestanden zum Handlanger jener Triebbedürfnisse erniedrigt, die es längst überwunden zu haben sich einredet. In der Aufklärung ging der Glaube an die Vernunft zuweilen ein Bündnis mit der absolutistischen Unfehlbarkeitsidee ein. So erließ 1781 der Habsburger Joseph II. ein Toleranzpatent für die in seiner Monarchie lebenden Protestanten; die volle Gleichberechtigung erhielten sie freilich erst achtzig Jahre später, 1861. Immerhin, Bürgerrechte und die Erlaubnis, eigene Gottesdienste abzuhalten, wurden ihnen gewährt – jedoch nur mit der Einschränkung, daß ihre Bethäuser keine Kirchtürme und Glocken besitzen und daß sie ihre Eingänge nicht in einer Hauptstraße haben durften. Es ist uns diese Auflage kaum noch verständlich. (Nebenbei: Ist es uns noch verständlich, daß man Bürger unseres und anderer Länder zwang, einen Judenstern zu tragen?) Wem fällt so etwas ein – und warum gerade das? Auch der aufgeklärte Fürst, dessen Prestige unerschüttert ist, kann sich bei aller edlen Absicht nicht überwinden, der ihm fremden Religion den Zugang von der Hauptstraße zu gestatten. Der Fremde, Ketzerische ist wenigstens ein Stück weit abseitszuhalten.

Die Hartnäckigkeit, mit der Vernunft von Zwängen beeinflußt wird, die nicht von ihr vorgeschrieben sind, mischt sich selbst dort noch ein, wo Freiheit proklamiert wird. Wie die Impulse der Aufklärung nicht wegen der Machtvollkommenheit unbeschränkter Herrscher in vielen Ansätzen verlorengingen, sondern weil sie auf kein adäquates kritisches Bewußtsein, auf keine Toleranzfähigkeit bei den Zeitgenossen trafen, so ergeht es auch uns zweihundert Jahre später. Wir haben eine von der Verfassung garantierte weitgehende Trennung von Kirche und Staat; und trotzdem hat sich in der Praxis der Ämterbesetzung ein konfessionelles Proporzdenken eingebürgert, das stracks der Idee unserer Verfassung zuwiderläuft. Nicht der beste verfügbare Mann an den verantwortlichen Platz, sondern den ersten Anspruch hat die Glaubensgenossenschaft. Kirche und Parteien sind stärker als der Geist der Verfassungsväter.

Und doch hat Toleranz keinen anderen Helfer als die Gabe zur Einsicht und zur *Einfühlung,* die von Einsicht gelenkt ist. Die praktizierte Toleranz ist also gerade nicht unvernünftige Duldung, sondern die Vereinigung von Scharfsinn und Großmut. Großmut, weil die Vielgestaltigkeit menschlicher Ordnungen nicht verleugnet, sondern erlebt und anerkannt wird; Scharfsinn, weil erst der Blick über das hinaus, was wir unsere Ideale nennen, uns neue Erkenntnis über uns selbst erlaubt. Von Toleranz kann gar nicht ohne die Einsicht gesprochen werden, daß es zu meiner eigenen Überzeugung auch gültige gleichwertige Alternativen gibt. Je mehr mich meine Überzeugung auf Intoleranz verpflichtet, desto ungleichgewichtiger wird mein Weltbild; je höher ich mich rangiere, desto tiefer fallen die anderen.

Doch wir nähern uns einem Dilemma, einem großen Argument der Feinde der Toleranz. »Wer ganz tief und stark sein eigenes Ideal fördert, kann gar nicht an andere glauben, ohne sie abschätzig zu beurteilen – Ideale *geringerer* Wesen, als er ist.« So heißt es bei Nietzsche[1], und er fährt in dieser Notiz aus der Zeit der *Fröhlichen Wissenschaft* fort: »Somit ist Toleranz, historischer Sinn, sogenannte Gerechtigkeit ein Beweis des Mißtrauens gegen ein eigenes Ideal, oder das Fehlen desselben.« Hier, sagt der Gläubige, sagt der Nationalist, hier ist es ausgesprochen: Toleranz zersetzt unsere Ideale, unsere heiligsten Güter! So ist es, antwortet der Verfechter der Toleranz und fragt weiter: Aber gibt es das, Heiligtümer, die aus der Erniedrigung der anderen ihren Rang erhalten? Soll es solche Ideale weiter geben? Wenn also Toleranz – und dies wäre eine andere These –, wie Nietzsche sagt, einen »Beweis des Mißtrauens gegen ein eigenes Ideal« einschließt, so kann dieses Mißtrauen doch nur der Ausdruck des Scharfsinnes sein, der mich einer Ungleichgewichtigkeit, einer ungerechtfertigten Abwertung des fremden und einer Überschätzung des eigenen Wesens ansichtig werden läßt. Mein Ideal hatte mir ein statisches System vorgetäuscht, in dem ich und meinesgleichen gesichert die höchste Stelle einnehmen. Das gerät in Zweifel – nicht gerät in Zweifel, daß ich *meinen* Idealen mit Liebe anhängen darf, sondern daß ich sie hegen könnte, weil sie mich privilegieren. Das und nichts sonst ist zweifelhaft. Mit einem, man darf sagen, atemberaubenden Mut begreift der große Psychologe das Problem in seinem Kern. Das Ideal setzt die Denkhemmung als Schutz privilegierter Befriedigungen, mögen diese Sondergenüsse real, mögen sie fiktiv sein. Mein Ideal läßt die

1 F. Nietzsche *Unschuld des Werdens*, Band II. Stuttgart (Kröner) o. J., 181.

Alternative nicht zu, erlaubt nicht die duldende Hinnahme des Fremdartigen, schon gar nicht des Schwächeren oder Kranken als eines Gleichwertigen; denn alles Fremde bedroht diese Art von Selbstideal. Eine seiner Funktionen tritt deutlich hervor: Es ist gegen die Lebensansprüche fremden Menschseins errichtet, und es usurpiert die Macht, Zweifel zu ersticken – Zweifel an der Gerechtigkeit, die ich übe, Zweifel, die aus der Geschichte auf mich zukämen, wenn es mich nicht schützte. Homosexualität zum Beispiel hat vor dem Ideal, das sich der deutsche Gesetzgeber vom Menschen macht, keinen tolerablen Raum; sie ist widerwärtig, schändlich, schädlich, verbrecherisch. Und so zeigt ihm sein Ideal die Maske *des* Homosexuellen. Ein Blick in die Geschichte lehrt uns, daß Kulturen und Nationen, die ihn dulden, nicht untergegangen sind wie Sodom und Gomorrha. Unser französischer Nachbar ist hier seit langem toleranter. Die ihm angedichtete Décadence ist unversehens durch Kinderreichtum widerlegt worden. Der Entwurf zu unserem neuen Strafgesetzbuch lehrt uns, daß wir die Alternative nicht zu tolerieren gedenken; es bleibt bei dem, was *wir* »Gerechtigkeit«, *unsere* Gerechtigkeit nennen.

Das aus dem Gruppengeist und seiner Tradition übermittelte Eigen-Ideal ist etwas, woran ich mich halte; es leitet mich und hilft mit, Angst zu vermeiden, solange ich zu ihm stehe. Es gibt mir Selbstgefühl. Aber daneben haben wir auch »historischen Sinn«; die objektive Alternative, daß es mehrere Formen des Glücksstrebens und der Rechtgläubigkeit gibt – und noch viel mehr gab –, geistert uns durch den Sinn. Es gibt jedoch noch eine zweite Ebene der Entscheidung: *Innere* Alternativen bedrängen uns. Mehrere Vorbilder haben ihre Erinnerungsspur in uns hinterlassen, mehrere innere Stimmen wollen zugleich gehört werden. Wir stehen immer wieder im Konflikt mit uns selbst; widersprüchliche Verhaltensmuster liegen für die gleiche Situation bereit. Nur selten ist eine Sache klar, ein Konflikt eindeutig vorgeschlichtet. Mein Vordermann verliert sein Portemonnaie, ich gebe es zurück. Der Stimmentausch: behalten – zurückgeben pflegt kurz zu sein. Und wenn die falsche Stimme siegt, haben wir wenig Grund, der Sache nach tolerant zu sein. Ehrlichkeit ist ein Ideal, zu dem es keine überzeugende Alternative gibt. Aber auch die Ehrlichkeit haben wir mühsam gelernt, als Kinder haben wir alle gestohlen, vielleicht noch hier und da sogar als Jugendliche, und zahlreiche Erwachsene nehmen es immerhin nicht sehr genau mit dieser Tugend. Trotzdem entsteht kein Toleranzproblem, weil die Respektierung des Eigentums der anderen einer gemeinsamen Überzeugung aller entspricht. Hier hat Einfühlung in das Recht jedes Individuums auf Besitz einen von Konflikten relativ freien Überzeugungsraum geschaffen. Aber er ist doch nur sehr begrenzt, wie die großen sozialen Revolutionen seit der französischen von 1789 zeigen. Denn auch Besitzfreiheit läßt sich mißbrauchen wie jede andere Freiheit. Dennoch bleiben wir bei diesem unbezweifelten Recht zur persönlichen Habe. Es beruht auf der Einfühlung, die im anderen ein Wesen ähnlicher Bedürfnisse sieht, die ich von ihm bei mir auch geachtet zu sehen wünsche.

Aber trifft unsere Ableitung zu, daß wir Eigenterritorium und Eigenart der Mitmenschen aus Einsicht respektieren und tolerieren, so geschieht dies doch nur im besten Fall, auf der Endstufe der sozialen Anpassung, die mir Einfühlung erlaubt. Meist sieht die Motivation zu sozial konformem Verhalten ganz anders aus: Die Einsicht reicht nur bis zur Strafe, die auf Verbotenem ruht. Die Abschreckung wirkt, von Einfühlung ist keine Spur. Das ist die infantile Stufe des Lernens sozialer Regeln. Von vielen Menschen wird sie nie überschritten. In der Vorstellung eines belohnenden und strafenden Gottes bildet sich diese Bewußtseinsstufe institutionalisiert ab. Weshalb immer noch Gelegenheit, d. h. die Chance, ohne Sanktionen davonzukommen, Diebe in Mengen macht. Der Egoismus ist nur in Situationen, die ihm Gefahr bringen, gezügelt; die Forderung des Triebwunsches (z. B. mich auf Kosten des anderen zu bereichern) wirkt am Ich vorbei auf das Verhalten ein. Er beugt sich nur der stärkeren, strafenden Hand. Die Moral ist keine innere, keine dem Ich eigene Funktion, sondern ein Zwangsjackett.

Fügen wir – um den Kontrast zu vertiefen – noch eines zur Charakterisierung praktizierter Intoleranz an: Jeder Wesensanteil der Person, der nur unter äußerem Druck angepaßt, sozial konform sich verhält, muß zugleich Ressentiments stabilisieren. Da sich solches Ressentiment nur gegen Strafdruck von außen und Gewissensdruck von innen Befriedigung verschaffen kann, sucht es sich an Gruppenfremden zu stillen. Sie sind nicht gleichermaßen moralisch geschützt; und wenn das eigene Gruppendenken noch ein wenig nachhilft, sie von ihrem Wesen entfremdet sehen zu können, wenn sie hinter der Maske kollektiver Vorurteile verschwinden, dann hat es ihnen gegenüber der auf Sättigung drängende unterdrückte aggressive Triebwunsch ungemein leichter. Es winkt ihm die Aussicht, daß er ohne nennenswerte Gewissenskonflikte zum Zuge kommt; und das sind doch die Augenblicke in der Geschichte, in denen Intoleranz in großem Stile sich ereignet. So war die Lage in Deutschland bei Ausbruch des Zweiten Weltkriegs. Die ressentimentgeladene, entwürdigende Verfremdung der verschiedenen zu Beuteobjekten ausersehenen Gruppen war vollendet. Die Welt wimmelte von dekadenten Franzosen, perfiden, auf ihren Profit bedachten Engländern, plutokratischen Amerikanern, russisch-jüdisch-polnischen Untermenschen. Jetzt konnte die Tat, von Skrupeln unbelastet, folgen. Wobei zu beachten ist, daß diesem Vorgang der zweckvollen Entstellung von Fremdgruppen die überwiegende Zahl der Mitglieder der nationalen Eigengruppe erlag. Es geht nicht um Anklage, sondern um Einsicht; diese nämlich, daß hohe Fachbildung, langes Studium etwa, nicht davor schützten, den Erlebnisverzerrungen bis hin zur wahnhaften Wirklichkeitsentstellung zu verfallen. Das Entscheidende bleibt für jede Einzelperson, wie Ich-fremd, wie unzugänglich für kritische Selbstbeobachtung während der Sozialanpassung die eigenen unterdrückten Triebanteile geblieben sind. Unbemerkt von Selbsteinsicht wirken sie kräftig an unserem Verhalten mit. Die untereinander kreishaft verbundene Trias Triebbedürfnis – Reflexion – Einfühlung, Mitgefühl kommt nicht zustande.

Das Geschehen verläuft auf der Ebene ritualisierter Unmündigkeit: hier Triebbedürfnis – dort bedürfnisbefriedigendes und sozial erlaubtes Objekt, das die Befriedigung garantiert. Der die Reflexion einschließende Vorgang verlangt notwendig dialektisches Denken. Anders der Kurzschluß zur Intoleranz; er ist eine äußere oder innere Befehlsanweisung (oder beides). Offenbar hatte die Erziehungspraxis, die wir üben, auf allen Ebenen diese *Selbstentfremdung* durch ein Leben in permanentem Befehlsgehorsam bewirkt. Die Klischeemaskierung der Feinde paßt zu dieser Selbstentfremdung wie der Schlüssel zum Schloß.

In Lagen wie dieser ist der Gegenpol zum toleranten Verhalten bezogen. Die Position der Intoleranz ist durch das massenhafte Unisono befestigt. Diese Analyse verhilft uns aber, so deprimierend sie stimmt, doch zu Einsichten: Je mehr uns unversöhnliche Unterdrückung und Entwürdigung in unserer eigenen Lebensgeschichte widerfahren sind, desto haßvollere Neigungen müssen uns bis tief in die unbewußten Teile unseres Charakters beherrschen – kurz, je mehr Erziehung durch lieblose, einsichtslose Repression, desto weniger Neigung und Fähigkeit zur Toleranz. Je weniger Toleranzerfahrung, desto weniger Wissen um die Wirklichkeit, desto mehr Wirklichkeitsvermeidung auch durch Idealisierung, nicht nur durch Verketzerung, und konsequenterweise desto weniger Bedenken, den anderen, der nicht nur ein Fremder bleibt, der zum Kaum-noch-Menschen sich erniedrigt sieht, intolerant und ohne Einhalt des Gewissens zu malträtieren.

Ein Teufelskreis der Bedingungen, die der Entwicklung des kritischen Menschenverstandes noch deshalb so nachdrücklich entgegenwirken können, weil eben die sogenannten »Ideale« mit im Spiele sind. Es verlangt schon Wahrheitsmut, wie Nietzsche ihn bewies, den Zusammenhang von Toleranz und Zweifel an den Idealen zu sehen und dies auszusprechen. Denn wer an den Idealen mäkelt, wer das Eigenstereotyp angreift, rückt selbsttätig in die Rolle des Feindes; Ketzer zu sein, Feind, ist das Gefährlichste in intoleranten Zeiten.

Toleranz gehört also noch lange nicht zu jener selbstverständlichen Sozialanpassung, die es den meisten von uns nicht allzu schwer macht, einen einsamen Passanten nicht zu überfallen, um ihm die Barschaft zu rauben. Wir vergessen bei diesen Selbstverständlichkeiten leicht, daß solch zivilisiertes Verhalten eine *Leistung* darstellt, daß wir, wie Freud einmal sagt, von einer langen Reihe von Mördern abstammen. Tolerant zu sein, wo meine Überzeugung, meine »Ideale« herausgefordert werden, ist eine Leistung geblieben, dazu noch eine, die des Widerspruchs, womöglich eines wütend intoleranten, gewiß sein kann. »Wo kämen wir da hin?« heißt es dann. Und doch scheint sich die politische Verantwortung eines jeden dort zu verdichten, wo es um die Probe auf dieses Exempel geht. Wo kommen wir mit weniger Intoleranz, mit mehr Toleranz hin? Dabei muß freilich zunächst mit Scharfsinn geklärt werden, wo überall wir intolerant sein können, ohne dessen bewußt zu sein.

Es war der ehrenwerte, aber zu optimistische Irrtum der großen Aufklärer, Toleranz ließe sich allein aus einem Beweis der Vernunft herleiten, proklamieren und praktizieren. Toleranz hat ältere Feinde; nicht nur in der Intoleranz der anderen, sondern ebenso im ungeschlichteten Haß wegen der Verzichte, die wir selbst nicht verzeihen können und die wir in starre Selbstgewißheit verwandeln. Weil wir über diese Schwelle so schwer hinwegkommen, geht es so langsam voran mit der Toleranz in der Welt. Immerhin, großmütige Geister haben sie proklamiert.

VI

Das soziale und das persönliche Ich

Anstatt das Verhältnis von sozialem und persönlichem Ich zu untersuchen, könnte man auch die Frage aufwerfen: Wie sieht eigentlich eine Gesellschaft aus, die ein Bedürfnis hat, derartige Unterscheidungen zu klären? Die Vermutung ist naheliegend, daß Wißbegier sich mit dem Wunsch verbindet, die Technologie, das heißt die Machbarkeit eines konformen Systems von Verhaltensstereotypen, zu erweitern und Menschen in ihrem Habitus so zu bestimmen, daß man ihr Verhalten mit einiger Wahrscheinlichkeit voraussagen kann. Diesen Prozeß wird man zunächst Erziehung nennen; daß er überhaupt zum Problem und nicht in vollkommener Unreflektiertheit, naiv, ausgeübt wird, kann nur auf eine Koexistenz mehrerer konkurrierender Erziehungs- und Wertmuster zurückzuführen sein.

Die Konkurrenz der Missionswerbung ist das Neue. Denn ein solches Nebeneinander verschiedener, zum Beispiel ständischer oder landschaftlich begrenzter »Sitten« hat seit langem existiert. Von Eroberungswellen abgesehen, lebten die Bräuche relativ unvermischt nebeneinanderher. Erst der von Napoleon zitierte Marschallstab im Tornister von jedermann bringt auch innerhalb einzelner Gesellschaften die Permeabilität der Gruppengrenzen. Man kann als Bauernsohn geboren werden und als Eisenbahn- oder Zeitungskönig sterben. Erst der erleichterte Übertritt von einem Stratum der Gesellschaft zu einem anderen läßt Unterschiede zwischen kollektivem und individuellem Ich in einem neuen Licht aufleuchten. Bis dahin konnte man gewiß persönliche Vorlieben entwickeln, persönliche Begabungen entfalten, aber das Kerngebiet der Wertorientierungen eines Standes etwa, die gleichförmige Entscheidung an Kreuzwegen, war selbstverständlich. So schnell ist keiner aufgestanden und hat zum Beispiel die Abschaffung der Sklaverei gefordert. Mit anderen Worten: Nur in Sonderfällen stellte die »Unabhängigkeit«, die von der Norm abweichende Persönlichkeit, eine radikale Herausforderung für die Gruppe dar, zu der dieses Individuum gehörte.

Wenn wir heute von einem solchen nach Unabhängigkeit strebenden persönlichen Ich sprechen, und zwar mit dem Unterton, daß eine solche Persönlichkeit etwas Erwünschtes sei, dann ist dies Ausdruck unserer Ideologie, unserer vielleicht sehr gut reflektierten Auffassung von der Wünschbarkeit menschlicher Entwicklung, aber es ist eine relativ neue Forderung, die wir hier stellen. Wir sind in der westlichen Welt umgeben von Zivilisationsbereichen, welche für diese Forderung nicht das geringste Verständnis haben; wir sollten zudem über all den Erbauern von Kathedralen, über all den Malern, Musikern, Erfindern und Entdeckern nicht vergessen, daß man auch in unserem Zivilisationsbereich die längste Zeit ebensowenig Verständnis für die Forderung aufgebracht hätte, wenn sie überhaupt erhoben worden wäre: daß unauffällige, in gar nichts hervorragende Individuen ein persönliches Ich entwickeln sollen, das womöglich an irgendeinem Kreuzweg, vor irgendeinem gewichtigen Konflikt in der Lage ist, sich den Handlungsanweisungen seiner Kultur zu widersetzen, »nein« zu sagen und diese Entscheidung vernünftig zu begründen (zum Beispiel den Satz zu widerlegen: *Cuius regio, eius religio*).

Merkmale eines persönlichen Ichs zu entwickeln war bis an die Schwelle unserer Zeit Privileg einer sehr dünnen aristokratischen Schicht, später auch der obersten Bürgerschaft, kam aber den dienenden Ständen nicht zu. Auch im zeitgenössischen Bewußtsein löst es noch recht zwiespältige Gefühle aus, wie es überhaupt dahin kommen konnte, daß ein Autor wie Erik H. Erikson schreiben darf (und zwar im Zusammenhang einer Reflexion über Camus' *L'Etranger*): »To live as a philosophical ›stranger‹ is one of the choices of mature man...« [1] Einem Bewußtsein zuzustreben, das sich im philosophischen, im reflektierten Sinn seinen Gesetzen, Sitten, Vorlieben gegenüber als »Fremder« fühlt, ist eine Fähigkeit,

1 E. H. Erikson *Insight and Responsibility*. New York 1964, 99.

die der »reife Mensch« erwerben kann. Wer hat soviel Mut, soviel Kraft zur Entscheidung aus einem persönlichen Ich? Unser Persönlichkeitskult (besonders an unseren Universitäten) hat da nicht selten fahrlässig Kredit gegeben, wo nur Selbsttäuschung, falsches Bewußtsein im Spiele waren. Wir erinnern uns an den Satz von Karl Marx (im Vorwort zur *Kritik der politischen Ökonomie*): »Es ist nicht das Bewußtsein der Menschen, das ihr Sein, sondern umgekehrt ihr gesellschaftliches Sein, das ihr Bewußtsein bestimmt.« Diese These trifft die gegenwärtige Verfassung der Menschen und ihrer Gesellschaften; sie ist jedoch nicht als eine naturwissenschaftliche Definition des Menschen als eines in seinem Sozialhabitus endgültig festgelegten Wesens zu verstehen. Auch Marx weiß natürlich von den Bedingungen, unter denen das Bewußtsein der Menschen anfängt, ihr gesellschaftliches Sein zu bestimmen. Das Unterfangen ist schwierig; hatte Marx die Überwältigungen durch die gesellschaftlichen Kräfte im Auge, so Freud die Übermacht der Triebkräfte, die den menschlichen Intellekt einschüchtert. »Aber es ist doch etwas Besonderes um diese Schwäche«, heißt es in *Die Zukunft einer Illusion,* »die Stimme des Intellekts ist leise, aber sie ruht nicht, ehe sie sich Gehör geschaffen hat. Am Ende, nach unzählig oft wiederholten Abweisungen, findet sie es doch.« [1] Heute, drei Generationen nach Marx und ein Vierteljahrhundert nach Freuds Tod, soll sich das Bewußtsein aus seiner Umklammerung durch gesellschaftlich vermittelte Zwänge ein Stück weiter befreien dürfen; darin läge eine lautlose Revolution. Das Merkmal einer um Toleranz sich mühenden Gesellschaft ist darin zu suchen, daß Autonomie des Denkens eine fruchtbare Alternative zu den kollektiven Denkmodellen darstellt. Wer nicht so weit kommt, den hätte man im 18. und zu Beginn des 19. Jahrhunderts »ungebildet« genannt, einen Bauern, einen Tölpel. Es läßt sich aber doch nicht übersehen, daß die Zwänge der verwalteten Welt mehr Menschen verkrüppeln als je zuvor – weil es mehr Menschen gibt. So betrachtet scheint sich an den kollektiven Zwängen, die auf das denkende Ich ausgeübt werden, nicht viel gemildert zu haben.

Zunächst wird man sich fragen, warum es eigentlich anders

[1] S. Freud, Ges. Werke XIV, 377.

sein soll, als es Marx beschrieben hat: Der Standort in der Gesellschaft bestimmt das Selbstbewußtsein und das Selbstverständnis. Man darf nach genauer Aufklärung verlangen, wenn Zusätze zu diesem Grundgesetz der Entwicklung des sozialen Ichs gemacht werden. Die Psychoanalyse hat einiges Licht in das Zusammenwirken biologischer und sozialer Vorgänge gebracht. Biologisch ist daran die menschliche Lernfähigkeit (die an die Stelle eines erbgenetisch festgelegten Verhaltensrepertoires getreten ist), sozial ist die Übermittlung von Informationen über wünschbares und zu vermeidendes Verhalten.

Freud, den Ernest Jones zu Recht den »Darwin der Psychologie« genannt hat, verdanken wir eine seelische Strukturtheorie und eine genetische Theorie; letztere enthält Aussagen darüber, wie sich die psychischen Organe aus ihren Anlagemöglichkeiten entfalten. Von Freuds Auffassung sei nur soviel kurz referiert: Die Triebanlage, das energetische Reservoir für die psychischen Prozesse, ist psychosomatisch zu begreifen; sie (die Triebanlage) ist erbgenetisch variabel. Erst spät sind in die Theoriebildung Ich-Anlagen, Ich-Kerne als die regulatorischen Gegenspieler des »Es«, der Triebbedürfnisse nämlich und ihrer Erlebnisrepräsentanzen, aufgenommen worden. Diesem Ich wird außerdem die Fähigkeit zugesprochen, Triebenergie ihrem ursprünglichen Bereich entfremden, das heißt, sie für die Ziele des Ichs »neutralisieren« zu können.

Das kritische Bewußtsein ist eine zentrale, freilich spät zum Zuge kommende Funktion des Ichs. Unsere Beobachtungen zwingen uns zu der Annahme, Reflexionsfähigkeit für eigenes und fremdes Verhalten sei eine Anlage wie Musikalität oder eine Begabung für mathematische Kombinatorik. Sie kann erstickt oder gefördert werden, je nach der sozialen Umwelt. Gesellschaftliche und biologische Objektivitäten greifen also bei der Entwicklung des Individuums ineinander. Gesellschaftliche Voraussetzungen, die wenig mit Angsterweckung operieren, lassen sonst verödende Ich-Anlagen zum Zuge kommen; diese Stärkung des kritischen Ichs verändert ihrerseits die Verfassung, in der sich eine Gesellschaft befindet. Ist es einmal entwickelt, dann versteht dieses kritische Bewußtsein erst in voller Deutlichkeit, wie fest geknüpft die Dressathandlungen sind, in denen soziale Normen sich verwirklichen. Der Widerstand gegen diese bewußtseinsfernen oder von falschem Bewußtsein ausgehenden Handlungen verlangt vom kritisch nachspürenden Ich nicht geringen Energieaufwand. Nach der psychoanalytischen Theorie stellt dieser Vorgang der Aneignung von Energie durch das kritische, Entscheidungen fällende Ich einen sowohl phylo- wie ontogenetisch späten Erwerb dar; einen Vorgang, der noch nicht abgeschlossen ist. Hier stehen uns noch evolutionäre Möglichkeiten offen (J. Huxley [1]). Psychosoziale (soziogenetische) Mechanismen überlagern und ersetzen die von den Genen übermittelten Verhaltensmerkmale; vom individuellen Ich ausgehende Impulse modifizieren die dem sozialen Lernen entstammenden Verlaufsgestalten des Verhaltens, indem sie an seiner Stelle ein Handeln auf Grund individuell getroffener Entscheidung ins Spiel bringen.

Nachdem die Genetik für nationalsozialistische Rassenzuchtideen reklamiert wurde, ist es zu einer Tabuierung der Erbtheorien gekommen. Die Genetik hat jedoch, unabhängig von ihrem Mißbrauch durch Scharlatane, eine rasche Entwicklung durchlaufen. Ein Konzept, das die erbgenetische Variabilität der Ich-Anlagen nicht in Rechnung setzte, könnte kaum ernst genommen werden. Es kombinieren sich also zwei Einflüsse: der erbgenetische und der, welcher von der sozialen Umwelt herrührt. Ihr Ineinandergreifen kann bei der Variabilität beider Faktoren zu den verschiedenartigsten Ergebnissen führen.

Die Hervorhebung des Tatbestandes, daß einige Ich-Funktionen in einigen Individuen einiger Zivilisationsbereiche sich verstärken konnten, zwingt dazu, nochmals die Heftigkeit zu betonen, mit welcher in anderen Gegenden jede Entwicklung in Richtung eines kritisch-autonomeren Ichs bekämpft wird. Der ideologische Totalitarismus feiert in unserer Zeit Triumphe. Die heute lebende Menschheit steht zum größten Teil unter seinem Einfluß; nur weil er eine so alte Tradition fortsetzt, fällt es uns nicht ein, an unserer Zeit die gigantische Leistung zu bewundern, daß sie die größten ideologisch geeinten Massen der Geschichte hervorgebracht hat. Von zwei Zentren, Rußland und China, sind neue Ansätze ausgegangen, welche das persönliche Ich gelähmt haben, und zwar

[1] Julian Huxley *Entfaltung des Leben.* Frankfurt (Fischer-Bücherei 61) 1954.

hinsichtlich seiner Kritikfähigkeit an den ideologischen Grundannahmen seiner Gesellschaft [1]. Die chinesische Methode der Auslöschung des Individuums im politischen Raum ist ungleich interessanter als die russische, weil die Chinesen unter dem Banner des Marxismus-Leninismus nicht feindliche Gesellschaftsschichten ausgemordet, sondern die Reformierung des sozialen »bourgeoisen« und wichtiger Teile des persönlichen Ichs zur politischen Methode erhoben haben.

Diese »thought reform« [2] genannte Prozedur führt uns unmittelbar zur Problematik der Beziehung zwischen persönlichem und sozialem Ich. Mit Beziehung ist sowohl Interaktion gemeint als auch der genetische Prozeß, in welchem sich persönliches und soziales Ich miteinander und auseinander entwickeln. Die »Gehirnwäsche« hat großes Aufsehen erregt. Sie hat uns mit Angst erfüllt. Unter welchen Bedingungen würden wir unser Selbst verlieren? Würde sich das moralische Gesetz in uns so ändern, daß wir die Welt und unser bisheriges Leben völlig anders als gewohnt beurteilen, daß wir als »Reformierte«, »Rehabilitierte« plötzlich so etwas wie Neugeborene sind und ein zweites Leben führen?

Jedenfalls hat die »thought reform« eine Annahme der psychoanalytischen Theorie im Großexperiment bestätigt (falls wir in Deutschland nach den Erfahrungen der jüngsten Geschichte einer solchen Belehrung aus dem Fernen Osten überhaupt noch bedürfen): Die soziale Persönlichkeit eines Menschen läßt sich ändern. Und das geht selbstverständlich nicht ohne Rückwirkungen auf sein persönliches Ich ab. Der Mensch, um mit einer aus dem Orient stammenden Metapher zu sprechen, kann sein Gesicht verlieren – und ein neues annehmen. Durch eine solche Metamorphose wird ausgeschlossen, daß das Integrationszentrum für die *sozialen*

1 Diese Hemmung der basalen Selbstkritik, die zu einer Unerschütterlichkeit der Überzeugungen führt, ist in der Individualpsychologie das Anzeichen einer schwer gestörten Persönlichkeit. Nur durch besonders intensive Besetzung von Abwehrvorgängen und der damit einhergehenden Verzerrung der Realitätswahrnehmung gelingt es, die Homoiostase aufrechtzuerhalten. Die Rolle der Dogmatisierung für Kollektive ist noch nie systematisch unter psychodynamischen Erfordernissen untersucht worden.

2 Vgl. Robert Jay Lifton *Thought reform and the Psychology of Totalism.* – A Study of »Brainwashing« in China. New York (Norton) 1961.

Forderungen, das Über-Ich der Freudschen Instanzenlehre, eng mit den Erbanlagen verknüpft sein kann. Vielmehr hatte Freud gesehen, daß das »Gewissen«, das Über-Ich, eine »Stufe im Ich« darstellt, eine Organisationsinstanz zur Bewältigung der sozialen Realität, sozialer Konflikte, die mit der klassischen ödipalen Drei-Personen-Beziehung beginnen. Die Triebe haben ihre relativ festen Objekte, denen sie zustreben; das Ich hat seine Rolle als vermittelnde Instanz zwischen vitalen Triebbedürfnissen und Außenwelt. Allein das Über-Ich als verinnerlichte Repräsentanz der Sozialgebote ist ein Agent, dessen Aufträge wechseln können, und selbst zur Bildung dieser »Stufe im Ich«, zur Formierung eines Über-Ichs, muß es nicht zwangsläufig kommen.

Bevor ich weiter verfolge, was die Psychoanalyse zum Verständnis der verschiedenen Ich-Funktionen beitrug, sei noch mit einigen Anmerkungen zur »Gehirnwäsche« unser Thema illustriert.

Die Praxis der Persönlichkeitsveränderung, wie sie die Chinesen betrieben haben, läuft auf eine *erzwungene Regression* hinaus. Der Gefangene (oder der zu Erziehende überhaupt) sieht sich einer ihm physisch unendlich überlegenen, an kein Recht, keine gewohnte Sitte gebundenen Macht gegenüber; er befindet sich vollkommen in ihrer Hand. Das ist eine Lage, die der des Kleinkindes durchaus entspricht und Erlebnisspuren aus jener Entwicklungsphase wiedererweckt. Die Situation wird aber verschärft; den Gefangenen werden – sollten sie sich zurückhaltend zeigen, während man sie mit den Gedankengängen der neuen Lehre vertraut macht – Fesseln angelegt, die es ihnen nicht erlauben, die primitivsten physischen Bedürfnisse zu erledigen. Der Gefangene kann nicht selbst essen und trinken und ist zum Beispiel bei der Reinigung nach der Defäkation auf die Hilfe von Mitgefangenen angewiesen. Außerdem werden ihm andere Gefangene beigegeben, die bereits in der Auswechslung ihrer psychosozialen Dressate weiter fortgeschritten sind. Sie drängen ihn unablässig, die »bourgeoisen« Meinungen aufzugeben. Der Gefangene wird also ziemlich genau in eine Familiensituation mit Eltern und älteren Geschwistern zurückversetzt. Der Reformvorgang soll sein altes soziales Ich mit seinen introjizierten gesellschaftlichen Geboten »auftauen«; der »Zögling« soll sich neu orientieren und alsbald wieder diese übernommenen Über-Ich-Forderungen »einfrieren«[1].

Robert Waelder[2] hat darauf verwiesen, daß »das Über-Ich«, das in der Kindheit eingepflanzt wird, im späteren Leben Revisionen unterworfen ist, korrespondierend zu einer wachsenden Kritikfähigkeit; bis auf außergewöhnliche Umstände, etwa Massenreaktionen, berühren aber diese Änderungen selten die Grundprinzipien dieses »Über-Ichs«. Und er folgert aus dem Procedere der »thought reform«, die man wohl am treffendsten mit »Moralreform« übersetzt, daß mit diesem Umerziehen nicht die Erziehungsmethoden als solche völlig in Frage gestellt sind (denn keine Erziehung kann auf »einen nicht auflösbaren Kern von einzupflanzender Indoktrinierung« verzichten). »Die Frage geht nicht dahin, daß in unserer Zivilisation wie in jeder anderen Kinder wie Kinder, sondern daß *im Totalitarismus Erwachsene wie Kinder behandelt werden.*«[3]

Es ist wenig sinnvoll, von sozialem und persönlichem Ich zu sprechen, als handle es sich um Substanzen. Vielmehr können die beiden Begriffe nur auf *Integrationsvorgänge* in der psychischen Organisation Anwendung finden. Durch diese Integration seelischer Prozesse wird Einfluß auf das Verhalten des Individuums ausgeübt.

Wir haben die *erbgenetischen* Voraussetzungen der Triebdynamik und der Fähigkeiten des Ichs – Realitätskontrolle nach außen und innen, Erinnerung, denkende Kombinatorik etc. – hervor-

---

[1] Ich zitiere diese Maßnahmen an den Gefangenen nicht, um ihre Brauchbarkeit für die Umkonditionierung einer Millionenbevölkerung, sondern um die Wandelbarkeit der durch die frühere Erziehung eingeübten Einstellungen am Beispiel zu belegen. Politisch gilt selbstverständlich, was Peter von Oertzen in einer Diskussionsbemerkung formulierte:

»Auch die totalitärste Staatspartei ist nicht ein archimedischer fester Punkt außerhalb der Gesellschaft und der Geschichte, von dem aus man ein Volk ›radikal reformieren‹ könnte. Sie verkörpert selbst Ideen und Verhaltensweisen, die der Tradition entsprungen sind, und unterliegt einem Prozeß des Wandels. Wer garantiert die Erziehung der kommunistischen Erzieher? Mao persönlich? Und wer erzieht Mao?«

[2] R. Waelder *Demoralization and Reeducation.* World Politics, XIV, 1962, 381.

[3] Ib., 382.

gehoben. Die Sozialordnungen beruhen demgegenüber auf gesetzten Normen. Sie zwingen das Individuum, seine Bedürfnisse nach diesen Vorgegebenheiten einzurichten. Anpassung ist seine große Fähigkeit. Soziale Institutionen sind die Agenturen dieses Zwanges, der die Vorgegebenheiten einer Instinktordnung ersetzt hat. Sowenig das einzelne Individuum am vorgefundenen Strafrecht etwas ändern kann, es kann immerhin über dieses Strafrecht kritisch denken, und wir haben das historisch gesicherte Wissen, daß wie alle Einrichtungen der Gesellschaft auch das Recht durch eine Einstellungsänderung der Mitglieder einer Gesellschaft schließlich zu beeinflussen ist. Der Fortschritt der Geschichte, der dies vollbringt, ist langsam; das wurde zum Beispiel in der Abschaffung der Folter sichtbar. Aber selbst das einmal Erreichte kann wieder verlorengehen, wie uns die grausamsten Verfahren gegen Kriegs- und politische Gefangene an vielen und keineswegs nur entlegenen Orten der Welt beweisen. Die Ordnung des kritisch denkenden Ichs, ob sie nun durch das Individuum oder durch die Gesellschaft vertreten wird, ist unstabil; sie wird durch Lernprozesse gegen emotionale Orientierungen (Triebhunger, Angst etwa) erworben und kann leicht wieder von diesen außer Kurs gesetzt werden; das zeigte sich in der Faszination, welche die mythisierend wirren Lehren des Nationalsozialismus auf Millionen ausübten. Die spezifisch *sachbezogenen, berufsbezogenen* Intelligenzleistungen bieten keine Sicherung gegen den Abbau der kritischen Realitätskontrolle, soweit sie sich auf emotionell gefärbte zwischenmenschliche Beziehungen richtet. Ressentiment ist als kollektive Reaktion relativ leicht zu wecken und auch zu konservieren und im Charakter des einzelnen zu verankern. Subjektiv empfindet das Individuum höchstens auf dumpfe Weise, daß sein Haß nicht sein »Eigentum«, sondern der Vollzug sozialer Gebote ist.

Wir erwähnen das nur, um die biologische Situation des Menschen zu verdeutlichen. Dann liegt die Frage nahe: Welches psychische Bedürfnis drängt nach Normierung, nach Wiederholung des Gleichen? Es ist das Streben nach Lust. Wie alles triebgespeiste Tun drängt Lusterfahrung auf Wiederholung. Das Ritualisierungsbedürfnis ist von der psychologischen Seite her der Ansporn, soziale Bräuche, Privilegien und schließlich die Bedienung der hochkomplexen Produktions- und Verwaltungsapparate immer automatisierter, rigider werden zu lassen. Mit Ritualisierungsbedürfnis und Wiederholungszwang versuchen wir zäh (wie die Beobachtung von Kindern immer wieder zeigt), Lustquellen zu erhalten und Unlust aktiv zu vermeiden. Etwas, was wir gelernt haben, schafft uns Zuwachs an Lust, Vergnügen, Einfluß. Und wir können uns diese Lusterfahrung aktiv durch Handlung verschaffen, sind also nicht passiv darauf angewiesen, daß uns die Lustquelle die Befriedigung spendet.

In der Ritualisierung wird nicht nur Lust wiederholt oder Unlust vermieden; das Ritual selbst wird libidinisiert. Damit ist nun ein zwar fragiler, aber praktizierbarer Gleichgewichtszustand zwischen unabweisbarem Triebverlangen und Bedürfnisbefriedigung, eine Homoiostase, hergestellt. Jede neue Probierhandlung (aus innerem Antrieb) und jede von außen (von Fremden) stammende Veränderung an den im Ritual versprochenen Triebbefriedigungen und Angstvermeidungen schafft Unlust und Angst und wird abzuwehren versucht. Das Ich tritt dann zur Angstvermeidung sehr leicht in den Dienst bestehender Normen, auch wenn dies für das Individuum unökonomisch (im Sinne von unvernünftig) sein mag.

Ritualisierungen treten funktionell an die Stelle von artspezifisch angeborenem reguliertem Triebverhalten. Sie schaffen das konservative Element, das Gleichgewicht, ohne das keine Gesellschaft funktionieren kann – so absurd Inhalt und Methode dieses Rituals sein mögen. Wo Ritualisierung mit einer noch unentwickelten Realitätseinsicht einhergeht (sei es phylo- oder ontogenetisch), vollzieht sich eine archaische Verknüpfung von Person und Gesellschaft. Sosehr sie von späteren Entwicklungsschritten »überholt« worden ist, ihre Macht als Stabilisator ist ungebrochen.

Freilich nagt die Zwangsläufigkeit der Erfindungszivilisation, in der wir leben und die soviel Umdenken fordert, an diesen Sicherheiten, welche das Ritual verspricht. Gerade heute kommt auch seine zweite Funktion – als angstbeschwichtigende Handlung – sehr an die Oberfläche. Wir sollten uns nicht obenhin über den psychischen Immobilismus der Massen, ihre stumpfe politische Unbeweglichkeit beschweren, statt nach den Motiven dafür zu suchen. Betrachtet man etwa die Neigung, von allem, was mit dem Wort »christlich« verbunden wird, Sicherheit zu erwarten, so entdeckt man magische Protektionshoffnungen, zu denen eine Regression erfolgt ist. Die Welt, in der wir mit der Bombe und der Pandemie der Weltseuche des Nationalismus leben, ist so gefährlich, verheißt so wenig Sicherheit, stürzt das Ich in so viel Angst, daß es die angsterweckenden Einsichten in die soziale Realität aufgibt und auf Infantilformen des Umganges mit der Welt zurückgreift: Es verleugnet Gefahr, es verkehrt ins Gegenteil – zum Beispiel schreit es nach atomarer Mitbeteiligung, als ob das Sicherheit gewährte und nicht die Gefahr vergrößerte. In diesem Zustand, in dem Angst die reiferen Ich-Leistungen in der Masse der manipulierten Menschen zu ersticken und nicht zu fördern scheint, ist der Rückzug auf magische Ritualisierung ein weiteres Hilfsmittel, um das Gleichgewicht zu erhalten – und zwar sowohl auf der Ebene des kollektiven wie des persönlichen Ichs.

Ritualisierung ist Aufhebung der Zeit als verändernde, entwikkelnde Macht. Von der Aufhebung des Wiederholungszwanges hängt aber ab, wie groß die Leistungsfähigkeit des Ichs werden, wie weit es sich aus der Befangenheit in der Symbiose mit dem Kollektiv befreien kann. Und dieses Kollektiv wirkt nicht nur von draußen, sondern auch im Ich als ein Botmäßigkeit verlangendes Über-Ich.

Wo wir zwanghaft verstärkte Ritualisierung, Regression zu den infantilen Kontrollversuchen der Realität antreffen, begegnen wir der anti-individualistischen Wirkung vieler Abwehrmechanismen. Das Individuum bewegt sich auf infantilen Stufen der Interaktion zwischen persönlichem und sozialem Ich. Das scheinen jedenfalls die strengen Bindungen zu sein, mit denen im Individuum kollektiv sich organisierendes Leben – mit anderen Worten: die im Ich der Person verinnerlichte Gesellschaft – die Entwicklung des Ichs immer wieder zur Rückläufigkeit zwingen kann, was auf die habituelle Ich-Schwäche des Menschen gegenüber den Triebforderungen wie den gesellschaftlichen Zwängen verweist.

Um zu wiederholen: Die Ich-Reifung in ihren Schritten bis hin zum kritischen Bewußtsein mit hoher Angsttoleranz folgt einer erbgenetischen Matrix. Die *Möglichkeit* zur Entwicklung dieser Fähigkeiten ist angelegt, aber sie ist durch ältere biologische Sicherungen – etwa das Erlernen des gruppenkonformen Verhaltens – leicht zu stören und zu hemmen.

In Fortsetzung dieser Gedanken seien kurz noch zwei Begriffe untersucht, deren Analyse unsere Vorstellung über die Interaktion des sozial geprägten mit dem zur individuellen Entscheidung hindrängenden Ich bereichern kann. Es handelt sich um Anmerkungen zu den Begriffen Normalität und Identifikation.

Was kann man als »normal« bezeichnen in der Beziehung zwischen sozialem und persönlichem Ich? In der sozialen Realität bedeutet Normalität gelungene Anpassung; der Grad der Konformität, der erwünscht ist, wechselt von Gruppe zu Gruppe. Das Ziel der Erziehungs- oder, wie man unverdächtiger sagt, der Sozialisierungsprozeduren bleibt die Herstellung einer vorwiegend positiven Identifikation mit den Verhaltens- und Urteilsnormen der Gesellschaft. Die Prozeduren und Sanktionen, mit denen eine Gesellschaft auf die Einhaltung ihrer Normen drängt, sind ein Teil der Technik, mit der diese pragmatische »Normalität« hergestellt wird.

Für den Psychoanalytiker bemißt sie sich zunächst an dem erwartungsgemäßen Durchlaufen einer psychosomatischen Entwicklung, charakterisierbar durch a) zunehmende Fähigkeit der Triebbeherrschung, b) wachsende Realitätskontrolle, c) steigende Integration der Selbsterhaltungstendenzen, der sexuellen und aggressiven Triebbedürfnisse mit den Anforderungen der sozialen Umwelt und ihrer Institutionen; schließlich d) durch zunehmende kritische Selbstdistanzierung mit Erweiterung der Fähigkeit zur Einfühlung.

Wir haben betont, daß in der normalen Entwicklung das Individuum dahin gelangt, Konflikte, in die es gerät, durch ein problemlösendes Verhalten anzugehen, statt sie durch Zuhilfenahme infantiler Abwehrmechanismen aus dem Bewußtsein zu schaffen. Es gibt aber nicht selten Situationen, in denen die »Objektivität« der sozialen Normen und Institutionen den Veränderungswünschen des Individuums mit Erfolg widersteht. Darauf sind zwei Reaktionen möglich: Das Individuum, im Laufe der Zeit vielleicht auch die betroffene Agentur der Gesellschaft entwickeln ein Problembewußtsein. Hier bleiben vital wichtige Bedürfnisse unbefriedigt. Vom Individuum, das durch seinen Nonkonformismus zunächst immer in die Rolle des Omegatieres, des einflußlos Aufsässigen gerät, wird also beträchtliche Toleranz für Unlust erwartet, bis es ihm vielleicht doch gelingt, die Gesellschaft in seinem Sinn zu beeinflussen. In der zweiten Reaktion zeigt sich, daß es dem Individuum nicht möglich ist, diese belastende Spannung zu seiner Gesellschaft zu ertragen – vor allem die materiellen Sanktionen in Kauf zu nehmen; mit Abwehrmechanismen infantiler Art geht es diesen Unlustquoten aus dem Wege. Es paßt sich der »Objektivität« seiner Gesellschaft an.

Es ist einzuräumen, daß unser Leben in der Gesellschaft dauernd ambivalente Gefühle erweckt. Diese Ambivalenz erhält sich während der Phasen der nicht umsonst so verharmlosten, weil ohnmächtigen Kindheit und in der Pubertät. Unsere Früherfahrungen in der Gesellschaft sind in vieler Hinsicht so unlustvoll, daß auch später niemand ganz auf infantile Unlustabwehr durch Verdrängen, Projizieren etc. zu verzichten vermag. Individuum wie Gesellschaft können sich von der Anwendung bestimmter Abwehrmechanismen nicht befreien. Überall, wo beispielsweise der Mechanismus der Projektion zur Anwendung kommt, haben wir es mit einem dreifachen Versagen zu tun: a) mit unzureichender Realitätskontrolle (man kann sie harmlos Leichtgläubigkeit oder, zutreffender, unkorrigierbare Vorurteilsbefangenheit nennen); b) mit unzureichender Triebkontrolle (sie zeigt sich an aggressiver Entäußerung in dissozialem Sinn – man läßt seine aggressive und libidinöse Spannung an Opfern aus, die in diese Rolle durch ihre Schwäche geraten, etwa dadurch, daß sie eine Minorität repräsentieren); c) mit unzureichender Ich-Integration (die deutlich wird an der Übernahme eines urteilenden Fremd-Ichs, dem wir die Zugänge zur Lenkung unseres Verhaltens offenhalten).

An der Skala einer normalen psychophysischen Entwicklung kann man sehr gut die am Ursprung untrennbare Verflochtenheit von persönlichem und sozialem Ich und deren zunehmendes Auseinandertreten beobachten. Die primitiven Formen der Triebbeherrschung werden vom Ich ganz konventionell erworben, etwa die Beherrschung der Schließmuskeln von Blase und After. Hier verlangen die verschiedenen Gesellschaften sehr unterschiedlich, wieviel Unlust und wie früh Unlust dadurch ertragen werden muß, daß ein Bedürfnis in seiner Befriedigung abhängig gemacht wird von der sozial vorgeschriebenen Situation, in der dies zulässig bzw. unzulässig ist. Eine ähnliche Unlusttoleranz wird gegenüber aktuellen Mißempfindungen (Hunger, Schmerz) und später sexuellen Drangzuständen gefordert. Ein Versagen in diesem Bereich der Kontrolle biologischer Funktionen wird rasch als krankhaft anerkannt; obgleich es kaum zu bestreiten ist, daß die Beurteilung der Reaktion auf sexuellen Drang sehr weit streuen kann. Man denke an die Masturbation. Sind übertriebene Schuldgefühle ihrem Tatbestand gegenüber »normal«, ist sie eine völlige Ungehemmtheit? Es ist das Erlebnis mehr als die Sache selbst, die als krankhaft oder sozial integrativ zu beurteilen ist, falls man Masturbation so isoliert betrachten will und nicht im Rahmen der Gesamtstrategie der Regressionen, die eine Gesellschaft den Triebbedürfnissen gegenüber entwickelt.

Ebenfalls noch vorwiegend an Kollektiv-Idealen orientiert sind jene Selbstwertvorstellungen, die sich aus der Aneignung des allgemeinen Lernstoffes ableiten lassen, sei es, daß man körperliche Beherrschung oder intellektuelle Fertigkeiten erlernt. In den Auseinandersetzungen mit den intrapsychischen Erfahrungen der physischen Sexual- und Körperreifung in der Pubertät erscheint in unserem Kulturbereich zum ersten Mal das Individuum als *einsam* und an seiner Einsamkeit leidend. Denn alte Idealvorstellungen werden durch neue Leitbilder verwirrt. An diesen Kreuzwegen wächst ein neues Selbstbewußtsein heran, das sich nunmehr aus der Entscheidungsfähigkeit herleitet. Ohne Zweifel ist diese Phase in einfach strukturierten statischen Kulturen, in denen Geschlechtsreifung mit der Übernahme eines endgültigen Rollenhabitus zusammenfällt, leichter zu durchlaufen als in unserer Gesellschaft, in welcher die lernende Anpassung die physischen Reifungsvorgänge so lange überdauert.

Diese unsere Gesellschaft wird zumindest von *einer* Schicht – der, welche ihre komplizierte Organisation steuert und in Gang hält – ungewöhnliche Sublimierungsleistungen fordern müssen. Der Stil unserer Einführung des kindlichen Menschen in die Sozialwelt war vielfach durch eine religiös-ideologische Unterdrückungstaktik seiner sexuellen Triebwünsche ausgezeichnet. Der strafende Gott wurde gegen die Trieblust mobilisiert. Diese christlich-theologische Sexualmoral hat es dem Individuum unendlich erschwert, im unmittelbar sexuellen Verhalten ein persönliches Ich zu behalten oder zu entwickeln. Schuldangst hat es durch Jahrhunderte bedrängt.

Die christliche Sexualmoral bricht zusammen, und zwar ist der Nonkonformismus zum ersten Mal über alle Schichten der Gesellschaft verbreitet (und nicht mehr ein Privileg der Feudalaristokratie oder des Bürgertums); jedermann nimmt sich heraus, in sexuellen Dingen »individuell« zu entscheiden. Damit ist überwiegend sexuelle Freiheit gemeint. Trotzdem wird Triebaufschub – immer abhängig von unserer Belastbarkeit mit Unlust aus dieser Verzögerung der Befriedigung – geübt werden müssen. Denn die frühzeitigen und rasch zu erzwingenden Gratifikationen an Körperlust durch unmittelbare Befriedigung am Organ schädigen zwar den Menschen keineswegs physisch oder intellektuell. Aber sie fördern nicht die Fähigkeit, den in jeder menschlichen Gemeinschaft unerläßlichen Aufschub der Triebbefriedigung oder Triebverzichte zu ertragen.

Schrankenlose Befriedigung bringt mit sich, daß der junge Mensch frühzeitig durch Lusterfahrungen, die er nicht zu beherrschen lernt, domestizierbar und manipulierbar gemacht wird. Was ihm als Freiheit angeboten wird, ist die Förderung eines früh entstandenen und fixierten süchtigen Verhaltens. Sexualität wird als Suchtmittel erlebt, dient also genaugenommen nur der Selbstbefriedigung und ist an keinen Austausch der Gefühle, keine Einfühlung geknüpft.

Diese sexuelle »Befreiung« fällt verräterischerweise mit Prozessen der totalen Einebnung der Individuen zusammen. Infolgedessen wird die permanente sexuelle Stimulierung zur Ersatzlust für die immer steigende Unlust aus der Erledigung »sinnloser« Arbeit. Auch die Frühehe, die man fördert (ohne zu wissen, daß es sich gar nicht um Bindungen aus vornehmlich genitaler, sondern viel stärker prägenitaler Bedürftigkeit handelt), ist vielfach Ausdruck der Schwäche, allein nicht bestehen zu können. Da es im Bereich geschlechtlicher Aktivität kaum etwas gibt, was nicht allen zugestanden wird, kommt es gar nicht zur Entspannung nach dem langsamen Aufbau einer »spannenden« Beziehung. Der Stil der Beziehungen wird vielmehr durch die nicht so leicht zu tilgende Unlust über die Zumutungen der Arbeitswelt bestimmt. Die Entlastung der frustrierten Aggression einer Menschheit, deren Arbeitskraft mehr und mehr von Großbetrieben organisiert wird, wird zu einem immer schwerwiegenderen Problem. Auch in der Adoleszenz spiegelt sich das schon. Was ihren Groß- und Urgroßvätern der Bordellbesuch war, ist den heutigen jungen Menschen der Aggressionssturm, den Beatbands auslösen oder rivalisierende Gangs.

Aber das führt nirgends anders hin als zur passiven Anpassung an den rational vorfabrizierten Arbeitsplatz. Auf diese Weise unterstützt die bestehende »Objektivität« der Gesellschaft den frühzeitigen Abbruch der Ich-Entwicklung.

Noch fehlen jene Vorbilder, die in der sich entwickelnden Kastengesellschaft der Arbeitnehmer die kritische Distanz zu dieser Gesellschaft vorleben. Wieweit kann das Ich seine soziale Prägung bejahen, wieweit bleibt es Entwicklungsaufgabe, sie abzuschütteln? Es leuchtet ein, daß das nicht mit der üblichen Kulturkritik zu leisten ist. Sie pflegt zu narzißtisch zu sein. Dieser sekundäre Narzißmus als Folge des enttäuschten Rückzugs aus der von gelenkten Massen bevölkerten Welt ist eine Ersatzquelle der Lust, aber diese löst keine Probleme.

Das Ich ist, wie schon Freud wiederholt betonte, die fragilste Instanz der menschlichen Psyche; nicht nur können erworbene Ich-Funktionen wieder verlorengehen, kann Erlerntes vergessen werden, es kann auch in die Objektivität sozialer Prozeduren bereits eingegangenes Ich-Bewußtsein wieder schwinden. Die jähe und reißende Regression, die von 1933 an das Sozialverhalten in unserem Lande dominant bestimmt hat, ist ein noch vielen in guter Erinnerung befindliches Beispiel. Am Identifikationsvorgang läßt sich erneut Verschränkung und Auseinandertreten des persönlichen und sozialen Ichs sichtbar machen. Lernen durch Identifizieren ist der grundlegendste soziale Austausch. Er ist, um es zu wiederholen, nur noch in einem sehr engen Bereich von starren artspezifischen Verhaltensmechanismen bestimmt. Diese Fähigkeit, durch Lernen aufzunehmen, ist die spezifische biologische Grundlage des humanen Sozialverhaltens. Identifikation ist, wie Anna Freud [1] kürzlich wieder beschrieben hat, ein psychischer Vorgang unter ähnlichen. Der älteste dieser Vorgänge ist wahrscheinlich die Imitation, die Nachahmung, aus der sich die Identifikation entwickeln kann. In der letzteren vollzieht sich schon eine Ich-Verän-

1 A. Freud *Normality and Pathology in Childhood.* New York 1965.

derung. Zu dieser Verinnerlichung ehemals äußerlicher Vorbilder kommt noch der Introjektionsvorgang. In ihm werden hauptsächlich Autoritäten verinnerlicht; das führt zur Über-Ich-Bildung. Identifikationen und Introjektionen formen eine innerseelische Agentur, so daß die Vorbilder nicht mehr bloße Ideale sind, sondern zu *inneren* Forderungen werden, die an das eigene Ich gestellt sind. Damit ist die »Stufe im Ich«, das Über-Ich, beschrieben, das neben der möglichen Hemmung durch terroristische Forderungen die *Selbständigkeit des Menschen erst ermöglicht*. Denn das Individuum ist, wenn es ein Über-Ich gebildet hat, nicht mehr von äußeren Forderungen abhängig; es trägt seine Orientierung mit sich und kann diese in der inneren Dialektik zwischen Ich und Über-Ich modifizieren.

Verschiedentlich ist der Psychoanalyse zum Vorwurf gemacht worden, sie stütze unbesehen die Position des Über-Ichs. Durch die Verinnerlichung von repressiv lenkenden gesellschaftlichen Autoritäten werde diese Form der Gesellschaft konserviert. Das ist zweifelsohne richtig; jedoch wurde fast immer eine unersetzliche Funktion des Über-Ichs übersehen, die darin besteht, daß es die Voraussetzung für jede verantwortliche Änderung der Ordnung schafft. Denn es verlagert, unter Ausnutzung der Identifikationen, die Autorität nach innen. Das gibt prinzipiell die Möglichkeit, sich mit der Autorität auseinanderzusetzen, sie dialektisch zu prüfen, lange ehe Änderungen an ihrem Profil in Aussicht stehen. Die Rigidität des Über-Ichs hat viel Intoleranz verschuldet; es ist die Hauptinstanz, die zum Konformismus treibt. Aber widersprüchlich, wie die Wirkung seelischer Vorgänge sein kann, bewirkt es auch eine Sensibilisierung des Ichs: zunächst für schuldhaftes Verhalten, schließlich aber für die Selbstwahrnehmung im sozialen Kontakt überhaupt. Ein Rückfall hinter die Über-Ich-Entwicklung würde völlige Abhängigkeit von sozialer »Außenlenkung« bedeuten; den widersprüchlichsten Manipulationen ohne Möglichkeit der Kritik ausgesetzt, würden wir die Fortentwicklung des Ichs aufs schwerste beeinträchtigen. Auch hier gilt, daß der Frustrationsreiz, vom Über-Ich ausgeübt, erst die kritische Denkfähigkeit hervorlockt. Unter Diktatoren, die ein terroristisches System äußerer und innerer Kontrollen – von Polizei und Gewissen – zu errichten verstehen, *darf nicht*, im Paradies eines immerwährenden stillen Befriedigtseins *kann* nicht antithetisch, alternativ, provozierend kritisch gedacht werden.

Introjektionen werden oft ohne sprachliche Verständigung aus Haltungen übernommen und können zu einem großen Teil ein Leben lang bei jedem von uns unbewußt bleiben. Das ist die gefährliche Seite der Übermittlung von Traditionen. Die Introjekte – das, was in die seelische Struktur von außen aufgenommen wird – stellen, solange sie unreflektierbar bleiben, einen unzugänglichen, dem kritischen Denken entzogenen Teil der Persönlichkeit dar. Sie sind der Dorn im Auge jeder idealisierenden Anthropologie und utopistisch getönten Philosophie, aber sie sind Realität – absolut jedem Willensappell spottend. Die mühevolle Arbeit, derartige Introjekte der Selbstwahrnehmung zugänglich zu machen, ist ein wesentlicher Bestandteil der psychoanalytischen Arbeit. Der Widerstand, den diese Arbeit von seiten des Patienten erfährt, geht wesentlich von Introjektionen und Ritualbildungen aus. Der Widerstand signalisiert nicht konkret faßbare Grenzen, die einem Änderungswunsch gezogen sein mögen, sondern er deckt im Gegenteil ein Anklammern an Bestehendes, das an sich veränderbar und dessen Veränderung auch sinnvoll wäre. Hier haben wir es, in der Sprache der Psychoanalyse formuliert, mit der Paradoxie des »Krankheitsgewinnes« zu tun. Seine Wurzel ist die Unlust, das Risiko der Veränderung zu tragen, einer Störung der Homoiostase, selbst wenn sich ihre Aufrechterhaltung als überaus kostspielig erwiesen haben sollte. In dieser Auswirkung des Wiederholungszwanges und der Beharrungstendenz verschränken sich Über-Ich und Es-Forderungen; von ihnen wird das persönliche und das soziale Ich affiziert. In Introjektionen vollzieht sich ein sozialer Austausch keineswegs nur in *einer* Richtung. Denn die Introjekte sind nicht nur aus Fremdverhalten aufgebaut. Der Vorgang ist komplizierter. Die entscheidenden Über-Ich-Komponenten stammen, wie erwähnt, aus der kindlichen Entwicklungsphase. Zu dieser Zeit ist das Kind, je früher, desto stärker, physisch und psychisch abhängig. Aus dieser Abhängigkeit entstehen intensive, mit dem bewußten Erlebnis inkompatible Affekte – insbesondere aggressiver Art.

Je stärker solche Aggressionen Angst erwecken, desto intensiver mobilisieren sie in den unbewußten Ich-Bereichen Abwehrvorgänge. Ein derartiger Abwehrmodus ist die erwähnte Projektion. Mit Hilfe dieses Abwehrmechanismus wird die eigene Aggression am Partner erlebt; dieser erscheint dann als gefährlich, aggressiv, gewalttätig und böse. In dieser affektgeprägten Gestalt wird er als Vorbild introjiziert.

Der ökonomische Gewinn dieses psychodynamischen Prozesses ist deutlich. Verwehrten kindlichen Aggressionen, die sich gegen die Eltern richten, wird nun doch noch eine Befriedigung eröffnet: Indem das Kind sich so benimmt, wie es die Eltern erlebt, kann es selbst gewalttätig, böse sein. Es vollzieht sich also ein Re-Introjektionsvorgang eines zuvor projizierten, vom eigenen Ich abgewehrten Impulses. Zwar verstärken demnach Trieberfahrungen die affektive Qualität eines sich anbietenden Vorbildes, zwar handelt es sich hier um individuelle Vorgänge – spezifisch für die Milieu-Nische, in der das Individuum lebt –, aber es sind gerade nicht Vorgänge eines persönlichen Ichs, die sich hier vollziehen. Vielmehr geht es um ein Zusammenspiel von Objektbeziehung und bereitliegenden Abwehrmechanismen der psychischen Homöostase. Je stärker eine psychische Struktur davon geprägt wird, desto deutlicher wird man dieses Muster am Charakter eines Menschen wahrnehmen und sie seiner Persönlichkeit zurechnen. Und der Betroffene selbst mag mit seinem reflektierenden Ich dieser seiner Wesenszüge mit Erstaunen, oft mit Trauer innewerden, ohne daß es ihm gelänge, sie abzuwerfen.

Hinsichtlich der Aggression ist noch zu bedenken, daß ihre Intensität durch Verhaltensweisen der Eltern heraufbeschworen wird, die das Kind ablehnt. Mit seiner Ablehnung und seiner Aggression muß es aber fürchten, daß seine Ideale, also besonders die Eltern, Schaden nehmen. Und das beschwört einen großen Konflikt herauf. Eltern als Ideale ideale Eltern zu haben ist für das Kind, bis in die Latenzperiode hinein, für den Aufbau des eigenen Selbstwertgefühls notwendig. Wachsen die aggressiven Spannungen zu den Eltern und damit die Unlust, dann geht mit der Entwertung der Eltern eine Einbuße des kindlichen Selbstgefühles einher, was meist zu einer neuen Verstärkung destruktiv wütender Aggression führt oder zu depressiver Resignation, Überangepaßtheit (wenn schon eine vorzeitige und starre Über-Ich-Bildung vorangegangen war); in diesem Fall wenden die Schuldgefühle die Aggression gegen die eigene Person; das ist der dynamische Vorgang in der Depression.

Umgekehrt können unter Umständen Eltern aus ihren eigenen unbewußt wirkenden Introjektionen heraus – also auch aus den tradierten Verhaltensanweisungen heraus – die aggressiven, an ihrer elterlichen Autorität zweifelnden Äußerungen der Kinder nicht tolerieren oder nur zu geschmeichelt sein, wenn sie in grobem Widerspruch zur Wahrheit idealisiert werden. Beantworten sie ersteres mit Strafe im Sinne einer groben Einschüchterung oder durch Erweckung von zu viel Schuldangst, dann wird die physiologische Ich-Entwicklung vorzeitig abgebrochen. Auch ein idealisierter Übermensch hemmt jede natürlich ambivalente Gefühlsäußerung. Der in seiner Ambivalenz noch gar nicht sichere junge Mensch dringt nicht mehr zur libidinösen Erfahrung des Mutes zum Zweifel vor, des Mutes zur abweichenden Meinung, zu einer Selbständigkeit, die sich schließlich nicht nur negativ, sondern in neuen, selbstgewählten Idealsetzungen ausdrückt. Alles Nicht-Konforme bleibt vielmehr überschattet von Schuld- oder realer Vergeltungsangst. Auf diese Einhaltung der Konformität im Meinen und Tun, im kollektiven Selbstgefühl, in der Erwartung der gesellschaftsspezifischen Privilegien kann der Mensch offenbar relativ leicht konditioniert werden.

Das Ende so vieler ehrenwerter Formierungen des Protestes, vom Wandervogel bis zu den Beatniks, hat eindrucksvoll gezeigt, daß eine dem momentanen Protestbedürfnis entspringende, aus unbewußten und unklar bleibenden Quellen stammende Negation der bestehenden Verhältnisse nicht weit trägt und die Fundamente auch sehr unheiler Gesellschaften nicht zu erschüttern vermag, selbst wenn der Protest noch so trefflich auf einen Mißstand zielt. Erst das Eindringen in die Motive, die diesen Mißstand bewirkt haben und ihn aufrechterhalten, läßt es hoffnungsvoller werden, daß Kritik eine tiefere Veränderung des Bewußtseins erwirkt. Vom individuellen Ich wird kollektiv gesichertes Verhalten (welches den Mißstand ausmacht) in kritischer Weise analysiert. Das kann Verstärkung des Widerstandes zur Folge haben, oder aber die neue Einsicht breitet sich aus und verändert die »Stimmung«. Man kann beide Entwicklungen sehr deutlich an den Rassenkämpfen in verschiedenen Weltgegenden beobachten.

Für gewöhnlich erfordert es große individuelle Ausdauer (also große Toleranz für Frustrationen), um Individuen zur Mitarbeit an der Auflösung kollektiv geäußerten Widerstands zu gewinnen. Wo das Ich wegen der Verwöhnung, die es erfahren hat, leicht zu entmutigen ist, da haben Empörung und die sympathischsten Absichten wenig Erfolgsaussicht. Da ist tradierte und ritualisierte Ausbeutung (sei sie unmittelbar physisch, sei sie Glaubensüberwältigung) nicht zu erschüttern. Erst in der Dialektik zwischen erstarkendem Ich und Über-Ich kann die Lage kritisch bearbeitet werden; und zwar bis zu dem Punkt, an dem sich unvermeidliche (geradezu physiologische) und ungerechtfertigte (rücksichtsloser Machtausübung entstammende) Frustrationen voneinander trennen lassen. Das alte Wort, es sei einfach, mit zwanzig, aber schwierig, mit fünfzig ein Revolutionär zu sein, bleibt gültig: Das Ich, das sich auf die erkannte Wahrheit hin trotz Unlust und Angst zu sammeln versteht, bleibt unter den heute geübten Erziehungsprozeduren eine Ausnahme, vor allem, wenn man die neurotischen Wahrheitsfanatiker aussondert.

Im Gegensatz zur irrationalen Negation der bestehenden Verhältnisse wird ein an seiner Selbstkorrektur interessiertes Ich lernen, über die Umstände, unter denen es sich entwickelt hat, schrittweise nachzudenken. Das Über-Ich verliert dadurch seinen Ich-feindlichen, eher terroristischen Charakter. Der Erfolg dieses Umganges mit der Kindheit ist daran abzulesen, ob die Elternbilder (deren Dimension in der Phantasie so überwältigend groß geblieben ist wie in Kindertagen) sich zu vermenschlichen beginnen. Mit weiterwachsender Sicherheit wagt das kritische Ich sich dann an die Ideologie seiner Gesellschaft. Es untersucht den Freiheitsspielraum, den die Gesellschaft dem Individuum überläßt; aber seine kritische Fähigkeit ist schon ein weiterer Schritt, das Individuum in seinen Rechten den Institutionen, der Gesellschaft gegenüber zur Geltung zu bringen. Jedoch wären übertriebene Hoffnungen verfehlt, weil, wie schon erwähnt, einmal errungene Einsichten wieder verlorengehen können; sie sind nicht phylogenetisch gesichert. Anthropologische und psychoanalytische Forschung hat uns die Einsicht vermittelt, daß es keine positive Anthropologie gibt; der Mensch ist qua Spezies »homo sapiens« historisch unterwegs. Dementsprechend kann es auch keine besten, sondern immer nur veränderte, möglicherweise zum Besseren hin veränderte, mehr aus den kritischen Ich-Leistungen lebende Gesellschaften geben.

Unsere Darstellung folgte – auf seelische Instanzen konzentriert – sehr einseitig einem denkbaren psychischen Entwicklungsweg. Die technisch-ökonomischen Veränderungen schaffen neue, bisher weitgehend unbekannte Umweltfaktoren. Die Anpassung, die dieser Entwicklung folgen muß, könnte die Evolution zu einem umfassenderen Bewußtsein, zu einem höher strukturierten persönlichen Ich wieder auslöschen. Der voll angepaßte Spezialist wird von den Gesellschaftsprozessen getragen, er hat (im Augenblick jedenfalls) kaum Mittel, diesen Prozeß kritisch zu reflektieren und ihm eine Wendung in Richtung einer Humanisierung zu geben. Humanisierung kann in dieser Zeit nur ein vermehrtes Denken über die Welt – unter Einschluß des Denkens über das eigene Selbst – bewirken. In dieser Hinsicht liegen sicher zwei Prinzipien, welche an der Gestaltung der Welt teilhaben, im Kampf: das Prinzip der technischen Vervollkommnung, die sich im Individuum durch fortschreitende Spezialisierung und hochgradige Abhängigkeit und damit Empfindlichkeit gegen vielleicht drohende Sanktionen bemerkbar macht; demgegenüber ist das Prinzip der Vervollkommnung der Einsicht in die Voraussetzungen unseres Erlebens schwach. Es ist nicht von mächtigen Interessen getragen, es sei denn dort, wo die Einsicht in Motivationen oder Konditionierungen menschlichen Verhaltens dem, der dies auszubeuten versteht, mehr Macht bringt.

Es ist sicher keine Überschätzung, von der Gefahr zu sprechen, daß wir auf Verhältnisse zusteuern, in denen wir an unserer erbgenetischen Ausstattung gezielte Veränderungen vornehmen können, Affekte zu dirigieren verstehen, dies alles, um den Menschen in seiner Überzahl gefügig zu machen für reibungslosen Gehorsam. Es könnten sich Verhältnisse entwickeln, in denen ein kritisches individuelles Ich nur störend wirken könnte. Dann hätte das Übergewicht der Naturtechnik die Technik menschlicher Selbstvervollkommnung außer Kurs gesetzt – und zwar als biologisch begründete Potentialität.

VII

Änderungen im Wesen politischer Autorität

Vorbemerkung

Die folgenden Gedanken stellen einen der möglichen Interpretationsversuche des Phänomens »politische Autorität« dar, einen Versuch mit Hilfe der Psychoanalyse. Der Psychoanalytiker hat naturgemäß neben seiner eigenen Lebenserfahrung die meisten seiner Aufschlüsse über menschliches Verhalten aus der Behandlung seiner Patienten erhalten. Sie sind für ihn Stichproben, an denen er eigentümliche Verhaltenszüge seiner Zeitgenossen untersucht. An ihnen erfährt er, worunter sie leiden, welche Probleme sie gut und welche sie notdürftig lösen; wo sie sich relativ souverän und wo sie sich ohnmächtig fühlen. Dabei ist zuzugeben, daß diese Stichproben des Analytikers (auch wenn er sich, wie der Autor, in einer ökonomisch unabhängigen Forschungsposition befindet) nicht durchaus nach Zufallsgesichtspunkten zustande kommen. Die Patienten, die eine Behandlung suchen, leiden und wollen kuriert sein. Das muß aber nicht ausschließlich so aufgefaßt werden, als offenbare sich hier nur Pathologisches[1]. Die Patienten bieten vielmehr eine sensitivere Auswahl sogenannter normaler Reaktionen. So haben wir auch gelernt, einzusehen, daß es falsch ist, zwischen organischen und nicht-organischen, ergo seelisch bedingten Krankheiten zu unterscheiden – auch organische Störungen können entscheidend seelisch motiviert sein. Ebenso wissen wir heute, daß man die Mehrheit der Kranken nicht nur als eine Gruppe auffassen darf, die zunächst durch vermehrte Anpassungsprobleme charakterisiert wäre, etwa im Sinne der »Ambivalenten« in der Typologie von Robert Presthus[2]. Es kann nicht sein Bewenden dabei

[1] »Aus dem Studium der Neurosen, denen wir doch die wertvollsten Winke zum Verständnis des Normalen danken ...« (S. Freud, Ges. Werke XIV, 494.)

[2] R. Presthus *The Organizational Society*. New York 1962. Deutsch: *Individuum und Organisation*. Frankfurt 1966.

haben, sie als negative Auslese einzuschätzen. Die Trennung zwischen individueller Krankheit und sozialem Gefüge hat sich ebenso wie die zwischen organisch und psychogen als eine willkürliche Abgrenzung erwiesen. Denn wenn man die Symptome der Patienten zu lesen versteht, spiegeln sie die charakteristischen Entbehrungen oder Belastungen wider, die in ihrer Gesellschaft weit verbreitet sind [1]. Es ist möglich, daß sie heftiger reagierten als andere Individuen; es kann aber auch sein, daß sie unter ungewöhnlich starker Belastung, aber eben unter einer typischen, zu leben gezwungen waren, worauf sie dann pathologisch reagierten. Jedenfalls hat uns unsere Erfahrung gelehrt, daß viele unter psychischem Stress Erkrankte charakteristische Entbehrungen sensitiver beantworteten als die große Zahl. Das wird für sie subjektiv ein Problem darstellen, für unsere Überlegungen bieten diese Kranken jedoch die Möglichkeit, Zusammenhänge zu verfolgen, die in solcher Subtilität durch Experimentalmethoden der Verhaltensforschung prinzipiell nicht erreichbar sind.

Außerdem steckt in der sogenannten Normalität eine Menge psychopathologischer Reaktionen, welche jedoch von der Zeitströmung sanktioniert werden. Viele solche Verhaltenszüge, die man als Psychoanalytiker während der Behandlung seiner Kranken zu beobachten Gelegenheit hat, haben keine direkte pathogene Bedeutung. Sie sind sozusagen Nebenbefunde, aber sie lassen sich in ihrer Herkunft manchmal recht gut verfolgen, besser, als es im Rahmen eines bloß ökonomischen oder moralischen Beurteilungszusammenhanges möglich wäre. Wir fanden jedenfalls bei unseren Kranken viel weniger Fälle, die man als extreme konstitutionelle Varianten (im klassischen Sprachgebrauch zum Beispiel Psychopathen) und damit kasuistische Sonderfälle bezeichnen könnte,

1 G. Thomson hat das reziproke Verhältnis zwischen Patienten und ihrer Gesellschaft sehr deutlich formuliert. Die meisten Psychologen seien der Auffassung, daß die Fehlanpassung ein Versagen des Individuums vor den Aufgaben seiner Gesellschaft sei; das Individuum müsse an die Gesellschaft besser angepaßt werden, darin bestehe die Therapie. Würde man aber die der Psychoanalyse zugrunde liegenden Hypothesen auf die Gesellschaft als ganze anwenden, dann müßten auch die Gesetze, welche diese Gesellschaft lenken, untersucht werden, mit dem Blick darauf, wie sie an die Patienten anzupassen seien. »Der Psychoanalytiker würde dann zum Revolutionär.« (George Thomson *Aeschylus and Athens.* London 1941, 383.)

als solche, die häufig wiederkehrende und durch die gesamtgesellschaftlichen Lebensbedingungen motivierte Konflikte boten. Wir sollten nicht vergessen, daß die Gesellschaft immer auch den pathogenen Aspekt bietet. Sie zwingt zur Anpassung, was häufig gleichlautend ist mit: sie zwingt zur pathologischen, weil entfremdenden Verhaltensweise. Es stellt sich dabei die Frage immer wieder: Warum machen die Individuen ihre Gesellschaft so, daß sie an den von ihnen aufgebauten Einrichtungen erkranken müssen? Vielleicht ist dies eine übertrieben formulierte Frage, sie zielt auf die unsere Geschichte in Gang haltende Unruhe.

Dies soll klarstellen, daß die folgenden Überlegungen sich auf klinische Beobachtungen stützen, sie sind fallorientiert und beruhen nicht auf Experimenten. So kann man ihnen auch keine statistische Beweiskraft zubilligen; manches ist aller Wahrscheinlichkeit nach nicht einfach durch empirische Methoden, sondern nur durch das gleiche Verfahren, eben die psychoanalytische Methode, nachprüfbar. Es scheint aber berechtigt, daß wir uns kritisch beobachtend auch für solche Verhaltensweisen interessieren, die sich nicht sofort mit differentiellen psychologischen Methoden zerlegen lassen.

Der Wunsch, geheilt zu werden, motiviert den Patienten zu Beobachtungen, denen man sich gewöhnlich nicht anbequemt, weil sie dem Selbstwertgefühl zunächst zusetzen. Die Therapie gelingt aber nur, wenn für den Patienten mehr von seinen Motivationen sichtbar wird, als er bisher über sich selbst zu erfahren in der Lage war. Auf dem Wege dieses therapeutischen Prozesses werden dann ungleich vielfältigere und verborgene Verhaltensweisen sichtbar, als der Experimentalforschung in ihrem notwendigerweise begrenzten Ansatz zugänglich werden können. Die Beobachtungen während der Behandlung bringen sehr viele spezifische und für Alters-, politische, religiöse oder Berufsgruppen charakteristische Stereotype der Einstellung und Wertung zutage; aber daneben verschwindet das Individuum nicht, das sich so ausdrückt und versteckt. Deshalb ist diese psychiatrische Befunderhebung auch für den Politologen von Informationswert.

Die Darstellungsweise muß vielfach skizzenhaft bleiben. Zuweilen schweift sie trotzdem ab. Das Ziel der Bemühung war nicht eine stromlinienförmige Darstellung, vielmehr sollten die vielschichtigen Verknüpfungen psychischer Prozesse durch die Art der Mitteilung nicht gänzlich abgedeckt und dann der Eindruck erweckt werden, als sprächen wir von relativ einfachen Bedingungszusammenhängen.

Der theoretische Bezugsrahmen ist der der psychoanalytischen Sozialpsychologie, insbesondere die klassisch gebliebene Arbeit Freuds *Massenpsychologie und Ich-Analyse.*

1.

Die Definition der politischen Autorität, die wir zugrunde legen, zielt auf die Realität der Macht: Autorität hat, wer in der Lage ist, Entscheidungen zu treffen und dann andere zu veranlassen, nach ihnen zu handeln. Diese Autorität stellt hinsichtlich des sozialen Verhaltens ein Rangverhältnis her. Damit haben wir eine ethologische Begriffsauslegung getroffen. Sie reicht, so ist zu hoffen, für die Absicht der Untersuchung aus.

Als nächstes ist zu klären, ob politische Autorität mit einem selbständigen Ausdrucksmuster im gesellschaftlichen Raum vertreten ist und inwieweit sie sich die Darstellungsweise anderer Autoritäten zunutze macht. Es werden einige gegenwärtig zu beobachtende Beispiele in ihrer Anlehnung an geläufige Formen des Ausdrucks von Herrschaft genannt. Dabei ist noch einzufügen, daß zwischen *zeitgenössisch* ausgeübten und *zeitgemäßen* politischen Autoritätsformen zu unterscheiden ist. Zeitgenössisches kann auch ein (gewollter) Anachronismus sein. Was wirklich in der Linie der Zwänge liegt, welche die objektiven Gegebenheiten im sozialen Feld ausüben, wird uns nur allmählich erkennbar. Ein Blick auf Charles de Gaulle, wie er mit ausgebreiteten Armen die Akklamation der Menge provoziert und erwidert, belehrt uns, daß er politische Autorität, in die Nähe der religiösen gerückt, zelebrieren will. Bleibt hier »Gloire« mit Rationalität im Bunde, so ruhte und ruhen Hitlers, Nassers und vergleichbarer »Führer« Wirkung auf der Regression zur Dämonologie, das heißt zu den von Rationalität sich abkehrenden Allmachtsphantasien. Gemeinsam ist ihnen, daß sie sich im Sinne Max Webers als politische Priester, als charismatische Führer ihrer

Nationen verstehen. Für den Psychologen ist es interessant zu beobachten, wie ein solcher Autoritätsappell zustande kommen kann. Der Priester-Politiker steht öffentlich zu seinen Größenphantasien und projiziert sie ins Kosmische: Er *weiß*, daß Gott mit ihm ist. Dies ist die älteste Rechtfertigung politischer Autorität. In allen Formen des Gottesgnadentums, zum Beispiel im Anspruch des Augustus, seine Herrschaft auf eine »höhere Legitimität«[1], auf den »consensus universorum«, begründet zu sehen, ist sie unbefangen formuliert.

Dieser Anspruch der politischen Autoritäten, auf magische Weise ausgezeichnet zu sein, setzt aber eine Gesellschaft voraus, die sich solcher Führung zu unterwerfen bereit ist. Der Größenphantasie des charismatischen Führers entspricht demnach eine Größenphantasie, in der kollektive Wünsche konvergieren. Diese Phantasie kann lustvoll-infantil sein und ein unreflektiertes Lebensgefühl ausdrücken; sie kann aber ebenso eine Reaktionsbildung auf starke Selbstunsicherheit und Schuldgefühle sein. Die Selbstunsicherheit im Falle der französischen Gesellschaft rührt unseres Erachtens von der Niederlage 1940 her. Sie wurde nicht durch eigene Kraft wettgemacht. Die Schuldgefühle mögen sich davon ableiten, daß auf die Niederlage von Dienbienphu der Algerienkrieg folgte. In ihm trugen sich Grausamkeiten zu, die nicht wenige Franzosen an eigene Erlebnisse unter Hitler erinnerten und die mit den humanitären Zielen der Französischen Revolution in unversöhnlichem Widerspruch standen. Ob die damit geweckten Schuldgefühle zur erneuten Wahl de Gaulles führten, ist Spekulation. Fest steht, daß er im Verlauf des unter wechselseitigen Schreckenstaten sich hinziehenden Krieges in Algier erneut zur Macht kam, womit auch eine auf der Linie der Brüderherrschaft liegende Zielvorstellung der Republik zunächst aufgegeben wurde. Denn die Parteienherrschaft hatte sich nicht in der Lage gezeigt, den Konflikt zu lösen und den Krieg zu beenden. Es gelingt den rivalisierenden Führern nicht, eine Konvergenz der Interessen herzustellen; die Anerkennung der Realität würde für sie die Bloßstellung ihrer Schwäche bedeuten. Die Einstimmung auf Unterordnung unter den charismatischen Führer als

1 Eleonore Sterling *Der unvollkommene Staat*. Frankfurt 1965, 284.

großen Vater, als ein Selbstwert steigerndes Ich-Ideal kommt einer paradoxen Lösung gleich. Er vollzieht die bisher gescheute Realitätsanpassung; zugleich zieht er aber das öffentliche Interesse von der Niederlage ab. Man verliert die Wirklichkeit und mit ihr die Niederlage aus den Augen; sie wird derealisiert (wie unsere Nazivergangenheit). Dafür bekommt man Charles de Gaulle, ein Identifikationsobjekt, das dem einzelnen im nationalen Kollektiv erlaubt, seinen Selbstwert gesteigert zu erleben.

Diese paradoxe Lösung, die Niederlage durch Identifikation mit einem Führer, der neue Größe verspricht, aufzuwiegen, kehrt in der Geschichte immer wieder. Das Regressive, die Vermeidung der vollen Realitätseinsicht, ist das Merkmal dieser Situationen; es wird dann auch politisch regressiv bei magischen Autoritäten Sicherheit gesucht. Der Vorgang als solcher sagt noch nichts über den endgültigen Ausgang. Es kann sich – wie beim Schlaf – um eine »Regression im Dienste des Ichs« handeln, um einen Akt des Selbstschutzes während einer langsamen, kollektiv sich vollziehenden Bewußtseinserweiterung, und es kann sein, daß eine dem Wahn ähnliche kollektive Realitätsverkennung habituell und zur offiziellen Meinung wird. Die aufgegebene Brüderherrschaft hatte gerade die Korrektur solcher in Institutionen und Privilegien gerinnenden Realitätsauslegung zum Ausgangspunkt gehabt.

Als zweites gibt es eine bürgerliche Repräsentanz politischer Autorität; sie beruht auf einem Gefühl der Stärke aus Konformität mit der herrschenden Klasse. Ein Exemplum dafür bot in der Bundesrepublik Deutschland die Zeit der Bundeskanzlerschaft Ludwig Erhards, der sich ebenfalls gerne im Stile des Wundertäters der Öffentlichkeit empfahl. Er wollte den wiedergewonnenen Wohlstand inkarnieren. Sah man ihn im Fernsehen eine politische Erklärung abgeben, so fehlten selten einige Blattpflanzen im Hintergrund oder Familienfotos auf einem Sims – Stilelemente, die überaus charakteristisch für das bürgerliche Wohnmilieu sind. Ob unbeabsichtigt, ob ingeniöse Regie, der Redner sprach offensichtlich aus der Wohnstube in die Wohnstuben seiner Zuschauer mit der Autorität eines Familienvaters. Hier borgt also die politische Autorität beeindruckende Kraft von den Stereotypen des bürgerlichen Paternismus.

Die eigentlich »moderne« politische Autorität ist mit der Bürokratie gewachsen. Sie wurde als »moderne« zuerst in der Gestalt des »Apparatschik« erkennbar. Im nachrevolutionären Rußland bekam die Bürokratie eine neue Aufgabe; sie organisierte nicht den Machtbereich traditioneller politischer Kräfte (wie etwa die preußische Bürokratie der Feudalmacht des Landes diente); vielmehr stellt sie selbst einen Teil der neuen Ideologie dar. Das schiere Überleben des ideologischen Konzeptes, zum Beispiel des bolschewistischen in Rußland, hing vom Funktionieren dieser neu errichteten Bürokratie und ihrer autoritären Aufsichtsorgane, die aber aus ihrer eigenen Mitte erwuchsen, ab. Faktisch wurde dadurch das Mittel Bürokratie zum Zweck (nämlich zur ernsthaften Konkurrenz der in der Ideologie formulierten Ideale). Das brachte den Figuren in den politischen Schlüsselpositionen der Administration den entscheidenden Machtzuwachs, den sie trotz aller Rückschläge vermehren konnten. Die führenden Repräsentanten der Ideologie sind zugleich die führenden Bürokraten. Die Grenzen zwischen Politik und Administration verwischen sich vielfach.

Inzwischen ist es eine Allerweltserscheinung geworden, daß der Bürokratie fortwährend neue Machtpositionen zuwachsen, wo sich die Industriezivilisation ausbreitet. »In immer stärkerem Maße setzte die Organisation die Arbeitsbedingungen des einzelnen fest«[1] – und von da aus die gesamten Lebensbedingungen: »Schlaf schneller, Genosse!«

Dem Signalement dieser zeitgenössischen politischen Autorität dienen die täglichen Bilder der Politiker in den Massenmedien. Der häufigste Typus, der hier auftaucht, sind nicht mehr dekorierte Monarchen oder in Revolutionen aufgestiegene Autokraten in betont schlichter Uniform, sondern unauffällig in Zivil gekleidete Männer ohne hervorstechende Merkmale. Diese Unauffälligkeit, besser: dieser adrette Konformismus in Kleidung und Haltung repräsentiert die unanschauliche Macht eines *sich wechselseitig egalisierenden Spezialistentums*, das aber in den politischen bürokratischen Institutionen unter Kontrolle bleibt. Aber einer Kontrolle, die so tut, als unterläge sie ihrerseits zum Beispiel demokratischen Aufsichtsorganen, während sie in der Praxis sich immer unzugänglichere Positionen ausbaut, so daß das Κράτειν,

[1] R. Presthus, ib., 32.

304

das Herrschen, im Wort Büro*kratie*, Techno*kratie* nachdrückliche Betonung erfährt, fern von der Spur Ironie, die sich vor Jahrzehnten damit verband.

Trotz dieser unleugbaren Tatsache, daß hier eine neue Kastengesellschaft im Werden ist, läßt sich auch ein gegenläufiger Trend beobachten. In diesen politischen Technikern erkennen sich die Massen der Techniker unserer Gesellschaft wieder. Das sind die Anzeichen einer neuartigen Brüdergesellschaft, für die es nirgendwo in der Geschichte Vorbilder der politischen Autorität gibt. Die Spezialisten bilden, wo immer sie sich treffen, am sinnfälligsten auf den Kongressen (und das scheint deren nicht unwichtigste Funktion), eine Brüdergesellschaft, in der um »peer«-Autorität, um Autorität unter Gleichaltrigen gerungen wird. An den alten ideologischen und nationalen Gegensätzen sind sie nur mühsam zu engagieren. Manche Spezialisten wie Physiker, Biologen oder Soziologen, die mit gefährlichen Energiemengen oder weitreichenden Techniken operieren (etwa der künstlichen Gen-Veränderung oder der Beeinflussung der Massenmedien), sehen sich nach universalgültigen humanitären Grundregeln um, die ihnen die traditionellen Mächte gerade nicht bieten. Frondeure wie Klaus Fuchs, welche die durch Forschung erworbene Macht der politischen Autorität unterstellen, sind seltener als »Professoren«, welche auf ihre Wissensmacht gestützt die politischen Autoritäten zur Ordnung rufen. Zweifellos setzt sich in den Großgesellschaften die Tendenz durch, positivistisches Spezialistentum als die wahre Grundlage der politischen Autorität zu verstehen. In der Praxis kooperieren hier Ausschüsse der Legislative und der Exekutive bestens – ob immer zum Besten des Allgemeinwohls, ist zweifelhaft.

Denn die Sachlichkeit spezialistischer Entscheidungen ist häufig ihrerseits ein Mythos. Zwar werden die Machtpositionen der konservativen Mächte (zu denen auch der westliche Sozialismus gehört) durch die verstärkte Arbeitsteiligkeit und die rasche Wissensvermehrung, die spezialistisch verwaltet wird, unterminiert. Das gestattet auch nicht, weiterhin Autoritätspositionen nach paternitärem Vorbild aufzubauen. Aber viele der sogenannten sachbedingten Entscheidungen entsprechen nur einer Pseudosachlichkeit. In Wirklichkeit verfallen Spezialisten, wo ihre eigenen

Affekte konflikthaft ins Spiel geraten, ebenso leicht wie jedermann sonst dem Mechanismus unbewußt verlaufenden »Rationalisierens«. Damit ist gemeint, daß unter dem Deckmantel rationaler Motivierung Triebbedürfnissen der Weg geebnet werden soll. Man denke an die Statusprivilegien, die sich der Autorität zugesellen. So abgehoben von seiner Person erlebt der Spezialist seine Macht nicht, daß er sie nicht auch mit Scheinargumenten zu stützen versuchte, wo es um seine eigenen emotionell bedeutsamen Interessen geht. Für denjenigen, der nicht mit der Sache durchaus vertraut ist, sind diese rationalisierenden Begründungen jedoch schwer zu erkennen.

Es ist aber noch eine weitverbreitete Autoritätsform zu bedenken, die gleichzeitig herkömmlich und modern ist: die des Militärs. In Weltgegenden, in denen sich der Übergang von tradierten politischen Autoritäten und Herrschaftscliquen zu industriebestimmten Machtverhältnissen vollzieht, fehlt das gewachsene Spezialistenkorps, die funktionierende Bürokratie, und auf der anderen Seite in der Masse der Verwalteten das eingespielte typische Gehorsamsverhalten und Gehorsamsbewußtsein der in der technischen Zivilisation Aufgewachsenen. Statt dessen erhalten sich in die Phase neuer staatlicher Selbständigkeit hinein vielerorts die von Korruption unablösbaren Demonstrationen feudaler Machtausübung, die oft an eine Mangelwirtschaft geknüpft sind.

Wir beobachten, daß in den Entwicklungsländern die außer Kurs geratenden Autoritätsformen nicht, wie erhofft, durch aufgeklärte, an den Standards der Red-Brick-Universitäten geschulte Repräsentanten der politischen Autorität ersetzt werden; es schiebt sich vielmehr, wie die wachsende Zahl von Militär-Junten zeigt, eine offenbar zeitlose, das heißt jederzeit wieder belebbare Autoritätsform an die Macht: die der Militärs, welche die Macht in der unmittelbar physischen Form verkörpern. Das Militär wird dort zur einzigen Form überlokaler politischer Autorität. Die Exekutive fällt nach dem Gesetz der Rangkämpfe in der Herde in diesen Gesellschaften dem jeweils Stärksten zu; er wird dadurch zur politisch wirksamen Autorität. Die Frage ist dann noch offen, woran sich die »Starken« in diesen Ländern jeweils orientieren. Handelt es sich zum Beispiel bei den jetzt im Rahmen der Weltpolitik beobachtbaren Autoritätskämpfen um Regressionen und nicht um Fortsetzung von beispielsweise Häuptlingsherrschaften mit neuen technischen Destruktionsmöglichkeiten? Diese Autoritätsform des jeweils »Stärksten« ist jedenfalls ein Typus, der sich von den bereits geschilderten Beispielen (Frankreich, Deutschland) unterscheidet und generell auch von der in normale staatliche Zusammenhänge eingeordneten militärischen Autorität.

Ohne Zweifel trugen sich aber auch in unserer Zeitgeschichte schwerwiegende Regressionen auf Autoritätsformen brutaler Machtausübung zu. Dafür ist die Nazidiktatur unter Hitler sinnbildlich geworden. Psychologisch kann man hier am Einzelfall wie an größeren Gruppen beobachten, daß Einbrüche in die tradierten Lebensformen – etwa die große Wirtschaftskrise der dreißiger Jahre als unerwartete Begleiterscheinung der Industrialisierung – ein hohes Maß von Angst mobilisierten. Es sind vor allem die aus weitgehend unbewußt bleibenden Destruktionsphantasien und den daraus erwachsenden, ebenfalls nur vage erfahrenen, aber drängenden Schuldgefühlen, Verfolgungs- und Beschädigungsängsten herrührenden Impulse, welche gesellschaftliche Zerfallsprozesse in Gang bringen. In den Extremfällen der Deroutierung bleibt dann von Politik kaum mehr als das Faustrecht. Der Usurpator, der aus vielen zeitgeschichtlichen Beispielen weiß, wie unsicher seine Macht begründet ist, versucht, Angst durch militärische Machtkonzentration abzuwehren. Die Beherrschten ihrerseits erwarten vom Usurpator Schutz im Sinne eines omnipotenten Vaters, und sie sind dafür bereit, ihm jene Grausamkeit als Herrschaftsmittel zuzugestehen, die ihren eigenen verdrängten Destruktionsphantasien in etwa entspricht. So wird die Rollenautorität allein durch die augenblicklich zur Demonstration verfügbare Macht gesichert. Da keine stabilen Identifikationen mit den Inhabern der Macht bestehen, können in den permanent sich wiederholenden Krisen Autoritäten ins Nichts stürzen. Es ist »ungeregelte Zwangsmacht« [1], die ausgeübt wird. Die Angst der Unsicherheit bewirkt, daß sich bei allen Mitgliedern einer so instabil gewordenen Gruppe ein Circulus vitiosus zwischen der abgewehrten Erfahrung der Ohnmacht und im Be-

---

1 Robin M. Williams Jr. *American Society*. New York 1951. Deutsch: *Die amerikanische Gesellschaft*. Stuttgart 1953, 208.

wußtsein vorherrschenden überwertigen Allmachtsphantasien entwickelt. Die Rechtsunsicherheit der Gewaltherrschaft schürt Destruktionsphantasien, die wiederum Verfolgungs- und Schuldängste provozieren. So wird schließlich das alltägliche Verhalten mehr von unrealistischen Phantasien (von »primärprozeßhaftem« Denken) als von der Orientierung an der Realität bestimmt.

Ohne Zweifel spielen darüber hinaus in den militärischen Autoritätsdemonstrationen (unbewußt wirksame) homosexuelle Impulse zur Schaustellung eine bedeutende Rolle; man kann sie auch, von der Angstseite her betrachtet, in den stark paranoiden Einschlägen in jedem Terrorismus am Werke sehen. Wir können aber auf dieses libidinöse Triebschicksal im vorliegenden Zusammenhang nicht näher eingehen.

Derartige autoritative Verhaltensmuster vermögen sich aber nur dort am Leben zu erhalten oder neu zu bilden, wo die Grenzen eines selbstkritischen Wissens bzw. eines kritischen Selbstwissens eng geblieben sind und eben die moderne Forderung nach zunehmender Selbstkritik noch nicht eingedrungen ist. Das gilt selbstverständlich für *alle* »zurückgebliebenen«, hinterwäldlerischen Bereiche, also nicht nur für von uns weit entfernte sogenannte Entwicklungsländer.

Es bleibt anzufügen, daß nicht nur Sachwissen, sondern auch das Wissen über sich selbst – also psychologisches Wissen – zu einer Autorität verleihenden Macht geworden ist. Wie jede Macht, läßt sich auch diese mißbrauchen. In Umkehrung seiner ursprünglichen Tendenz kann Wissen über sich selbst statt zur kritischen Prüfung zur »Rationalisierung«, das heißt zur Scheinbegründung eigener Affekte und Triebbedürfnisse verwandt werden, also zur Selbsttäuschung.

An dieser Stelle sei an die These angeknüpft, daß der Spezialist die eigentlich moderne Form der politischen Autorität darstellt. Es war einmal die explosive Vermehrung unseres Wissens, die den Spezialisten unersetzlich werden ließ. Zum anderen hat aber die Tatsache, daß Wissen zu einem Ideal unserer Kultur wurde, ihrerseits dessen Vermehrung so gefördert. Hier konzentriert sich das Interesse der Epoche. Die theologischen »Summen« des Thomas von Aquin sind durch den Nachweis von Molekülketten als Wissensbeweise ersetzt.

Es hat sich jedoch ein neues Hindernis, vielmehr ein permanent wirksames, mit neuer Vehemenz bemerkbar gemacht. Unser emotioneller Widerstand gegen die Anwendung psychologischen Wissens, als Instrument der Vermehrung des Wissens über uns selbst, hat nicht merklich abgenommen. Deshalb hat sich psychologisches Wissen aus kritischer Selbsterfahrung wesentlich langsamer entwickelt als das Fachwissen sonst. Interessant ist in dieser Hinsicht Rußland, in dem es geradezu zu einer Spaltung im Wissensideal gekommen ist. Fachwissen über alle denkbaren Objekte wird hoch geachtet und geschätzt, während psychologisches Wissen sich nicht aus den vorgegebenen ideologischen Prämissen lösen darf.

So zögert man, diesen in Großorganisationen aufgewachsenen Spezialisten für das Machtspiel in politischen Institutionen einfach als Fortsetzung in die Reihe der politischen Autoritätstypen zu setzen, die uns aus der Geschichte bekannt sind. Das mochte noch für den Bürokraten des feudalen Nationalstaates hingehen, der sich mit dem Landesfürsten identifizierte. Der Typus des »Apparatschik«, des »Managers« ist eine Novität. Er kann sich als Person nur mit sich selbst identifizieren, denn er hat als Orientierungsschema das analytisch vermehrbare Wissen, nicht mehr die Weisungen unbefragbarer Autoritätsfiguren. Im Tabu, das verbot, sie kritisch ansehen zu dürfen, gipfelte deren Macht. Solche Väter, gegen die zu revoltieren die Aufklärung begonnen hatte, gibt es nicht mehr über dem Politspezialisten unserer Zeit. Der Funktionär ist, wie sein Name sagt, eine Funktion der Institution; die Institution ist ein Wirkungsgeflecht der Funktionäre. Da gibt es kein »Meta« – keine Metapolitik glaubhafter Art – außerhalb. Dies ist vielleicht, im historischen Zusammenhang betrachtet, das Kerngeschehen im Wandel politischer Autorität. Wir verfolgen zu unserer eigenen Lebenszeit ein fortwährendes Schwingen zwischen progressiven (nämlich durch die Entwicklung der objektiven Gegebenheiten der Industriezivilisation erzwungenen) Entwicklungen und regressiven Stimmungen. Von Napoleon bis Hitler und Stalin hat es sich gezeigt, wie schwer es der Menschheit fällt, ohne Väter zu leben; das bedeutet nicht: ohne Väter, die in der Zeit unserer Kindheit uns beschützen, sondern ohne solche, die unsere gesamten Lebensgeschäfte für uns ordnen sollen und das »Meta« dazu. Es mag das alles entbehrt werden, trotzdem war es ein Ausdruck menschlicher

Potenz, die analytische Natur- und Geschichtsforschung in Gang zu bringen. Sie hat Phantasien über die Welt zerstört. Jetzt findet der politische Spezialist wie jeder andere keine wegweisenden Väter mehr vor, sondern nur noch ziemlich abstrakt gewordene Phantasien – etwa die (unfehlbare) »Partei«, das »christliche Abendland« –, er gehört zur verwalteten Gesellschaft. Seine Macht läßt sich deshalb auch nur schlecht anschaulich machen. Man hat ihm gegenüber keine ehrfurchtsvollen oder tragisch haßerfüllten Gefühle. Statt dessen ist es ein Heer von »grauen Eminenzen«, von »geheimen Verschwörern« (Vance Packard), das erhebliche Macht ausübt, die aber nur beschränkte Autorität verleiht. Wer sich auf analytisch gewonnenes Wissen als Machtgrundlage stützt, kann nicht Autorität im voraufklärerischen Sinn ausüben wollen. Dieses Vetorecht der Vernunft, das wir uns so hart erzwungen haben, ist der neu gewachsene Besitz unserer Zeit. Freilich ist er so unsicher und bedroht wie kaum sonst einer.

Hier ist jedoch bei allen psychologischen Betrachtungen der Politik eine Unterscheidung unerläßlich. Wir sprechen der Kürze halber von ihr, als handle es sich um eine Alternative. Tatsächlich wird nicht der Typologie eines Gegensatzpaares das Wort geredet, sondern es werden zwei Reaktionsformen als Extreme hervorgehoben. Und zwar handelt es sich darum, wie der Spezialist sein Wissen in der eigenen inneren Ökonomie, im Hinblick auf seine Triebbedürfnisse und die Ansprüche seines kritischen Ichs, verwertet. Da ist einmal der (politische) Spezialist denkbar, der um der Erkenntnis willen sein Wissen vermehrt. Sein Genuß ist damit ein ans Ich geknüpfter, sublimer; er kann mit anderen Worten Wissenserwerb mit Libido besetzen. Hierin besteht ein Hauptantrieb seiner Einstellung. Unter Umständen wird diese relative Freiheit der Verfügbarkeit über Wissen (das nicht von vornherein zweckgebunden erworben wird) eine rasche und flexible Behandlung von Problemen erlauben.

Am anderen Ende der Verhaltensskala ist ein Politiker zu denken, der um des Machterwerbes und -besitzes willen Wissen erwirbt. Seine Befriedigung ist unmittelbar an die Triebsphäre geknüpft geblieben. Libidinisiert ist der Besitz der Macht, die Macht ist es, die geliebt wird.

Dieser Gegensatz ist alt. Die erfahrenen Pragmatiker warnten vor allem vor der »Ankränkelung« durch des Gedankens Blässe und mochten recht haben, solange Rivalitäten noch in Anlehnung an Territorialkämpfe ausgetragen wurden. In diesem Sinn ist Nationalpolitik ausdrücklich Territorialpolitik gewesen und geblieben. Die Aufgaben des politischen Führers, dessen Politik auf ein universales Kraftfeld zurückwirkt, verlangen nach Hamlets Zögern.

Wir lenken aber vor allem deshalb die Aufmerksamkeit auf diese konträren Möglichkeiten, mit Macht umzugehen, weil wir der Auffassung sind, daß wir es hier mit einer unabhängigen Variablen zu tun haben, die immer auf Politik Einfluß nehmen wird. Die beiden idealtypisch gegeneinandergestellten Politiker sind Persönlichkeiten, die sich zur Politik hingezogen fühlen, sie aus sehr verschiedenen Motiven betreiben. Aber sie sind nicht selbst Produkte von Politik, sondern weiterer Bedingungszusammenhänge. Mitgebrachte Begabungen und soziale Einflüsse begünstigen einmal mehr die Befriedigungen des »Es«, der Triebbedürfnisse, das andere Mal mehr die Befriedigung der Ich-Leistungen.

Unsere Meinung geht dahin, daß der Komplexität der Machtzusammenhänge nur Teams gewachsen sind. In ihnen werden sich die verschiedenen Einstellungen zur Macht besser ausgleichen als in Herrschaftsformen, in denen Macht nur als Attribut von großen »Führern« mit weltanschaulichem Totalanspruch konzipiert werden kann und darf. Von solcher Art war noch die Autorität Stalins; die seiner Nachfolger ist verglichen mit ihm schon gebrochen. Der Impuls der primär an der Macht interessierten Politiker ist nur dort für einen demokratischen Staat keine absolut tödliche Gefahr, wo die Polit-Spezialisten nicht ideologisch unifiziert sind, das heißt, wo ein funktionstüchtiges Mehrparteiensystem existiert.

Man kann also zusammenfassen, daß auch der politische Spezialist nicht selbständige Prototypen hervorgebracht hat. Seine Art, mit Macht umzugehen, lehnt sich an die gegenwärtig unbestrittenste Autoritätsform an; er weist sich als Spezialist unter anderen aus. In seinem Verhalten wird er – wie wir sogleich erläutern werden – von einem elitär erlebten Konformismus geleitet. Er ist nicht, wie der charismatische oder der militärische Führer, darauf bedacht, durch hervorstechende Merkmale zu imponieren. Die Polit-Spezialisten bemühen sich im Gegenteil, harmlos und nicht martialisch auszusehen. Das letztere würde sie exponieren und ihnen dazu die Feindschaft ihrer Rivalen einbringen. Ihnen gegenüber sind sie aber nicht in so weit überlegenen Ausgangspositionen, wie paternitäre Hierarchien sie anboten.

2.

Mit der mächtigen Ausdehnung der staatlichen Obliegenheiten und dem Anwachsen der Verwaltungsapparaturen geht also die politische Macht immer mehr in die Hände von Spezialisten über. Diese müssen, da dem einzelnen persönliche Informationen kaum mehr möglich sind, zu einem Vertrauen erweckenden Image »aufgebaut« werden. Das geschieht mit den gleichen Methoden der Werbestrategie, die auch sonst Bedürfnisse lenken. Mit Hilfe von psychologischem Wissen (zum Beispiel, wie man Vertrauenswürdigkeit suggeriert) wird also das Image einer politischen Autorität aufgebaut. Dieses Bild unterscheidet sich nicht selten von der Wirklichkeit ebenso wie die freundliche Ruhe eines Badestrandes auf einem Werbeplakat von der Masseninvasion, die dort längst stattgefunden hat. Hier herrscht also zweckgelenkte Information vor. Das ist aber in sich ein grober Verstoß gegen das Ideal der Spezialisten, nämlich gegen die Integrität der Information. Während sonst Sachverhalte möglichst nachprüfbar kommuniziert werden müssen, um ernst genommen zu werden, einigt man sich im politischen Bereich auf die Propagierung von Wunschbildern, in denen gewöhnlich Wahrheit und Phantasie nicht klar voneinander zu scheiden sind. Die politische Werbung spricht in einem immer komplexeren Milieu affektive Regungen und nicht kritisches Vermögen an. Das wird kurzfristig seine Erfolge zeitigen, gibt uns aber doch den Hinweis, wie wenig sachbezogen offenbar die politischen Entscheidungen in der Masse erlebt werden. Ein Problem des Gewissens im Streben nach Macht besteht darin, daß ein Erfolgszwang herrscht, wenn überhaupt etwas von den Plänen und Versprechungen verwirklicht werden soll; also werden leicht eingängige Parolen geprägt, die aber nicht die Konsequenzen ignorieren dürfen. Die Kunst des Politikers ist es, in den unvermeidlichen Täuschungsmanövern nicht der Selbsttäuschung zu erliegen.

Ein kurzfristiger Erfolg könnte durch langwirkende Schäden in Frage gestellt sein; und die egoistische Auslegung des Erfolgszwanges legt allemal eine Rationalisierung nahe, die es trotzdem möglich macht, gegen die Vernunft zu handeln. Eine der wirksamsten Rationalisierungen dieser Art ist die Auslegung, angesichts der Konkurrenten stelle man selbst noch das kleinere Übel dar. Die Demokratie mit ihrer Verkoppelung von Macht und Wahlerfolg ist dieser Gefahr permanent ausgesetzt.

Das »Image« des Politikers ist in sich eine Regression auf die voraufklärerische fraglose Autorität, der man mit Idealisierung und nicht mit kritischem Denken begegnete. Es wird also mit allem spezialistischen psychologischen Wissen eine Regression gefördert, um Macht zu erlangen. Nur differenziertes psychologisches Wissen, über das er meist nicht verfügt, könnte den einzelnen Bürger vor den gezielten Beeinflussungsversuchen und Täuschungsmanövern schützen. Die Nachprüfung zweckhaft gefärbter Information ist ihm in den meisten Fällen unmöglich; nicht einmal die Erkenntnis, daß er zweckhaft beeinflußt wird. So wird der Konsument von Informationen herausgefordert, entweder unkritisch zu vertrauen oder prinzipiell zu mißtrauen. Aber auch der um Information Bemühte wird das Gefühl nicht los, Zwecktäuschungen hilflos aufzusitzen. Das motiviert sicher zu einem nicht kleinen Teil die wachsende Apathie für die Vorgänge im politischen Bereich.

Die Informationschancen sind also zu ungleich verteilt. Der politische Pragmatiker ist gegenüber allen anderen aber noch einmal in der Vorhand, denn er hat die Manipulation der Dienstgeschäfte der Partei- oder Verwaltungsbürokratien zum Gegenstand seines »skill« gemacht. Er ist in der Technik, Macht zu manipulieren, geübt. Aber man tut gut daran, nicht mehr vorauszusetzen als dieses, daß seine spezialistische Ausbildung ihn auch nur befähigt, die Welt auf typisch beschränkte Weise und unter Zuhilfenahme spezifischer Vorurteile zu sehen. Es gehört jedoch gleichzeitig zum Stil spezialistischer Sachlichkeit, dem politischen System immanente Ideale zwar taktisch zu verwenden, sich mit ihnen jedoch nicht tiefgehend zu identifizieren. Dafür hat die Figur des Leiters der Staatskanzlei Dr. Hans Globke und seines Vorgesetzten Dr. Konrad Adenauer ein dauerhaftes Beispiel gegeben. Durch Globke und seinesgleichen wäre die nationalsozialistische Herrschaft nie zu Fall gekommen. Es wäre für Globke also bei der Identifikationslinie mit den Rassengesetzen seiner damaligen Vorgesetzten geblieben; Globke wäre als einer der Repräsentanten dieser nationalsozialistischen Politik gestorben, wie er als Beauftragter der katholischen Zentrumspartei weitergedient hätte, wäre die Weimarer Republik nicht kollabiert. Unmittelbar nach dem Ende des Tausendjährigen Reiches paßte er sich abermals den Gegebenheiten an; und diese Mimikry wird auch, dank seiner Verwaltungserfahrung, ohne Zögern von den politischen Nachfolgern akzeptiert. War es einmal eine sehr ins Detail gehende Kommentierung der nazistischen Absichten, ihre jüdischen Mitbürger zu erniedrigen, so ist es später eine ebenso mühelose Rückorientierung an christlichem Komment, die von Globke vollzogen und von Dr. Adenauer honoriert wird. Um es in einer Form zu sagen, die viel harten Egoismus als Naivität hingehen läßt: Der machtorientierte Polit-Spezialist ist Positivist; er neigt zur unkritischen Überschätzung dessen, was gerade als beste Lösung eines Problems angeboten wird. Zwar kalkuliert er ein, daß das Wissen und politische Verhältnisse sich rasch verändern und dann zur Revision des soeben Verfügten zwingen könnten. Dann ist damit aber nicht seine Desavouierung verbunden, vielmehr überholt sich ein Wissen objektiv; desavouiert werden die Verlierer. Nur aus Dummheit, nicht wegen entschiedener Identifizierung mit den Auffassungen, die man politisch vertritt, kann es passieren, daß man nicht immer wieder dabei ist. Die Auflösung der Identität, der Talleyrandismus, ist das Pendant zum politischen Managertum und seiner Verwaltungsroutine. Das bedeutet also, um es zu wiederholen, daß der Politiker nicht mehr daraus sein Image gewinnt, daß er sich mit den Inhalten seiner Politik auf Gedeih und Verderb identifiziert, sondern in jeder Lage möglichst effektvoll seine Person zu retten versteht. Wenn also etwa ein Verteidigungsminister sichtlich falsche Entscheidungen trifft (zum Beispiel einen Flugzeugtyp anschafft, der einer größeren Zahl von Piloten das Leben kostet), dann wird er dadurch nicht zum Rücktritt gezwungen, sondern kann die Verantwortung auf »technische Mängel« angeblich unvermeidlicher Art projizieren. Zwischen den jetzt ins Spiel kommenden Technikern wird die Verantwortung bis zur Unauffindbarkeit verzettelt.

Das bedeutet einen gewaltigen Wandel in der Auffassung, die

sowohl die Öffentlichkeit vom Politiker wie auch dieser von sich selbst hat. Er inkarniert nicht mehr die Verantwortung, welche die Öffentlichkeit auf ihn delegiert hat, sondern er besorgt einen Ausschnitt ihrer Geschäfte mit wenig Eigenverantwortung. Was ihn vielmehr zum gesuchten Partner werden läßt, ist sein Erfahrungsschatz in der Technik des Machterwerbs und der Manipulierung der Macht zwischen Legislative und Exekutive. Daher das Phänomen des Lobbyisten, der dem Fachmann den Zugang zu den politischen Gremien verschaffen soll, deren Mitgliedern die fachspezialistische Einzelkenntnis fehlt. Hier spielen sich Kommunikationsprozesse zwischen Spezialisten ab, die ihre faktischen Rangpositionen fortwährend abtasten. Für manche Experten, zum Beispiel für Atomphysiker, kann es dazu freilich noch zu einer Gewissensfrage ersten Ranges werden, Wege zu finden, auf denen sie sich Einfluß auf die politische Maschinerie verschaffen können. Sie überschauen die Tragweite neuer technischer Entwicklungen und können sich unmittelbar davon überzeugen, daß der Wissenspositivismus ihres Faches nicht ausreicht, um die Auswirkungen ihrer Entdeckungen auf die Gesellschaft und die affektiven Spannungsverhältnisse zwischen organisierten Großgruppen zu meistern.

Denn die jüngste Geschichte hat gezeigt, daß gerade dort, wo Probleme des Selbstverständnisses mit Fachproblemen einer Einzelwissenschaft in einem nicht auflösbaren Zusammenhang stehen, sich erbitterte Kämpfe zwischen den Spezialisten abspielen können. Maßgeblich ist dabei die Persönlichkeitsstruktur und die Differenz zwischen den Persönlichkeitsstrukturen. Sachfragen spielen da eine zweitrangige Rolle und bekommen ihre Färbung von den taktischen Schachzügen. Es kommt etwa sehr darauf an, wer ein Atomphysiker oder ein »opinion leader« in den Massenmedien als Persönlichkeit ist. Sollte er etwa jemand sein, der das jeweilige Autoritätsschema seiner Gruppe oder Klasse relativ unkritisch akzeptiert, so können wir von ihm erwarten, er werde ganz allgemein konservativ reagieren, zum Beispiel den Gewerkschaften feindlich gegenüberstehen; aller Voraussicht nach wird er den Krieg als Mittel der Politik gutheißen[1]. Denn Ein-

1 R. Stegner *Attitudes towards Authority*. J. Soc. Pathol., 40, 210.

stellungen (attitudes) sind keine isolierten psychologischen Vorgänge. Sie beeinflussen sich wechselseitig, bilden sogenannte Einstellungsbündel (clusters).

Mit diesen Andeutungen greifen wir die oben schon betonte Unterscheidung zwischen echter Rationalität des Wissens und Pseudorationalität, durch welche *affektive Positionen* begründet werden sollen, nochmals auf. Es gibt »auch in bürokratischen Organisationen sowohl Konflikte um die Zielsetzung wie um den besten Weg der Zielverwirklichung, und nicht zuletzt Konflikte zwischen den persönlichen Wünschen und Pflichten der Mitglieder«[1]. Diese Tatsache wird aber gerade vom Image der »aufgebauten« politischen Autorität ferngehalten. Hier dürfen keine ambivalenten Gefühle erweckt werden; was negativ ist, muß werbestrategisch auf den feindlichen Konkurrenten abgelenkt werden. Es kann demnach keine Rede davon sein, daß der Spezialist der modernen arbeitsteiligen Einrichtungen per se ein sachlicherer Verwalter staatlicher Machtmittel sei als irgendein früherer Politiker. Er wirkt vielleicht besser abgeschirmt gegen Beobachtungsmöglichkeiten von außen. Auch die auf der bewußten Ebene aus der Wissenschaft abgeleiteten Ideale werden unbewußt durch die jeweiligen Identifikationen, welche die Politiker aus ihrer persönlichen Geschichte mitbringen, notwendigerweise mitgeprägt. Daher auch der Vorschlag von James Conant, wissenschaftliche Beratergremien mit Wissenschaftlern verschiedener politischer Richtung zu besetzen. Denn es kann die größte Bedeutung erlangen, wenn zum Beispiel die aggressiv-autoritäre Charakterstruktur eines hochangesehenen Atomphysikers sich zufällig mit einem Außenminister des gleichen Persönlichkeitstyps verbündet. Hier wird unter Umständen über Krieg und Frieden entschieden. Die Art und Weise, wie Personen in Schlüsselpositionen ihre Welt erleben – etwa paranoid oder ausgeprägt ethnozentrisch –, gibt in den Mammutorganisationen kaum weniger den Ausschlag als bei einem absoluten Monarchen, etwa bei Ludwig XIV.

Mit diesen Bemerkungen haben wir aber keineswegs die wichtigsten Merkmale des (politischen) Spezialisten beschrieben. Wir müssen beispielsweise zugeben, daß auch eine sehr konträre Fest-

1 Renate Mayntz im Nachwort zu Presthus. Ib., 301 f.

stellung manches an den Verhältnissen hochindustrialisierter und hochbürokratisierter Staaten trifft. Die Behauptung nämlich, daß Spezialisierung mit einer Beschränkung der Macht zur Entscheidung verbunden ist. Spezialisten, das deuteten wir an, identifizieren sich mit Vorbildern, engen sich aber auch eifersüchtig gegenseitig ein. Es ist dies das Phänomen der Brüderrivalität.

Unter den alten, vorindustriellen Lebensbedingungen waren sich Brüder nur solange einig, als sie einen gemeinsamen Vater über sich hatten, der sie unterjochte. Von den Diadochenkämpfen bis zu den einander ablösenden Rivalitätskämpfen unter Militärs, die sich das Amt des Präsidenten südamerikanischer oder afrikanischer Staaten streitig machen, hat sich offenbar an dieser Gesetzlichkeit des Verhaltens nichts geändert. Und doch stellt sich die Frage, ob es in einer Gesellschaft, die nicht länger Motive dafür besitzt, an der Vorstellung einer überlegenen Vaterautorität festzuhalten – weil kein Vater, kein charismatischer Führer soviel mehr wissen kann, soviel potenter sein kann als eine gut eingespielte Gruppe von Spezialisten –, ob in einer solchen Gesellschaft nicht ein neuer Modus vivendi, ein neues Autoritätsmuster, aus geschichtlichem Zwang heraus entwickelt werden muß. Die Verantwortlichkeit wird dabei auf eine Gruppe verteilt, und auch auf seiten der Staatsbürger knüpfen sich die Erwartungen an eine derartige Führungsgruppe. Es wird in diesem Zusammenhang von Interesse sein, die Motivationen für die Ablösung vom Persönlichkeitskult in Rußland kennenzulernen. Auch werden wir uns der außerordentlichen Bereitschaft eines aufgeklärten Präsidenten, wie Kennedy es war, zur Kooperation mit Ratgebern erinnern. Gerade dieser Zug an ihm wurde in der Öffentlichkeit sehr begrüßt. Die Autoritätsform dessen, der bereit ist, sein Wissen mit Hilfe von Spezialisten zu mehren und damit seine Macht auch mit ihnen zu teilen, ist offenbar eine, die in der westlichen Welt mit ihrem Wissenschaftsideal anerkannt ist. Hier kommt es zu einer positiv erlebten *communis opinio*.

Psychoanalytisch läßt sich die Lage an der Entwicklung der »Objektbeziehung« darstellen. Die Frage wird immer sein: Rangieren in einer Arbeitsgruppe die Machtbedürfnisse der einzelnen Mitglieder vor den Erkenntnisbedürfnissen? Das wird sich nie sauber trennen lassen, aber man kann doch die jeweilige Tendenz erkennen. Rangieren die Machtbefriedigungen an erster Stelle, so haben wir es mit narzißtisch strukturierten Persönlichkeiten zu tun, die ihre intellektuellen Leistungen der Befriedigung ihres oft unersättlichen Bedürfnisses nach Anerkennung unterordnen müssen. Diese Charakterbildung stellt eine in ihren Entwicklungsschritten einigermaßen bekannte Erscheinung dar, in welcher eine vorwiegende Fixierung der libidinösen Strebungen an die eigene Person stattgefunden hat. Im Gegensatz dazu kann eine Person, deren Libido nicht so heftig an das eigene Selbst fixiert ist, unbehelligter Interesse und Einfühlung für ihre Umwelt aufbringen. Die Kernfrage geht dahin, ob die Struktur der Gesellschaft der narzißtischen oder der zur Erkenntnis, zur Anerkennung von Fremdem außerhalb des eigenen Selbst befähigten Persönlichkeit Unterstützung zuteil werden läßt. Es ist kaum zu bezweifeln, daß die narzißtischen Befriedigungen stärker als die »altruistischen« im System unserer Zivilisation angeregt werden. Dies sieht wie ein generalisierendes Urteil aus und bedürfte der genaueren Begründung; da diese hier nicht gegeben werden kann, darf die Stellungnahme nur mit dem beispielhaften Hinweis auf die Rolle des Plakates in der politischen Werbung (die Allgegenwart der Führerbilder in Diktaturen) als These genannt werden. Es könnte sein, daß es zu den Aufgaben der Bewußtseinsbildung gehört, die Brüderrivalität aus unproduktiver, narzißtischer Fixierung zu lösen und ein befreiendes Spielelement, nämlich die Idealbildung des einfühlenden (statt des narzißtisch ausbeutenden) Wissens, zu entwickeln und zu stärken. Das wäre eine revolutionäre Wendung im Sinne der oben zitierten Bemerkung von George Thomson[1]. Wissen als Macht kann erst sekundäres Ziel sein. Ein derart von narzißtischen Bedürfnissen befreiteres gemeinsames Wissensideal kann die Brüderrivalität der Spezialisten mildern; weil ein solches Ideal darüber hinaus zu einer Stärkung der kritischen Ich-Funktionen führt, mindert es wiederum die Neigung zur aggressiv-defensiven Selbstüberhöhung.

Dem entfernteren Beobachter der Ära Kennedys mag es deshalb scheinen, als habe sich hier durch die betonte Hochschätzung der Berater etwas in der Feinstruktur der politischen Autorität ge-

[1] Siehe S. 299.

ändert. Das Selbstbewußtsein eines team-orientierten politischen Führers scheint gegen narzißtische Selbstüberhöhung etwas besser gesichert: Mit seiner Wahl etwa zum Präsidenten wird er nicht so stark in seinen kritischen Urteilsfähigkeiten behindert, weil die Auszeichnung nicht primär als Triebbefriedigung verarbeitet wird. Machtvollkommenheit in der Realität bleibt sich dieser Realität bewußt und zwingt das kritische Ich nicht, sich den Triebwünschen zu beugen, die jetzt wesentlich verbesserte Aussichten auf Befriedigung haben. Mit anderen Worten: Der Aufstieg in der Hierarchie der Machtpositionen schwächt nicht mittelbar die Realitätskontrolle – zum Beispiel die Einsicht in die Abhängigkeit vom Team – und fördert auch nicht eine unkontrollierte Fusion von Triebwünschen mit einem archaischen Ich-Ideal der Allmacht.

Dieser Versuch der Beschreibung eines Strukturwandels ist, wie leicht erkenntlich, in sich eine idealisierte Charakterisierung des Teamführers; in der Wirklichkeit wird viel vom Omnipotenzideal und vom Neid im Kreis der Berater erhalten bleiben. Die Bemerkung ist also tendenziell zu verstehen; kleine Verschiebungen des Ideals, von den narzißtischen Befriedigungsformen weg auf die objekt-bewußten Verpflichtungen hin, verändern dabei viel an den Entscheidungen des Alltags. Es gehört zu den politischen Auswirkungen des Spezialistentums, daß es durch das Angebot exakteren Wissens zu einer bewußtseinsnäheren und kritischeren Idealbildung beiträgt. Entsprechend wird diese am Stab der Berater orientierte Autoritätsfigur es auch nicht befriedigt zulassen, von seiner Umgebung in vorstrukturierte Erwartungshaltungen des omnipotenten Führers hineinmanövriert zu werden, was in der Tat eine erhebliche kritische Ich-Stärke zur Voraussetzung hat.

Hier mag noch die Bemerkung angefügt werden, daß unsere Darstellung mehr die gefahrvollen Entwicklungstendenzen aufgreift – sie sind aufdringlich – als die gelingenden positiven Lösungsversuche des Autoritätsproblems. Natürlich geht es dem durchschnittlichen Politiker nicht *nur* um die Befriedigung von Machtbedürfnissen. Er verfolgt ohne Zweifel auch sachbezogene Ideale, die nicht von seinem Narzißmus bestimmt sind, mögen sie zuweilen auch noch so verschroben sein. Wenn es nicht zum Idealbild seiner Persönlichkeit gehört, für andere Verantwortung zu tragen, wird er kaum Politiker werden. Verantwortung zu haben heißt doch gewöhnlich, Menschen, die von einem abhängig sind, zu stützen, zu schätzen oder Vorstellungen verwirklichen zu wollen, die im Augenblick und für das zukünftige Wohl der Gruppe wichtig erscheinen. Dieser Wunsch, dem Schwächeren zu helfen, geht auf positive Identifikationen mit den Eltern zurück und bleibt in jedem Fall ein wichtiger Antrieb des Politikers. Zuweilen freilich geraten diese altruistischen Ideale über der Notwendigkeit, sich im Machtkampf behaupten zu müssen, in Vergessenheit [1].

Der Übergang von Autoritätsmodellen, die nach einer abgestuften Hierarchie von Vätern konstruiert waren, zu einer Vielzahl spezialistischer Eigenbereiche, die einander ebenbürtig sind, ist nicht mehr rückgängig zu machen. Den älteren Autoritätstypen ist ein relativ geschlossenes und statuarisches traditionsreiches Weltbild zuzuordnen, während spezialistische Autorität mit rascher Wissensentwicklung, mit einer unabgeschlossenen Dynamik einander überholender Erfindungen verknüpft ist.

Wir betonen also, daß auch der Rang politischer Autorität heute an der Fähigkeit gemessen wird, spezialistisches Einzelwissen und spezialistisches Machtstreben *integrieren* zu können. Typischerweise hat es in alten gelehrten Institutionen, wie Akademien und Universitäten, schon Ansätze zur Herrschaft des *primus inter pares* gegeben. Die Fortentwicklung dieses Schemas unter den Begabtesten der Spezialisten wird zwar gefördert; denn ihr kritisches Bewußtsein für die Komplexität der Lage wächst. Einübung im kollektiven Ausüben der Macht wird aber gleichzeitig behindert, weil die Konzentration der Machtmittel zu eindrucksvollen Ballungen, das heißt zu faktisch sehr einflußreichen Positionen führt, um die »hart« gekämpft wird; das heißt, moralische, also aus der Einfühlung in den Gegenspieler entwickelte Bedenken gelten wenig. Für die Amoralität in diesen untergründigen poli-

1 Die Frauen scheinen in unseren Überlegungen gar keine Rolle zu spielen. Vielleicht spielen sie in der Tat keine strukturierende Rolle, obgleich doch der Hinweis auf die positiven Elternfunktionen, auf das Beschützen, unzweifelhaft gerade auch das mütterliche Vorbild einschließt. In Deutschland z. B. hat die Frau wenig institutionalisierte politische Autorität, ist aber dennoch von unmittelbarer politischer Wichtigkeit: Die Frauen stellen die Mehrzahl der Wähler, und es hängt von ihrer Entscheidung ab, welches Konzept zum Zuge kommt.

tischen Fehden, welche der sonst proklamierten Humanität spotten, in denen nahezu alles erlaubt ist und die einen Auslaß für nicht sozialisierte Triebanteile bilden, gibt es eine stillschweigende Anerkennung aller Beteiligten. Hier, wo nach der Art der Geheimdienste gekämpft wird, meinen nicht wenige das Herz der Politik schlagen zu hören. Eine sorgfältige soziologische und psychologische Untersuchung über den Umfang und die Grenzen, in denen man ein von wenig moralischen Geboten behindertes Austragen politischer Gegensätze billigt, wäre sehr lohnend. Sie würde die Fortdauer der archaischen Ich-Ideale bei Menschen klarer erkenntlich machen, die in der sozialen Realität um öffentliche Geltung ringen. Der alte, »vorspezialisierte« Typus des Politikers, der sich vernehmlich wie unausgesprochen auf unbefragbare, »charismatische« Autorität beruft, ist zunächst noch der vorherrschende, besonders in den ihrer Sozialstruktur nach so anfälligen Entwicklungsländern.

Andererseits ist einzuräumen, daß ein Politiker, der zur Lösung der entscheidenden Probleme unserer Gegenwart beitragen will, dafür keine vorgängigen Handlungsanweisungen vorfindet. Es besteht noch kein im allgemeinen Bewußtsein akzeptiertes Rollenschema der »Bruderautorität«, wie es viele für die Vaterautorität gab. Vielleicht war es insbesondere deshalb eine politische Katastrophe, daß Kennedy ermordet wurde, weil er zum ersten Mal den modernen, auf Teamarbeit sich stützenden politischen Führer einer Weltmacht verkörperte. Sowenig er beabsichtigte, ein charismatischer Führer zu sein, sosehr überzeugte er, weil er die neuen Aufgaben des Politikers verstanden hatte und damit das öffentliche Bewußtsein veränderte, nämlich für einen neuen Idealtypus empfänglich machte. (Es ist aber interessant genug, daß posthum von der Familie und Umgebung der Versuch gemacht wird, doch noch einen charismatischen Führer aus Kennedy zu machen.)

Angekündigt hat sich das Problem des Strukturwandels politischer Autorität schon nach dem Ersten Weltkrieg. Damals sprach Robert Michels vom »ehernen Gesetz der Oligarchisierung« [1]; er

---

1 R. Michels *Zur Soziologie des modernen Parteienwesens in der Demokratie.* Leipzig 1925.

hatte dabei die deutschen Parteien im Auge. Diese Tendenz zur Herrschaft weniger hat sich inzwischen an vielen Stellen als die Nachfolgeform monarchischer Autorität und des Persönlichkeitskultes bemerkbar gemacht. Es spricht viel dafür, daß in Zukunft Oligarchien die Arbeitsform der in relativer Verborgenheit arbeitenden politischen Spezialisten sein werden. Vielleicht stellt diese publikumsscheue Art der politischen Arbeit auch einen Selbstschutz gegen den *Neid* dar. Es wird unausbleiblich für diese Gremien das Problem der Geschwisterrivalität zum beherrschenden emotionellen Problem werden, wie es in den hierarchisch gegliederten Gesellschaften die Fragen der Beziehung zur Vaterautorität waren. Auf den starken Vaterführer brauchte man nicht neidisch zu sein, denn man identifizierte sich mit ihm. Das Erlebnis des Neides wurde also entweder abgewehrt oder im Coup d'état ausgelebt. Im Falle des geglückten »Vatermordes« rief sich sofort eine neue Vaterautorität aus. Außerdem kommt noch ein ausgesprochen elitäres Element als Motivation der verborgenen Arbeitsweise hinzu. Die Spezialisten erleben sich als »Kaste«, sie ringen um Anerkennung untereinander, brauchen dafür wenig Akklamation von außen; ihr Wissen um die eigene (eben schwer greifbare) Macht genügt ihnen. Die damit verknüpften narzißtischen Verzichte (welche die auf Demonstration der Macht oft erpichte Vaterautorität nicht leisten mußte) sind eine spezifische Anpassungsforderung an die neue Lage.

3.

Erst wenn man einige der größten politischen Probleme unserer Zeit herausgreift, wird deutlich, daß ihnen bisher keine der politischen Autoritäten, weder eine traditionelle noch eine moderne, gewachsen war. Denn die Dimensionen dieser Konflikte und Entwicklungen übersteigen die Größenordnung, in der wir zu optischer Integration fähig sind. Wir können uns von diesen in Gang befindlichen Prozessen und von ihren Auswirkungen oft in der Tat »kein Bild machen«.

Zwei solcher hervorstechender Probleme sind die *Übervölkerung* und das sprunghafte *Anwachsen destruktiver Aggressivität,* das wir fast überall in der Welt beobachten können. Wo die Industriezivilisation mit ihrem starren Arbeitsrhythmus [1], mit ihrer hochgradigen Arbeitsteilung und der Konzentration der Produktionsmittel in Großorganisationen ihren Einzug hält, meldet sich relativ rasch diese von sozialen Spielregeln entbundene und durch banale Anlässe weckbare aggressive Erregbarkeit, die nach sofortiger Entladung drängt. Es ist ein Verhalten, das sich an den verschiedensten Schauplätzen der verschiedensten Gesellschaften gezeigt hat und von dem wir den Eindruck gewinnen müssen, daß es sich zunehmend verstärkt. Mit diesen zur Destruktion drängenden Handlungsbereitschaften hat die politische Führung zu rechnen.

Gegen die Übervölkerung sind Mittel bekanntgeworden, die sie einzudämmen erlauben. Es besteht sogar die Hoffnung, es werde sich in einem nicht allzu langsamen Prozeß das Bewußtsein der Menschheit auf einem Niveau angleichen, von dem aus die Notwendigkeit der Geburtenregelung als eine selbstverständliche Verpflichtung jedes einzelnen erlebt werden kann. Diese Einsicht hat zum Teil sehr alt-institutionalisierte Widerstände zu überwinden, mit denen sich noch große Gruppen identifizieren. Sie liegen deshalb mit den von den Spezialisten aus deren Realitätseinschätzung aufgestellten Verhaltensnormen im Kampf. Denn in der Tat geben Erfindungen wie die modernen Ovulationshemmer die Chance, tradierte moralische Forderungen straflos auf den Kopf zu stellen.

Hinsichtlich der Destruktionsneigung, die jede politische Ordnung mit elementaren Ausbrüchen durchkreuzen kann, scheint die Gefahr jedoch sehr groß und Therapie in weiter Ferne. Wir verfügen über keine auch nur einigermaßen zureichende Information, aus welchen Frustrationen diese heftigen Ausbrüche herrühren. Die Industriezivilisation, die wir immer weiter ausbauen, trägt

---

[1] »Verkürzung der Arbeitszeit und Zwang zur Rationalisierung« führen »mehr als bisher zur Ausmerzung der illegitimen, aber geduldeten Kurz-Kunstpausen, die bis zu 30, ja 40 Minuten ausmachten. Damit entfällt die individuelle Angleichung an den starren Arbeitstakt, entfällt die Selbstregulierung. Die nunmehr entstandene verkürzte, aber stetig gespannte Dauerkonzentration wird offenbar seelisch als Hetze reflektiert ... Der Eigenrhythmus wird in steigendem Maß vom Fremdrhythmus der Fertigung überlagert.« (L. Kroeber-Keneth *Gesund und krank zugleich.* FAZ, 16. 10. 1965.)

vielen biologischen Grundbedürfnissen unserer Natur mangelhaft Rechnung, oft widerspricht sie ihnen brutal. Hier sei nur an den erwähnten starren Arbeitsrhythmus erinnert, der Menschen des verschiedensten Temperaments vorgeschrieben ist, oder daran, daß es ganz unphysiologisch ist, Menschen mit Leistungen, die aus technologischen Rücksichten zerstückelt sind, an der Herstellung eines Gegenstandes zu beteiligen. Das Bedürfnis nach einer »geschlossenen«, »Gestalt« erzeugenden Leistung – auch wenn diese kooperativ zustande kommt – beruht auf uralten Traditionen, die bis hinunter in Instinktmechanismen, etwa des Nestbaues, verfolgbar sind.

So wird in den Arbeitspositionen, welche die moderne Massenproduktion und die Angestelltenberufe anbieten, ein großes Maß an konstruktiver Phantasie und Leistungsbereitschaft des Individuums entfremdet und frustriert. Die Unlust, die hier erzeugt wird, hat das große Angebot an marktgängigen Ersatzbefriedigungen motiviert. Stimulierungen von Suchtcharakter, halluzinatorische Drogen usw., müssen die permanente Unlust, die im Berufssektor entsteht, und den dort sich bildenden Aggressionsstau abführen. Die Ausbrüche destruktiver Aktivität zeigen aber, daß das keineswegs zureichend möglich ist, sondern daß das eine Übel mit einem anderen bekämpft wird, weil die Methoden der Ersatzbefriedigung häufig erregungssteigernd wirken, häufig lediglich ermüden, ohne zu entspannen. In diesem Zusammenhang ist etwa auf das Bedürfnis nach ausgedehnten Reisen, die der Erholung dienen sollen, in Wirklichkeit eine permanente Wiederholung der gleichen Reizabläufe in geänderter Umgebung darstellen, zu verweisen. Auch diese Zivilisation entrinnt also den objektiven Bedingungen, welche sie schafft, nicht ungeschoren. Betrachtet man die Mühen, welche auf die sogenannten »Vergnügungen« – längst mit psychologischem Raffinement ökonomisch ausgebeutet – verwandt werden, so ist deutlich, daß hier das Bewußtsein des Zeitgenossen hinter den Bedingungen, unter denen es sich entwickelt hat, zurückbleibt: »Objektiv produziert ist vielmehr die subjektive Beschaffenheit, welche die objektiv mögliche Einsicht unmöglich macht«, sagt Theodor W. Adorno[1]. Der einzelne

[1] Theodor W. Adorno *Eingriffe*. Frankfurt (edition suhrkamp) 1963.

weiß zu wenig, wie sehr er durch die manipulierte Ausbeutung seiner Triebbedürfnisse – wie einst seiner Arbeitskraft – deformiert wird. Die Jagd nach hohen Statussymbolen – und das der politischen Autorität ist eines – verkürzt zwar häufig das Leben durch akuten Herztod, aber das Bedürfnis vieler nach aggressiver Satisfaktion – und damit nach gelungener Selbstbestätigung – ist stärker und läßt sie die Signale der Gefahr ignorieren; ähnliches gilt für die mannigfachen Suchtformen im Zusammenhang mit dem narzißtisch bleibenden libidinösen Triebhunger. Solchen Rückzügen aus der Wirklichkeit ist gemein, daß sie auf Frustrationen beruhen, welche in der Tat die meisten Mitglieder der Industrienationen zu ertragen haben. Auf ein Kurzwort gebracht: Sie leiden unter dem Schicksal, »spurlose Arbeit«[1] leisten zu müssen. Die Arbeit, die sie zur Fristung der Existenz vollbringen, wird nicht anschaulich und erhält deshalb auch nicht die Billigung von seiten anderer, die einem wichtig sind. In dieser Aufmunterung liegt jedoch eine Wurzel des Selbstwertgefühles. Wo es sich nicht auf anschaubare Leistung begründet erleben kann, sind pathologische Reaktionsformen die Folge. Pathologisch ist aber schon der Zwang, unter dem das Individuum steht, der Zwang zur entfremdenden, in Fragmente aufgeteilten Arbeit, die vom Bedürfnis des einzelnen her sinnlos geworden ist. Mit den so erzeugten instabilen Strukturen der Charaktere hat der Politiker zu rechnen – und es ist die Frage, wieviel er selbst davon auf dem Identifikationsweg seiner Kindheit und Jugend übernehmen mußte.

4.

Neben der Aggression, die durch die Enttäuschung entsteht, daß eine Selbstdarstellung in der Leistung unmöglich ist, muß man noch eine zweite Quelle für Aggressionsvermehrung und ihre Entladungsformen in Betracht ziehen. Es sind dies primäre, frühinfantile Sozialerfahrungen. Nach den Beobachtungen in psychoanalytischen Behandlungen scheint es sehr wahrscheinlich und

---

[1] Vgl. A. Mitscherlich *Auf dem Weg zur vaterlosen Gesellschaft*. München (Piper) 1963, [2]1967.

einer weiteren Nachprüfung würdig, daß Änderungen der Familienstruktur und damit der familiären Lebensform diese ungebändigte Aggressionssteigerung fördern. Im übrigen ist zu beachten, daß solche Ausbrüche bei Personen sich ereignen, die sich sonst eher apathisch verhalten. Außer der versagten Selbstbestätigung durch anschaubare individuelle Leistung in der Industriegesellschaft wird hier eine zweite Motivation der Teilnahmslosigkeit an den überpersönlichen Vorgängen in der Umwelt sichtbar. Es sind durchaus *objektive* Gegebenheiten in unserer Gesellschaft, welche lockernd auf die Objektbeziehungen der Primärgruppe einwirken. Und zwar haben die Wunscherfüllungen, welche die jetzt erreichte Überflußwirtschaft und die soziale Sicherheit bereithalten, bisher gültiges Rollenverhalten geschwächt oder außer Kurs gesetzt.

Wir haben uns der Tatsache zu erinnern, daß der Mensch sich jeder denkbaren Gesellschaft nur durch Trieb*verzichte* anpassen kann. Erst der Erwerb der Kontrolle seiner Triebbedürfnisse, einer – immer relativen – Kontrolle, welche Aufschub und unter Umständen Verzicht auf ein Verlangen nötig macht, läßt ihn zu einem erträglichen Mitglied der Gesellschaft werden. Es ist genügend von soziologischer Seite darauf hingewiesen worden, daß die bisher existierenden Gesellschaften diese Aufgabe im wesentlichen repressiv – zuweilen brutal repressiv – geleistet haben. Jedenfalls ist der unmittelbare Vorgänger der Überflußgesellschaft, nämlich der bürgerliche Kapitalismus, durch solche repressiven Züge charakterisiert. Jetzt ist dadurch eine Änderung eingetreten, daß es nicht mehr weitverbreiteter Mangel ist, der einen repressiven Druck auf die Erfüllung von Triebwünschen legitimiert.

Über den erreichbaren Wunscherfüllungen ist aber ein psychologischer Mechanismus außer acht geblieben, der bisher mindestens ebenso entscheidend wie das Erlernen der Triebkontrolle auf die Sozialisierung der Individuen eingewirkt hat. Es waren nämlich immer unmittelbar gegebene, sinnlich erfahrbare, unentbehrliche Personen, von denen die Gebote ausgingen. Sie forderten damit zu einer emotionellen Beziehung heraus; etwa zu Zorn, Enttäuschung, wenn die Befriedigung versagt wurde. Andererseits kamen von den gleichen Beziehungspersonen natürlich auch

Triebbefriedigungen, so daß auf diese Weise eine ambivalente Gefühlsbeziehung zustande kam. Im Verlauf dieser Erfahrungen lernte das Kind Verzichte für einen Menschen leisten – einer Person etwas zuliebe zu tun; und das bedeutet, daß der unlusterweckende Vorgang des Verzichtens in einem zweiten Schritt doch noch libidinös besetzt werden kann, da man Liebe dafür erhielt. Außerdem wurde der Verzicht als Leistung, als sozial wertvolles Verhalten angesehen. Dadurch erlebte das Kind Selbstbestätigung, welche offenbar aggressionshemmend wirkt. Verwöhnung, die nicht auch an die Leistung einem anderen zuliebe geknüpft ist, sondern Liebesbeweise ohne Gegenleistung gewährt, wirkt zwar augenblicklich besänftigend, nicht aber aggressionsformend, weil das Ich des Kindes dabei nicht gestärkt wird. Das Ich und seine spezielle Funktion, das Über-Ich, ist aber die Instanz, welche eine verläßliche Aggressionskontrolle auszuüben vermag.

Schematisch wird hier also die höchst provozierende These vertreten, daß die Intensität wechselseitiger emotioneller Beziehungen, die gefühlshaft empfundene »Nähe«, etwa zwischen Mutter und Kind, abnimmt, wenn Unlust vermeidbar wird, weil die gesellschaftlichen Objektivitäten keine entsprechenden Verzichte fordern. Zwar scheint es bei oberflächlicher Betrachtung näherliegend, anzunehmen, Versagungen störten die Objektbeziehungen und führten eher zu einem inneren Rückzug des Interesses vom Objekt. Überraschenderweise geschieht aber gerade dies, wenn die Lustbefriedigung allzu selbstverständlich gewährt wird. Wenn jedoch in der unmittelbaren Lebenserfahrung des Kindes die Unlust des Verzichts der gleichen Person gegenüber, die solchen Verzicht fordert, überwunden werden kann, so kommt es eben nicht zur Entfremdung, sondern zur Verstärkung der Gefühlsbeziehungen. Denn die Verzichtleistung wird von der Mutter als Liebesbeweis verstanden[1]. Durch diese Anerkennung für die *Leistung* im Verzicht wird die Entbehrung wenigstens zum Teil wieder aufgewogen. Es entsteht diese aus Lust- und Unlusterfahrungen gemischte ambivalente Objektbeziehung, welche die

1 In diesem Gefühlsprozeß bahnt sich auch die Identifizierung ihren weiteren Weg. »Das soziale Gefühl ruht also auf der Umwendung eines erst feindseligen Gefühls in eine positiv betonte Bindung von der Natur einer Identifizierung.« (S. Freud, Ges. Werke XIII, 134.)

Basis aller affektiven sozialen Beziehungen abgibt. Bewußt erlebte *Ambivalenz* charakterisiert aber jede reife Beziehung zur Autorität. Wenn es nicht eine krankhaft gesteigerte Ambivalenz ist, die das Individuum zwischen Idealisierung und Entwertung schwanken läßt, hilft die Ambivalenz der Gefühlsbeziehung zu realitätsgerechtem Urteil. Es scheint, daß die demokratische Ordnung mit ihren kontroversen Meinungen diese kritische Einstellung zur Autorität fördert; wie sie andererseits eben dieser Unerschrockenheit im Umgang mit Autorität bedarf, um zu funktionieren.

Im Alltag wird natürlich solch schematisch vereinfacht dargestellte Gefühlsbeziehung überlagert von anderem Verhalten, welches aus komplizierteren Triebschicksalen herrührt. Zum Beispiel kann der Genuß, über das Kind Verbote verhängen zu können, für den sonst oft machtlosen Erwachsenen in sich eine willkommene aggressive Befriedigung darstellen, welche dann die sachliche Notwendigkeit des Verbotes überschattet. Solche »sadistische« Repression vertieft dann in der Tat die ambivalente Gefühlsbeziehung in lähmender Weise. Für unseren Zusammenhang kam es nur darauf an, die Herkunft ambivalenter Beziehungen sichtbar zu machen und zu betonen, daß diese Verschmelzung gegensätzlicher Empfindungen eine prinzipielle Voraussetzung für den Sozialisierungsvorgang ist.

Man könnte auch formulieren: Wenn soziales Lernen gefördert werden soll, muß Verzicht sinnvoll erlebbar werden. Der geleistete Verzicht muß die Liebe beider Partner füreinander, der Eltern zum Kind und umgekehrt, verstärken. Solche Gefühlsbereitschaft, wie sie sich in der Kindheit formiert hat, wird im späteren Leben in vergleichbaren Lagen, im Umgang mit den dann bedeutungsvollen Autoritäten, erneut konstelliert. Der Typus der Autorität wie der des Gehorsams wirkt sich deshalb in einer Gesellschaft in all ihren sozialen Beziehungen, das heißt in ungezählten Entscheidungen und Verhaltensformen aus.

In unserer Gesellschaft relativen Überflusses und der sozialen Sicherheit ist Verzicht, etwa auf orale Gratifikation, oft unnötig. Die Not zwingt nicht mehr dazu. Der orale Genuß wird als Selbstverständlichkeit, als mit der Welt gegebene Gewährung vorausgesetzt. Nun ist zu beobachten, daß Befriedigung Sattheit, aber keineswegs Dankbarkeit erweckt, die sich dem Objekt (etwa den

Eltern) zuwendete[1]. Die Eltern umgekehrt werden durch das Ausbleiben der Dankbarkeit für ihre Mühen in ihren Erwartungen, die liebevolle Aufmerksamkeit der Kinder zu erfahren, frustriert. Dankbarkeit als ein spontanes Gefühl kann sich nur dort entwickeln, wo das, was man empfängt, zu einer Stärkung des Selbstwertgefühles verwandt werden kann; wo man in der Lage ist, das »Geschenk« nicht nur zu konsumieren, sondern etwas daraus zu machen. Gerade das wirkt aber als »Rückvergütung«.

Häufig ist es einfach mangelndes Interesse auf seiten der Eltern für die strapaziösen Ansprüche der Kinder, das dazu führt, orale oder sonstige Verwöhnung als Ersatz anzubieten. Bei der Verhaltensanalyse mag sich manches von der passiv-apathischen Forderungshaltung der Bürger des Wohlfahrtsstaates als durch diese spannungslose Verwöhnung in der Kindheit, durch die Erfahrung, mit Gewährungen nur »abgespeist« worden zu sein, konditioniert erweisen. Hier könnte man auch die Verwöhnung im Hinblick auf Äußerungen aggressiven Verhaltens anführen. Die »permissive education« war zum Scheitern verurteilt; sie bestand darin, kindliches Verhalten möglichst wenig zu hemmen, viele »Unarten« zu tolerieren, ohne dem Kinde Grenzen zu setzen. Die Kinder, die solche Behandlung erfuhren, hat diese Freiheit offensichtlich nicht glücklich gemacht; einmal, weil sie die grundlegenden Triebverzichte (auch solche ödipaler Natur) schließlich trotzdem leisten mußten, zum anderen, weil sie die Erfahrungen nicht machen konnten, für ihre Verzichte die Liebeszuwendung der für sie wichtigen Beziehungspersonen zu erhalten.

Verfolgen wir die Theorie weiter, daß das definitive Sozialverhalten des Erwachsenen in direkter Beziehung zu infantilen Erfahrungen steht. Die Möglichkeit, Konsumgüter im Überfluß zu produzieren und weitest gestreut in unserer Gesellschaft zu verteilen, entzieht einer Reihe moralischer Vorschriften, die bei ihrer Entstehung durch permanente Notlagen erzwungen waren, den Boden. Die Verwaltung des Wenigen, die Sparsamkeit, war vorausschauender Autorität übertragen. Voraussicht muß jetzt eher

[1] Die Tatsache sei nur gestreift, daß primäre Verzichtformen wie die Entwöhnung von der Brust oder Flasche, die Reinlichkeitserziehung unvermeidlich bleiben, und auch die ödipalen Wünsche sind unerfüllbar. Diese Grundverzichte bilden den »Unruheherd«, der erst zur Sozialanpassung stimuliert.

zur Vermeidung von Überproduktion eingesetzt werden. Dieser Umschlag in die Lebensform der Überflußgesellschaft nimmt – wie wir schon betont haben – vielen uns selbstverständlich gewordenen Sittengeboten die zwingende Motivierung und verurteilt sie zum Zerfall. Man kann sich, statt auf die Moral, nur auf diätetische oder ästhetische Gesichtspunkte oder auf asketisch-philosophische Argumente berufen, um den oralen Verwöhnungen zu widerstehen, die sich heute nahezu jedermann täglich leisten kann und die noch vor einem halben Jahrhundert nur hohen Festtagen vorbehalten waren. Ähnliches gilt für die Gefahrlosigkeit sexueller Beziehungen.

Was aber ergibt sich für das Verhalten des Erwachsenen, wenn in der Kindheit keine starken ambivalenten Gefühlsbeziehungen begründet wurden, hinter denen das Erlebnis fordernder Triebbedürfnisse mit seiner ganzen Macht stand? Welche neuen affektiven Beziehungsmöglichkeiten eröffnet unsere von so viel lange währender Not befreite Zivilisation? Wir müssen uns daran gewöhnen, uns selbstverständliche Umweltbedingungen – welche aber doch das Produkt unserer hochkomplexen Zivilisation sind – so vorurteilslos wie möglich auf ihre ungeplanten Seiteneffekte im Psychischen zu untersuchen. Die Idee, wir hätten es nur mit einem permanenten Fortschritt ohne Schatten zu tun, würde hier wahrhaft verblendend wirken.

Das sich ändernde Rollenmuster politischer Autorität ist also von tief einschneidenden Veränderungen im Arbeits- und im gesamten sozialen Leben von jedermann bedingt. Unterscheidet man zwischen sich befragender und unbefragbarer Autorität, so ist klar, daß die spezialistischen Leistungen Autorität als einen entwicklungsfähigen unabgeschlossenen Prozeß erscheinen lassen. Daneben fällt jedoch die Massierung der Menschheit ins Gewicht, sei sie durch absolute Zunahme der Bevölkerung, sei sie durch Ballung in den Räumen der industriellen Produktion und Verwaltung herbeigeführt. Für den *humanen* Umgang mit Menschen in so großer Zahl, in so engem Raum gibt es noch keine erprobte Praxis. Es ist zum Beispiel unbekannt, welches Eigenterritorium der einzelne besitzen muß, um in der drangvollen Enge der zu unabsehbarer Ausdehnung angewachsenen Stadtregionen das Gefühl persönlicher Mitverantwortung, individueller Würde behalten zu können. Die sicher unvermeidlichen administrativen Akte, denen sich das Individuum ausgesetzt sieht, geben ihm ein mehr oder minder dumpfes oder deutliches Gefühl seiner Reduzierung auf eine Massenpartikel; also nicht die Erfahrung individueller Bedeutung, sondern Bedeutungslosigkeit als basale, überall gegenwärtige Grunderfahrung. Das muß archaische Allmachtsphantasien als (sicher unzureichende) kompensatorische Reaktionen herausfordern.

Auf die Beziehung zu den politischen Autoritäten wirkt sich dies in doppelter Hinsicht aus. Einmal wird ihnen mehr Macht zugesprochen, als sie tatsächlich haben, wenn man Macht nicht als Demonstration der Stärke, sondern als *Fähigkeit, Konflikte zu lösen*, definiert. Zum anderen verschwindet politische Autorität überhaupt aus dem Erlebnishorizont der Massen. Da diese sich in Fragen der Politik, von der kommunalen bis zur Weltpolitik, als ohnmächtig erleben, verwenden sie keine seelische Energie auf diesen Bereich und lösen ihre Lust-Unlust-Spannungen in apolitisch erlebten Sozialkontakten. Diese politische Apathie auf seiten der Öffentlichkeit schwächt politische Macht (als problemlösende Kraft) für die Fragen der Gesamtgesellschaft, ohne daß dies in den auf allgemeinen Wahlen beruhenden Demokratien als »Krankheit« unmittelbar sichtbar würde. Ein Effekt besteht jedoch darin, daß die Verwaltungsakte das politische Klima bestimmen und sich hier autoritäre und nicht »vorbildliche« Kommunikationsformen entwickeln. Die Spezialisten der politisch-staatlichen Administration erwerben sich nicht das gleiche Ansehen wie jene der Naturwissenschaften oder Produktionstechniken – und sie verdienen es vorerst auch selten.

5.

Wir wollen unseren Überlegungen jetzt nur noch einige kurze Bemerkungen 1. über Stile gegenwärtig gezeigter gemeinsamer Autoritätsverehrung, 2. über Schuldgefühle und 3. über die zunehmende Spannung zwischen Triebunterdrückung und Bewußtseinsentwicklung anfügen. Hier hat uns Freud tiefe Einblicke in psychosoziale Prozesse gewinnen lassen. Trotzdem gestehen wir, daß es äußerst schwierig ist, in der Beurteilung entscheidende von nebensächlichen Einflüssen zu trennen.

1. Wie bereits zu Anfang angekündigt, soll jetzt das Autoritätsproblem im Zusammenhang mit jenen theoretischen Anregungen behandelt werden, die wir Freuds *Massenpsychologie und Ich-Analyse* verdanken. Geographisch bieten sich hinsichtlich der Art, wie Autorität behandelt wird, in verschiedenen Gegenden verschiedene Stufen psychischer Entwicklung als Anschauungsunterricht an. Im Westen beobachten wir eine fortschreitende Technisierung und rationale Planung auch der politischen Macht – mit allen Nachteilen immer unkontrollierbarerer Manipulation. Soviel ist jedenfalls recht eindeutig: Das Autoritätserlebnis ist mit dieser Machtform nicht mehr so eng verbunden. Es gibt vielmehr recht aufgeklärte Anschauungen über die Reichweite der Intelligenz von Politikern. Zudem findet sich in großen Teilen der Bevölkerung eine weitgehende Abstinenz von jeder Beteiligung an politischen Fragen. Wir haben soeben die Auffassung vertreten, daß diese Abstinenz weniger auf die Freiheit des Bürgers zurückzuführen ist, sich auch nicht für Politik zu interessieren, als vielmehr auf gesellschaftliche Prozesse, die es ihm nicht mehr nahebringen, sich aus vernünftigen Gründen für Politik zu interessieren.

Der Personenkult der strikt autoritär gelenkten Staaten erlaubt es, die auch dort bestehende Einflußlosigkeit des Bürgers auf den Gang der Politik durch Affektrausch zu verdecken. In Rußland, dem neben China bedeutendsten autoritären Staat, wird der zuvor extrem gesteigerte Personenkult nunmehr bekämpft. Das sieht wie eine Entwicklung aus, und zwar in der Richtung der Oligarchie, welche die Partei repräsentiert. Es werden dort kritische Stimmen laut; Kritik an der idealisierten Führerfigur kommt nicht mehr einem Todesurteil gleich. Auch die Rolle des politischen Spezialisten ist dort den Erfordernissen der technischen Entwicklung vielleicht angepaßter als irgendwo. Zwar ist der «Apparatschik» in- und außerhalb Rußlands jahrzehntelang Zielscheibe des Spottes gewesen, und dies mit gutem Grund. Trotzdem, der wesentliche Grund war nicht, wie es den Anschein haben mochte, die Borniertheit der Bürokraten, sondern die erwähnte Tatsache, daß für die Konstruktion von Staatsgebilden, deren

Überleben vom Entwicklungstempo ihrer Technisierung abhing, brauchbare Vorerfahrungen, definierte Rollen, angepaßte Gewissensverpflichtungen diesem Staat gegenüber bei seinen Bürgern fehlten. In dieser unvorhergesehenen Rolle befanden sich die Regierten (aus uralten Feudalverhältnissen aufgescheucht) wie die Regierenden gleichermaßen. Es kann nicht ausgeschlossen werden, daß sich im Laufe der kommenden Jahrzehnte die außerordentlichen Opfer der russischen Revolution so etwas wie bezahlt machen.

In China wiederum blüht dieser Personenkult. Ein 700-Millionen-Volk schließt sich in immer neuen Massendemonstrationen – gegenwärtig unter der Devise der »Kulturrevolution« (die von oben stattfindet) – um den Führer Mao Tse-tung. Es muß unser Interesse wecken, daß in dieser »Kulturrevolution« das Spezialistentum und die Selbständigkeit der Techniker bekämpft werden. Taktisch kann das nur die Bedeutung haben, die Massen möglichst ungegliedert, ohne Rückhalt in Einzelgruppen, das heißt ohne kritische Ansatzmöglichkeiten, in der Verehrung der Partei und ihres, praktisch geheiligten, Führers zu halten.

Alle Urteile über Chinas Entwicklung sind nicht mehr als Versuche des Verstehens (einschließlich des Mißverstehens aus Wunschdenken; das ist uns aus den Urteilen der Zeitgenossen der russischen Revolution noch in lebhafter Erinnerung). Wie sehr es sich um eine manipulierte Verehrung handelt, kann man geradezu lehrbuchhaft daran erkennen, wie alle natürlich auftauchenden ambivalenten Gefühle vom Heros abgespalten werden. Mao, dem Führer – wie zuvor Stalin, Hitler, wie früher dem absoluten Regenten –, gelten nur die Gefühle religiöser Verehrung für seine in der Partei verwirklichte Unfehlbarkeit. Die Energie rebellischer Gedanken, kritischer Urteilssuche wird verketzert und projiziert. Nicht man selbst, sondern »finstere Verbrecherbanden« opponieren »gegen die Partei, ihren Vorsitzenden und seine Lehren«. Die Analogie zu dem Führerkult faschistisch-autoritärer Staaten ist trügerisch. Hier handelte es sich um regressive Antworten auf die Härten der industriellen Entwicklung; man denke an die »Blut-und-Boden«-Mythologie des Nazismus. In Rußland und jetzt in China sind die brutalen Methoden der Massierung, der Einebnung der Individuen im

Kollektiv und der Jahrzehnte währenden Anbetung der politischen Führer Begleiterscheinungen der notwendig gewordenen Technisierung, noch nicht die Rückwirkungen auf diesen Vorgang. Jedenfalls lassen sich die im Endeffekt ähnlichen Phänomene – kollektive Kontrolle aller untereinander unter dem wachsamen Auge des großen Führers – in ihrer politischen Funktion für die jeweilige Gesellschaft nicht ohne weiteres vergleichen. China sah sich von außen auf den Entwicklungsweg einer Industrienation gedrängt, um sein Selbstwertgefühl zu restaurieren. Es entwickelt den Führerkult und die eigene Wasserstoffbombe aber nicht aus den Voraussetzungen des puritanischen Kapitalismus und der Aufklärung. Die Funktion des Führerkultes in China könnte auf sich beruhen bleiben – als eine quasi lokale Angelegenheit –, die weltpolitischen Zusammenhänge erlauben aber nicht mehr Konzepte von der Art der Monroedoktrin, sosehr China sich im Augenblick wieder einmal willkürlich abschließt. Auch wenn es jeweilig Ideologie für den eigenen Hausgebrauch ist, die Großmächte müssen unter dem Zwang der weltweit funktionierenden technischen Kommunikationswege ihre Art der Lösung gesellschaftlicher Krisen als global gültiges Heilmittel anbieten. Das Gefälle des Einflusses beginnt sich dabei zwischen West und Ost zu kreuzen. Auch dieser Gesichtspunkt ist im Hinblick auf die Wandlungen unserer Vorstellungen von politischer Autorität in die Waagschale zu werfen.

Man ist versucht, diese verschiedenen Autoritätsverhältnisse als historische Entwicklungsphasen einzelner Großkollektive zu sehen und sie der Entwicklung ihres allgemeinen Bewußtseins und speziell des Bewußtseins der eigenen Lage in den verschiedenen Phasen zuzuordnen. Freilich ist eines zu bedenken: Die politische Vereinheitlichung zu nationalen und ideologischen Gruppen geschieht immer unter Zuhilfenahme einer intensiven Identifikation mit einem Führer. Dem Psychologen scheint dabei der Gedankengang, daß das allgemeine Bedürfnis die Führerpersönlichkeit evoziert, ebenso einleuchtend wie die Vulgäranschauung, daß Männer in solchen Augenblicken Geschichte machen. Der Führer repräsentiert, wie Freud sagt, das Ich-Ideal der Massen. Vor allem wenn Traditionen zerbrechen und historische Entwicklungen in eine unbestimmte Zukunft drängen, steigern sich die regressiven Bedürfnisse der großen Menge. Man sucht nach dem sicheren Geleit in die Ungewißheit. Traditionell beruhigtere Zeiten verdecken aber nur die Tatsache, daß selbständige Orientierung durch die Erziehungsprozesse, wie sie bisher in den Gesellschaften gehandhabt wurden, nur unvollkommen angeregt wird: »Die Autoritätssucht und innere Haltlosigkeit der Menschen können Sie sich nicht arg genug vorstellen«, war eine Bemerkung Freuds im Jahre 1909 [1]. Zu der Erzeugung und Lenkung regressiver Neigungen wird die Technik des Parteiapparates offenbar auch in China mit voller Leistungsfähigkeit eingesetzt, um Mao zum unbestrittenen Ich-Ideal der Massen werden zu lassen. Die quasi paradoxe psychologische Situation besteht darin, daß ohne zuerst einmal erworbene stabile Identifikationen keine subjektive kritische Freiheit errungen werden kann. Ein Zuviel an Lenkung durch starke Autoritäten vernichtet sie. Die chinesische Führung, um bei diesem Beispiel zu bleiben, nützt gegenwärtig offensichtlich den Zerfall stabiler traditionsgebundener Lenkung aus, was im psychologischen Zusammenhang den Verlust des Haltes an Identifikationen bedeutet. Die regressiven Bedürfnisse in dieser Lage werden zur »Umformung des Menschen« benützt, und dies stellt, wie fernöstliche Beobachter meinen, »wohl das gigantischste Experiment in unserem Jahrhundert« dar [2].

Es bleibt für viele Menschen (auch die »Gebildeten«) eine Gefahr, daß sie, wann immer sie in Konflikte geraten, die zunächst ihren Witz zu überfordern scheinen, leicht zu dieser Fusion von Ich und Ich-Ideal, also zur begeisterten Verschmelzung mit einem Führer gebracht werden können. »Die Sonderung von Ich und Ich-Ideal ist bei vielen Individuen nicht weit vorgeschritten, die beiden fallen leicht zusammen, das Ich hat sich oft die frühere Selbstgefälligkeit bewahrt.« [3]

2. Solange diese Identifizierung – die aber in hocherregten Augenblicken doch mehr als nur eine Identifizierung, nämlich das Erlebnis der totalen Fusion bringen kann – aufrechterhalten bleibt, gelingt es – nunmehr *ohne Schuldgefühle*, vielmehr mit subjektiv bestem Gewissen –, die Gegner des Ich-Ideals zu verfolgen und

1 S. Freud, Ges. Werke VIII, 109.
2 Lily Abegg *Jeder Chinese ein Robinson Crusoe*. FAZ, 15. 8. 1966.
3 S. Freud, Ges. Werke XIII, 144 f.

ohne Gnade zu bekämpfen. Grausamkeiten dieser Art können von den Massen im Wortsinn stumpfsinnig, das heißt ohne die Spur von Einfühlung und Mitgefühl, geleistet werden, wenn das Ich-Ideal, welches sie fordert, außerhalb der Person durch einen Führer verkörpert wird und wenn die Massenglieder sich gegenseitig mit Hilfe dieses gemeinsamen Führers identifizierend stützen können. Die Schuldgefühle kehren dann erst – wie es sich in Deutschland zeigte – mit dem Zusammenbruch solcher Idealbildungen und Identifikationsverhältnisse wieder. Entweder tauchen nun alte Ideale und Identifikationen erneut auf, oder es werden neue Idealbilder von außerhalb gefordert. Die Zähigkeit jedoch, mit der den Allmachtsphantasien nahe Idealbilder festgehalten werden, sollte nicht unterschätzt werden. Sehr deutlich zeigt sich das an der dogmatischen Starre der Religionen, denen weiter anzuhängen – in ihren alten Gottes- und Jenseits-Vorstellungen – eine erhebliche Ich-Spaltung (Ego-split) notwendig macht.

3. Die Erlaubnis zur aggressiven Untat, welche ein Ich-Ideal solcher Art gewährt, scheint nicht ungern ergriffen zu werden. Sie ist ein mächtiger Anreiz, sich solchen Massenbewegungen und ihren Autoritäten anzuschließen. Der Drang zur aggressiven Entlastung wird entgegen idealisierenden Auffassungen vom Menschen dann verständlicher, wenn wir uns einer anderen Bemerkung Freuds erinnern: »Unsere Kultur besteht darin, daß immer mehr von unseren Trieben der Verdrängung unterliegen.«[1] Das Ausleben straffreier Aggressionen einem als unwürdig erklärten Feind gegenüber ist dann gleichsam ein Schritt aus der Kultur in einen Raum, der paradiesisch frei von den Lasten der Verdrängung ist. Daß es sich hier um Triebbefriedigungen handelt, darf dem Individuum nicht bewußt werden; es wähnt sich »höheren Zielen« hingegeben.

Ideologien spielen bei diesem Geschehen nur die Rolle eines Auslösemechanismus, eines Bühnenstichwortes. In China gilt die Aggression den »Sowjet-Revisionisten und Imperialisten«. Auf sie werden alle Haßgefühle projiziert, die gegenüber der den Allmachtswünschen überangepaßten Attrappe »unsterblicher Mao«

[1] S. Freud, Ges. Werke XIII, 125.

nicht nur nicht geäußert, sondern auch nicht empfunden werden dürfen. Je schärfer die wechselseitige Forderung zu gläubigem Verhalten, desto unbeherrschbarer die aggressiven Gefühle gegen solchen Zwang, die nun auf den »Feind« außerhalb der eigenen Gesellschaft abgelenkt werden müssen.

In Indonesien wiederum waren es vor kurzem die Kommunisten selbst, welche alle Brutalitäten einer Hexenjagd und eines Kreuzzugs zu erleiden hatten. Immer sind es in dieser menschenreichen Zeit Hunderttausende, die bei solchen politischen Katastrophen ihr Leben lassen müssen.

Was die psychischen Prozesse betrifft, die in diesen von Massenidolen geführten Herrschaftsbereichen geweckt und unterhalten werden, so gleichen sie einander wie ein Ei dem anderen. Das Individuum wird von vornherein nicht zur selbständigen Reaktion, zur selbständigen Einschätzung der Realität erzogen, sondern zu unbedingtem kindlichem Gehorsam, wie wir dies aus unserer Geschichte während der langen Jahrhunderte bis zu den großen religiösen Revolutionen kennen. Es ist also nicht nur die große Zahl autoritätssüchtig, sondern es gehört dazu das Pendant eines Führers und einer Führungsschicht, welche diese Haltlosigkeit als die natürliche Voraussetzung ihrer Machtentfaltung ansehen. Dann werden die »Menschenkinder« darüber belehrt, daß sie glücklich sein sollen, einen so guten Vater gefunden zu haben.

Psychologisch gesprochen: Die politische Autorität ist keine Macht, die man heranwachsend im sozialen Felde vorfindet und zu der man langsam eine Einstellung gewinnt – ambivalent, kritisch, überzeugt etc. –, vielmehr sind alle gesellschaftlichen Verhältnisse so eingerichtet, daß dem einzelnen der jeweilige Führer als ein Teil seiner phantasierten Allmacht erscheint. Er bleibt mit ihm in jener innigen Beziehung, die der Gläubige mit seinem Gott unterhält. Er respektiert ihn nicht, wie man einen Menschen respektiert, mit dem man in einem Austausch von Erfahrungen steht, von dem man lernt, sondern das Massenideal »Führer« ist im Erlebnis Teil eines jeden. Ein jeder ist mit ihm identifiziert. Dieser machtvolle Führer hat sich »an die Stelle des Ich-Ideals gesetzt«[1]. Das Ich gehorcht wie hypnotisch. Jedes kritische

1 S. Freud, Ges. Werke XIII, 125.

Zögern wird nicht nur von äußeren Sanktionen bedroht, sondern auch von Schuldgefühlen begleitet.

Es mag erlaubt sein, hier eine kontrastierende theoretische Schlußfolgerung anzufügen. Das Individuum der hochspezialisierten Industriezivilisation, in welcher genau das eingetreten ist, was Maos Partei verhindern will – daß sich »Kasten« von Spezialisten bilden, die den Primat der Partei und ihrer Allwissenheit anzweifeln könnten – dieses unter pluralistischen Ideen aufwachsende Individuum könnte neuerdings auch gefährdet sein. Und zwar aus anderen Zwängen zur Selbstentfremdung als in den asiatischen Massenstaaten. Denn eine lange relative Freiheit von so uniformierenden Glaubenszwängen, wie wir sie jetzt in China ausgeübt sehen, hat die Mehrzahl der Bürger trotzdem nur zu relativ unscharfen politischen Urteilsbildungen kommen lassen [1]. Der Anreiz zur Ausweitung ihrer Interessen auf das politische Geschehen in größerem Zusammenhang ist, wie oben dargelegt, nur mangelhaft. Es könnte sein, daß die Politik der Zukunft so wesensverschieden ist von dem, was wir darunter verstehen, wie die Städte der Zukunft von der πόλις. Dabei wird – in Varianten – ein Prozeß eine entscheidende Rolle spielen, und zwar die Schwächung der frühen »Objektbeziehungen« (also der frühen affektiven Kontakte) durch Prozesse, welche – wie oben ausgeführt – die Gesellschaft als ganze ergriffen haben. Das führt zu einer relativ hohen Unempfindlichkeit für Schuldgefühle, da der andere keine »wirkliche« Erfahrung darstellt. Aber erst wenn das Individuum aus der Reaktion seines Partners deutlich zu spüren gelernt hat, daß es ohne Rücksicht auf ihn handelte, und wenn die Schuldgefühle es allmählich lehren, rücksichtsvoller zu sein – erst dann kann sich »Kultur« entwickeln, kann sich Aggression durch Mischung mit Objektlibido »zähmen«. Die Voraussetzung der Entwicklung von Schuldgefühlen ist also die Entwicklung von Objektbeziehungen, das heißt von mitmenschlichen Beziehungen, die für beide Partner etwas bedeuten; also eine genau umgekehrte Entwicklung zu den autoritären Regimen, wo den Individuen keine ambivalenten Objektbeziehungen erlaubt werden und die Abhängigkeit vom externalisierten Ich-Ideal, dem Führer, maximal

---

[1] Vgl. J. Habermas *Student und Politik*. Neuwied (Luchterhand) 1961.

gesteigert wird. Es war eine der großen Einsichten Freuds, »das Schuldgefühl als das wichtigste Problem der Kulturentwicklung hinzustellen und darzutun, daß der Preis für den Kulturfortschritt in der Glückseinbuße durch die Erhöhung des Schuldgefühls bezahlt wird« 1. Das »Glück«, von dem hier die Rede ist, ist ein sehr »paradiesisch« frühes; bei dem Versuch der Rückkehr zu ihm zeigt es sich als eine infantile Hoffnung. Das macht es vielleicht noch verlockender.

Vielleicht wird der Leser zuerst denken, diese Betonung des Schuldgefühls sei ein puritanischer Erbteil in der Theorie Freuds. Die Einsicht scheint jedoch einen allgemeineren Sachverhalt zu treffen. Schulderleben reflektiert unser eigenes Verhalten in den Augen des anderen, auf den sich unser Handeln bezog. Später, mit wachsender Ich-Reifung, ist es auch mit dem Erleben von Meinungsverschiedenheit verknüpft. Das macht es auf neue Weise der Reflexion zugänglich. Illusionäres und echtes Schuldgefühl beginnen sich deutlicher zu scheiden. Unser Ich hilft uns, die aus der Kindheit heraufreichenden unzeitgemäß gewordenen Schuldgefühle zu mäßigen. Im Schulderleben liegt also die Basis der Erfahrung, daß Ich und Du, Ich und Objekt, getrennte Wesen sind. Zwar kommen wir am Beginn unseres Lebens nicht ohne Identifizierung mit der großen elterlichen Autorität aus, um unsere Triebneigungen beherrschen zu lernen. Wir identifizieren uns und introjizieren jene machtvollen Objekte, mit denen wir uns eins fühlen. Dabei sollten wir nicht stehenbleiben. Aber wenn, wie im gegenwärtigen China (es gewiß nur als Beispiel genommen), kein negatives Gefühl gegen die Autorität aufkommen darf und wenn vom Schutzmechanismus der Verdrängung der nachdrücklichste Gebrauch gemacht werden muß, nämlich der Verdrängung aller Ambivalenz in unsren Gefühlen für die Autoritäten, dann bleiben wir in jener Märchenwelt, in der es Helden, finstere Verbrecher, Imperialisten – nur keine Menschen gibt.

Normalerweise wird in der Entwicklung diese Ebene verlassen. Nachdem das Kind erlebt hat, daß es nicht durch Identifizierung allmächtig wird, muß es seine emotionellen Bindungen neuerlich ordnen. Nunmehr treffen Liebe und Haß das gleiche

1 S. Freud, Ges. Werke XIV, 493 f.

Objekt, und schließlich beginnen wir, zwischen den Objekten, die uns wert sind, zu wählen. Die politische Autorität, die sich in einer Demokratie vielköpfig, mit vielen Meinungen, in Parteien gegliedert darbietet, ruft zur Objektwahl auf. Sicher wird sie zu einem guten Teil von Vorbildern, auf die wir trafen, und von den Identifizierungen, die wir im Laufe unseres Lebens vorgenommen haben, mitbestimmt sein. Aber diese Vorbilder sollten keinen eisernen Zwang ausüben. Die demokratische Gesellschaft verlangt nicht, daß wir uns mit *einer* Autorität identifizieren, die fraglos akzeptiert werden muß. Das gilt jedenfalls für den politischen Sektor. Vielleicht ist es ihr bei uns bisher nur so relativ unvollkommen gelungen, das Ertragen der abweichenden Meinung, das Ertragen ambivalenter Gefühle gerade der respektierten Autorität gegenüber zu einem Hauptstück politischen Lebens für die Massen werden zu lassen, weil diese Politik inkonsequent ist. Sie hält religiösen Autoritäten gegenüber an der alten, unbedingten Gehorsamstradition fest. Soweit solche Folgsamkeit eine Einstellung des Individuums ist, bleibt sie hier unberücksichtigt; soweit aus ihr ein Mittel christlicher Politik wird – ein Mittel, um Macht zu gewinnen und zu erhalten –, ist hier ein Stück voraufgeklärten Anspruchs am Leben geblieben.

Betrachtet man Volksführer wie Hitler oder Mussolini, so gilt für sie, wie wir hervorhoben, daß unter ihrem Einfluß eine schon erreichte Differenzierungshöhe des Kulturprozesses rückläufig wurde; man kann hier Freuds treffende Formulierung anwenden: »Die Objektwahl ist zur Identifizierung regrediert.« [1] Die chinesischen Verhältnisse in ihren historischen und genetischen Zusammenhängen zu beurteilen ist dem Fremden kaum möglich, zum Beispiel, wieweit die Deifizierung Maos eine Fixierung an ein infantiles kulturspezifisches Vaterideal darstellt und wieweit (was auch zu erwarten ist) eine Regression vorliegt. Die Umerziehung jedenfalls benutzt, wo sie forciert angewandt wird, das Mittel erzwungener Regression. Wenn ein Land sich so weit unifiziert und öffentliche Sicherheit herstellen kann, daß man nicht mehr an den Provinzgrenzen die Zöllner bestechen muß und auf den Straßen von keinen räuberischen Banden überfallen wird, dann

[1] S. Freud, Ges. Werke XIII, 117.

wird dies von den Bewohnern als großer befreiender Fortschritt und der, der dazu verholfen hat, als einer der Großen der Geschichte gefeiert. Es gelingt dann relativ leicht, die Einsetzung dieses Großen als Ich-Ideal der Massen zu forcieren.

Der entferntere Beobachter sieht aber den Preis, der für die Errungenschaften zu bezahlen war: die künstliche und forcierte und nur durch Verleugnung der Ambivalenz erreichbare einhellige maßlose Begeisterung für den Volksführer, der doch neben der Einigung spezifisch neue Unfreiheiten bewirkt hat. Die hektische Umdeutung dieser Zwänge zu einer uniformen Begeisterung verrät, daß hier Angst abgewehrt werden muß. Begeisterung ist aber das beste Mittel, kollektive Ängste sich dienstbar zu machen, zum Ich-Ideal erhöht zu werden. Ein derart exaltierter Glaubensfanatismus ist für die Nachbarn nicht harmlos, denn die Unterdrückung der ambivalenten und destruktiven Impulse im eigenen Land kann, wie wir es erlebten, leicht irgendeine fremde Menschengruppe in die Schußlinie von Projektionen bringen.

Wir stoßen jetzt auf wesentliche Kontraste: im Osten Homogenisierung der Massen durch eine eiserne Klammer, ständig erregte Affekte werden in eine Richtung gelenkt. Die Identifizierung mit dem Führer zwingt alle, sich als seine Kinder zu fühlen und sich gegenseitig in dieser Rolle zu bestärken und zu überwachen, ihre feindlichen Gefühle richten sie nach außen. Demgegenüber sind die Massen des Westens politisch weithin apathisch. Aber man kann nicht ohne weiteres sich des Gefühls erfreuen, hier sei die Gefahr gesellschaftlichen Terrors beseitigt. Denn auch im Westen sind es nicht nur gelegentliche Akte der Regression, wie etwa die massenhafte Identifizierung mit Hitler, welche allerschwerste Katastrophen heraufbeschworen haben. Hier kommt die Gefahr für eine differenzierte seelische Struktur aus Fortentwicklungen der technischen Zivilisation, die im Osten noch nicht erreicht sind, denen man dort aber nicht wird ausweichen können. In den hochtechnisierten und spezialisierten Gesellschaften spielen sich neue Arten der Entfremdung ab. Wir haben mehrfach auf die Lockerung der Objektbeziehungen hingewiesen, die aus einem Komplex von Bedingungen entstehen. Da ist die Abwesenheit des Vaters, die Spurlosigkeit seiner Arbeit, die zunehmende Berufstätigkeit der Mutter, die ebenso wie der Vater in einen Prozeß verstrickt wird, durch welchen sie für das kindliche Leben entwirklicht wird. Da tritt zum Beispiel an die Stelle dieser frühen intensiven Kontakte, an die Stelle der Einübung in tradierte Rollenmuster (etwa den Berufshabitus des Vaters) die orale Verwöhnung, die keine Objektbeziehung schafft, sondern eine solche ersetzen soll. Der Mensch wird also auch in der Überflußgesellschaft recht früh mit Erfahrungen vertraut, die ihn »prägen«, das heißt seine Triebökonomie, seinen sozialen Verhaltensstil nachhaltig beeinflussen. Das hat sich gegenüber religiösen oder politischen Indoktrinierungspraktiken wenig geändert, was auch verständlich ist, denn die Bedürfnisse des Individuums als eines Gattungswesens haben sich nicht geändert. Es bleibt die Frage von überragender Wichtigkeit, ob die Gesellschaft ihren Individuen gestattet, den Reifungsweg von der Identifizierung, als frühester Begegnungsform, zur »Objektwahl« (das heißt zu der Fähigkeit, den anderen in vollem Umfang als »wirklich« zu verstehen) zu durchlaufen. Die fühlbare Gefahr, von der wir sprachen, besteht darin, daß die Einflüsse des Wohlfahrtsstaates eine symbiotische Abhängigkeit fördern. Sie erlaubt es dem Individuum nicht, auf der Ebene seiner Phantasien und auch seines sozialen Verhaltens klar zwischen Ich und Nicht-Ich zu unterscheiden. Diese Fixierung an infantile Erlebnisweisen läßt es kaum zu verläßlichen Identifikationen, geschweige zu einer Objektwahl kommen, in der sich selbständige Individuen begegnen. Wenn die Quellen dieses nährenden und verwöhnenden und *zugleich* das Individuum mißachtenden Staates nicht nach Verlangen fließen, entsteht jene aggressive Gereiztheit, die nach ziellosen Entlastungen verlangt oder die für die Verführung durch Demagogen ziemlich schutzlos macht.

Freud hat 1909 nach einem Vortrag von Alfred Adler über die *Psychologie des Marxismus* in der Diskussion die beiden Hauptlinien der Kulturentwicklung genannt, wie sie sich ihm darstellten – und bei dieser Auffassung blieb er; für ihn waren es »... die allmähliche Erweiterung des menschlichen Bewußtseins und die ständige Zunahme der Verdrängung« [1]. Es ging für ihn also schon damals um diese Gegenläufigkeit, die heftige Krisen provozieren muß: Die Komplexität der Staaten mit sprunghaft sich vermehren-

---

1 E. Jones *Sigmund Freud*. Leben und Werk, Bd. III. Stuttgart 1962, 393.

der, in industriellen Standorten geballter Bevölkerung verlangt ein ungewöhnliches Maß an Triebverzichten, ohne diese Leistung keine »Verwöhnung« mit Konsumgütern.

Betrachtet man derart registrierend die Entwicklung auf den einzelnen Schauplätzen der zeitgenössischen Geschichte, dann mag es in der Tat so sein, daß für das Individuum, das an die jeweilige Kultur gewöhnt ist, sich jene Ereignisse als Fortschritt ausnehmen, die von der anderen Seite als Gefahr angeprangert werden. Und doch meinen wir einen entscheidenden Unterschied aufzeigen zu können, der in der Linie der Evolution des Bewußtseins liegt. Man kann ihn am Verhältnis zur Autorität ablesen. »Wenn alle Menschen«, schreibt David Riesman, »Gefangene der Charakterstruktur ihrer Kindheit sind, deren Formung außerhalb ihres Machtbereiches liegt, so ergibt sich ohne Schwierigkeit die Folgerung, daß alle ihre späteren Motive, Neigungen und Urteile nicht wirklich ihnen eigen sind.«[1] Das Argument trifft einen Tatbestand. Es sagt aber nicht die ganze Wahrheit. Wir sehen nämlich diesen dynamischen Zusammenhang zwischen früher und später, zwischen ersten (oft entscheidend konditionierenden) Kindheitserfahrungen und späterer Charakterstruktur. Menschen werden in jeder denkbaren Kultur nur auf langen Wegen zu sich selbst kommen können. Das hängt damit zusammen, daß ihre kritischen Fähigkeiten erst langsam reifen und der Förderung durch die Mitmenschen bedürfen. Der Entfremdung, wie sie die ökonomischen Lebensbedingungen, das Arbeits- und Wohnmilieu unserer Kultur mit sich bringen, können wir nur durch nachdrückliche Stärkung der kritischen Ich-Leistungen in der gesamten Erziehungsperiode entgegenwirken. Es muß sich erst – statt daß man in passiver Anpassung und Forderungshaltung verharrt – die Erkenntnis durchsetzen, daß wir in der Lage sind, auch diesen neuen Milieubedingungen gestaltend zu begegnen, statt uns nur von ihnen ergreifen zu lassen. Unser Vorsprung autoritären Staaten gegenüber besteht darin, daß diese das Problem verdecken und gar keinen Zweifel aufkommen lassen, daß gerade das, was uns als Praktik der Entfremdung, der Überwältigung des Individuums erscheint, seine Rechtgläubigkeit ausmacht. Die brennende und

---

[1] D. Riesman *Freud und die Psychoanalyse*. Frankfurt 1963, 54.

ganz offene Frage drängt sich auf, ob politische Autorität der Spezialisten diesen Erziehungsaufgaben gewachsen sein wird. Es scheint uns, daß hierin keineswegs eine Aufgabe für Spezialisten, sondern für Politiker in jener Gruppe gestellt ist, denen wir den Erkenntniswunsch als die zentrale Triebfeder zuerkannten. Es geht darum, wie es gelingen kann, die Selbstdefinition des Menschen als eines, der sich für das Wohlergehen seiner geliebten Objekte mitverantwortlich weiß, in Sichtweite zu behalten. Vom politischen Führer wird hier Vorbildliches wie eh und je gefordert. Er muß zur Identifikation an diesem Punkt herausfordern.

Niemand in unserer Gesellschaft, der durch die Entwicklung der Aufklärung hindurchgegangen ist, wird die Naivität aufbringen, zu postulieren, daß das Vorbild eines einzigen das Beste für alle sein kann. Vielleicht ist wenig mehr als solches Wissen unser Stimulans, uns die Wahlmöglichkeiten zu erhalten, damit sich das Leben lohne. Aber es wäre eben fahrlässiger Optimismus, zu glauben, daß nicht unsere eigene Kulturentwicklung Prozesse fördert, die zur Aufhebung dessen führen können, was uns wirklichen, das heißt humanen Fortschritt gebracht hat. Freud hat die zerstörerische Gegenkraft zur Libido, welche die Menschen aneinander bindet, »Todestrieb« genannt und ist für diese Hypothese von den Biologen unter seinen Lesern getadelt worden. Vielleicht werden ihn die Erforscher menschlicher Gesellschaft besser verstehen.

VIII

Konsequenzen – bei offenem Ausgang der Konflikte

So verschieden, wie es auf den ersten Blick erscheint, sind Politologie und Psychoanalyse vielleicht doch nicht. Die Frage, ob ein soziales Phänomen, ein Rollenstereotyp, eine soziale Kommunikation »gesund« oder »krank«, normal oder pathologisch ist, geht nicht nur den Arzt an, auch der Diagnostiker politischer Systeme – vielleicht ließe sich Politologie als solche Diagnostik definieren – ist mit ihr beschäftigt. Für den Analytiker muß die Ausgangsbasis die am Individuum beobachtete Pathologie bleiben, auch wenn er den Versuch macht, über die Gesellschaft, in der er lebt, etwas auszusagen. Er bildet sich sein Urteil vornehmlich an einzelnen Kranken. Begegnet er bestimmten Charakterstrukturen und Verhaltensweisen gehäuft – gleichgültig, ob sie nun Entdifferenzierungen darstellen oder Ausdruck einer guten Widerstandsfähigkeit sind gegen Einflüsse, welche das Individuum von sich selbst entfremden –, so hat er darin eine Brücke zur Gesellschaftslehre. Er kann auf diese Weise die Entwicklungstendenzen einer Gesellschaft beobachten; soweit er seine Äußerungen an seiner Forschungsmethode orientiert, kann er also nicht die Gesellschaft als den »Körper« und die diese Gesellschaft leitende Elite als das »Hirn« betrachten. Vielmehr muß er sich die Frage vorlegen, warum eine einzelne Person einer möglichst genau erfaßten Charakterstruktur in einem gegebenen Augenblick, in einer gegebenen Gesellschaft zu führender Position aufsteigt oder sie verliert. Oder: Warum findet sich in einer großen Gruppe von Mitgliedern eine nicht zu durchbrechende Apathie gegenüber allen Fragen der Politik? – und ähnliche Fragen mehr.

So muß auch die Autorität, welche die Formen des Zusammenlebens in den verschiedenen Strukturbereichen einer Gesellschaft mitformt, zunächst von ihrem Grundmuster her betrachtet werden. Als wichtigste haben die ersten Erfahrungen zu gelten, die der schwache, hilfsbedürftige Mensch in seiner Kindheit mit jenen Autoritäten macht, die ihn beschützen müssen und dabei Macht über ihn ausüben[1]. Im Verhältnis zwischen Autorität und Beherrschten begegnen sich jedoch nicht nur Machtverhältnisse, sondern auch Stadien der Bewußtseinsentwicklung. Um beim Beispiel der Kindheit zu bleiben: Hier sollte die größere Einsicht das Verhalten der Eltern dem Kind gegenüber bestimmen. In zahlreichen Situationen muß das Kind lernen, sein Verhalten den Forderungen der Erwachsenen anzupassen. Sie helfen ihm, seine Schwäche auszugleichen. Zunächst ist das Erlebnis des Kindes den Eltern gegenüber das einer unbedingten, unbefragbaren Autorität. Was die Lebenspraktiken betrifft, spielen die Erwachsenen die Rolle eines (eben der Realität besser gewachsenen) Hilfs-Ich.

Für den Sozialpsychologen besteht nun Anlaß zu untersuchen, ob und wieweit eine Gesellschaft wünscht, in bestimmter Hinsicht solche Autoritätsformen auch für andere soziale Bezüge lebenslang beizubehalten. Das kann sie nur, wenn sie die Bewußtseinsentwicklung durch ihre Machtmittel unterdrückt, so daß die Infantilform der Abhängigkeit erhalten bleibt.

Die Bewußtseinsentwicklung in Richtung der Ich-Autonomie[2], von der wir annehmen, daß sie von der Art eines biologischen Evolutionsschrittes ist, läßt sich unter anderem auch als Anzeichen der Ich-Stärke definieren. Der »Ich-Apparat« (Hartmann) ist so widerstandsfähig, daß dem Bewußtsein vermittelte Nachrichten von wahrnehmbaren Widersprüchen an Autoritätspersonen nicht zensiert, sondern in ihrer vollen Bedeutung ertragen werden können. Politischen Autoritäten gegenüber ist die unmündige Reaktion die Regel: Anhänger trachten Fehler, Schwächen, Irrtümer nicht wahrzuhaben; sie machen vom Abwehrmechanismus der Verleugnung Gebrauch. Gegner nehmen just diese Seiten wahr und schlie-

---

1 Die souveränste Darstellung gibt René Spitz *Vom Säugling zum Kleinkind. Naturgeschichte der Mutter-Kind-Beziehung im ersten Lebensjahr*. Stuttgart (Klett) 1967.

2 Vgl. über die Entwicklung des Ichs aus der »undifferenzierten Phase« zur Autonomie der Ich-Funktionen: Heinz Hartmann, *Zur Psychoanalytischen Theorie des Ich*. Psyche, XVIII, Stuttgart 1964, 321 ff., Sonderheft.

ßen daraus, daß es nichts Besseres an diesen Personen zu entdecken gäbe. Sie zensieren die guten Seiten. Ein Großteil der alltäglichen Reflexionen über »die da oben« geschieht aus dieser Unfähigkeit des Bewußtseins, Widersprüche bei Vorbildern zu ertragen. Dem ist nur durch die Ermunterung in der Erziehung beizukommen, an sich selbst Widersprüche zu sehen. Erst durch den Umgang mit den eigenen Widersprüchlichkeiten entwickelt sich die Einsicht, daß Ich-Spaltungen mit der Folge der Vielgesichtigkeit einer Person keine Schicksalsauflage definitiver Art, sondern eine Herausforderung zur Integration des Ichs auf einer umfassenderen Ebene des Bewußtseins sind.

Unausweichlich finden wir in der ersten Phase der Kindheit also eine totale Identifikation mit den Eltern-Autoritäten, die dazu dient, die eigene Ohnmächtigkeit zu überbrücken. Durch Identifikation fühlt sich das Kind in den sein Selbstgefühl berührenden Lebenslagen so mächtig wie die Eltern, ein Zustand, der bis weit in die Latenzperiode, also über das erste Lebensjahrzehnt hinaus, aufrechterhalten wird. Erst mit zunehmender Reifung – eben seiner kritischen Urteilsentwicklung – kann es die Eltern als Menschen ihrer eigenen Bestimmung (als »Objekte«) erleben; also ihre Schwächen und Stärken sehen, ohne von der Furcht überwältigt zu werden, mit solcher Kritik die Eltern vollkommen zu entwerten.

In dieser Hinsicht korrespondiert, wie wir deutlich beobachten können, die Bewußtseinsentwicklung des Kindes mit dem Selbstbewußtsein der Autoritäten. Nur dort, wo Eltern in der Lage sind, ihre eigenen Schwächen sich einzugestehen, werden sie es ertragen können, daß ihre Kinder ihnen offen zeigen, daß auch sie nicht blind sind. Genau dies war aber das klassische Merkmal institutionalisierter absoluter Autorität und insbesondere absoluter politischer Autorität: Man hatte blind zu sein für die Schwäche seines Herrn, auch wenn sie in die Augen stach; denn Autorität vergewisserte sich ihrer selbst durch Unbefragbarkeit. Sie konnte sich, soweit sie Autorität war, nur als unfehlbar, als vollkommen empfinden. Die Rollenhörigkeit auf beiden Seiten, auf der des Gläubigen, des Untertanen und der des kirchlichen oder irdischen Fürsten, war kaum von einem einzelnen kritisch reflektierenden Ich zu durchbrechen.

»Reife« im Feld der Politik heißt also, daß ambivalente Gefühle gegenüber der Autorität als etwas Normales verstanden werden und daß Autorität es ertragen lernt, sich von einer mehr oder minder großen Zahl der Mitglieder der Gesellschaft mehr oder minder vollkommen abgelehnt zu wissen. Darin drückt sich die Überwindung der infantilen Einstellung zu den Vorbildern aus. Und natürlich auch die Überwindung der zum Scheitern verurteilten Identifikation mit einem unfehlbaren Ideal.

Auf die lange Frist menschlicher Geschichte hin gesehen vollzieht sich eine Einstellungsänderung. Zwar entstehen immer noch Diktaturen in nicht geringer Zahl, aber verglichen mit der Herrschaftsdauer autokratischer Herrschaftsordnung in der Vergangenheit sind sie ungleich kurzlebiger geworden. Es gibt immer weniger Bereiche, in denen Autorität sich über eine Phase emphatischer Erregung oder nackten Terrors hinaus der kritischen Befragung entziehen kann. Wir nehmen am Wandel von der absoluten zur befragten Autorität teil.

Die Entwicklung des kritischen Bewußtseins hat natürlich viel breitere Auswirkungen als nur dieses Messen individueller Kritik mit den Glaubens- und Gebotsnormen seiner Gesellschaft. Da es aber immer noch weite Bereiche der Erde gibt, in denen Aufklärung noch am Anfang steht oder die wieder zu infantiler Unterordnung unter überhöhte Führerfiguren gezwungen werden, läßt sich das Ausmaß, in dem *Kritik als Denkvorgang* (statt als Ausrottungsvorgang der Gegner) möglich ist, als Index des gewachsenen kritischen Bewußtseins verwenden. Aus ihm ist ein neues Ideal hervorgegangen: das Wissensideal, dem wir die sprunghafte Vermehrung unseres Wissens über die Natur und die progrediente praktische Auswertung dieses Wissens verdanken. Unter der Herrschaft des Wissensideals hat sich die menschliche Welt, das heißt also die Einstellung des Menschen zur Natur und dadurch mittelbar auch die Struktur der Gesellschaft, rapide geändert.

An zwei Folgen der sprunghaften Wissensvermehrung und an der industrialisierten Anwendung dieses Naturwissens lassen sich Veränderungen, die sonst in ihrer Auswirkung auf menschliches Verhalten so schwer zu beurteilen sind, relativ gut beobachten:

1. Die Technisierung der Produktion (im weitesten Sinne des Wortes) hat immer mehr zu »spurloser Arbeit« geführt; das heißt einer Arbeit, die im Bedienen von Apparaturen oder Organisations-

instrumenten besteht und jedenfalls dem Individuum nicht die Möglichkeit gibt, sich sichtbar mit Hilfe des von ihm hervorgebrachten Produktes auszudrücken und in diesem Produkt wiederzuerkennen.

2. Der andere, fast jedermann erreichende Effekt der Technisierung besteht darin, daß es ihr gelungen ist, dort, wo sie sich ausbreiten konnte, einen relativen Überfluß und einen hohen Grad der Sicherung gegen Not herzustellen – jedenfalls gemessen an den Mangelwirtschaften der Vergangenheit. So ist es in unseren westlichen Gesellschaften gelungen, Hunger in der großen Breite der Bevölkerung zu beseitigen und darüber hinaus eine Reihe von oralen Befriedigungen Selbstverständlichkeit werden zu lassen, die bis dahin Luxus waren. Während noch vor zwei Generationen nur an Festtagen Fleisch auf den Tisch kam oder Süßigkeiten verteilt wurden, sind dies Alltäglichkeiten geworden. Gleiches gilt vom Schutz des Arbeitsplatzes, der Altersversorgung, des Gesundheitsdienstes und ähnlichen Diensten der Allgemeinheit für ihre Individuen.

Hinsichtlich des Triebpaares Aggression und Libido ergeben sich daraus grundsätzliche Änderungen, denen sich politische Autorität anpassen und die sie mitgestalten muß. Wir nennen beispielhaft vier Konsequenzen:

Konsequenz 1: Bezeichnen wir die relative Überernährtheit und orale Verwöhntheit des Bürgers der Industriegesellschaft als die normale Ausgangslage, so imponiert das zunächst als großer Fortschritt. Die rasche Befriedigung von Triebbedürfnissen hat aber einen unerwarteten Nebeneffekt. Wir entdecken, daß Verzichtleistungen eine entscheidende, vielleicht unersetzliche Rolle beim Aufbau unserer Persönlichkeit spielen. Der Lernvorgang als solcher ist an Frustrationen als motivierende Erfahrungen geknüpft. Zu diesem Lernprozeß gehört auch, daß wir in der Kindheit lernen, Verzichte zu akzeptieren. Das bedeutet, daß wir den Widerwillen gegen die verbietenden Erwachsenen ihnen *zuliebe* überwinden. Das hilft uns, die Ambivalenz der Gefühle von früh an zu überbrücken, wie dies für die Entwicklung eines Charakters mit der Fähigkeit zur Integration so notwendig ist.

Von der Seite der Erwachsenen her ist die Lage ebenso schwierig, denn sie müssen in der Lage sein, zu entscheiden, welche

Verbote »notwendig«, das heißt für eine entwicklungsfähige Sozialanpassung unerläßlich sind. Die uns gegebene soziale Realität verlangt von uns eine zunehmende Kontrolle primärer Triebwünsche. Es bleibt eine offene Frage, ob dies durch eine »ständige Zunahme der Verdrängung«[1] allein oder durch frühe Stützung des Ichs erreichbar ist. Die Libido-Entwicklung kann sicher nur durch Gewährung von »Liebesbeweisen«, also durch Gratifikationen, in gute Bahnen gebracht werden. Aber Gewährung allein ist offenbar noch kein Liebesbeweis, wie das Scheitern der »permissive education« gezeigt hat.

Der Erwachsene ist objektiv in schwieriger Lage. Wie die notwendigen Frustrationen mit den notwendigen Gewährungen ins Gleichgewicht bringen? Das Beispiel der oralen »Verwöhnung« als sozialer Selbstverständlichkeit macht das klar. Um die Problematik allegorisch einzukleiden: Der Eisschrank ist stets voll. Welches ist die auch unbewußt wirksame Regel, hier Verzichte zu fordern? Dafür fehlt zunächst die glaubhafte Begründung, eine Begründung, die ihre Autorität trotz allem liebenswert bleiben läßt. Wo »Butterberge« nicht abgetragen, Gemüse und Zuckerernten vernichtet werden, hält es schwer, Zurückhaltung als Erziehungsmaxime zu vertreten. Das gleiche gilt auch für Vermittlung sexueller Verhaltensnormen in einer diesbezüglichen Überflußgesellschaft.

Die Überflußgesellschaft hat demnach tief in die Objektbeziehungen der Menschen untereinander eingewirkt, und zwar im Sinne der »Entfremdung«. Triebbefriedigung wird nicht mehr ausdrücklich an Personen, die etwas bedeuten, geknüpft empfunden, sondern – jedenfalls auf der oralen Ebene und in vielen Fällen auch auf der genital-sexuellen – als »Selbstverständlichkeit«, als eine Art Inventar der Welt, die einem auf paradiesische Weise entgegenkommt.

Konsequenz 2: Wenn ein Verzicht also nicht mehr fraglos gefordert werden kann, weil er durch die Natur der Sache (nämlich durch Umsicht in Dingen der gefährdeten Ernährung oder zur Erhaltung einer in der Gesellschaft unbezweifelten Sittlichkeit) gerechtfertigt ist, wenn also kein zwingendes äußeres Motiv vor-

---

[1] S. Freud, l. c.

handen ist, muß er neu begründet werden. Autorität war aber bisher immer an Vorausschau geknüpft, die es erlauben sollte, im Grundzustand des Mangels einen Spielraum der Erleichterung zu bekommen. In dieser Hinsicht ist die Aufgabe der Autorität auf den Kopf gestellt. Sie müßte sich anheischig machen können, durch ihr Gewicht den Überfluß durch frei gewählte Entsagungen zu meistern; sie müßte Anweisungen zur Unterscheidung sinnvoller Befriedigungen von unsinnigen geben können – eine Lösung, die, wie jedermann weiß, noch nicht gefunden ist.

Konsequenz 3: Entsprechendes gilt für den Effekt der spurlosen Arbeit. Die Massen können ihr nicht entfliehen. Sie hat dem Selbstwertgefühl des Individuums entscheidend zugesetzt. Es begegnet sich selbst nicht mehr in den Produkten seiner Arbeit, was ein erhebliches Ausmaß an Frustration mit sich bringt. Die Gemütslage der spurlos Arbeitenden wird aggressiv-depressiv gespannt. Die Neigung zu blinden Ausbrüchen destruktiver Aggression wächst. Das verweist darauf, daß die Integration triebhafter Aktivität in sozial akzeptierte Leistungen infolge der Lebensbedingungen der betroffenen Gesellschaften nicht gelungen ist. Steigendes Einkommen entschädigt nicht für den Zwang zu spurloser Arbeit. Die allenthalben aufspringende Destruktivität muß mit der Ausbreitung der Technisierung zu tun haben, mit der Veränderung menschlicher Leistung im Produktionsprozeß und dem Verfall des Prestiges, den langsam erlernte Fertigkeiten verliehen. Hinzu kommt die Verzweiflung über die Unverbesserlichkeit dieses zerstörerischen Zuges in der menschlichen Natur. Wir alle stehen doch unter dem Einfluß der tiefen Enttäuschung, daß die unermeßlichen Leiden des Zweiten Weltkrieges, die unbeschreibliche Mordwut, die ihn begleitete, nicht nur keinen kathartischen Effekt hatten, sondern daß es eher zu einer vielfachen Metastasierung des Kriegsübels gekommen ist.

Trotz solchen Übermaßes an Indizien für die Unfähigkeit, die in Gang gesetzten Eingriffe in den Naturhaushalt und in die überkommenen Sozialordnungen kritisch denkend im voraus zu übersehen, muß die Frage offenbleiben, ob die menschliche Natur tatsächlich unverbesserlich ist; was hier heißt, ob es auch unseren Nachfahren nicht gelingen wird, aggressive Triebwünsche erfolgreicher ihrem kritischen Ich zu unterstellen. Dies wäre aber die innerseelische Voraussetzung politischer Konfliktlösungen unter Verzicht auf Gewalt. Soviel scheint freilich festzustehen, daß man auf solche Wandlung nicht wie auf ein »Wunder« warten kann. Wir müssen die Motive hinter den aggressiven Ausbrüchen besser kennenlernen und nicht das Wunschbild nähren, sie würden plötzlich durch eine spontan entstehende Moralisierung von Großgruppen verschwinden. Vor allem die Analyse der menschlichen Kindheit hat gezeigt, daß wir für den entmutigenden Wiederholungszwang, mit dem sich tötungsbesessene Aggression immer wieder in Populationen ausbreitet, weniger Anlagefaktoren anschuldigen dürfen als unsere Erziehungspraktiken, die viele potentielle Fähigkeiten zur Kompensation von tödlicher Aggression verkümmern lassen – wie zum Beispiel die Fähigkeit zur Einfühlung bei gleichzeitig wachem kritischem Bewußtsein; ohne ihre Mitwirkung muß sich zutragen, was uns die täglichen Nachrichten über Brutalität des Menschen gegen seinesgleichen berichten. Es könnte sein, daß eine Erweiterung unseres Wissens um die Grundbedürfnisse des Menschen die einzig erreichbare Garantie gegen das Entstehen unkontrollierbarer Triebspannungen, besonders solcher aggressiver Art, bieten kann. Kein Zweifel, daß wir von diesem Wissen sehr weit entfernt sind.

Offenbar muß eine neue Form des Besitzes erfunden werden, die nicht – wegen des artspezifischen Instinktwertes der Verteidigung des Eigenterritoriums – jederzeit zur Anfachung aggressiver Triebregungen mißbraucht werden kann. Besitz und Aggression im herkömmlichen Stil bedingen einander. Die neue Besitzform muß die Befriedigung der Selbstdarstellung enthalten. Da die Epoche handwerklicher Differenzierung unwiederbringlich vergangen ist, können es nur neue, neu zu erfindende, Ebenen der Selbstdarstellung sein, durch welche die Umwandlung von primär objektblinder Aggressivität gelingt: Die Umwandlung des »Todestriebes« in bewußt kontrollierte und humanisierte Aktivität. Die Entfaltung kreativer Möglichkeiten verleitet nicht wie der verdinglichte Besitz zur Wegnahme und dem daraus resultierenden aggressiven Konflikt.

Die dritte Konsequenz besteht also darin, daß das weitgehend unbewußt verlaufende Erlebnis der Selbstentwertung mit der Zunahme der Aggressionsausbrüche nach Zahl, Umfang und Intensität korreliert – aber auch mit dem Trend der ansteigenden Süchtigkeit nach Ersatzbefriedigungen. Die Unlust fortgesetzter Entfremdung führt zu einer Fixierung an rasch erreichbare, zum Beispiel orale Befriedigungsmöglichkeiten oder auch zur Rückkehr zu ihnen und zu deren süchtiger Entartung (zu steigendem Alkoholismus, zu Rauschgiftsucht etc.). Das sind Schwächen in der Persönlichkeitsstruktur, die zu kommerzieller wie zu politischer Ausbeutung einladen.

Die kulturverhängten Frustrationen aktiver Selbstdarstellung erzeugen so viel Unlust, daß pathologische Abwehrmechanismen in Gang kommen. Die seelische Entwicklung wird dadurch gehemmt. Entweder bleibt man, wie soeben angedeutet, an infantile Arten rascher Triebbefriedigung fixiert, oder es werden Regressionen ausgelöst: Man kehrt zur primitiveren Form der Triebbefriedigung (wie in den Süchten) zurück. Wenn letzteres der Fall ist, sind Schuldgefühle unvermeidlich, und es bilden sich zirkuläre Prozesse, in denen Regressionen Schuldgefühle auslösen, wie umgekehrt die Unlust eines auch nur vage artikulierten Schuldgefühls Regression zu Ersatzbefriedigungen befördert. Wenn Fixierung an infantile Triebbefriedigungen geschieht – also an Saturierungswünsche solcher Bedürfnisse vor der Entwicklung verläßlich arbeitender Ich-Apparate –, ist die Lage noch prekärer, da die betreffenden Menschen eine *vorsoziale Charakterstruktur* aufweisen oder wenigstens deutliche Merkmale der Fortdauer infantiler Wunsch- und Phantasieorientierung.

Konsequenz 4: Entsprechend dem Wissensideal entwickelte sich ein Spezialistentum, das die ungeheure Menge des Wissens zu verwalten hat. Wir haben versucht, im vorhergehenden Kapitel auszuführen, daß auch die politische Autorität – auf dem Weg zur kritisch befragten Autorität – in die Hände von Spezialisten übergeht. Es läßt sich dies als ein Übergang vom Typus der Vaterautorität zur Brüdergesellschaft deuten, in der sich die Spezialisten wechselseitig in ihren Autoritätsbefugnissen kontrollieren. Infolgedessen entwickeln sich auch neue Abhängigkeitsverhältnisse. Im Vordergrund steht nicht mehr die Rivalität mit dem idealisierten und zugleich von heftigster Aggression bedrohten Vater, sondern die *Neidproblematik.*

Im öffentlichen Bewußtsein gibt es noch keine akzeptierten

Muster für die Autorität des politischen Spezialisten, der effektvoll nur im Team zu arbeiten versteht. Auf welche Weise im politischen Feld spezialistisches Einzelwissen und Machtstreben nicht nur nach primitiven egoistischen Gesichtspunkten zur Wirkung gebracht werden kann, wie vielmehr Einzelwissen nicht nur addiert, sondern tatsächlich in einem Prozeß der Integration zu einer »Gestalt« und im Zusammenspiel mit der verwalteten Macht zu einem Herrschafts- oder Aktionskonzept gebracht wird, darüber können wir noch wenig sagen, weil wir noch wenig Gelegenheit hatten, derartiges zu beobachten. Wir stellten statt dessen fest, wie alte Autoritätsformen sich mit dem Eindringen der Technifizierung auflösen, wenn Wissen mit rationalen Methoden produziert wird und wie andere Produkte der Zivilisation ungeheuer anwächst, ohne daß schon – jedenfalls auf dem gesellschaftlichen Sektor – stabile Ordnungsformen neuer Art gefunden sind. Man denke etwa an die Rückläufigkeiten der europäischen Einigungsbewegung und an die Schwäche der Vereinten Nationen. Regressionen zu anachronistischen Autoritätsformen oder aber zu brutalem Faustrecht sind häufig.

Die größte Schwierigkeit für das Entstehen einer heute akzeptablen politischen Autoritätsform, die sich auf die Macht spezialistischen Wissens stützen kann, ist der Neid. Die Emotionen der Menschen haben sich nicht geändert, sosehr sich das technische Inventar geändert haben mag.

Infolgedessen berufen sich Spezialisten im Kampf um Herrschaftspositionen auf ihr Wissen wie einst die autokratischen Herrscher auf das Gottesgnadentum ihrer Privilegien. Die Vermengung von sachlichen Erwägungen mit emotionell geladenen Argumenten, welche z. B. dem Prestigebedürfnis eines Politspezialisten dienen, macht es für den Außenstehenden, den Bürger in der verwalteten Welt, immer schwieriger, zu unterscheiden, was objektive Information ist und was im psychologischen Sinn eine »Rationalisierung« darstellt (ein auf Selbsttäuschung beruhender Versuch der Fremdtäuschung). Dieses Ausgeliefertsein an manipulierte Informationen dürfte ein wichtiger Faktor für die politische Apathie großer Teile der Bevölkerung sein. Man zieht seine Libido aus Bereichen ab, in denen man sich nicht mehr zurechtzufinden vermag.

Die heutigen Parteiapparate arbeiten noch ganz auf der Ebene herkömmlicher Autoritätshierarchien. Sie versuchen, das Image von Politikern aufzubauen, wobei gerade nicht die Bewußtseinsentwicklung berücksichtigt oder gar gefördert wird. Politische Führer werden stets als Ausbund von Tugenden angepriesen. Die Ambivalenz der Gefühle wird – wie oben beschrieben – aufgespalten: die negativen Seiten, Verachtung, Haß, gelten den politischen Führern der Gegenseite. Die Gegensätze haben aber immer weniger etwas mit Wettstreit zu tun. Sie nehmen eine definitiv feindselige Haltung, die Haltung von Todfeindschaften an, die dort entstehen, wo sich, entsprechend unbefragter Autorität, unbefragbare Vorurteile eingebürgert haben. Sie müssen dazu dienen, den Affekthaushalt der Mitglieder der Gesellschaft aufrechtzuerhalten. Das geschieht einerseits durch die Identifikation mit idealisierten Führern, andererseits durch reuelose Verfolgung der Feinde, also jener Gruppen, die von den Führern »zum Abschuß freigegeben« werden. Der Wahnanteil an diesem Geschehen ist erschreckend hoch.

Die permanente Wandlung der Umwelt, wie sie die technische Zivilisation hervorbringt, ist extrem anti-biologisch. In der außermenschlichen Natur drängen ökologische Lebensgemeinschaften immer nach einem gewissen Gleichgewicht der Ansprüche. Die Erfindungszivilisation unserer Zeit stört nicht nur die Homoiostasen solchen ökologischen Zusammenspiels in der Natur, sie löst auch die bisher traditionsgelenkten Gesellschaftsformen der Menschen auf. Dies allein erweckt schon seit Generationen vielfach Angst und beschwört damit Regressionsgefahr herauf. Die Entwicklungsprogression der vom Wissensideal geleiteten Kultur unserer Tage hat alle Züge einer Explosion. Das Wissen vermehrt sich allseitig, aber die Kräfte, die es zu bändigen, in irgendeine Ordnung zu bringen vermöchten, sind noch nicht gefunden. Wir behelfen uns vorläufig mit Autoritätsformen, die aus der vorindustriellen Welt stammen und für die in unserem inneren psychologischen Haushalt gar keine echten Motivationen mehr bestehen.

Die Zeiten sind vorbei, in denen man mit alten Techniken, etwa der Segelschiffahrt, überraschende Entdeckungen machen konnte. Statt dessen werden mit neuen Techniken bisher unerreichbare

Ziele angestrebt. Dazu gehört unter anderem auch das Ziel, die Menschheit vom Hunger zu befreien, ein Ziel, das vielleicht erreichbar wird, wenn sich diese Menschheit zu gleicher Zeit eine Ordnung gibt, in der sie selbst nicht mehr planlos weiterwächst. Aber – und das ist der Hintergedanke dieser Überlegungen – wir können uns auch nicht mehr mit dem alten Ideal, den Hunger zu besiegen, zufriedengeben. Es stammt aus einer Zeit, in der die Beherrschung der Welt noch so unvollkommen war, daß es wirklich eine Utopie schien, mit diesem Widerstand gegen die Ausbreitung des Menschengeschlechts einmal fertig werden zu können. Heute sind unsere Kenntnisse auf einem Niveau angelangt, wo das Ziel realisierbar erscheint. Aber der Ausgleich der Affekte, die durch diese gesellschaftlichen Prozesse, denen wir unterworfen sind, ausgelöst wurden, steht dahin. Es ist uns nicht gelungen, vergleichbar zu unserem Wissen über die Natur in die Hintergründe unserer Motivationen einzudringen und das dabei erworbene Wissen zu einer Stärkung unseres kritischen Bewußtseins zu benützen. Speziell die heute noch die Macht verwaltenden politischen Gremien verraten kaum je ein Problembewußtsein auf dieser Ebene. Statt dessen besteht die Gefahr einer doppelten Korruption psychologischen Wissens. In der Konsumgesellschaft wird es zur Steigerung der Abhängigkeit von den Konsumgütern verwendet, in der Politik zum Konsum politischer Ideologien, die über präparierte Imagines das Publikum erreichen.

Sicher pointiert diese Darstellung Fehlentwicklungen oder die Möglichkeit zu ihnen, und es mag eine Reihe von positiven Errungenschaften geben, die nicht erwähnt wurden. Dies kann wiederum eine Konsequenz der Ausgangsposition unserer Beobachtungen sein, der des Arztes, der von Berufs wegen mit pathologischen Entwicklungen konfrontiert wird. Er lernt die Krankheit als etwas verstehen, was die Menschheit bisher nicht abschütteln konnte, und er wird darin geschult, den Grad der Gefährlichkeit einzelner Krankheitssymptome abzuschätzen. Trotzdem bleibt es gewagt, von der individuellen direkt auf die Sozialpathologie zu schließen. Es ist jedoch nicht mehr zu umgehen, pathologische Entwicklungen im Verhaltensbereich (das heißt im emotionellen Bereich, der das Verhalten motiviert) als solche erkennen zu lernen, um mit ihnen umgehen zu können – individuell wie im Kollektiv. Die

Erscheinungsformen politischer Autorität stehen in diesem Spannungsfeld zwischen normalen, das heißt ertragbaren, und pathologischen Äußerungsformen unseres gesellschaftlichen Lebens. Ihre Erträglichkeit wird zunehmend an der Bewußtseinsentwicklung, die sie erkennen lassen, und weniger an der Fähigkeit gemessen werden, den Primärprozessen nahe Triebäußerungen zu manipulieren. In dieser Form wäre die Aussage ein aufklärerisches Kredo. Also sei hinzugefügt: Die Schärfung des Bewußtseins für innere und äußere Realität verläuft in einem dialektischen Prozeß zur Selbstentfremdung, verhängt von den Auswirkungen bestehender Produktions- und Lebensformen. Diese Verhältnisse wirken anti-aufklärerisch. Der Ausgang ist offen; sicher ist nur, daß sich die Geschichte in dieser Dialektik fortsetzen wird.

Nachwort 1970

Das Nachwort, das jetzt hinzugefügt wird, soll es ermöglichen, im tagespolitischen Geschehen der letzten Jahre enthaltene kollektive Einstellungen zum unbewältigten realen Kern der Vergangenheit besser zu verstehen. Die Autoren beschäftigen sich daher auch in diesem kurzen Hinweis mit der Gegenwart, genauer mit der Fortsetzung, welche die psychische Verfassung gefunden hat, die sie vor vier Jahren schilderten.

Zeitgeschichte ist für sie keinem Körper im Konservierungstank einer Anatomie vergleichbar, über deren Pforten geschrieben steht: Historia Mundi. Sie wollen schon mit den Lebenden die Frage nach den Motiven ihres Handelns erarbeiten, und wenn es nicht geht, sie zu klären, sie doch ein wenig weiter aufzuhellen versuchen, als das Bewußtsein es für gewöhnlich erreicht. Beides hat Vorzüge und Nachteile: das anatomische Präparieren am »Nachlaß« des geschichtlichen Prozesses und die methodisch-kritische Beobachtung in vivo. Um ein Wort aus der Sprachwelt der Informationstheorie zu verwenden: In den voranstehenden Abhandlungen, wie jetzt auch in diesem Nachwort, wird versucht, Beobachtungsergebnisse noch bei Lebzeiten in den Entscheidungsprozeß derer, die an Entscheidungen historischen Ausmaßes mitwirkten, zurückzufüttern.

Die Unfähigkeit zu trauern ist immer noch ein Problem der deutschen Öffentlichkeit, weil es uns offenbar immer noch Schwierigkeiten bereitet, unmittelbare Konsequenzen unseres früheren Verhaltens während des »Dritten Reichs« in ihren Nachwirkungen anzuerkennen.

Dazu ist Einsicht notwendig, und diese scheint in einem sehr konkreten Sinn gestört. Die Aktualität des Inhalts dieser Abhandlungen ist seither nicht nur nicht gemindert, sie ist mit dem Regierungswechsel in der Bundesrepublik 1969 erneut sichtbar geworden. Die Frage unseres Selbstverständnisses im Rückblick auf das »Dritte Reich«, den Zweiten Weltkrieg und die bisher unterbliebenen Anstrengungen, mit dem Osten zu einer Verständigung über die historische Realität zu kommen, einschließlich der psychischen Konsequenzen – die Dissonanzen dieses Selbstverständnisses beherrschen, seit ein sozialdemokratischer Bundeskanzler eine neue Ostpolitik zu inaugurieren versucht, das politische Geschehen in unserem Land. Wir erkennen in ihm ein weiteres Kapitel der Auseinandersetzung mit unserer Vergangenheit. Es sind nicht äußere Streitfragen allein, die dabei nicht zur Ruhe kommen, sondern typische innere Konflikte einer großen Zahl von Menschen, welche die Phase des Dritten Reiches in Deutschland durchlebten. Vielleicht löst sich eine Vorurteilsstarre, die ein Vierteljahrhundert anhielt. Jedenfalls zeichnet sich deutlich ab, daß im Augenblick um eine politische Entscheidung gerungen wird, von der ein Großteil der *inneren* politischen Entscheidungsfreiheit abhängt. Sie wird durch unsere Fähigkeit bestimmt, uns von kollektiv geteilten Vorurteilen distanzieren zu können.

Die Ereignisse des letzten halben Jahres haben zu erkennen gegeben, daß diese Ablösung keineswegs durchgehend erfolgt ist. Im Gegenteil, die christlich-demokratische Opposition kann aus Affekten, die aus angeblich verletzten nationalen Rechten erweckbar sind, ansehnliches Kapital schlagen. Der politische Streit, der jetzt noch einmal aufgeflammt ist, hat etwas von einer Chimäre, und zugleich ist er todernste Realität. In der Auseinandersetzung zwischen Befürwortern und Gegnern der Anerkennung der Oder-Neiße-Grenze geht es um den Grad der Bereitschaft, eine Trauer erweckende Wirklichkeit zu ertragen, die aber aus dem eigenen Verhalten herrührt. Die bisherige Außenpolitik der Bundesrepublik wurde so formuliert – jedenfalls in den offiziellen Verlautbarungen –, als ob dies gar nicht so eindeutig klar wäre, daß die Wirklichkeit ein Ergebnis unseres Handelns ist. Die gestern noch führende politische Gruppe der Bundesrepublik hatte vielmehr vorgemacht und tut es weiter, was das Gegenteil von Ertragen der Wirklichkeit ist: Sie verleugnete das Unbequeme und motivierte dies mit Idealen, z. B. der Treue zur Heimat, der Unveräußerlichkeit des Selbstbestimmungsrechtes der Deutschen und ähnlichem.

Erst das Ertragen der Realität, wie sie ist, schafft aber die Voraussetzung ihrer Änderung zum besser Erträglichen; Verleugnung konserviert unfreiwillig den Status quo. In der Tat hat die Ostpolitik der CDU, wenn die selbstverschuldete Wirklichkeit der Grenzen ins Spiel kam, im Schatten der weltpolitischen Konstellation alles getan, um einen *Status quo der Forderungen* aufrechtzuerhalten. Die Funktionäre eines realitätsverleugnenden Nationalismus beharren auf Ansprüchen, die eben gerade durch die entsetzliche Erniedrigung der Ostvölker und das unabsehbare Leiden, das wir ihnen zufügten, verwirkt waren. Die innere Konsequenz, der dann folgende Gebietsverlust und Repressalien gegen Millionen Deutscher, war ein Stück historischer Mechanik und entsprechend auch brutal. Wer Sturm sät, kann nicht weniger als Sturm erwarten.

Natürlich ist der Verlust der Umwelt, in der man aufwuchs, schmerzlich. Ohne Zweifel ist es wünschenswert, daß Deutsche, wie andere Völker auch, über die politische Verfassung, in der sie leben wollen, bestimmen können.

Aber da wir doch noch nie in der Geschichte eine Revolution zustande gebracht haben, die diesem Selbstbestimmungsrecht überzeugend zur Anwendung verholfen hätte, da wir unsere demokratische Verfassung einem Zufall der Geschichte verdanken wie die Deutsche Demokratische Republik mit ihrer Verfassung auch, weil uns die Siegermächte ihre eigenen politischen Systeme verschrieben, so wirkt draußen in der Welt unser Pochen auf »Heimat«, die in einem bedenkenlosen Hasard verspielt wurde, das Pochen auf Selbstbestimmungsrecht wie ein Kunststück grotesker Verstellung. Angesichts dieser Lage scheint es eine sehr wichtige Aufgabe, die Einsicht zu vermitteln, daß sich fatalerweise kein willkürlicher Betrug, sondern eine aus unbewußten Schuldmotiven herrührende Entstellung der Wirklichkeit abspielt. Hier wird nichts vorgetäuscht, nichts simuliert, vielmehr sind die Forderungen, die wir so hartnäckig aufrechterhalten, Ausdruck einer kurzsichtigen, unbewußt arbeitenden Selbstverteidigung. Dies versuchte der vorliegende Bericht in einzelnen Schritten darzustellen. Die Ereignisse seit seiner Abfassung haben gezeigt, daß die hier angesprochene Vergangenheit durchaus noch nicht zur Ruhe gekommen ist.

Auf das Wesentliche reduziert: Es ist nicht nur der Verlust der ehemals deutschen Ostprovinzen, der so schwer annehmbar ist. Im Unbewußten nicht weniger wirksam ist die Tatsache, daß wir als »Herrenmenschen« vor den »slawischen Untermenschen«, und dazu noch unter bolschewistischer Führung, bedingungslos kapitulieren mußten. Nur wenn man die Grausamkeit, deren nicht nur die SS, sondern die regulären deutschen Truppen und ihre Führung im Osten fähig waren, als eine von Vorurteilen gedeckte Verhaltensform sieht, die überall, an allen Stellen, an allen Fronten, wo es gewünscht wurde, aktualisierbar war, begreift man, warum gerade Politiker mit christlichem Selbstverständnis auf die Ostgebiete nicht verzichten wollen. Sie können unsere Unmenschlichkeit, die zu den härtesten Kriegsfolgen führte, nicht mit ihrer jetzigen bürgerlich-christlichen Identität zur Deckung bringen. Sie müssen, wie vermittelt sie auch beteiligt sein mochten, deswegen die Vergangenheit in ihren Folgen und Zeugnissen abwehren.

Auf den vorangehenden Seiten wurde einiges davon differenziert: Die schuld- und die schamverursachenden Geschehnisse wurden voneinander geschieden. Jede der beiden Motivationen wirkt auf ihre Weise, beide setzten jedenfalls das Selbstbewußtsein so unter Druck, daß es nur unter Zuhilfenahme der massiven Abwehrtaktiken von Verleugnung und Verdrängung sich aufrechterhalten kann.

Die Autoren dieser Abhandlung hat ein Phänomen seit der Niederschrift besonders beeindruckt: Politiker sind offenbar, wie andere Menschen auch, dort nicht lernfähig, wo ihre neurotischen Selbstschutzmechanismen ins Spiel eintreten. Das nun schon zweieinhalb Jahrzehnte während Manipulieren jener politischen Realität, die so heftig innerlich zurückgewiesen wird, vollziehen Politiker, die in diesem Zusammenhang jedenfalls über einen langen Zeitraum keine innere Entwicklung erkennen lassen. Wir treffen vielmehr auf einen aus der Analyse neurotischer Symptome wohlbekannten Zeitstillstand. Eine Zwangshandlung wird z. B. tausende Male ausgeführt, ohne daß sich die Situation durch diese Handlung ändern würde. So scheinen es in ihrem inneren Entwicklungsspielraum definitiv festgelegte Personen zu sein, die im politischen Selektionsprozeß in die leitenden Positionen einrücken und die für eine Weile nicht nur die politischen Dienstgeschäfte besorgen, sondern im Dienst der Neurose[1] mehr oder weniger großer Gruppen der Gesamtpopulation stehen. Jeder Politiker ist vielfach abhängig und alles andere als ein freier Mann. Wir meinen eine besondere Form von Abhängigkeit, in welcher der Politiker im affektiven Kontakt mit seinen »Wählermassen« das Stück tabuierter Realität mit Glacéhandschuhen behandelt, das um des momentanen psychischen Wohlbefindens seiner Wähler willen tabuiert bleiben soll. Auf diese Weise läßt sich auf der Ebene der unformulierten affektiven Übereinstimmung zäher Widerstand aufrechterhalten.

In den letzten 25 Jahren stand objektiv trotz versteinert erscheinender Formen des Selbstverständnisses die Zeit in der Bundesrepublik nicht still. Das kann man aus dem Wandel des politischen Illusionismus der Bevölkerung und dem korrespondierenden Verhalten der einander folgenden Bundeskanzler entnehmen. Nur elf Prozent der Deutschen hielten im Sommer 1953, acht Jahre nach Kriegsende, die ehemals deutschen Ostgebiete für verloren, und zwei Drittel der Bevölkerung waren nicht willens, sich den definitiven Verlust einzugestehen. Adenauer war nicht der Staatsmann, der hier auf Aufklärung gedrungen hätte. Trotz allem wuchs die Zahl der Einsichtigen: 1964 machten die Realisten schon 46 Prozent aus, und die Anhänger der Illusion von der Wiederherstellung der Reichsgrenzen von 1937 oder gar 1939 hatten bis auf 25 Prozent abgenommen. Der damalige Kanzler Erhard wich in den spätbürgerlichen Traum einer Gesellschaft aus, die ganz in Ordnung ist, wenn ihre Ökonomie floriert. Politischer Erfolg wird an der Konjunktur gemessen: statt politischer Selbstbesinnung prosperierende Wirtschaft. Nach all dem Grauen, welches das »Dritte Reich« gebracht hatte, ging es den Bundesdeutschen besser als je zuvor.

Die Verbände der Heimatvertriebenen beginnen im Lauf dieser Zeit immer deutlicher den Part eines pervertierten Gewissens zu übernehmen. Sie wollen verhindern, daß vergessen wird; aber es

1 Das Wort »Neurose« wird mit voller Absicht gebraucht. Es soll uns daran erinnern, daß ein aktuelles pathologisches Verhalten – wie die Verleugnung von Kriegsschuld und der Verantwortung für die Kriegsfolgen – mit Reaktionsweisen in Verbindung steht, die in früher Kindheit erworben wurden. Die Formen der (mangelhaften) Konfliktbewältigung in der Kindheit setzen sich im ungünstigen und leider überaus häufigen Fall ein Leben lang störend durch und bestimmen wesentlich den »Charakter« des Einzelnen.

ist das falsche Bild, das bleiben soll – eine geschichtslose Deutschheit: Schlesien ist deutsch, Danzig ist deutsch etc. Aber die Zeit geht weiter. 1967 sind es nur noch 20 Prozent, die glauben, »die Ostgebiete werden noch einmal zu Deutschland gehören«. 56 Prozent haben diesen Glauben aufgegeben[1]. Aus ideologischen Gründen blieb die Gruppe um Kiesinger, allmählich gegen ihre politischen Interessen, gegen den Wählertrend zur Verständigung, bei ihrer Intransigenz gegenüber jeder Abmachung mit den sozialistischen Regierungen, solange diese nicht die illusorische Forderung nach dem Selbstbestimmungsrecht aller Deutschen angenommen haben. »Ausgeklammert« (um mit einem Wort Kiesingers zu sprechen) bleibt die Tatsache, daß diese Freiheit in einem Schuldzusammenhang verloren gegangen war, der sich längst bevor die harten russischen Diktate kamen, nämlich schon am 30. Januar 1933, hergestellt hatte. Wie enthusiastisch war sie geopfert worden, diese kostbare Freiheit unserer Gesellschaft, durch diese selbst. Nur angesichts der inneren Zwangslage, mit offensichtlich unbewältigten Schuldgefühlen leben zu müssen, auch wenn man nur Mitläufer war wie Kurt Georg Kiesinger, kann man der Absurdität solcher Haltung Sinn abgewinnen. Rückkehr der verlorenen Ostgebiete, Selbstbestimmungsrecht aller Deutschen symbolisiert für die unbewußte Phantasie dieser Gruppe von Politikern und ihrer Auftraggeber restitutio ad integrum. Die Nazigreuel hat es demnach nie gegeben. Auf dieser unausgesprochenen Annahme verständigen sich immer noch mehr Deutsche, als man es glauben möchte. Wahrscheinlich tun sie das neben der zugleich erfaßten Realität vom definitiven Verlust. Rationale und emotionelle Auffassung der Wirklichkeit müssen im Menschen keineswegs immer zur Deckung kommen oder in Deckung bleiben. Am sinnfälligsten wird das bei der Radikalisierung, wenn Vernunft und auf eine Ideologie bezogener Glaube immer weiter auseinander treten; soweit, daß schließlich das rationale Realitätsbild verschwindet.

Ein weiterer Faktor fällt mehr und mehr ins Gewicht. Auch an ihm erweist sich die oben erwähnte Beschränkung der Lernfähig-

---

1 Alle Zahlen sind Repräsentativumfragen des Allensbacher Instituts für Demoskopie entnommen. Siehe Manfred Bissinger: ›Liegt Polens Grenze an Oder und Neiße?‹ STERN 22/1970, S. 176 f.

keit von Politikern, die einmal für eine Rolle selektiert wurden. Viele – vor allem in der nachgewachsenen jungen Generation – haben inzwischen eine pragmatische Einstellung zur Frage der Beziehung zu den östlichen Nachbarn erworben, zum Teil unter Ausblendung aller Geschichtstiefe: Der Wohlstand hierzulande wirkt wie die Taube in der Hand, was soll die Jagd nach dem Spatzen auf dem Dach.

Als nur noch 16 Prozent den Traum von unserer politischen Rückkehr in den Ostraum nährten, kam das auch dann noch Unerwartete zustande: Ein politisch entschiedener Gegner der Hitlerherrschaft und Emigrant wurde Bundeskanzler. Damit ist ohne Zweifel ein neues Plateau der Selbstwahrnehmung erreicht. Die deutsche Außenpolitik, die unter der Devise des Alleinvertretungsanspruchs der Bundesrepublik sich seit wenigstens zwei Jahrzehnten immer weiter von der Realität entfernte, kann neue Bewegungsfreiheit gewinnen, wenn diese nachgewachsene Generation Deutscher sie unterstützt. Deutschlands Lage nimmt sich von der Position eines Mannes, der die Naziideologie nie geteilt, deutsche Kriegsziele nie gebilligt hat, noch in die nachnationalsozialistische Schuld- und Schamproblematik persönlich verwickelt ist, anders aus als von der seiner Vorgänger. Er hat eine ungleich größere Bewegungsfreiheit, weil er für seine Partner eine andere Glaubwürdigkeit wecken kann.

So entstand eine Rivalität in der deutschen Politik, die sich eindeutig von der Vergangenheit herleitet, von Belastung in ihr bzw. Unbelastetheit von ihrer Schuldrealität. Die sofort einsetzende »Verhärtung« der Einstellung zur Ostpolitik bei den christdemokratischen Politikern lieferte den Beweis. Tatsächlich reagieren sie oft mit dem Auftauchen eines von dem ihren abweichenden Ost-Konzeptes, als hätten sie, wie einst Adenauer, einen neuen »Abgrund von Landesverrat« erblickt. Sie betreiben, in die Opposition verwiesen, ihre parlamentarische Aufgabe unpolitisch und erliegen dem pharisäischen Anteil ihrer unbewußten Rivalitätszwänge.

Wenn diese Rechnung nicht mehr aufgeht, dann hat die Nachkriegsgeneration daran den entscheidenden Anteil. Auch dies geht eindeutig aus den zitierten Befragungen hervor und bestätigt unsere These, daß es großenteils unbewußt gewordene und heftig abgewehrte Schuldgefühle sind, nicht rationales Kalkül, was das ostpolitische Konzept der Bundesrepublik bis zum Jahre 1969 bestimmt hat. Mit dem Eingreifen einer neuen Generation ändert sich fast mühelos, was bis dahin sich wie eine »Wacht an allen deutschen Reichsgrenzen« ausnehmen mußte.

Der neue Ansatz der deutschen Ostpolitik könnte ein Stück der so lange aufgeschobenen Bearbeitung der Vergangenheit unter dem Realitätsprinzip bewirken. Denn diese Politik wurde bisher mit einem trickartigen Doppelargument gedeckt: einerseits Versicherung unserer Friedfertigkeit, andererseits Fortsetzung der Ostpolitik des Dritten Reiches: keine Verhandlung, ohne daß der siegreiche ehemalige Gegner sich nicht bereit erklärt, unsere Friedensbedingungen zu akzeptieren. Ein so bizarres Konzept bliebe unverständlich, hätte man nicht Zugang zu den unbewußten Motiven, die hinter ihm stecken. Freilich muß man zu sehen gelernt haben, wie unbeherrschbar unbewußte Kräfte im Verhalten des Einzelnen und von Gruppen aller Größenordnungen sich auswirken können. Eine frühzeitige Rückkehr jener Kräfte zur Regierung, die ihre Popularität durch Verleugnung der weiterwirkenden Konsequenzen der nationalsozialistischen Ostpolitik abzusichern bestrebt waren, eine solche abermalige Abwendung von der historischen Redlichkeit würde ein neues Scheitern einer auf rationale Zukunftsvorstellungen gerichteten Politik einleiten. Sie hat sich spät genug angebahnt.

Das Nachwort im Jahre 1970 kann nur nochmals die Bedeutung und die Wirkungsvielfalt unbewußter Motive unterstreichen, die als dynamisches Element in politischen Prozessen wirken. Diese Motive beziehen ihre Kraft aus der Artikulierung oder aus der Verschleierung des Wahrnehmbaren. Jeder, der sich um die Genauigkeit in der Beobachtung seiner selbst und seiner Welt bemüht, handelt dadurch auch politisch.

1. Juli 1970   A. und M. M.

Nachwort 1977

Seitdem das letzte Nachwort im Jahre 1970 geschrieben wurde, haben wir eine zunehmende allgemeine Unsicherheit erfahren. Die Arbeitslosigkeit hat zugenommen. Die Möglichkeit einer Berufsausbildung und damit die Chancen einer sicheren beruflichen Zukunft haben sich für junge Menschen aller sozialen Schichten in diesem Jahrzehnt zusehends verschlechtert. Die Entstehung einer Terrorszene, deren Mitglieder sich vorwiegend aus jungen Leuten der mittleren und oberen Mittelschicht zusammensetzen, hat Schrecken, Entsetzen und hilfloses Nichtverstehen ausgelöst. Was diese meist jungen Menschen zu ihren Taten bewegt, ist politisch oft schwer einsehbar, psychologisch nur annäherungsweise verständlich. Psychoanalytische Betrachtungen, darin Wiedergutmachungsversuche für Versäumnisse der Eltern zu sehen, die durch ihre Handlungen oder ihr tatenloses Mitläufertum im »Dritten Reich« schuldig geworden sind, mögen hier und da zutreffen, bringen uns aber nicht sehr weit.

Das alles führt dazu, daß die Demokratie, deren Grundlage die Gedankenfreiheit ist, schon wieder Angriffen ausgesetzt ist. Mit Erschrecken liest man einen Artikel in der »Frankfurter Allgemeinen Zeitung«, in welchem schon das Nachdenken, das heißt der Gebrauch der Gedankenfreiheit, über das, was die Terroristen bei ihrem Tun bewegt, quasi als kriminell und verfolgungswürdig hingestellt wird.[1] Die Wut über die Versuche, den meisten unver-

---

[1] Vgl. K. H. Frommes Leitartikel in der FAZ vom 2. 8. 1977: »Diese Sympathisanten, die nie einem Terroristen Nachtlager und Reisegeld gegeben haben, sind die wirklich Gefährlichen. Sie haben zwar nichts getan, sie haben nur ihre Meinung gesagt, sie haben nur nachgedacht.«

ständliche Verhaltens- und Handlungsweisen zu erklären, teilt der Verfasser des Artikels übrigens mit den Mitgliedern der Terrorszene. Wer dort nur von der Möglichkeit einer psychologischen und damit einer anderen als der von ihnen angegebenen politischen Motivation spricht, gilt ihnen als Klassenfeind.

Also Gedankenfreiheit weder rechts noch links unbestritten, sondern schon wieder in hohem Maße Gefährdung solcher Freiheit. Woran liegt das? Wir wissen aus unserer jüngsten Vergangenheit und aus psychoanalytischen Forschungen, daß junge Menschen oft Führer zweifelhafter Art wählen, »falsche« Ideale ergreifen oder bestimmte, als »richtig« angesehene Ziele rücksichslos durchzusetzen suchen, wenn in Kindheit und Jugend das Bedürfnis, sich ein Ideal aufzubauen, nicht der kindlichen Entwicklung entsprechend befriedigt wurde. In dieser rücksichtslosen Art, »richtige« Ziele zu verfolgen, entdecken wir oft Aggressionen, die als Folge von Kränkungen des Selbstwertgefühls entstanden sind. Die Ursache dieser Kränkungen, die meist in der frühen Kindheit zu suchen sind, bleibt dem jeweiligen Individuum häufig unbewußt. Daß wir aber auf Grund falscher Idealbildung zu unvorstellbaren Grausamkeiten fähig sind, haben wir in unserem Buch darzustellen versucht. Wir haben darin auch beschrieben, daß in Deutschland Aggressionen und Idealisierungen besonders haltbar miteinander verbunden sind. Die Vorgänge im »Dritten Reich« haben dies auf krasse Weise zur Erscheinung gebracht.

Die Liebe auf der Basis der Überhöhung ihrer Objekte wurde in einer autoritätsgläubigen Gesellschaft wie der deutschen zur Regel, in der es galt, die Aggressionen wegen der mit ihnen verbundenen Strafangst den Autoritäten gegenüber zu unterdrücken und zu verleugnen. Eine solche idealisierende Form der Liebe erträgt aber die Konfrontation mit der Realität der Liebesobjekte schlecht und läßt die ursprüngliche Liebe dann leicht in Mißachtung und Haß umschlagen.

In Deutschland waren nach der Niederlage Hitlers für alle, die nicht bewußt oder unbewußt an den Idealen der jüngsten Vergangenheit festhielten, die demokratischen Grundrechte die politischen Ideale, auf deren Realisierung vor allem die politisch interessierte Jugend hoffte. Die scheinbare Apathie und Angepaßtheit der Jugendlichen in den fünfziger Jahren läßt sich deswegen nicht nur als Folge des überwältigenden Verlustes von ideellen Werten verstehen, sondern auch darauf zurückführen, daß viele nach der Katastrophe des Hitlerregimes an eine intensivierte Verwirklichung demokratischer und sozialer Ideale in der westlichen Welt fest glaubten, dann aber in dieser Hinsicht oft leer ausgingen. Als die, besonders am Beispiel des Vietnam-Krieges deutlich werdende Diskrepanz zwischen Realität und Idealen nicht mehr zu übersehen war, war die Desillusionierung für manche Gruppen junger Menschen schmerzlich und offenbarte ihnen ihre Ohnmacht.

Wir beschäftigen uns im vorliegenden Buch mit dem psychologischen Immobilismus der deutschen Nachkriegsgesellschaft. Er offenbart sich zum Beispiel in der Ablehnung vieler Deutscher, das Auseinanderfallen von Wirklichkeit und Ideal im eigenen Lande auch nur wahrzunehmen.

Wenn aber die eigene Gesellschaft, innerhalb derer sich die Identifikationsprozesse ihrer Mitglieder abspielen, kein überzeugendes Ideal vermitteln kann, allzu verschiedenartige und einander entwertende Ideale aufstellt oder sich widersprüchlich ihren eigenen Wertvorstellungen gegenüber verhält, erweckt das naturgemäß Verwirrung, Hilflosigkeit oder auch Gleichgültigkeit oder Wut. Als Folge dieser vielfältigen Widersprüche, die von der älteren Generation in ihrer Abwehr von Schuld und Scham oft verleugnet werden, versuchen manche junge Menschen durch kurzsichtigen Aktivismus oder sektiererische Zusammenschlüsse ihre Hoffnungslosigkeit zu überspielen.

Die Sehnsucht nach der universalistischen, allgemeingültigen Moral kann sie unter Opferung der Realitätsprüfung in die Terroristenszene treiben. Der Zweck heiligt dann die Mittel. Daß sie damit auch eine Regression zu den Bedürfnissen und Verhaltensweisen ihrer Eltern und Großeltern vollziehen, denen Hitler die gewünschten eindeutigen Wertvorstellungen verschaffte und sie, wenn nötig, mit Terror durchzusetzen wußte, wird dabei übersehen.

Die »Unfähigkeit zu trauern« offenbart sich in Deutschland nach wie vor, und zwar in dem Widerstand, sich mit der jüngsten Geschichte auseinanderzusetzen, sie als bedeutungsvoll für die gegenwärtigen politischen Zustände und menschlichen Verhaltensweisen anzuerkennen und entsprechend zu analysieren. Aber erst nach der

Durcharbeitung seiner Vergangenheit ist ein Volk imstande, aus seiner Geschichte zu lernen, den Wiederholungszwang zu durchbrechen und notwendige gesellschaftliche Veränderungen und Erneuerungen durchzuführen.

August 1977   M. M.

Personenregister

Abegg, Lily 335
Adenauer, Konrad 20, 313 f.
Adler, Alfred 342
Adorno, Theodor W. 324
Allport, Gordon W. 137

Balint, Alice 233
Bally, Gustav 231
Bernfeld, Siegfried 235, 237, 242, 262
Bismarck, Otto von 21
Boehlich, Walter 69, 146
Böll, Heinrich 57
Brandt, Willy 66, 68

Claudius, Matthias 216
Conant, James 316

Darwin, Charles 279
Dollard, John 209

Eißler, Kurt R. 81 f.
Erhard, Ludwig 303
Erikson, Erik H. 233 f., 237, 277

Faßbinder, Klara 20
Fest, Joachim C. 69
Fleming, Joan 59
Freud, Anna 141, 180, 234, 237 f.,
    245 f., 291
Freud, Sigmund 24, 27, 34, 37, 56, 60,
    71 f., 96, 100 f., 124, 127, 141 f., 152,
    158, 186, 190 f., 198, 208, 233, 239,
    249, 278,. 298, 301, 327, 335 f., 339 f.,
    350

Friedmann, Georg F. 267
Fuchs, Klaus 305

Gandhi, Mahatma 206
Gaulle, Charles de 301
Geiger, Theodor 109
Globke, Hans 20, 313

Habermas, Jürgen 257, 338
Hartmann, Heinz 234, 346
Heimann, Paula 78
Himmler, Heinrich 72
Hitler, Adolf 13 f., 21, 29, 32 f., 39,
    42, 54, 60, 64, 67 f., 125, 142, 174,
    214, 238 f., 301, 309, 333, 340 f.
Hofer, Walter 29
Horkheimer, Max 137
Horn, Klaus 193
Huxley, Julian 280

Jones, Ernst 235, 237, 279

Kahler, Erich 13
Kant, Immanuel 112
Kennedy, John F. 321
Kroeber-Keneth, L. 323

Lampl-de Groot, Jeanne 74, 237
Le Bon, Gustave 71, 73, 139
Leiser, Erwin 57
Lifton, Robert Jay 281
Lipson, Chenning T. 77
Loewenfeld, Henry 9
Lorenz, Konrad 93, 147, 196

Lukács, Georg 67, 82
Luther, Martin 32 f.

Mao Tse-tung 60, 74, 214, 333, 336, 338, 340
Maupassant, Guy de 106
Mayntz, Renate 316
Merleau-Ponty, Maurice 216
Merton, Robert K. 192
Michel, Karl Markus 182, 259
Michels, Robert 321
Miller, Henry 207
Mitscherlich, Alexander 61, 149, 226, 325
Mommsen, Wolfgang J. 68
Mommsen, Theodor 137, 139
Mussolini, Benito 13, 340

Napoleon Bonaparte 74, 309
Nasser, Gamal Abdel 301
Nietzsche, Friedrich 99, 270
Nkrumah, Kwame 214
Nolte, Ernst 69

Oertzen, Peter v. 283

Packard, Vance 310
Parsons, Talcott 192
Pascal, Blaise 110
Piaget, Jean 188
Pollock, George H. 60

Portmann, Adolf 154, 231
Presthus, Robert 298, 304

Rank, Otto 39
Riesman, David 191, 343

Searles, Harold S. 61
Spiegel, Leo A. 237
Spitz, René 346
Stalin, Josef W. 14, 174, 206, 214, 309, 311, 333
Stegner, R. 315
Sterling, Eleonore 302
Strauß, Franz Josef 65
Sukarno, Achmed 214

Thomas von Aquin 308
Thomson, George 299, 318
Tobachnick, Norman 221, 232
Treitschke, Heinrich v. 68 f., 145
Tuchmann, Barbara 126

Uexküll, Jakob v. 93

Waelder, Robert 283
Walter, Hans-Albert 68
Weber, Max 67, 72, 301
Wetmore, Robert J. 59
Wilhelm II. 73
Williams, Robin M. 307

Sachregister

Abhängigkeit 51, 65, 346

Abwehr 9, 21, 24 f., 33, 48, 52, 54, 71,
101, 104, 126, 128 f.

Abwehrmechanismen 30 f., 55, 59,
74 f., 144 f., 180, 295
durch Akzentverschiebung 42
im Dienste des Selbst 26
durch Identifikation mit dem Aggressor 162
durch Isolieren 68, 129
kollektive – 30, 46
manische – 40
gegen Nazivergangenheit 17
durch Projizieren 24 f., 53, 57, 69,
101, 117, 120, 126, 144, 146, 259,
288, 333
gegen Schuld, Scham und Trauer 27
durch Ungeschehenmachen 25, 40
durch Verdrängen 133, 146, 336,
339, 342
durch Vergessen 25
durch Verleugnen 8, 25, 36, 39 f.,
65, 143, 215, 245, 341
durch Verschieben 116, 180, 203,
208

Affekt 34, 113, 142, 185
-haushalt 116, 355
-leben 136
-zustände, kollektive 57

Aggression 33 f., 49, 63, 65, 73, 106,
108, 110, 153, 293, 325, 349, 352 f.
-sbereitschaft 92
-sprobleme 172
-striebe 62, 255

-svermehrung 325
– und Aktivität 105, 149
Anschwellen aggressiver Triebbedürfnisse 172
Anwachsen der – 322 f.
destruktive – 29, 351
kollektive – 172
Rechtfertigung der – 63, 263
Rivalitätsaggression 62, 255
– im Strafverhalten 102

Agieren 60, 116
acting out 193

Allmachtsphantasien s. Phantasie

Ambivalenz 51, 60, 62 f., 104, 193,
245, 252, 328, 347, 349, 355
-spannung 80, 105

Analyse, psychologische 84
– von Spätfolgen 43

Angleichung 205, 350

Angst 33, 53, 99, 110, 166, 209, 217,
239, 307, 341, 355
– vor Ächtung 182
– und Aggression 263
Realangst 30
regressive – 21
Straf- und Schuldangst 36
Todesangst 209
Vergeltungsangst 30, 60

Anonymität 177, 211

Ansprüche, aggressive 124

Ansteckung 128

Anteilnahme 178
affektive – 84

Antikommunismus, emotioneller 42

Antisemitismus 137
Apathie, politische 18, 331, 345, 354
Apparatschik 309, 332
Arbeit 203
   -sanforderungen und Unlust 211
   -srhythmus, starrer 324
   – und Integration 176
   spurlose – 348, 351
Argumente 118
attitudes 316
Aufklärung 269, 348, 357
Ausbeutung 140
   – des Gehorsams 53
Auslösemechanismus 196, 336
»Auslöser« und Triebspannung 151
Automation 140
Autorität 27, 149, 166, 229, 345 ff.,
   348, 351, 355
   -sfigur 49, 64
   -sforderung, starre 228
   -skonflikt 234, 260 f.
   -smodell 320
   -smuster 317, 354 f.
   -sverzicht 228
   militärische – 306 f.
   politische – 298, 337, 349, 353 f.,
   357

Barbarei, zwischenmenschliche 131
Bedürfnisse
   regressive Schutzbedürfnisse 220
   sadistische – 254
   soziale – (der Mutter) 233
   Triebbedürfnisse des Kindes 233
Beeinflußbarkeit durch Versprechen 20
Befriedigung
   – des Daseins 220
   Ersatzbefriedigung 181, 324
   genitale und prägenitale – 194
   homoerotische – 194
   kollektive – 186
   narzißtische – 318 f.
   orale – 349, 353
   Wunschbefriedigung, infantile 236
Besitz, neue Form des -es 352
»Bewältigen« der Vergangenheit 24

Bewußtsein 13, 19, 24, 55, 75, 82,
   347 f., 353, 356
   -sspaltung 24
   -sveränderung 64
   Erweiterung des menschlichen -s
   342
   Evolution des -s 343, 346 f., 357
   Geschichtsbewußtsein 42
   Identitätsbewußtsein 215, 269, 279
   Korrektur des -s 83
   Problembewußtsein 176
   reflektiertes – 17
   Stabilität des -s 8
Binnenfestigkeit 99
Brudergesellschaft 305, 353
   Bruderautorität 321
   Bruderrivalität 317
Bürokratie 304 f.

Charakter
   -formung 44
   -merkmale, verleugnete 187
   -struktur 134, 353
   -zwiespältigkeit 98
   – und Kindheitserfahrung 343, 346 f.
   – und Moral 188
clusters 316

Dehumanisierung 29, 153
Demokratie, parlamentarische 7
Demütigung, vermeidbare 156
Demutsgebärde 118
Denken
   Anatomie des -s 278
   Denkhemmung 102, 111
   einfühlendes – 223
   kritisches – 170
   logisches – 142
   reflektierendes – 112
Depression, Rückzug in 30
   pubertäre – 242 f.
Derealisierung 43 f., 59, 69 f., 79 f.
Desintegration moralischen Verhal-
tens 162
Desorientierung 34, 67
Destruktionsneigung 323

Destruktivität, primäre und Aggressionslust 197
Deutsche, der freundliche 10 f.
Diktatur 141
Dummheit 92
Durcharbeiten 10, 23 f., 47

Eigenterritorium 352
Einflüsse, soziale 139
Einfühlung 80, 83, 269
   – in Kontakten 169
   – und Identifikation 189
   mangelnde – 126
   – in uns selbst 83
Einheit, symbiotische 262
Einsicht 88, 97, 103, 115 f., 146, 269, 346
   -shemmung 118
   -sunzugänglichkeit durch Vorurteil 139
   – und Gefühle 265
Einstellung 82, 140, 316
   -sbündel 181, 316
   -snorm 181
   unbewußte – 124
Elite 112
Eltern 228, 232
   Lösung von – 242 f.
Emigrant 66
Engagement 257
Entdifferenzierung 345
Entfremdung 341, 345, 350, 353
Entgegenkommen, seelisches 146
Enthemmung 148
Entlastung, aggressive 336
entmischen 105
Entnazifizierung 67
Entwicklung
   – der Identität 221
   seelische – 97
   soziale – 201
erinnern 24, 78
   Erinnerungslücke 47
   Erinnerungssonderung 26
   Erinnerungsspuren 125
   –, wiederholen, durcharbeiten 24

Erkenntnisschritte 24
Erkrankung, psychoneurotische 132
Erlebnis, traumatisches 124
Erregung, kollektive 147
Ersatzbefriedigung 133, 180, 353
Ersatzbildung aus Frustration 198
Ersatzlust 122
Erziehung 146, 148, 179, 193, 352
   -smethoden 102, 134
   -swege 105
   moralische – 187
   permissive education 350
   Schädigung durch – 154
Es, Anspruch des 116
Evolution, Fehlwege der 147
   psychische – 222
Exaltation 71
externalisieren 60, 77, 144

Fanatismus 63
Fehleinschätzung, neurotische 144
Fixierung 249, 260, 340
   – von Abwehrformen 132
   – an kindliche Bedürfnisse 129
   – an infantile Erlebnisweisen 342, 353
   – der Libido 240
   ödipale – 60
   – an Tabus 133
   – von Vorurteilen 151
   – an Wunschdenken 20
Fortschritt, technischer 161
Freiheit 7
   Attentat auf die – 160
   – in der Beurteilung 97
   Gedankenfreiheit 168
   – des Ichs 104
   – und kritisches Denkvermögen 8
   Mangel an – 160
Fremderniedrigung und Selbstidealisierung 151
Fremdverständnis 185, 224
Freund-Feind-Erfindung 193
   Freund-Feind-Lehre 22
   Freund-Feind-Polarisierung 193
Frühgeburt, physiologische 154

Frustration 198, 325, 349 ff., 353
  reale – 74
  stimulierende oder entmutigende –
    175
Führer, »charismatischer« 72, 311
  Verliebtheit in den Massenführer
    71 f.
Geborgenheit 133
  – durch Gehorsam 62
  – in der Gruppe 164
Gefühl 163
  -sabspaltung 127
  -sautismus 163
  -sdifferenz 114
  -skontakt 104
  -sstarre 40
  subjektives – der Sicherheit 121
  – und Vorurteil 136
Gehirnwäsche 281 f.
Gehorsam 75, 134
  sado-masochistischer Aspekt des -s
  74 f.
  Sozialgehorsam 102
genetische Theorie 279
Genußmöglichkeit, Zuwachs an 161
Gesellschaft, bürgerliche 162
  Kasten und Brüdergesellschaft 305
  Konsumgesellschaft 356
  – und Ritualisierung 149
  – und Tabu 112
  traditionsgelenkte Gesellschaft 355
  Überflußgesellschaft 350
Gesittung, Verfall der 179
Gewissen 29 ff., 53, 73, 96 f., 113, 128,
  166
  -sinstanz 150
  -skonflikt 134, 150
  ichfremdes – 104
  individuelles und kollektives – 100
  individuelles und vorfaschistisches –
  32
  Umdrehen des -s 30, 72
Glückszustand, sozialer 103
Großzivilisation, technische 108
Grundbedürfnisse, biologische 95

Gruppen
  -druck 200
  -konformität 151
  -konsum 203
  -lösungen 128
  -orientierung 99
  Bezugsgruppen 122
  Fremdgruppen 273
  Großgruppen 149
  Zugehörigkeit zur Gruppe 215

Hackordnung 152, 154
Haß 106
Heiterkeit und Objektverlust 219
Heldentum, abstraktes 67
Homogenisierung der Klassen 341
Homoiostase 285, 355
Homosexualität 217
  homoerotische Befriedigung 194
  homosexuelle Impulse 308
Hörigkeit 76
Humanismus, intellektueller 109

Ich-Analyse 127
Ich-Anteil, unbewußter 126
Ich-Apparat 346, 353
Ich-Auflösung 81
Ich-Autonomie 346
Ich-Betätigung 112
Ich-Beteiligung, kritische 213
Ich-Entleerung unserer Gesellschaft 21
Ich-Entwicklung, physiologische 295
Ich und Es 216
Ich-Funktionen 103, 180, 279
  Stärkung der – 171, 224, 318
Ich-Ideal 34, 37, 71, 221, 239, 336 ff.
  archaisches – 321
  Entwertung des -s 30
  externalisiertes – 338
  – und Ich 73, 335
  Inkarnation des -s 74
  Zusammenbruch des -s 77
Ich-Integration 347
Ich, kritisches 45, 97, 133, 310, 347, 351
Ich-Leistung 102, 114
Ich-Organisation und Kritik 97

375

Ich, persönliches 277
Ich-Psychologie 234
Ich, realitätsprüfendes 215
Ich-Reifung 110, 286, 339
Ich-Schwäche 99, 286
Ich-Spaltung (Ego-split) 336, 347
Ich-Stärke 319, 346
Ich und Über-Ich 60, 190, 216
Ich-Verarmung 35, 37, 79
Ideal 73, 208, 246, 270, 348
  -bildung 319
  -projektion 208
  Eigenideal 271
  Führerideal 260
  Gleichgültigkeit gegenüber dem –
    258
  Größenideal 39
  Kollektiv-Ideal 289
  konservativ-bürgerliches – 259
  regressives – 239
  – des Unterdrückers 151
  Wissensideal 348, 353, 355
Idealisierung 79 f., 244, 251
  – in der Gruppe 260
  Selbstidealisierung 151, 153, 253,
    260
  – der Vorbilder 62
Identifikation 21, 33, 47, 52, 77 ff.,
  135, 141, 189, 225 ff., 237 ff., 291,
  314, 339 ff., 347 f., 355
  -smöglichkeiten 220, 258
  -snot 231
  -sscheu 262
  -szwang 260
  – mit dem Aggressor 162
  – mit dem Führer 334, 341
  –, männlich, weiblich 195, 255
  – mit der Mutter 235
  stabile – 335
  – mit dem sadistischen Verfolger
    256
  Wertbeständigkeit der Gegenidenti-
    fikation 234, 244, 259
Identität 130, 134, 162, 231 ff., 314
  -sbruch 254
  -sfindung 231

-ssprung 216
-sverlust 229
-swechsel 40, 191
Ideologien als Auslösemechanismus
  336
Image 312 f., 316, 356
Immobilismus 84, 133
  psychischer – 38, 43, 79
  sozialer – 9, 43
Indifferenz 17
Individuum 163 f.
Industrialisierung 17, 159, 225
Industriegesellschaft, planende 211
Informationsverweigerung 213
Institutionen 96, 176
Integration 176, 349, 351, 354
Intelligenz 91
Interessen 136
  -konflikt 182, 185
Intoleranz 91
Irrationalismus 69
isolieren 68, 129

Jugendliche 226 ff.

Kasten statt Klassen 204
Kausalität, rationale 153
Kindchen-Schema 93
Kinder und Eltern 152, 154, 346 f.
  Mißhandlung der Kinder 153
Kindhaftigkeit, permanente 54
Kindheit 349, 352
Kirche 229
Kommunikationsstörungen 209
Konflikt 91, 144 f.
  -scheu 182
  –verarbeitung 133
Konformität 111, 141 f., 169
  -szwang und Projektion 45
  – und Freiheit 266
  gesellschaftliche – 96
  gesteuerte – 163
  Gruppenkonformität 151
  Konditionierung der – 295
Konservatismus, kultureller und
  Trieb- 107

Konsument 212
Kontrolle 101
  Fähigkeit zur affektiven Realitäts-
    kontrolle 289, 319
  affektive Selbstkontrolle 108, 185
Konzeptionsverhütung 220
Körpersymptom, funktionelles 51
Krankheitsgewinn 293
Krankheitstheorie der Diktatur 41
Kränkung, narzißtische 246
Krisen, Ausbleiben innerer 45
Kritik 119, 348
  Selbstkritik 151
Kultur 182
  -differenzen 158
  -eignung 86 ff., 100, 103
  -optimismus und -pessimismus 89 f.
  Kultivierung des Individuums 163
  Subkultur 110
  – und Triebgrundlage 86 ff.

Latenzperiode 347
Leidensdruck 31
Lernfähigkeit 155, 235
  – und Affektausdruck 92
Lethargie, politische 178
Libido 34, 344, 348, 350, 354
Liebe, hörige 76
  identifizierende – 76
  narzißtische – 83
Logik, Instinkt- und Verstandes- 139
Lust 184
  – aus Liebe und Zerstörung 207

Macht 310, 331
  politische – 112
  – des Stärkeren 118
Marxismus 70
Masochismus 33
Masse 163
  -nführer 71
  -nmedien 226, 304
  -npsychologie 127
  -nschicksal 213
Meinung, kollektive 55
  öffentliche – 66

Melancholie 56
Mensch 147
  Mitmensch 199
Minorität 73, 163
Mitgefühl 268
  Ausfall an – 42
  – und Triebbedürfnis 265
  Unfähigkeit zu – 53
Mitläuferhaltung 215
Mitverantwortung 59
Momentpersönlichkeit 226
Moral 158 ff., 168, 182 ff., 196 ff., 205,
  217
  -angebot 222
  Antimoral 213, 216
  Entstehung der – 221
  glaubens- und verstandesgelenkte –
    171
  Gruppenmoral 96
  – der Härte 195
  – und Ideologie 160, 184
  – und Mode 221
  Reichweite der – 166
  Relativierung der – 158 ff.
  Scheinmoral 186 f.
  sozialistische – 214
  – und Über-Ich 190 ff.
  verinnerlichte – 191
  Wirkung überstrenger – 208
  – der Zukunft 214
Moralisten 170
Motiv 19, 43, 71, 143, 186, 199, 268
Motivation 84, 135, 143, 165
  -sketten 41
  -szusammenhang 23, 68, 154 f.
Mutter 231 ff.
  Fixierung am Mutterbild 260

Nachbilder, seelische 117, 125
Nacherleben, kathartisches 57, 351
Narzißmus 36, 39, 57
  sekundärer – 246
Nation, aggressive und konservative 19
  Nationalgefühl 257
Nazismus 10
Neid 353 f.

377

– auf Schuldlosigkeit 68
unbewußter – 126
Neugierverhalten 155
Neurose, individuelle 27, 45
Normalität 287, 299
pragmatische – 287
psychische – 130
Notstand, moralischer 162
submoralischer – 58
Notwendigkeit, militärische 126

Objekt
-besetzung 78
narzißtische – 76
-beziehungen 191
aggressiv-destruktive – 50
frühe – 338
gelockerte – 326, 341
konstante – 221
-kontakt, Verarmung des -s 18
-libido, Rückzug der 44
-verlust und Heiterkeit 219
-wahl 340, 342
narzißtische – 39, 76
außerfamiliäres – 238, 240
erlaubtes – 98
Haßobjekt 150
Liebesobjekt 75
verlorenes – 39, 78, 80
Verwaltungsobjekt 160
Ödipuskomplex 189, 235 f.
ödipale Konflikte 230, 235, 248
ödipale Wünsche 62
Ohnmacht des Kindes 154
Ökonomie, psychische 9, 43, 62
Omegaposition 152 f., 287
Organisation 177
Orientierung
-sschemata 167, 217
innen- und außengeleitete – 191
– am Unwirklichen 16

Partner 10
Patriotismus, psychische Wurzeln des 63
Persönlichkeitsreifung 237, 342

Persönlichkeitswandel 192, 226
Perversion 194
– der Libido 198
– der Moral 205
Phantasien 15, 32
Allmachtsphantasien 22, 34, 36, 39,
134, 153, 161, 237, 308, 331,
336 f.
destruktive – 87 f., 307
Größenphantasien 302
produktive – 20
Rachephantasien 61
soziale – 23
– und Wirklichkeit 63, 167
Phase, anale 236
ödipale – 235, 237
phallische – 236
Praxis, klinische 24
politische – 24
Primärprozeß 100, 148, 197, 357
– und Sekundärprozeß 34
Probierhandlung 285
Projektion 53, 101, 117, 120, 126, 146
173, 186, 259, 288
Konditionierung zur – 149 f.
projizieren 25, 144, 333
Promiskuität 221
Prozeß, intrapsychischer 140
Pubertät 235 ff., 242 ff.
-snarzißmus 242, 246
-sproblematik 261
-sverliebtheit 246

Rache, unbewußte 154
Radfahrer-Reaktion 153
Rangverhältnis 93
Rasse, privilegierte 22
rationalisieren 68, 119, 142 f., 153, 215,
306, 308, 313, 354
Reaktion 28, 44
-sbildung 70, 117, 225, 229, 302
-sformen, auf Technisierung 175
– gegen Schuld 40
unbewußte – 96
-smöglichkeiten 145
-strägheit, starre 17, 132

378

Reiz-Reaktionsschema 52
Realität 14, 27, 55, 145
-sauslegung, wahnhafte 59
-seinsicht 78
-sorientierung 76
-stäuschung 138
-sverleugnung 46, 146
Anpassung an – 75
kontinuierliche – 130
politische – 21
soziale – 20, 97
Rechtsunsicherheit 264, 266, 308
Reflexion 113, 156, 187
-sblock 140
bewußte – 119
kritische – 111
Regression 44, 65, 75, 115, 173, 203,
223, 229 ff., 237, 262, 307, 353, 355
– auf fraglose Autorität 313
erzwungene – 282, 286, 340
– im Dienste des Ichs 303
kollektive – 25, 107, 197
Repräsentanz politischer Autorität 302
Ressentiment 112, 122 ff., 126 f., 129,
133
Rituale 148
Ritualisierung 151, 285 f.
Rivalität 64, 353
Geschwisterrivalität 322
Rolle 230, 233
-nhörigkeit 347
-nkombination 192
-nmuster, soziale 140
-nschema 48, 63, 164, 321
– als Handlungsmuster 163
-ntreue 200
Statusrolle 192
Rücksicht 338
– und Zwang 148
Rückständigkeit 111, 129, 132

Sadismus 193 f.
– und Masochismus 33
sadistische Repressionen 328
Sanktionen 31, 96
Scham 239

Schuld 41, 58, 61 f.
-anerkennung 58, 65
-erleben 53
-gefühl 26, 48, 63, 138, 207 f., 222,
239, 335, 338 ff., 353
echtes und illusionäres – 339
-verarbeitung 65
Selbständigkeit 223
Selbstbeobachtung, kritische 273
Selbstbestätigung 325 ff.
Selbstbewußtsein 84
Selbstbezogenheit, nationalistische 18
Selbstdefinition des Menschen 344
Selbstentfremdung 223, 273, 338, 357
Selbstentwertung 352
Selbsterkenntnis 268
– und sachbezogene Entdeckungen 94
Selbstgefühl 23, 128, 153, 184
Selbsthingabe, emphatische 82
Selbstideal 128
Selbstironie, Mangel an 195
Selbstrechtfertigung 36
Selbstschutz 24
Selbstschutzmechanismen 24, 58
Selbstverwirklichung 233
Selbstwahrnehmung 186, 223, 292
Selbstwert 154, 325
Selbstwertbestätigung 79, 325
Sensibilität, Mangel an 127
Sexualisierung der Grausamkeit 199
Sexualität, ichfremde 106
– als Suchtmittel 290
Sexualmoral 106
Sexualtriebe 103
Sicherheit 151
Signale 93, 125
prägende Angstsignale 125
Sittenzwang, verweltlichter 212
sozial assoziieren und dissoziieren 121
Sozialisierung 87, 179, 326, 328
Sozialisierungspraktiken 96
Sozialleben, tierisches 147
Sozialritus 93
Sozialverhalten 159
Spannung 113
Sparsamkeit 218

Spezialist, politischer 311, 316, 353 f.
Spezialistentum 304 f., 353
Statusrolle 192
Statussymbol 212
Stereotyp 42, 100, 186
  Denkstereotyp 130
  Rollenstereotyp 230, 345
  Urteilsstereotyp 122
Strafe
  Strafandrohung 102
    Befreiung von – 72
  Strafangst 102
  Vergeltungsangst 173
Strukturänderungen, soziale 181
  – des Seelischen 101
Sublimierung 179 f., 197, 219
Süchtigkeit, Vermehrung der 180
»Sühnedeutsche« 41
Sündenbock 98, 150, 152 f.
  Verfolgung des -s 73
  Projektionsneigung auf 107
Symptom 152
  seelisch motiviertes – 44

Tabu 15, 93, 110 ff., 118 ff., 129, 133, 166, 206
  Berührungstabu 31, 68
  – und Ressentiment 111, 114
Talent 110
Technisierung 158 f., 348 f., 351
Terror, Organisation des -s 174
Toleranz 7, 119, 158, 167, 183, 265, 269, 274 f.
  Intoleranz 172, 267 f., 272
Totalitarismus 280, 283
Tötung, administrative 80
  Tötungshemmung 93 f., 147, 150
Tradition 21, 23, 130
Trauer 36 ff., 125
  -arbeit 10, 35, 56, 59, 78 ff., 82
  -ersatz durch Identifikation 60
  -reaktion, Ausbleiben der 9, 41
  – und Ablösungsvorgang 249
  – und Melancholie 37 ff.
Trieb
  -abwehr 102

-anteile 100, 106, 197
-äußerung und Erziehung 102
-bedürfnisse 52, 69, 88, 116
-befriedigung 119, 143, 197 ff., 220, 350
  Aufschub der – 156, 223
-beherrschung 98
-dynamik 283
-energie, Neutralisierung der 279
-fusion 207
-impulse 215
-natur 94
-objekt 95
-repräsentanzen 34
-richtungen, antagonistische 107
-rituale 93
-schicksal 98
-tendenzen, polare 103
-überschuß 94, 148, 152 f., 183
-unterdrückung 148
-valenzen, ungesättigte 152
-verbot, gesellschaftliches 95
-verlangen, biologisches 95
-verzicht 326, 116
-wünsche 105, 147, 167, 350
-ziel 88
Trieb und Moral 17, 188 f.
Todestrieb 206, 208, 344, 352

Über-Ich 76, 181, 239, 281, 327
  Über-Ich-Ansprüche 194
  Über-Ich-Entwicklung 60
  Über-Ich-Funktionen 248
  Über-Ich und Ideologie 227
Überfluß 349. 351
Überlebenschance 171
Überraschungssituationen 222
Übervölkerung 322 f.
Umbau, sozialer und moralischer 218
Umfeld, soziales 18
Umwelt 17, 22
  extreme – 107
  soziale – 233 ff.
  spezifische – 93
Unbewußtes 22
Unbotmäßigkeit, konstruktive 141

Ungeschehenmachen 25, 40
Unlust 103, 180, 211
   Unlustvermeidung 175
Unspezialisiertheit des Menschen 95
Unwissenheit 89
Urteilsbildung 22
   Urteilsselbständigkeit 180
   Pauschalurteile 115
Urvertrauen 233
Uterus, sozialer 154

Vater 229 ff.
   Vater-Autorität 353
   Über-Vater 174, 231
Verantwortung 37
   – und Institution 109
   Verschiebung der – 189
   Verlust der Selbstverantwortung 179
Verbot 118
Verdrängung 146, 336, 339
   Kollektivverdrängung 133
   Wiederkehr des Verdrängten 129, 132
   Zunahme der – 342, 350
Vergangenheit, bewältigte 82
   unbewältigte – 24
vergessen 25
Verhalten 10 f., 16 f., 60, 147
   -sautomation 201
   -smuster 28, 135, 271
   -snorm 149, 183, 201
   -sschemata 94
   -sweisen, aggressive 145
      arteigene, angeborene – 93, 147
   – als Abwehrmechanismus 16
   destruktives – 18, 27
   Diskontinuität des -s 165
   irrationales – 22
   Motivation konformen -s 272
   neurotisches – 51
   – als Reaktionsträgheit 17
   tierisches – 93
Verleugnung 8, 25, 36, 39 ft., 65, 143,
   215, 245, 341, 346
Vernunft 275
   kritische – 222
Verschiebung 116, 180, 203, 208

Verständnis, psychologisches 205
Vertauschung von Muskel- und
   Sprachaktivität 118
Verwahrlosung 151
Verwöhnung, orale 330, 342
   – als Ersatz 329
Verzicht 155, 184, 327, 349 ff.
   – auf Gewalt 352
   sinnvoller – 169
   Triebverzicht 326 ff.
Vorbild 229, 348
   -figuren 225
   -strukturen, neue 214
Vorstellungen, Manipulierbarkeit der
   65
Vorurteil 70, 98 104, 113, 133, 135 ff.
   149 ff., 187
   -sbereitschaft 145
   -sstereotype 24, 82, 138
   – als Abwehr 139
   Argumente statt – 20
   – und Ordnungsprinzip 139
   – und vorläufige Urteile 137 f.

Wahn 45, 143
   -bildung 144
   -inhalte 140
   -projektion 43
   Verfolgungswahn 174
Wahrnehmung, unbewußte 82
   Wahrnehmungstäuschung 141
Wert
   -gefühl 261 f.
   -hierarchie, kollektive 99
   -horizont 110
   -losigkeit, moralische 150
   -orientierung 130
   -system 158, 227
   -vorstellungen 247
   -zusammenbruch 258
Widerstand, individueller 48
   Widerstandsrecht 213
Wiedergutmachung, administrative 81
wiederholen 25
   Wiederholungszwang 64, 124, 135,
      153, 285, 352

381

Wille, freier 265
Wünsche, genitale 242
   inzestuöse – 240
     Wunschdenken 20, 22, 66, 133
     Wunscherfüllung 156
     Wunschpsychose, halluzinatorische
      78

Zensurinstanz, innere 98
Zielvorstellungen, emotionell besetzte
   22

Zivilisation 175
   technische – 91, 176
Zusammenleben, menschliches 148, 162
Zwang
   – zur Anpassung 146
   innerer – 143
   Libidinisierung des -s 75
   – zur Rücksicht 148
   – zur Selbstentfremdung 338
   Sittenzwang 212
   Suchtzwang 184

Anmerkung

Von folgenden Teilen des vorliegenden Werkes sind frühere Fassungen als Einzelaufsätze oder im Rundfunk veröffentlicht worden: *Psychoanalytische Anmerkungen über die Kultureignung des Menschen* ist in ähnlicher Form als Beitrag zur Festschrift für R. Heiß, Köln 1963, erschienen.

Die Relativierung der Moral ist eine wesentlich erweiterte neue Fassung eines Aufsatzes, der im ›Merkur‹ 1966 abgedruckt wurde.

Von *Identifikationsschicksale in der Pubertät* wurde eine erste Fassung 1967 im dritten Programm des Westdeutschen Rundfunks gesendet.

Proklamierte und praktizierte Toleranz wurde 1964 im Rahmen der Sendereihe ›Die politische Verantwortung der Nichtpolitiker‹ vom Studio Heidelberg des Süddeutschen Rundfunks gesendet und mit den anderen Beiträgen dieser Reihe in München 1964 veröffentlicht.

Das soziale und das persönliche Ich wurde in der ›Kölner Zeitschrift für Soziologie und Sozialpsychologie‹ 18, 1966, abgedruckt.

Von *Änderungen im Wesen politischer Autorität* erscheint gleichzeitig eine englische Fassung unter der Überschrift ›Changing Patterns of Political Authority: A Psychiatric Interpretation‹ in: Lewis J. Edinger, Ed.: Political Leadership in Industrialized Societies, New York, London, Sidney (Wiley) 1967, S. 26–58.

Bücher zum Thema

Tadeusz Borowski · Bei uns in Auschwitz
Erzählungen. Mit einem Nachwort von Andrzej Wirth.
2. Aufl., 8. Tsd. 1982. 280 Seiten. Serie Piper 258

Georg Denzler · Widerstand oder Anpassung?
Katholische Kirche und Drittes Reich.
1984. 154 Seiten. Serie Piper 294

Joachim C. Fest · Das Gesicht des Dritten Reiches
Profile einer totalitären Herrschaft. 7. Aufl., 43. Tsd. 1980. 515 Seiten.
Serie Piper 199

Albert Görres · Kennt die Psychologie den Menschen?
Fragen zwischen Psychotherapie, Anthropologie und Christentum.
1978. 270 Seiten. Kt.

Albert Görres · Kennt die Religion den Menschen?
Erfahrungen zwischen Psychologie und Glauben.
1983. 142 Seiten. Serie Piper 318

Karl Jaspers · Die Atombombe und die Zukunft des Menschen
Politisches Bewußtsein in unserer Zeit. 7. Aufl., 58. Tsd. 1983. 505 Seiten. SP 237

Paul Matussek · Kreativität als Chance
Der schöpferische Mensch in psychodynamischer Sicht.
3., erweiterte Aufl., 23. Tsd. 1979. 337 Seiten. Kt.

Alexander Mitscherlich · Auf dem Weg zur vaterlosen Gesellschaft
Ideen zur Sozialpsychologie. 15. Aufl., 112. Tsd. 1983. 400 Seiten.
Serie Piper 45

Alexander Mitscherlich · Der Kampf um die Erinnerung
Psychoanalyse für fortgeschrittene Anfänger. 1984. 259 Seiten. Serie Piper 303

Alexander und Margarete Mitscherlich · Eine deutsche Art zu lieben
2. Aufl., 25. Tsd. 1970. 118 Seiten. Serie Piper 2

Margarete Mitscherlich · Das Ende der Vorbilder
Vom Nutzen und Nachteil der Idealisierung. 2. Aufl., 10. Tsd. 1980. 218 Seiten. Serie Piper 183

Ernst Nolte · Der Faschismus in seiner Epoche
Die Action française. Der italienische Faschismus.
Der Nationalsozialismus. 5. Aufl., 17. Tsd. 1979. XIV, 633 Seiten. Kart.

Piper